國家社科基金重大項目（10&ZD104）成果

宋代的仕女與庶民女性
——筆記內外所見婦女生活

程郁 著

宋代筆記研究叢書

戴建國 主編

中原出版傳媒集團
中原傳媒股份公司
大象出版社
·鄭州·

圖書在版編目(CIP)數據

宋代的仕女與庶民女性：筆記內外所見婦女生活／程郁著. — 鄭州：大象出版社，2020.1（2021.2重印）
（宋代筆記研究叢書／戴建國主編）
ISBN 978-7-5711-0007-0

Ⅰ.①宋… Ⅱ.①程… Ⅲ.①中國歷史-史料-宋代
②婦女-社會生活-史料-中國-宋代 Ⅳ.①K244.066②D442.9

中國版本圖書館 CIP 數據核字(2018)第 295124 號

SONGDAI DE SHINÜ YU SHUMIN NÜXING
宋代的仕女與庶民女性
——筆記內外所見婦女生活
程　郁　著

出 版 人	王劉純
責任編輯	成　艷
責任校對	裴紅燕　牛志遠　李婧慧
裝幀設計	王莉娟

出版發行	大象出版社（鄭州市鄭東新區祥盛街 27 號　郵政編碼 450016）
	發行科　0371-63863551　總編室　0371-65597936
網　　址	www.daxiang.cn
印　　刷	河南省環發印務有限公司
經　　銷	各地新華書店經銷
開　　本	787 mm×1092 mm　1/16
印　　張	21.5
字　　數	373 千字
版　　次	2020 年 1 月第 1 版　2021 年 2 月第 2 次印刷
定　　價	78.00 元

若發現印、裝質量問題，影響閱讀，請與承印廠聯繫調換。
印廠地址　河南省新鄉市新鄉縣七里營鎮 107 國道與胡韋綫交叉口中原興業產業園 A12-2
郵政編碼　453800　　　　　電話　13683815169

序

戴建國

"宋代筆記研究叢書"係國家社科基金重大項目"《全宋筆記》整理與研究"的重要成果。

在中國古代,筆記作爲一種文體乃隨筆記事而非刻意著作之文,其以質樸、不事雕琢的特色生動呈現了古代社會生活的場景。筆記既有對社會重大事件的記録,也有對微觀生活的叙述,藴含着豐富的社會文化,是中國傳統文化寶庫中一顆璀璨的明珠。筆記文獻在文化史、社會史、學術史、科技史等領域的研究價值是其他文獻無法替代的。

宋代是中華民族燦爛文化創造的高峰期。陳寅恪先生云:"華夏民族之文化,歷數千載之演進,造極於趙宋之世。"宋代人文昌盛,經濟發達,對外交流極爲頻繁,儒、釋、道相容并包。有學者指出:筆記作爲獨具一格、隨筆記事的文體,長短不拘,輕鬆活潑,是古代文體解放的重要標志。這種文體在宋代文學史上占有一席之地,值得將其作爲獨立的文體門類進行學科性的探究。文體的解放與環境、寫作者意識的開放相關聯,不拘一格的筆記是精神環境相對寬鬆、士人文化勃興氛圍下發展的結果。

宋代的這些時代特色,在筆記中都有具體的記載和生動的反映。如北宋的《夢溪筆談》,記載了人類發展史上最早發明活字印刷術的畢昇,并記述了二百多條有關自然科學方面的内容,涉及數學、天文學、氣象學、地質和礦物學、物理學、灌溉和水利工程學、農藝學、醫藥和製藥學等。指南針發明後,我們的祖先將其運用於航海,大大便利了海上航行。朱彧的《萍洲可談》是現存最早記録這一活動的宋人筆記,書中記載:"舟師識地理,夜則觀星,晝則觀日,陰晦觀指南針。"

宋代處於海上絲綢之路的興盛時期,對此,宋人筆記亦多有記載。例如:周去非《嶺外代答》,保存有南海、南亞、西亞、東非、北非等地古國及交通方面的寶貴資料。成書於 1225 年的《諸蕃志》，記述了海外諸國的物產資源，其範圍東自日本，西極東非索馬里、北非摩洛哥及地中海東岸，內容詳贍，記載明晰。因相關不少國家、地區尚處於無文字時代，故此書記錄尤顯珍貴，是研究中古時期中西交通、海上絲綢之路及東南亞、南亞、西亞、北非等地歷史風土的重要文獻。

中華民族是一個多民族組成的大家庭，宋人筆記也爲我們記述了多民族共同生活、共同書寫歷史的活動。如范成大《桂海虞衡志》生動真切地記載了宋代西南、海南各少數民族聚居地區的民俗風情及氣象地貌、礦產土物、民族特色、中外交通，乃至政治、經濟、文化、軍事等社會狀況，是極爲可貴的實錄，給後人留下了以桂林爲中心的西南地區的歷史地理、社會學、人類學、民族學、民族史、中外關係史、中外貿易史、經濟史、生物學、農學、地質學等衆多領域的珍貴史料。

《夢溪筆談》《東京夢華錄》《萍洲可談》《容齋隨筆》……這一部部鮮活的筆記，記錄了我們先人的偉大發明創造，記錄了我們民族認識世界、改造世界的活動，構成了我們民族記憶的瑰麗寶典。

"宋代筆記研究叢書"共計七部研究成果，從文史結合的角度多方位地探討了宋代筆記的文獻價值及所蘊含的豐富的社會文化價值，將微觀考釋與宏觀論述相結合，探求唐宋時期社會文化繁榮和發展的歷史軌跡。

研究成果之一《全宋筆記書目提要》，是爲《全宋筆記》收錄的宋人筆記逐一撰寫的學術提要。對相關筆記的作者、筆記內容、版本流傳、學術價值等詳加考訂，并吸收采納最新的研究成果，糾正文獻流傳過程中的訛誤，言簡意賅地反映了《全宋筆記》的基本面貌和學術研究成果，揭示出這些筆記的史料價值和學術意義。

研究成果之二《兩宋筆記研究》，通過對宋代筆記史料的全面搜集、梳理和辨析考訂，對筆記的源流和筆記概念的界定、筆記的數量及分類、筆記中之僞書問題、宋代筆記興盛的社會文化背景、筆記的撰寫體裁與史料來源、筆記的刊印傳布、筆記作者等諸多問題作了詳盡的論述。此成果在學界已有研究的基礎上，對宋人筆記作了更爲深入的研究，提出了一些新的見解。

研究成果之三《宋人筆記視域下的唐五代社會》，深入探討了筆記所反映的唐五代時期的社會生活。在傳世的宋代筆記中，有一部分保存有唐後期至五代社會生活的資料，具有獨特的史料價值，記録了中唐以降至五代社會的深刻變化。這些變化顯著地體現在人們的飲食、住居、交通、婚姻、家庭、教育等方面。社會生活的變化是社會進步的標志，所有這些變化爲其後宋代社會經濟和文化的進一步繁榮打下了基礎。

研究成果之四《筆記語境下的宋代信仰風俗》，認爲經歷了唐宋之際政治、經濟、社會、文化的重大變革，宋人的宗教觀念和信仰習俗也展現出前所未有的新特點。首先，人們的社會生活更趨豐富，與之相應，信仰習俗也更加複雜。其次，宋王朝"佛、道并重"的政策使佛、道二教獲得發展良機，從而在民間廣泛傳播。再次，原始崇拜所具有的神秘虚妄色彩至宋代有所淡化，在諸多信仰活動和崇奉儀式中已增添了不少俗世情趣和生活氣息。

研究成果之五《宋代的仕女與庶民女性——筆記内外所見婦女生活》，以社會性别理論作爲分析的主要工具，以筆記爲主要資料，揭示了宋代婦女生活的面貌。選取社會下層婦女這一群體進行探討，以乳母群體爲例，進行個案的分析論述，探究宋代庶民婦女的生活，認爲乳母本爲婢女的一種，也具有由下層向上層流動的特點，與妾具有某些共通點。

研究成果之六《宋代筆記語言概論》，對筆記史料進行了文字學、詞彙學、訓詁學、語音學、語法學等多視角的全面考察，并深入探討了筆記中的一批新詞新義、詞義演變、常用詞、方言俗語、行話隱語與外來詞語，總結了筆記中藴含的因聲求義、求證方言、追求語源、排比歸納、鈎沉古注、探求理據、古今對比等訓詁方法，從古今語音演變、南北方音差異、實際語言與韵書記録差異等多個角度對語言進行了深入研究。

研究成果之七《宋代筆記國際學術研討會論文集》，是課題組2015年主辦的學術研討會會議成果，收録了20位學者的論文。這些論文運用筆記材料，對宋代社會文化史、政治經濟史及文學史諸領域作了多維度的研究，或運用新理論、新方法從文本、空間等新視角切入，深入解讀宋人筆記文獻；或考證梳理兩宋興衰治亂之由，進一步拓展了文史研究的新領域。

本叢書的出版，是參與子課題研究工作的各位學者同心協力、多年辛勤耕耘的結果。這些成果爲我們認識有血有肉、豐富多彩的宋代社會提供了一個多方位的視角。這套叢書是我們對宋人筆記進行初步探討的階段性的研究成果。我們深知這些研究還有諸多不足，在此敬請讀者批評指正。

2019 年 7 月 20 日

目錄

前 言 /一

第一章 有關宋代婦女史的先行研究報告/一

　一、概述 …………………………………… 三
　二、女性的婚姻及其與家族的關係 ………… 六
　三、婦女的勞動與經濟生活 ………………… 十四
　四、特殊女性群體研究 ……………………… 十四
　五、婦女的法律地位 ………………………… 十九
　六、女性作家與女性文學研究 ……………… 二二
　七、女性意識與社會性別話語 ……………… 二四
　八、其他 ……………………………………… 二七
　九、小結 ……………………………………… 二八

第二章 宋代筆記內外的女性形象/三一

　一、宋代的悍婦與妒婦 ……………………… 三三
　　（一）妒婦 ………………………………… 三四
　　（二）不慈不孝與爭產 …………………… 三七
　　（三）通奸與失貞 ………………………… 三九
　　（四）有關惡女妒婦記載的特點 ………… 四二
　二、唐宋仕女形象對比 ……………………… 四九
　　（一）唐代的美女特徵 …………………… 五〇

（二）内斂的宋代仕女 …………………………………………… 五六
　三、宋代女性身體文化中的階級維度 ………………………………… 六四

第三章　宋代的女德教育及其教材／七五

　一、女教書籍概況 ……………………………………………………… 七九
　　　（一）前代女教書籍數量減少 ……………………………………… 八〇
　　　（二）理學家對女教教材的關心 …………………………………… 八六
　二、宋代常用的女教書及其圖卷 ……………………………………… 九五
　　　（一）《女誡》的通行 ……………………………………………… 九五
　　　（二）《列女傳》的改編 …………………………………………… 九九
　　　（三）女教書籍的圖像化 ………………………………………… 一〇四
　三、由列女到烈女 …………………………………………………… 一二二
　　　（一）女英雄的日漸式微 ………………………………………… 一二二
　　　（二）對前代"列女"的質疑 ……………………………………… 一二八
　　　（三）新、舊《唐書·列女傳》的義例變化 …………………… 一三一

第四章　宋代的烈女及其女德觀／一三七

　一、宋代戰爭對婦女的荼毒 ………………………………………… 一三九
　二、何謂"靖康恥" …………………………………………………… 一四三
　　　（一）靖康之難使皇室及士大夫集體蒙羞 ……………………… 一四四
　　　（二）被俘婦女的"失節"與自殺 ………………………………… 一五〇
　三、南宋以後史家對戰亂中遇害"烈女"的標榜 …………………… 一七〇
　四、宋代貞孝說教的非人性化 ……………………………………… 一七八

第五章　特殊的女性職業——乳母／一九七

　一、乳母爲士大夫家庭的特殊成員 ………………………………… 二〇一

（一）乳母怎樣進入士大夫家庭 …………………… 二〇二
　　（二）乳母所受的培訓與管理 ……………………… 二〇七
　　（三）終老于士大夫家庭的乳母 …………………… 二一〇
二、乳母與妾的區別及聯繫 …………………………… 二一八
　　（一）乳母的形象 …………………………………… 二一九
　　（二）乳母的誘惑 …………………………………… 二二一
　　（三）乳母子所帶來的困惑 ………………………… 二二七
三、進入皇室的乳母與宮廷政治鬥争 ………………… 二二九
　　（一）皇帝乳母所享特權與宮内的政治鬥争 ……… 二二九
　　（二）后妃乳母所得恩典 …………………………… 二三八
　　（三）宗室近親乳母之特權………………………… 二四一

第六章　宋代的蓄妾習俗及有關法規考察／二五一

一、宋代士大夫家庭蓄妾現象之估量 ………………… 二五三
二、士大夫在納妾問題上的矛盾 ……………………… 二六六
三、妾之法律身份及夫妻妾關係 ……………………… 二六九
　　（一）媵、妾、婢、妓之身份差别 ………………… 二六九
　　（二）有關納妾的成文法與風俗 …………………… 二七二
　　（三）妻妾之分與夫妻妾關係 ……………………… 二七七
四、妾之財産權及其所受限制 ………………………… 二八三
　　（一）掌握家計大權之妾 …………………………… 二八四
　　（二）有子女之妾可憑子女據産 …………………… 二八四
　　（三）無子女寡妾的財産權………………………… 二八八

結　語／二九九

參考文獻／三〇七

後記／三二七

前言

本世紀初，婦女史研究逐漸由冷變熱，甚至，與其他的領域一樣，也變成了名利場。儘管還未被主流學界所接納，但是學者之間已產生了"主義"與"問題"之爭，或稱"群體婦女史"與"性別史"，或稱"新婦女史"與"婦女/性別史"。雙方都自稱以"社會性別"爲理論指導，前者號稱"與社會現實、婦女運動保持距離"，後者"不標榜客觀中立"[1]。弃現有的"父家長制"概念不用，又造出一個"華夏性別制度"來；劃分"婦女添加史"與"新婦女史"似乎是按時代而并不按"社會性別"理論的，于是宣揚"女人禍國論"或贊揚以自殺反抗異族性暴力的論著也被歸入"新婦女史"，而陳寅恪先生發表于《歷史研究》1954年第1期的《記唐代之李武韋楊婚姻集團》，明明是政治論題，講的是有异族血統的李唐王朝與山東士族之間的文化矛盾，却被拉進婦女史，詮釋成"通過家族間的女人交換，揭示上層婚姻與政治利益集團的關係和博弈"。余生而愚鈍，總是難以理解，僅看出兩派的區別是"溫和"與"激進"。所謂"激進"的表述是"關于婦女、爲婦女和與婦女一切書寫婦女群體的歷史"，強調批判性，宣稱對主流學界"不必自慚形穢，自貶于偏激、感性的'劣根'而膜拜想象中的'男性'的理性與客觀"[2]。強調"新婦女史"的戰鬥性時，是否一定要抛弃史學界兩百多年來形成的不成文規則却自創一個體系呢？

清華大學歷史系教授李伯重說："過分強調婦女史的特殊性，實際上是將其變成一個封閉的學術領地。""有意無意地把自己的研究建立在兩性對抗的基礎上，而這種對抗却是違背事實和邏輯的。""不少研究者具有一種特殊的心態。

---

[1] 杜芳琴：《三十年回眸：婦女/性別史研究和學科建設在中國大陸的發展》，《山西師大學報》2008年第6期，第4~11頁。

[2] 杜芳琴：《中國婦女/性別史研究六十年評述：理論與方法》，《中華女子學院學報》2009年第5期，第12~20頁。

他們爲了強調婦女史的特殊性，于是力求把這項研究封閉起來，成爲一種僅限于'圈内'事業，或者說少數人的專有領地。"[1]他的一席話令一些婦女史研究者反感，他們將其斥爲男性史學家的"傲慢"，殊不知，這種感覺并不是男性史學家所特有的，許多女性學者也只能遠遠地仰望着圈内人的爭論。在一片喧囂中，愚鈍如筆者只能避開那些高新的理論，默默地沉溺于一些小問題。

早在1928年，陳東原《中國婦女生活史》一書便認爲宋代是"中國學術思想以至于風俗制度的一個轉變時代"，婦女的被壓迫自宋代以後加深。20世紀80年代後的宋代婦女史研究，便是從質疑這一"轉折論"開始的。然而，筆者在編寫《宋史研究》一書時，又發現對宋代婦女地位的估計已走向另一面。宋代婦女的離婚再嫁被過分強調了，甚至有學者説宋代女性"擁有一個比前朝後代較爲寬鬆的社會生存環境"[2]。因此，本書從宋代的女教教材入手，試圖借此瞭解宋代的女德教育，并考察理學對女子教育的影響。而考察戰爭中的婦女，不由得追究起所謂"靖康恥"的另一面，更令人深思南宋以後女德教育的苛刻化問題。

沿着民國蓄妾制研究的餘緒，上溯至清、明以至宋代。當細讀宋代理學家關于妾制的議論及對所謂不續娶、不納妾之義夫的稱讚時，我明顯感到士大夫的矛盾。一方面妾處于傳統婚姻制度的底層，另一方面，淪爲人妾又是底層女性向上流動的途徑之一，現成的"壓迫"理論根本無法解釋這種現象。于是，撰成《中國蓄妾習俗反映的士大夫矛盾心態》一文，發表在《河南大學學報》2010年第4期上。此文在學界引起一定的反響，《中國社會科學文摘》同年第12期又予以重點轉載。在這之前，博士畢業論文《清至民國的蓄妾習俗與社會變遷》提交給復旦大學，答辯委員會宣布的評語第一句便是："跳出了女權主義的窠臼。"我却并不領情，當場反駁説："全文的確參考了社會性別的理論，最新的社會性别理論并不只有'性别'這一維度，亦強調階級、民族等多維度的考察。"在我的堅持下，答辯委員會主席同意删去第一句評語，可能在他看來，我真是不識好歹。

筆者早年曾研讀日本宋史學者柳田節子先生的《宋代庶民的婦女們》，其間有不少新見。沿着先生開闢的道路，我也試圖探究宋代庶民婦女的歷史。在傳

---

[1] 李伯重：《問題與希望：有感于中國婦女史研究現狀》，《歷史研究》2002年第6期，第154~157頁。
[2] 舒紅霞：《宋代理學貞節觀及其影響》，《西北大學學報》2000年第1期，第47~52頁。

統社會,婦女離家謀生的現象極其罕見。1935年,歷史學家全漢昇便開始關注勞動婦女的生計問題,其《宋代女子職業與生計》[1]一文將婦女職業分成實業(商業、手工業和農業)、游藝(娛樂)、雜役(婢女等)和妓女四大類。該文所依據的資料主要是《夢粱錄》等筆記,因此儘管列舉了眾多的職業種類,但論述的重點在于城市平民婦女,僅娛樂賣笑業就占據了一半篇幅。也許由于資料的散在,其後很少有論文關注婦女的生計。乳母本爲婢女的一種,選取這個群體,在于她和妾一樣,也具有由下層向上層流動的特點,而且在研讀史料時,意外地發現乳母與妾竟有某些共通點。拙文《進入宋代皇室的乳母與宫廷政治鬥爭》在《中華文史論叢》2015年第3期上刊出後,亦有一定反響,被人大複印資料《宋遼金元史》全文轉載。

婦女史資料的缺乏,促使婦女史研究者相繼開拓新史料。近現代婦女史研究者很早便開始收集口述的史料,但這很難用于明以前的婦女史研究。鄧小南《六至八世紀的吐魯番婦女——特別是她們在家庭以外的活動》(《敦煌吐魯番研究》1999年第4卷),嫻熟地利用出土文書、文物等材料;臺灣"中央研究院"的游鑑明利用圖像史料研究近代體育在婦女中的普及等。這些文章啓發筆者在研究婦女史時關注地下文物及圖像史料。相較而言,海外漢學很早便注意到了圖像史料。日本學者佐竹靖彦《〈清明上河圖〉爲何千男一女》、美國學者姜斐德(Alfreda Murck)《宋朝繪畫中的三位婦女》,收入鄧小南編《唐宋女性與社會》(上海辭書出版社,2003年),可謂目前所見最早利用圖像史料的宋代婦女史研究論文。深入考察宋代的女教教材,筆者亦找到許多女性教材圖文并茂的綫索,而且,對女性的女德教育,并不局限于刻印的文本,還有民間的壁畫等。循此綫索,本書試圖利用地下發掘的墓葬壁畫。限于精力,筆者僅收集有關行孝圖的部分,即便如此,這些資料也令人眼花繚亂,真所謂"五色令人目盲"了。

在研究中國古代婦女史時,我注意到一個現象:幾乎每個朝代的婦女形象都有非常矛盾的一面,僅據劉向撰的《列女傳》,可見先秦直至兩漢的婦女守貞已達到變態的地步。如宋恭伯姬、楚昭貞姜皆爲守住微不足道的禮而葬身水火,而同時《左傳》等史料又分明描述出夏姬等相當多見的放縱;又如《世説新語》《妒記》《續妒記》等描述出婦女的囂張悍妒,但另一方面魏晉與唐代却是女

---

[1] 全漢昇:《宋代女子職業與生計》,《食貨半月刊》第1卷第12期,第5~10頁。

教教材的撰寫高峰,《列女傳》中多見符合婦道的女人。如何解釋這種矛盾呢？任何時代當然都會有說教與現實不符的現象,但整體而言,社會性別觀是否有所變化呢？因此,本書首先從考察宋代婦女形象的矛盾入手。

第一章 有關宋代婦女史的先行研究報告

20世紀二三十年代是宋史研究的開創期，就在那時，已有學者開始宋代婦女史的研究，如：聶崇岐、董家遵在通史範圍內考察女子再嫁問題的歷史演變，注意到宋代的特殊性；全漢昇第一個關注宋代女子的職業生計課題；王桐齡、李業勤則將目光投向歌妓等特殊人群。但和整個國運相應，中國古代史研究於20世紀上半期困于戰亂，下半期滯于政治干擾，而宋史更成爲冷門中的冷門。1980年，中國宋史研究會成立，其後三十多年間，中國大陸的宋史研究有了相當大的進步，無論是論著的質量還是數量都已躍居各斷代史前列，研究者也是新人輩出，研究會本身更是發展成爲一個較大的學術團體。與這種狀況相應，宋代婦女史研究與宋史研究的復興幾乎同時起步，到20世紀90年代中期，婦女史研究頗有成爲顯學之勢。截至目前，筆者所搜集到的有關論著目錄已達260條以上（其中尚不包括李清照等人物的研究），論文數量已居各斷代史之首，而從研究的領域來說，已從最初熱門的婦女勞動、婦女婚姻等專題，擴展至法律、物質生活、典籍釋讀等領域，資料也從文本文獻擴展至繪畫、音樂、文物等。下文試按專題分述，以見其研究成績及存在問題。

一、概述

20世紀80年代以前，論婚姻史或婦女史者，大都認爲中國婦女地位之急遽下降始于宋代。陳東原《中國婦女生活史》有專章論述宋代的婦女生活。作者首先將北宋的儒者劃爲三個時期：早期的范仲淹等學者屬于第一個時期，他們對于貞節的觀念是寬泛的；第二個時期爲變化期，以王安石、司馬光等學者爲代表，他們對婦女的貞節觀念很不一致，有的寬泛，有的嚴苛；而第三個時期則在二程之後，這時理學成爲正統，即儒學在貞節觀念上日趨嚴苛。男性的處女嗜好亦産生于宋代,"遂使宋代爲中國學術思想以至于風俗制度的一個轉變時代"[1]。作者同時也指出:"實際上宋代的離婚再嫁,尚覺容易"[2]。其時,陳顧遠《中國古代婚姻史》也曾作出類似的論斷[3]。80年代末的宋代婦女史研究,便是從質疑這一"轉折論"開始的。

朱瑞熙《宋代社會研究》第八章在婚姻、財産權和生活文化三方面比較了唐宋婦女的地位。作者指出:在婚姻方面,北宋士大夫幾乎没有要求寡婦守貞的觀念,而至理宗以後,婦女的離婚權纔被剥奪;在財産繼承權方面,北宋對在室女的繼承權規定頗爲詳盡,寡妻妾可承"夫分",可居産招後夫,而至南宋,出嫁女及在室女的繼承權都受到額度限制,但寡婦仍可携奩産改嫁;衣飾方面,婦女裹足及出門蓋頭的風俗日益流行,説明婦女的行動自由受到更多的限制。"這一切都促成婦女的社會地位呈現下降的趨勢"[4]。該書要言不煩,但史料衆多,許多近年來被炫爲新發現的論點早已見于此。張邦煒作有論文《兩宋婦女的歷史貢獻》[5],還與朱瑞熙、劉復生等合作撰寫《遼宋西夏金社會生活史》一書,其中論述婦女問題的專章由張邦煒執筆。第六章以漢族婦女爲研究對象,第七章以少數民族婦女爲研究對象。主要總結了20世紀90年代婦女史的研究成果:對特殊的婦女階層進行了詳細的考察,如内外命婦的等級和封號,女使的來源及法律身份,婦女的離婚改嫁權和財産繼承權等。值得注意的是,張邦煒認爲,士大夫家庭中的主婦具有較廣泛的家事管理權,因而宋儒主張讓女子受教育;纏足和出門戴蓋頭雖時尚,但并未普及。此外,該書還從貴族婦女參政、家庭婦女主持家政、勞動婦女參與生産及女性文學的繁榮等方面證明宋代女性的貢獻,得出"婦女權利的進一步喪失是元代以後的事情""理學興起于兩宋,流弊主要在明清"[6]的結論。

1　陳東原:《中國婦女生活史》(商務印書館1937年複印本),上海書店,1984年,第129頁。
2　陳東原:《中國婦女生活史》(商務印書館1937年複印本),第141頁。
3　陳顧遠:《中國古代婚姻史》,商務印書館,1925年。
4　朱瑞熙:《宋代社會研究》,中州書畫社,1983年,第133頁。
5　張邦煒:《兩宋婦女的歷史貢獻》,《社會科學研究》1997年第6期,第119~124頁。
6　朱瑞熙、劉復生、張邦煒等:《遼宋西夏金社會生活史》,中國社會科學出版社,1998年,第104~134頁。

2001年6月5日至9日,在北京大學召開了"唐宋婦女史研究與歷史學"國際學術研討會,其概況可見許曼、易素梅所寫的綜述。會議分爲八個議題,即(1)文本:性別的表現與解讀;(2)女性書寫:閨訓與篇什;(3)生活:門内與户外;(4)圖像:風格與風貌;(5)性:身體與文化;(6)宗教:信仰與供奉;(7)性別意識:認同與錯位;(8)變遷:性別與社會[1]。本次會議的成功之處:一是擺脱了婦女受壓迫史的俗套,提出諸多可爭議的、有個性的議題。二是吸引了不少男性學者參加,促使婦女史研究跳出單一性別的桎梏,其中不少人是首次參加婦女史的會議,他們在社會性別的視角下對已有的材料作出新的詮釋。三是在國内首次嘗試將婦女史研究與歷史學結合起來,這種多學科的交叉滲透代表了婦女史研究的前沿,而涉及思想史、藝術史、社會史等各個領域的問題也激發了研究的靈感。四是在文本的解讀與婦女史研究的關係方面,作了新的探索。有關宋代女性史的論文共十二篇。學者們不滿足於從習見的文本中去尋找所謂的"史實",而對其中或隱或現的男性精英立場保持了警惕,于是,文本的撰寫、傳播、解讀和制度變遷成爲主要話題,而文本之外的視覺及聽覺材料的引入也時時激發出新的問題。在《"内外"之際與"秩序"格局:兼談宋代士大夫對于〈周易·家人〉的闡發》一文中,鄧小南重新審視宋理學家對儒家經典的闡釋,并引用制誥命詞及家訓、墓志等材料,通過發掘文本的功能,使人們對宋代士大夫的"内外觀"有新的深入理解。一方面,在宋人觀念中,對于"内""外"之際的區分相當強調;而另一方面,他們對于"内""外"之際的溝通又十分靈活。所謂"夫夫婦婦",強調的并非個體身份,而是講相對的位置關係。伊沛霞(Patricia Ebrey)《正史、傳聞與想象:關于開封失陷前後徽宗朝宫廷婦女的資料》則通過比較正史與野史資料,試圖解釋徽宗后宫婦女的數目及其生活狀況。對于非文本材料如何解讀的問題,亦見于三篇海外學者的論文。佐竹靖彦的《〈清明上河圖〉爲何千男一女》,從繪畫材料引出并展開論題,思考及于漢至明清的漫長歷史時段,并將中日兩國的同時代史料加以比較,試圖闡述男外女内觀念形成的現實基礎。姜斐德的《宋朝繪畫中的三位婦女》梳理了宋代以女性爲繪畫題材

---

[1] 許曼、易素梅:《唐宋婦女史研究與歷史學國際學術研討會綜述》,《歷史研究》2002年第2期,第183~186頁。

的作品,將其分爲理想化的女性、朱門後的女性、勞動女性、爲誡諭而繪的女性和看不見的女性五種類型,進而論述關于女性的物質文化和觀念。而高彦頤(Dorothy Ko)的《從唐宋身體文化試論纏足起源》,更結合出土文物及文獻,去重現唐宋間身體文化的種種面貌。近年來,學者的研究大半集中在婦女的"家事"上,而鮑家麟和吕慧慈合著的《婦人之仁與外事——宋代婦女和社會公共事業》揭示了宋代婦女在家門外公共事業中的積極活動及動機,進而探討男性士人的態度和反應,認爲女性豐富的外事活動也體現出其在家内的權力。柏文莉(Beverly Bossler)的《節婦烈女和宋代的政治、道德和性别觀念》,通過考察兩宋的傳記資料,發現彰顯女性的節操并批評男性道德有虧的傳記,從南宋開始纔日益增多,指出寫作婦女傳記的初衷本在于督促男性做忠臣孝子,但以後逐漸形成社會對婦女操行的系統要求。柏清韵(Bettine Birge)的《唐代至宋代的婚姻和財産法:從父系體系的疏離》,則通過比較唐、宋法律,得出宋代法律傾向于將財産從父系家族内釋出,而歸入异姓家庭的結論,并認爲地方官員很少顧及父系的原則,結果司法體系給予婦女以前所未有的財産權利。會議評議人尤其對文本的解讀提出了評論,如包弼德、岸本美緒都指出對待史料要謹慎,對自己解讀文本的能力應保持謙虚的態度。又如黄寬重質疑,唐代反映貴族生活和宋代反映中下層民衆生活的史料能否直接用于唐、宋的比較。本次會議的論文集于2003年8月由上海辭書出版社出版,題爲《唐宋女性與社會》,這是當時最重要的宋代婦女史的專著。其他論文可見于下列專題。

二、女性的婚姻及其與家族的關係

有關婚姻方面的研究,往往與婦女史研究重合,特别是婦女的再婚權利問題,更成爲宋代婦女地位問題討論的重中之重。唐代劍《宋代的婦女再嫁》[1]最早深入探討了這一問題。作者按理學發展的綫索,將宋代分爲初興、中期及末期三段,指出理學家雖提倡貞節,但對宋代婦女影響不大,直至宋末,宋代婦女再嫁的現象仍十分普遍。究其原因,主要爲唐代及遼金風俗的影響和戰亂的結

---

[1] 唐代劍:《宋代的婦女再嫁》,《南充師院學報》1986年第3期,第80~84頁。

果,而最關鍵的一點還是由于婦女在經濟上能基本獨立。直至宋以後再嫁方成爲可恥之事。張邦煒《宋代婦女再嫁問題的探討》[1]以大量史料證實宋代婦女改嫁者多,守節者很少,唐宋兩朝法律對待婦女再嫁無制度性變化,而且宋代放得很寬,但女子的改嫁權并不屬于自己,而屬于其父母;宋代貞節觀念不重,譴責改嫁并未形成社會輿論。吳寶琪《宋代的離婚與婦女再嫁》所論婦女改嫁現象與張邦煒一文所述相近,強調理學家與統治者反對婦女再嫁,而宋代的貞節觀念仍是寬泛的,下層社會更是禮教鬆懈,如兩浙地區甚至有縱妻私通以謀錢財的現象[2]。

與婦女改嫁現象相關的,是社會貞節觀的形成。吳旭霞《試論宋代的貞淫觀》強調宋人貞節觀念淡薄,不少年輕女子追求婚姻自由,理學家的觀點對當代社會影響不大,而正是由于時人對"不貞"過于寬容,纔引起理學家對守節問題的重視[3]。宋東俠《宋代士大夫的貞節觀》依據某些士大夫的言論、幫助婦女改嫁的行動及求娶改嫁婦的事例,來說明理學的貞節觀念對宋代社會的實際生活影響并不大。但文中結論所謂"宋代隨著商品經濟的發展,務實精神的加強,使傳統的義利觀念受到衝擊,貞節觀亦隨之發生變化",似乎既没有考慮唐人貞節觀念淡薄的事實,也没有考慮明清的商品經濟并不亞于宋代的狀況[4]。賈貴榮《宋代婦女地位與二程貞節觀的產生》也將宋代女性對婚姻締結有一定的自主權與寡婦再嫁的普遍性,作爲女性社會地位尚可的標志。作者將形成原因歸結爲:(1)婚姻關係中的財產觀念取代了門第觀念;(2)北宋政權的基礎——中小地主階層對婦女的態度較溫和;(3)土地所有權的不斷轉換,加速了失業者的形成,因而妓女隊伍有充足的來源,也使寡婦守節頗爲不易[5]。而這些現象其實亦見于明清,似乎并不足以説明宋代的特殊性。蔡凌虹《從婦女守節看貞節觀在中國的發展》,根據正史算出各代所出現節婦的年平均數,認爲宋代節婦遠少于

---

1 張邦煒:《宋代婦女再嫁問題的探討》,見鄧廣銘等主編:《宋史研究論文集1984年年會編刊》,浙江人民出版社,1987年,第582~611頁。
2 吳寶琪:《宋代的離婚與婦女再嫁》,《史學集刊》1990年第1期,第77~78頁。
3 吳旭霞:《試論宋代的貞淫觀》,《江漢論壇》1989年第5期,第75~78頁。
4 宋東俠:《宋代士大夫的貞節觀》,《中州學刊》1989年第5期,第119~121頁。
5 賈貴榮:《宋代婦女地位與二程貞節觀的產生》,《山東社會科學》1992年第3期,第68~71頁。

明清,因此宋前期人們的貞節觀比較淡薄,宋代并不是古代貞節觀强化的轉折點[1]。劉春迎《試論北宋東京婚俗的幾個特點》在論述解除婚約和離婚風俗時,認爲北宋社會對婦女改嫁并不忌諱,政府法律允許寡婦招"接脚夫"入門,丈夫長期外出久無音訊,婦女可以提出改嫁等,已婚婦女上街娛樂也并不罕見[2]。辛更儒《論宋代婦女改嫁不受輿論非議》指出,北宋時期,在婦女改嫁問題上,有兩件事引人注意:其一,守喪婦女改嫁的期限,由三年改爲三個月,而且禁居喪改嫁的條文也并未得到嚴格執行;其二,仁宗在位期間,對宗室婦女改嫁的限制被取消。但在結論方面未有新意[3]。宋東俠《理學對宋代社會及婦女的影響》仍强調理學對宋代的影響極其有限,尤其談到宋代的"節婦"和後代不同,既有改嫁者,又有妓女,這説明宋士人的貞節觀念并不嚴苛[4]。

上述論文幾乎得出同樣的結論:(1)宋代法律對改嫁的限制比唐朝寬鬆,婦女再婚的現象十分普遍;(2)社會貞節觀還比較寬泛,理學家提倡貞節的主張至南宋中晚期也未改變社會風氣;(3)改嫁較多的原因有唐代遺風、戰亂、遼金風俗的影響、婦女在經濟上比較獨立等。很明顯,"宋人貞節寬泛論"被過于强調了,于是近年來出現了少數反對意見。季曉燕《論宋代列女的特質》指出:宋代列女被輯入正史的標準比前代更爲嚴苛,爲丈夫殉死的婦女被大肆宣揚,體現出女性的犧牲越徹底越有示範性的價值取向。同時,宋代列女也具有與前者相反的時代特徵,即開始追求自强獨立的人生價值[5]。但後一特徵似乎還值得深思,如節婦忍苦育子,烈女與惡人抗爭,類似的故事即便在清末也很多,難道也可以作爲宋代列女"自强獨立"的特徵嗎?舒紅霞《宋代理學貞節觀及其影響》認爲,早期的理學家并無貞節觀的要求,至宋代中期,二程奠定了貞節觀的基礎,朱熹更使其完備,南宋中葉是貞節觀由説教付諸實踐的轉折點,故守節婦女日益增多。作者指出,在爲國殉難的烈女事迹背後,潛藏着扼殺女性生命的禮

---

1 蔡凌虹:《從婦女守節看貞節觀在中國的發展》,《史學月刊》1992年第4期,第24~30頁。
2 劉春迎:《試論北宋東京婚俗的幾個特點》,《河南大學學報》1997年第2期,第18~21頁。
3 辛更儒:《論宋代婦女改嫁不受輿論非議》,《婦女研究論叢》1999年第3期,第31~35頁。
4 宋東俠:《理學對宋代社會及婦女的影響》,《青海社會科學》2002年第1期,第78~81頁。
5 季曉燕:《論宋代列女的特質》,《江西師範大學學報》1997年第2期,第13~17頁。

教繩索[1]。杜桂榮《宋代女子再嫁、貞節觀與社會地位》對近年有關婦女改嫁、貞節觀的論述進行了反思,根據另外一些史料證明:在宋代未婚與已嫁女子都無權繼承父家遺產,所謂厚嫁之風亦不宜估計過高,女子嫁資并不能作爲其個人財産,寡婦携産再嫁不過是個别現象,因而將婦女改嫁歸因于婦女經濟上的獨立是十分牽强的,相反,女子再嫁恰恰是由于經濟不能獨立,往往迫于生計被其親屬逼嫁。作者首先比較了《漢書》和《宋史》中列女的形象,指出許多對再嫁婦女的蔑稱便始于宋,這説明對貞節的襃揚和對失節的貶抑;其次,中國自古就有縱欲的傳統文化,如新婚鬧房、縱婦私通以補貼家用等習俗,這些并不能説明宋人貞節觀的"寬泛",而恰恰是女性人格尊嚴遭到踐踏的注脚[2]。其中有關婦女改嫁的主因仍是迫于生計的論述,頗有説服力,但在力證自己論點的同時,作者似乎忘記了一個事實,那就是宋代士大夫家庭婦女的改嫁現象的確多于明清,這就不能僅用迫于生計來解釋了。

在社會風俗方面,尤其是有關婚姻、生育與家族方面的論文,亦往往與女性史有關。張邦煒在宋代婚姻史方面開拓甚深,其論文《試論宋代"婚姻不問閥閲"》認爲"婚姻不問閥閲"不僅見于家規,而且在社會上相當普遍,但其論證的重點在于后妃的出身與宗女的下嫁。與唐代相較,宋后妃出身于高級官僚家庭者較少,非官僚家庭出身者多于唐代,且宋皇家以爲"小官門户"出身者最理想。趙宋朝廷擇駙馬不重門第重人物,而下層宗女的擇婿要求更是低于唐代,以致出現賣婚于民間者[3]。論文所列舉的有關家規家儀史料,多謂"勿苟慕富貴",而"富貴"與門第并不是一回事,也就是説,家規所謂的"不慕富貴",似乎并不能用來證明社會的"不問閥閲";而當時所出現的"娶婦必須不若吾家者"觀念,似還可深入下去。在一系列有關婚姻的論文基礎上,張邦煒專著《婚姻與社會(宋代)》[4],全面介紹了宋代婚姻制度及婚姻觀念,評述其變化及特色,并分析其成因及影響,指出宋代婚姻并未失去封建婚姻的不平等性,婦女仍不得不從

---

1 舒紅霞:《宋代理學貞節觀及其影響》,《西北大學學報》2000 年第 1 期,第 47~52 頁。
2 杜桂榮:《宋代女子再嫁、貞節觀與社會地位》,《商丘師專學報》2000 年第 1 期,第 65~67 頁。
3 張邦煒:《試論宋代"婚姻不問閥閲"》,《歷史研究》1985 年第 6 期,第 26~41 頁。
4 張邦煒:《婚姻與社會(宋代)》,四川人民出版社,1989 年。

"父母之命",并無所謂自主權,而一般士大夫及富人納妾狎妓,感情難以專一。書中將禁止族際婚、提倡中表婚、反對异輩婚和廢止收繼婚,作爲宋代婚姻不同于前代之處。其中廢止收繼婚尤值得重視,作者從社會輿論與法律兩方面説明這一禁忌形成于宋代,并指出"宋代統治者絶無收繼後母、寡嫂之例"。

方建新《宋代婚姻論財》關注的範圍爲士人及一般平民,列舉朝廷命官爭娶富有寡婦、新榜進士待價而娶等現象,而關于平民的婚俗亦頗有意味,如議婚書帖附聘禮、嫁資宋代高于唐代、聘資多以貨幣計算等。作者認爲,形成這種風氣的根本原因在于商品經濟的發展,婦女身份商品化,這種風氣使婚嫁負擔過重,并導致婚嫁失時與童婚早婚的社會流弊。該文關于宋代嫁女費用多于娶婦現象的論述頗有新意,如謂宋律規定婦人在夫家對嫁資有支配權,女家爲提高女兒在夫家的地位,爭相抬高嫁資的社會現象等[1]。吴旭霞《試論宋代婚姻重科舉士人》列舉宋代士大夫擇婿尤重科舉功名的現象,認爲封建門第觀念并未消失,不少官僚不屑于與商人結親;但隨着經濟觀點的加强,士商結爲姻親也逐漸成爲普遍現象[2]。吴旭霞《試論宋代宗室之婚姻》認爲,宗室婚姻本重視門第,至北宋後期,宗室婚姻的門第之限蕩然無存,到南宋,宗室中出現更多的貧寒之家,于是往往與商人聯姻,相互利用;儘管有一定條件限制,但宋代的宗女仍保有離婚再嫁的權利[3]。馬斗成《宋代眉山蘇氏婚姻圈試探》通過考察蘇軾家族,以深入的個案研究,證明在宋代的名門望族中,門第、家世觀念仍占支配地位[4]。

范嘉晨《宋代話本小説的市民情愛型態》[5]和《〈聊齋志异〉中女性情愛的獨特型態——兼與唐宋傳奇小説比較》[6]這兩篇文章,則從宋代文言小説和話本中的女性形象入手,認爲宋代女子呈現出不同于唐的精神面貌,即宋代女子渴求一種名正言順的婚姻身份,并不再滿足于奉命完婚,而是勇于決定自己的命

---

[1] 方建新:《宋代婚姻論財》,《歷史研究》1986年第3期,第178~190頁。
[2] 吴旭霞:《試論宋代婚姻重科舉士人》,《廣東社會科學》1990年第1期,第89~92頁。
[3] 吴旭霞:《試論宋代宗室之婚姻》,《江西社會科學》1996年第4期,第42~45頁。
[4] 馬斗成:《宋代眉山蘇氏婚姻圈試探》,《天津社會科學》2002年第2期,第128~132頁。
[5] 范嘉晨:《宋代話本小説的市民情愛型態》,《青海社會科學》2000年第1期,第73~77頁。
[6] 范嘉晨:《〈聊齋志异〉中女性情愛的獨特型態——兼與唐宋傳奇小説比較》,《貴州社會科學》2000年第1期,第78~81頁。

運,表現出堅強獨立的精神。田同旭《論宋元戲曲中文人仕婚觀的差異》在比較宋南戲與元雜劇的才子佳人劇目的基礎上,指出宋南戲中多士人負心婚變的故事,與元士人重婚輕仕相反,宋士人在婚姻方面帶有明顯的功利思想,進而論述了宋代在科舉發展背景下所形成的社會婚姻觀[1]。

張邦煒《兩宋時期的性問題》考察了士大夫、宮中男性女性與中性人、娼妓、僧尼等四個社會群體的性生活狀況,承認有關性的科學在宋代繼續發展,強調現實中存在大量的縱慾行爲,一般人主張"絶欲少疾",理學家更是把人的欲望與道德對立起來[2]。但後三類應是非常特殊的社會群體,將其性問題作爲一個時代的社會現象,恐怕值得三思。

蔡偉堂《關于敦煌壁畫〈婚禮圖〉的幾個問題》嘗試以繪畫研究婚姻,作者認爲敦煌壁畫《婚禮圖》所繪爲"六禮"中的"親迎"之禮,其中關于新郎新娘對拜時男跪女不跪的考證頗有意味[3]。

婦女的生育情況及宋代部分地區的殺嬰惡俗也引起不少學者的興趣。吳寶琪《宋代產育之俗研究》指出,宋代殺嬰惡俗以殺女嬰爲主,造成了男女比例的嚴重失調[4]。其《試析宋代育婚喪俗的成因》注意到商品經濟發展的因素,如城市娛樂業的發達,使女兒成爲搖錢樹,以致江南某些城市的貧困之家不重生男,而重生女,對傳統的生育習俗衝擊很大。同時,作者還認爲少數民族比較開放的婚姻習俗對宋人有一定影響[5]。陳廣勝《宋代生子不育風俗的盛行及其原因》指出,不舉子以溺殺女嬰尤爲嚴重,除傳統的重男輕女思想外,"女合得男之半"的財產繼承法及嫁女費用多于娶婦的風俗也有一定作用,但在這方面作者并沒有充分展開論述[6]。臧健《南宋農村"生子不舉"現象之分析》將婦產科學不發達致使婦女生育無節制,作爲殺嬰的首要原因;作者也注意到男女比例失

---

1 田同旭:《論宋元戲曲中文人仕婚觀的差异》,《山西大學學報》1996年第1期,第29~35頁。
2 張邦煒:《兩宋時期的性問題》,見鄧小南主編:《唐宋女性與社會》,上海辭書出版社,2003年,第447~464頁。
3 蔡偉堂:《關于敦煌壁畫〈婚禮圖〉的幾個問題》,《敦煌研究》1990年第1期,第54~59頁。
4 吳寶琪:《宋代產育之俗研究》,《河南大學學報》1989年第1期,第39~45頁。
5 吳寶琪:《試析宋代育婚喪俗的成因》,《北京師範大學學報》1989年第5期,第92~98,91頁。
6 陳廣勝:《宋代生子不育風俗的盛行及其原因》,《中國史研究》1989年第1期,第138~144頁。

調,引發男子難娶、拐賣婦女猖獗、農村婦女早婚等一系列社會問題[1]。方建新《宋人生育觀念與生育情況析論》同樣注意到兩京及經濟發達的兩浙地區不重生男反重生女的思想觀念,但指出"傳宗接代"仍是宋代最基本的生育觀念,因此納妾與領養子或立繼嗣的風氣十分盛行,甚者不惜借用他人妻妾生育兒子,這一醜行并不會讓士大夫感到羞恥,兩家仍公開往來,且不至影響其前程[2]。宋代的婚姻禮俗說明傳統的多子多福思想仍十分濃厚。作者查閱并分析宋人文集中所載錄的神道碑、行狀、墓志銘等,對其婚姻生育情況作了統計和研究,得出男女兩性比爲 2.16∶2.21 的數據,認爲比率基本持平,而生育子女達 9 名以上者有 18 人,超過總數的四分之一,占 26%。但值得注意的是,墓志主人皆有一定身份,且中上層家庭多妻妾,那麼這一數據只能説明宋代士大夫階層的狀况。

臧健著有一系列有關宋代家法與女性的文章,論文《宋代家法與女性》指出:宋代家法已將守節視爲婦女最重要的品德,地位最低的并不是深受儒家思想薰陶的士人家族婦女,而是那些表面不受拘束的貧苦農村婦女,但總體而言宋時婦女仍比明清婦女自由[3]。論文《對宋元家族制度、家法與女性的考察》主要根據《袁氏世範》與《鄭氏規範》考察家族制度與女性的關係,認爲宋代家族制度的重建及完善,是女性地位發生變化的直接原因。儒家文化所提倡的倫理融入家法族規,因而易爲婦女所接受。宋代家法增加不少規範婦女行爲的條目,如不出中門、不得多言等,而"毋聽婦言"以維持大家庭的教誨,正説明女子在析產分居中的作用[4]。論文《宋代家法的特點及其對家族中男女性别角色的認定》主要辨析宋代家法的含義與特徵,從而探討家法對家族中男女兩性各種角色的認定,并以此來與明清家法相比較,得出"宋代稱家法,不如稱家訓、家禮更爲貼切,⋯⋯從宋元到明清,經歷了家訓、家禮向家法的轉化,明清以後的家法,法的成分更重,更明確","宋代家法大致是綜合了歷史上的訓文、戒文、規文

1　臧健:《南宋農村"生子不舉"現象之分析》,《中國史研究》1995 年第 4 期,第 75~83 頁。
2　方建新:《宋人生育觀念與生育情況析論》,《浙江學刊》2001 年第 4 期,第 129~133 頁。
3　臧健:《宋代家法與女性》,見《慶祝鄧廣銘教授九十華誕論文集》,河北教育出版社,1997 年,第 306~321 頁。
4　臧健:《對宋元家族制度、家法與女性的考察》,《山西師大學報》2000 年第 2 期,第 80~85 頁。

等文體并唐代書儀的家禮規範等體裁和内容發展而來的,……明清以後特别是晚清及民國時期的家法,……條款詳細,懲戒分明"[1]。但如作者所看到的,宋代家譜今已不存,以此不完全之史料與明清大量的現存家譜相較,恐怕亦有結論過早之弊。馬斗成《宋代眉山蘇氏家法試探》認爲,眉州蘇氏家族多有賢明孝慈女性,知書達禮,相夫教子,門户遂昌[2]。

唐代劍《試論宋代大家庭的社會職能》認爲,宋代是封建大家庭極盛時期,在强大的家長專制之下,"男外女内"的分工及女教得以强化[3]。但在宋代,大家庭是否如作者所認爲的那樣興盛是值得懷疑的。程民生《宋代家庭人口數量初探》則認爲宋代每個家庭約有子女5人,社會平均家庭人口約7人,男女比例大致持平。但南方土狹人稠,盛行殺嬰以限制人口,"生男稍多,便不肯舉,女則不問可知",致使當地男青年無妻可娶,只好到外地買婚[4]。作者根據宋代文集中的墓志、石刻及小説等測算,較有説服力。由于資料匱乏,研究者很難對宋代的家庭進行社會學方面的統計,梁洪生根據宋代江西人文集及歷年所發掘的998篇墓志進行了嘗試,《宋代江西士、宦之家人口諸問題初探》一文顯示調查結果爲:女子初婚的年齡平均在十八歲至二十歲之間,且兩宋無明顯變化;男子再婚現象較爲普遍,但無論幾娶,各個家庭的子女數基本持平;男性人數遠多于女性;在四十歲以前死亡者中,男性的比例遠小于女性,説明部分已婚女子早死[5]。

李德清《宋代女口考辨》的主要内容是有關宋代户口登録制度的考證,論文回顧了半個世紀以來國内外圍繞宋代女口問題的争論,列舉大量史實辯駁"女口不登户籍"假説,具有較强的説服力。其中關于女户的定義,及男丁服役輕重與女口有關等論述與婦女法律地位相關;而女口被國家列入勸課種植勞動力的

---

1 臧健:《宋代家法的特點及其對家族中男女性别角色的認定》,見鄧小南主編:《唐宋女性與社會》,第275~298頁。
2 馬斗成:《宋代眉山蘇氏家法試探》,《山東大學學報》2001年第1期,第84~88頁。
3 唐代劍:《試論宋代大家庭的社會職能》,《社會科學》1993年第7期,第64~67頁。
4 程民生:《宋代家庭人口數量初探》,《浙江學刊》2000年第2期,第135~141頁。
5 梁洪生:《宋代江西士、宦之家人口諸問題初探》,《人口學刊》1989年第3期,第46~52頁。

史料，對研究農村的女性勞動問題，也具有重要的啓發[1]。

三、婦女的勞動與經濟生活

其他斷代婦女史的研究，大多先從貴族婦女入手，然後纔逐漸關注勞動婦女階層，而宋代婦女史的研究，幾乎從一開始就把目光投向下層婦女了。1935年全漢昇便關注勞動婦女的生計問題，《宋代女子職業與生計》一文將婦女職業分成實業（商業、手工業和農業）、游藝（娛樂）、雜役（婢女等）和妓女四大類，所依據的資料主要是《夢粱録》等筆記，因此儘管列舉了衆多的職業種類，但論述的重點在于城市平民婦女，僅娛樂賣笑業就占據了一半篇幅，其中關于女經紀人、女牙人的史料頗有意味，但該文并未展開論述[2]。宋東俠《淺議宋代婦女在社會生産中的作用》主要論述了婦女在手工業和商業領域中的生産活動。作者指出：婦女手工業産品的絕大部分用于抵交租賦，一部分作爲商品參與市場交換，許多婦女走出家庭成爲手工業作坊主或雇工；婦女參與的商業種類不少且具一定規模，有些婦女甚至成爲商業中介人——牙儈；湖南、江西與兩廣地區，婦女勞動在家庭經濟中的作用甚至勝過男子。作者認爲：與前代相較，婦女尤其是江南地區的婦女，相對較多地投入到社會勞動中，成爲不可或缺的力量，因此其社會地位亦相應得以提高[3]。但該文史料尚嫌不足，結論亦略嫌籠統。

四、特殊女性群體研究

在各個女性群體中，婢女和妓女的研究早于貴族婦女，婢女成爲研究的熱點，與學術界關注宋代奴婢制的特殊性相關。王曾瑜《宋代的奴婢、人力、女使和金朝奴隷制》對宋代奴婢、女使的來源和社會地位作了全面探討，認爲宋代奴婢、女使大多來自雇募，在法律中用"女使"代替唐律中"奴婢"一詞，反映了唐

1　李德清：《宋代女口考辨》，《歷史研究》1983年第5期，第115~124頁。
2　全漢昇：《宋代女子職業與生計》，《食貨半月刊》第1卷第12期，第5~10頁。
3　宋東俠：《淺議宋代婦女在社會生産中的作用》，《青海社會科學》2000年第6期，第92~95頁。

宋之際階級關係的重要變化，即奴婢大量雇傭化，在其雇傭契約中規定了限期，在法律上規定：禁止掠民爲奴，禁止私家殺奴及刺字，禁止將奴婢與資財同等處理等。這說明其地位有所提高，但其社會地位仍然十分低賤[1]。王延中《宋代奴婢實態研究》指出在法律上，主人犯罪，奴婢不承擔連帶責任，民間對奴婢的稱呼和態度都有所改善，這說明奴婢的法律和社會地位高于前代[2]。婢女一般從事家政服務，文中所引蓄婢從事紡織業的史料頗有意味，但作者并未就此展開論述。宋東俠《關于宋代"女使"問題》[3]和《宋代"女使"簡論》[4]，對于婢女的雇期考述較詳，認爲其法律地位較前提高，基本是對王曾瑜諸説的補充。"女使"即婢，婢與奴命運相關，其地位之升降應爲社會階層關係問題，而作者將此作爲宋代婦女地位普遍提高之表現，似值得再考慮。郭東旭《論宋代婢僕的社會地位》主要分析奴婢的法律身份，如宋律限制私家非法强雇、掠販或違契雇傭婢僕，禁私自殺害和懲罰奴婢等[5]。

謝桃坊《宋代歌妓考略》將宋代歌妓分爲官妓、家妓及私妓三類，主要依據筆記等史料着重描述其悲慘的境遇，認爲其地位仍等同于畜産[6]。陶第遷《宋代聲妓繁華與詞的發展》認爲，歌妓的傳播對詞的發展起了最直接、最明顯的作用，而歌妓們的生活極大地刺激了詞作者的創作，到南宋，文人詞進入全面雅化的階段，得不到歌妓的青睞而逐漸衰落[7]。梁庚堯《宋代伎藝人的社會地位》指出：婦女在伎藝人中占了相當比例，除了正常表演外，相當一部分以出賣色相爲生，儘管其中有許多人富于才學，但社會地位仍是低下的，甚至處于社會邊緣，其形象往往不佳[8]。楊海明《"妙在得于婦人"——論歌妓對唐宋詞的作用》認

---

1 王曾瑜：《宋代的奴婢、人力、女使和金朝奴隸制》，《文史》1988年第29輯，中華書局，第199~227頁。
2 王延中：《宋代奴婢實態研究》，《史學集刊》1989年第4期，第20~24頁。
3 宋東俠：《關于宋代"女使"問題》，《青海教育學院學報》1993年第1期，第31~35頁。
4 宋東俠：《宋代"女使"簡論》，《河北學刊》1994年第5期，第81~85頁。
5 郭東旭：《論宋代婢僕的社會地位》，《河北大學學報》1993年第3期，第15~20頁。
6 謝桃坊：《宋代歌妓考略》，《中華文史論叢》1988年第4輯，上海古籍出版社，第181~195頁。
7 陶第遷：《宋代聲妓繁華與詞的發展》，《學術研究》1991年第1期，第121~126頁。
8 梁庚堯：《宋代伎藝人的社會地位》，見鄧廣銘、漆俠主編：《國際宋史研討會論文選集》，河北大學出版社，1992年，第89~99頁。

爲，在詞的初起階段，歌妓對詞的生成起過直接的作用，即將文詞轉化爲配樂歌唱；在印刷術普及之前，歌妓的演唱更成爲最生動的"大衆傳媒"。而年輕美貌的歌妓，是激發男性詞人創作靈感的源泉，也是大量戀情詩的生活素材，更是造成"婉約"詞風的催化劑[1]。作者在論述歌妓的"被看"功能時，明顯帶有傳統的封建文人遺風，一些素材如詞作中"佳人"妓多于妻，本可深入挖掘，可惜也停留在對"紅袖添香"的艷羨上。劉明瀾《宋代歌妓的演唱與詞樂的發展》分別考察了官妓、家妓、私妓的生活狀況，并主要論述歌妓演唱對詞樂發展的作用，其中談到古人好歌不擇男女，而宋獨重女音的現象，頗有意味[2]。但作者并未就此深入發掘，僅解釋爲因藝人本多女性，似嫌不足。吳小英《宋詞與歌妓》認爲，歌妓對詞的重大影響在于其使詞的題材和表現風格都染上濃厚的陰柔色彩[3]。儘管作者也意識到"考察宋詞必須將之置于當時社會"，但同樣沒有回答歌壇及詞壇之陰柔風氣究竟是怎麽來的。徐楓《論宋詞歌妓傳播的特色》謂唐宋時歌妓是以唱詞爲主要職業和謀生方式的，其從藝活動具有商品化傾向，歌妓之間又往往存在競争。因此，歌妓不只是被動地選詞而歌，還具有自己的主動性、參與性、交談性等特點。她們往往自己主動地去尋求新詞，追逐新詞，向名家索要好詞，尤其是希望自己能成爲名家新作的第一讀者和傳播者。此外，歌妓的傳播還具有調節詞樂關係的作用，能促使詞曲聲情、曲情的融合[4]。

宋東俠《宋代士大夫的狎妓風》認爲，狎妓成爲宋代士大夫精神生活的重要組成部分，理學對士大夫的心理和精神產生了消極作用，是這種頹風產生的内在原因；狎妓成風，使婦女的地位更爲低下，使整個社會虐女之風愈演愈烈。對高世瑜等所主張的妓女較有獨立人格的觀點，作者明確表示不同意[5]。

與婢女、妓女等相關的還有婦女的買賣問題。余貴林《宋代買賣婦女現象初探》謂，宋代買賣婦女現象大量存在，宋代法律并不完全禁止買賣婦女，專制

---

[1] 楊海明：《"妙在得于婦人"——論歌妓對唐宋詞的作用》，《中國典籍與文化》1995年第2期，第10~16頁。

[2] 劉明瀾：《宋代歌妓的演唱與詞樂的發展》，《中國音樂學》1996年第2期，第31~38頁。

[3] 吳小英：《宋詞與歌妓》，《杭州師範學院學報》1998年第2期，第35~38頁。

[4] 徐楓：《論宋詞歌妓傳播的特色》，《中國典籍與文化》1999年第2期，第87~93頁。

[5] 宋東俠：《宋代士大夫的狎妓風》，《史學月刊》1997年第4期，第114~116頁。

皇帝也加以支持,士大夫則把蓄妾視爲"人情",到處可見妓女的身影,買賣婦女的動機各不相同,程式也相當複雜。文章介紹,敦煌文書中有一件宋初的賣身契,它似乎是典賣與絶賣的混合物。婦女像牲口一樣被買賣,可見其命運十分悲慘,無論是婦女的社會形象,還是婦女的日常生活方式,都説明宋代的婦女地位實際上是下降了[1]。

宋代后妃特别"賢良"的現象也成爲關注的焦點。魏志江《論宋代后妃》簡述了宋代后妃制度的構成和演變,認爲后妃所享的優厚經濟待遇,是造成宋代"冗費"的重要原因之一,而其政治待遇主要表現爲品級、贈官、推恩、避諱、謚號等榮譽。作者總結出宋代后妃制的兩個特點:(1)后妃多出身于軍事官僚家庭;(2)作者明確表示,不同意宋立后妃不重門第的説法,認爲宋册封后妃"德""閥"并重[2]。張邦煒《兩宋無内朝論》指出,宋垂簾太后雖多,却"無后妃預政之理",這一點被擡到"國體"的高度,后妃干政輕則受責,重則被廢[3]。蔡一平《漢宋女主的比較》在比較兩朝女主的家世、掌權的過程、與太子的關係及所倚靠的力量等方面後,認爲漢代女主多出身大族,具備文化素養,又有家族作後盾;而宋代的家族組織加强了對人的控制,使婦女在家族中的地位進一步淪落,宋代女主失去了家族的依托,又受到政治制度的防範和思想上的束縛,故顯得規範正統[4]。楊果《宋代后妃参政述評》認爲后妃参政有積極作用,使各朝政權得以平穩交替,并總結其未導致"外戚亂政"的原因[5]。在后妃個人的研究中,祝建平《仁宗朝劉太后專權與宋代后妃干政》主要以史實説明劉太后本具有個人野心與才智,并通過其失敗的歷程,來説明宋代有一套完備的制度足以阻止后妃干政[6]。靳華《兩宋之際孟后垂簾聽政與民族矛盾》主要着眼于孟后被迫聽政的社會背景[7]。

---

1 余貴林:《宋代買賣婦女現象初探》,《中國史研究》2000年第3期,第102~112頁。
2 魏志江:《論宋代后妃》,《揚州師院學報》1994年第1期,第42~49頁。
3 張邦煒:《兩宋無内朝論》,《河北學刊》1994年第1期,第88~95頁。
4 蔡一平:《漢宋女主的比較》,《中國典籍與文化》1994年第3期,第38~44頁。
5 楊果:《宋代后妃参政述評》,《江漢論壇》1994年第4期,第67~70頁。
6 祝建平:《仁宗朝劉太后專權與宋代后妃干政》,《史林》1997年第2期,第35~40頁。
7 靳華:《兩宋之際孟后垂簾聽政與民族矛盾》,《求是學刊》1997年第3期,第95~97頁。

宋代攝政皇太后雖有八位之多，但從未威脅趙宋的皇位，上述論文明顯對此表示感佩，并主要從宋代政治制度上尋找原因：(1)宋代精密的官僚機構制約了皇權，也就可制約后妃之權力；(2)所謂祖宗之法注重抑制和防範宦官與外戚，于是削弱了后妃擅權的統治基礎；(3)宋代士大夫階層的崛起，可有效阻礙后妃的擅權；(4)宋代后妃具有規範正統的特性，能自我約束。但是，爲何士大夫的崛起能有效地防止女人擅權？爲何后妃到了宋代能變得如此"賢良"？這兩點上述論文并未回答。

季曉燕《論宋代后妃的文化品格》在分析歷朝后妃的言行後，指出宋代后妃具有理想的封建女性的文化特性，認爲在宋代后妃中根本沒有真正的政治家[1]。張明華《論北宋女性政治的蛻變》[2]和《真宗劉皇后經濟思想初探》[3]認爲，在宋代雖有八位皇太后垂簾聽政，但只有宋初的真宗劉皇后真正行使了決策權，具有主動性與獨立性，而其後的諸位皇后不過是外朝的代言人或傀儡；宋儒對主動退位垂簾太后的稱贊，實際上是女性政治的倒退越來越符合男性的口味，說明隨着理學的完善，婦女更趨向保守封閉。但是，理學是如何成功完成后妃教育的呢？社會性別思想又是如何指導政治制度建設的呢？上述兩篇論文也并未回答。

張邦煒《宋代的公主》對宋代公主的封號、等級、俸祿及婚配作了較全面的考述[4]。

臺灣學者黄敏枝《宋代婦女的另一側面——關于宋代的比丘尼》，考察了宋代比丘尼的數目、尼戒壇、出家原因、生活方式、臨安和福州兩地的尼寺和比丘尼等問題，附有詳細的表格，認爲宋代比丘尼的社會形象還是相當正面的，宋代開始將觀音菩薩女性化和中國化的妙善公主傳說相連在一起，或許對宋代婦女出家爲尼具有激勵的作用[5]。郝春文《唐後期五代宋初敦煌僧尼的社會生活》

1　季曉燕：《論宋代后妃的文化品格》，《江西社會科學》1996年第10期，第55~60頁。
2　張明華：《論北宋女性政治的蛻變》，《河南大學學報》2002年第1期，第33~37頁。
3　張明華：《真宗劉皇后經濟思想初探》，《開封師專學報》2000年第3期，第1~3頁。
4　張邦煒：《宋代的公主》，《天府新論》1990年第1期，第78~85頁。
5　黄敏枝：《宋代婦女的另一側面——關于宋代的比丘尼》，見鄧小南主編：《唐宋女性與社會》，第567~655頁。

根據敦煌文獻,探討尼姑的不同生活方式及賦稅負擔等,但本書之重點仍在于唐代,且主要論述僧人[1]。

五、婦女的法律地位

有關宋代婦女財産支配權與繼承權的研究開展較早,并已探索至相當的深度。如前所述,朱瑞熙《宋代社會研究》最早論及這一課題。袁俐《宋代女性財産權述論》作了更深入全面的分析。文章按女兒、妻子兩大類進行分析,認爲:(1)未婚的在室女,當其家無男性繼承人即所謂"户絶"時,可繼承全部財産;有親生兒子時,在室女以兒子的一半享有財産繼承權;至南宋更明確規定在室女參與全部財産分配,可女承父分,即以父親的名義參與父輩兄弟間的財産分割等,但實際執行中也有只給嫁資者。(2)已出嫁因離婚或喪夫而歸娘家的歸宗女,北宋時財産繼承權同于在室女,南宋時財産承分量被削減。(3)娘家無子及在室女時,歸宗女也有三分之一的財産繼承權,後法律對其繼承的財産作了最高限額。女兒的財産繼承權低于兒子,但不能説完全没有,且當諸女與過繼兒子共同繼承時,女兒的權利强于繼子。身爲妻妾的婦女,也有一定的財産支配權及繼承權。首先,妻子帶來的財産與丈夫共有,這包括得自娘家的陪嫁財産和遺産及其增值部分,但不屬于夫家,改嫁時可帶走。其次,丈夫死後,若有兒子,寡婦不能繼承丈夫的財産,只能爲幼子代管財産;無子的寡婦,可繼承部分財産作爲贍養費[2]。姚紅《從寡婦財産權的變化看兩宋女子地位的升降》考察寡婦財産權的變化并分析其影響,認爲兩宋的確是婦女地位嚴重下降的轉折期[3]。邢鐵《宋代的奩田與墓田》雖承認宋代陪嫁風盛行,但認爲奩田在多數情況下歸丈夫,只在少數情況(主要是夫亡後、改嫁前)纔歸妻子所有,而且即使是這種情況,由于法律并未明確規定,故司法者往往憑主觀臆斷,將携産改嫁者判

---

1 郝春文:《唐後期五代宋初敦煌僧尼的社會生活》,中國社會科學出版社,1998年。
2 袁俐:《宋代女性財産權述論》,見杭州大學歷史系宋史研究室:《宋史研究集刊》第二集,浙江省社聯《探索》雜志增刊,1988年,第271~308頁。
3 姚紅:《從寡婦財産權的變化看兩宋女子地位的升降》,《浙江學刊》1993年第1期,第114~118頁。

爲非法。因此婦女對蔭田的所有權是不完整、不穩定的[1]。唐自斌《略論南宋婦女的財產與婚姻權利問題》主要根據《名公書判清明集》（以下簡稱《清明集》）的案例，考察南宋婦女在財產和婚姻方面的權利，認爲在財產所有權和繼承權方面，婦女的權利十分有限，北宋婦女在"户絶"所擁有的財產繼承權，到南宋已三去其二；在婚姻方面，幾乎没有結婚自主權，雖保有一定的離婚與再婚權，但户婚律上"七出"與"義絶"的規定，實際嚴重限制了婦女的離婚權。文末的一段論述頗引人注目，作者認爲某些正直的官員利用手中權力，巧妙地幫助婦女實現了財產或婚姻的權利[2]。

劉春萍的兩篇論文則認爲，南宋婚姻法對婦女離婚權、改嫁權以及財產繼承權的規定，顯示婦女法律地位的提高。在離婚權方面，被夫之同居親屬強奸及夫犯罪并移居他鄉者，妻有權提出離婚；丈夫將妻子雇與他人者，可依"和離法"判離；先奸後娶或逼妻爲娼者，依法强制離婚。在財產繼承權方面，南宋有兩點變化：（1）歸宗女在唐時未有繼承權，在北宋有限定條件，南宋時則一律享有繼承權；南宋的補充規定，使得有養子與立繼子之家的在室女也獲得繼承權。故結論爲婦女的財產繼承權得以擴大。（2）有關婦女繼承財產份額的規定使立法更趨完善[3]。作者本爲法學研究者，故法理論述強于一般的史學研究者，且關于離婚權的論述頗有新意。宋東俠《簡析宋代在室女的財產權》的第一部分論述在室女于父家的財產繼承權，要點同于袁俐論文。第二部分論述厚嫁之風及其影響，認爲儘管社會輿論多譴責婦女攜資改嫁，但這種現象相當普遍。這些婦女，有的是妻，有的是妾，所攜之資也不限于原嫁資，甚至包括夫的財產。攜資改嫁反過來刺激婚姻論財之風，導致在室女索求嫁資之風更烈。結論爲：這種習俗"給宋代社會造成諸多不穩定因素"[4]。

立繼制與婦女的財產權有關。王善軍《從〈名公書判清明集〉看宋代的宗祧繼承及其與財產繼承的關係》指出：寡妻雖有立繼權，但次于公婆，并充分考慮

1　邢鐵：《宋代的蔭田與墓田》，《中國社會經濟史研究》1993年第4期，第36~41、53頁。
2　唐自斌：《略論南宋婦女的財產與婚姻權利問題》，《求索》1994年第6期，第125~128頁。
3　劉春萍：《南宋婚姻家庭法規範中的婦女地位芻議》，《求是學刊》1996年第6期，第95~99頁；《南宋繼承法規範初探》，《學術交流》1997年第2期，第94~96頁。
4　宋東俠：《簡析宋代在室女的財產權》，《青海師範大學學報》2002年第1期，第63~65頁。

亡夫的遺囑,而妾婢是無權立繼的;在繼承遺產時,直系親屬的立繼同于親子,而旁系親屬的命繼,所得的財產份額大爲減少,甚至低于歸宗女與在室女[1]。吕志興《宋代立嗣制度探析》長于法理論述,顯示出法學研究者的特點,但論點論據皆未見新意[2]。

屈超立《從宋代婚姻立法和司法實踐看宋代婦女的社會地位》從法條及司法實踐兩方面來考察婦女的婚姻自主權:在法條方面,宋代頒布了一些新的婚姻法規,其中有便于婦女離婚與再嫁的條文;從司法實踐看,宋代官員處理婚姻訴訟尤注重調解。而其原因爲:(1)門閥士族最後退出歷史舞臺;(2)人身依附關係有所削弱;(3)商品經濟的發展使女子的財產權有所擴大[3]。

宋東俠《宋代婦女的法律地位論略》主要從刑法上分析對女性犯罪的量刑問題:(1)雖然《宋刑統》沿用唐律,將謀殺親夫列入"十惡"重罪,但宋代往往以敕令的形式進行修訂,客觀上對婦女"謀殺親夫"罪的處罰大爲減輕;(2)婦人犯流罪免配役,而代以决杖、贖銅或强配予士兵;(3)夫犯重罪,妻免緣坐;(4)丈夫編配,妻子聽便。這説明宋代婦女本人犯罪在量刑上受到减等的優待,而且無辜被罪的範圍縮小,是婦女從法律上逐漸獲得獨立人格的起點[4]。關于古代刑法對女性罪犯的特殊規定,歷來研究極少,本文實有篳路藍縷之功,但從唐代至清代都有女犯贖銅減等的刑律,這是否可以作爲婦女法律地位提高的標志,還值得考慮;特別是第一點,作者認爲宋代"謀殺親夫"罪的處罰有所減輕,根據僅是兩條特例,在史料上有以偏概全之弊,進而認爲這是"夫權尊嚴的動搖",似乎也評價過高。

---

1 王善軍:《從〈名公書判清明集〉看宋代的宗祧繼承及其與財產繼承的關係》,《中國社會經濟史研究》1998年第2期,第19~26頁。

2 吕志興:《宋代立嗣制度探析》,《現代法學》2001年第3期,第132~136頁。

3 屈超立:《從宋代婚姻立法和司法實踐看宋代婦女的社會地位》,見北京大學古文獻研究所、四川大學古籍整理研究所編:《國際宋代文化研討會論文集》,四川大學出版社,1991年,第523~524頁。

4 宋東俠:《宋代婦女的法律地位論略》,《青海師範大學學報》1997年第3期,第62~65頁。

六、女性作家與女性文學研究

無論是主張宋代婦女地位下降的研究者還是主張宋代婦女地位不變或上升的論者，都注意到宋代婦女參與文學創作的現象，但這一專題主要由古代文學方面的學者在研究，史學界如何利用其成果，文學界又如何向文史邊緣深拓，恐怕是值得兩方學者思考的。

陳學廣《宋代婦女詞探幽》認爲，與男性作家以詞自娛娛人不同，宋代的婦女詞在態度上更真摯，而在題材上多寫閨情、寫身世，自然曉暢是其整體的美學特徵[1]。馬秀娟《宋代的婦女詩作》對宋代婦女詩作作了大略梳理，介紹了李清照、朱淑真及張玉娘等代表性詩人，并介紹了某些名不見經傳的民間婦女關於抗擊外侮、婚姻戀情的詩歌，指出宋代詩壇的普及性，并在第一章列有錄自各書目的已佚婦女詩集書目。但題目的龐大，使内容顯得過于雜亂，并缺少深入的比較分析[2]。程春萍《宋代婦女詞中的女性形象》主要分析女詞人所塑造的青樓女子、寡婦及亂世烈女形象，但并未揭示出女性視角的獨特之處[3]。蘇者聰《宋代女性文學》分類論述了各階層的女作家兩百餘人，作品近一千首，資料搜及小説筆記、文集詩話等，并進行認真的考訂，如北宋傑出女作家溫婉長期被湮没，該書對其作有萬餘字的介紹。尤其對歷來不受重視的姬妾奴婢、妓女尼道等都辟專章論述，并論及當時的社會背景，如裹足流行、典妻賣母等皆有涉及，對宋代女性史的研究頗具參考價值。對基于封建道德的評價，該書已不屑一顧，易安再婚、淑真戀愛、戴伯齡私奔，也不再成爲問題[4]。

研究宋代女性文學，首先想到的便是李清照，到目前爲止，筆者已檢索到有關論文三百多篇，不僅無法一一介紹，連篇目也無法全部列出，從1984年至2000年，報刊上至少發表過十次有關李清照的研究綜述或論文索引。大部分論

---

[1] 陳學廣：《宋代婦女詞探幽》，《社會科學研究》1989年第6期，第98~103、59頁。

[2] 馬秀娟：《宋代的婦女詩作》，《中國典籍與文化》1994年第3期，第51~61頁。

[3] 程春萍：《宋代婦女詞中的女性形象》，《社會科學戰綫》1994年第6期，第236~242頁。

[4] 蘇者聰：《宋代女性文學》，武漢大學出版社，1997年。

文都是有關李清照詩文的語言、藝術特徵及思想的研究，一小部分是有關其生平的研究，重要的有陳祖美《對李清照身世的再認識》[1]、畢寶魁《李清照生年新説》[2]。而對李清照生平的研究，其婚姻特別是她曾否改嫁最受關注，筆者已檢索到十篇有關論文，無論是考證她確曾改嫁或爲她"辯誣"者，在意識上幾乎都將此作爲李生平中的遺憾，而直到近年纔出現對這種"遺憾"研究的反思文章，出現從社會性別角度進行的研究，如文生、英烈《李清照詞的女性自我意識》[3]，沈金浩《李清照創作中的男性化色彩》[4]，劉越峰《男權文化籠罩下的李清照詞》[5]，楊海明《淒清孤寂：李清照詞所表現的女性情懷》[6]等。羅斯寧《李清照與宋代女性詞》將宋代女性詞中表現出的女性意識概括爲：自尊自強的要求，自戀自憐的情結，而易安詞即爲女性詞的杰出代表，但其詞也有超出一般的"丈夫氣"[7]。

對女詞人朱淑真的研究，雖晚于李清照，却有後來居上的趨勢，僅筆者目前檢索到已發表的有關論文即達三十八篇，也無法在此一一介紹。《文學遺產》就發表過三篇有關朱淑真的論文，即1994年第2期鄧紅梅的《朱淑真事迹新考》、1998年第1期任德的《朱淑真〈斷腸詞〉版本考述與作品辨僞》、1998年第2期胡元翎的《論朱淑真詩詞的女性特色》。另可參見《古籍整理研究學刊》1995年第3期刊載的李偉民的《朱淑真研究六十年綜述》。二十年前的研究，試以陳經裕《朱淑真試評》爲代表。作者以其詩詞證其生平，認爲她婚姻不幸，又不甘受封建禮教束縛，是被封建禮教吞噬的婦女縮影之一，其詩詞在一定程度上反映了社會現實[8]。有意思的是，古人即證其有情人，而作者却力辯朱淑真和其愛人"并没什麽不正當的舉動"，和古今愛易安者力辯其未改嫁一樣，雖愛朱者心可

---

1 陳祖美：《對李清照身世的再認識》，《文史知識》1998年第10期，第111~115頁；第11期，第103~107頁。
2 畢寶魁：《李清照生年新説》，《遼寧大學學報》1992年第4期，第67~70頁。
3 文生、英烈：《李清照詞的女性自我意識》，《遼寧師範大學學報》1990年第6期，第54~59頁。
4 沈金浩：《李清照創作中的男性化色彩》，《廣東社會科學》1995年第4期，第102~106頁。
5 劉越峰：《男權文化籠罩下的李清照詞》，《瀋陽師範學院學報》2000年第1期，第37~39頁。
6 楊海明：《淒清孤寂：李清照詞所表現的女性情懷》，《文史知識》2000年第8期，第56~63頁。
7 羅斯寧：《李清照與宋代女性詞》，《中山大學學報》2000年第1期，第61~66頁。
8 陳經裕：《朱淑真試評》，《河南師大學報》1981年第4期，第93~97頁。

憫,但其心底的社會性別意識則是非常分明的,即女子之改嫁與婚外戀都是不正當的。而在社會性別視角下重新審視朱淑真身世及作品的論文,也是到20世紀90年代後期纔出現,如《廣西民族學院學報》1996年第4期刊載的吳愛月的論文《重重藩籬中的女性悲歌:評朱淑真作品的女性意識》等。

蘇振元《略論詩人張玉娘和她的作品》主要考證張玉娘的生平,謂其生活于宋末元初期間,因父母悔婚憂憤而歿,身後存詩詞一百餘首,有《蘭雪集》傳世,多傷閨之作,也有少數反映了宋末國破之殘局[1]。作者爲其作品的傷感辯護,却未注意到,其作品雖大多號"貞節自書之詞",但她心儀初戀之對象,與其互贈詩書,誓同生死,這種行爲名爲堅守貞節,實爲要求婚姻自主。

常紹溫在《略談南宋末女詩人王清惠及其詩詞》一文中搜求宋末有關史料,詳考王氏之生平,謂其本爲尚書内省的女官,宋亡被迫北行,後做了女道士。賞析詩詞部分重點在《滿江紅》一詞,占全文的五分之二,作者多方證明王清惠并非忍辱偷生之女,其心底之意識,其實同于文天祥等宋人,即三宫婦人不能守節而死者,便有辱于國家[2]。

七、女性意識與社會性別話語

這類論題至20世紀90年代後期纔逐漸出現,而且也大多與文學史研究相關。李國彤《〈東京夢華錄〉中的女性及文化分層》一文主要是基于《東京夢華錄》的研究。作者認爲,由于城市商品經濟的發展,婦女大批參與娛樂業,以至下層形成"不重生男"的生育觀;宗教活動使中上層婦女也得以走出家門;下層文化塑造的是大膽追求愛情的女性形象,與以理學爲代表的上層文化相對。此外,作者還認爲,上層文化在向下層傳遞時遭到阻斷,其主因在于宋代社會的動蕩不安[3]。對此,筆者以爲似有商榷的餘地。梁鳳榮《宋代婦女的獨立意識》認

---

[1] 蘇振元:《略論詩人張玉娘和她的作品》,《杭州大學學報》1981年第2期,第54~60頁。
[2] 常紹溫:《略談南宋末女詩人王清惠及其詩詞》,見鄧廣銘、漆俠主編:《中日宋史研討會中方論文選編》,河北大學出版社,1991年,第363~377頁。
[3] 李國彤:《〈東京夢華錄〉中的女性及文化分層》,《中國典籍與文化》1994年第3期,第67~71頁。

爲宋代婦女的獨立意識并未完全泯滅,其表現爲:(1)追求情感獨立、婚姻自主,即一些未婚女要求自擇郎君、婦人改嫁再嫁;(2)于詞苑與其他工藝領域表現出獨創精神;(3)后妃插手權柄表現出政治上的獨立精神[1]。葛彬《論宋代女性文化意蘊》強調的是宋代女性文化優秀的一面,其表現爲廣大勞動婦女參與到經濟生活中,而有文化的中上層婦女走向了文學的前沿,其原因爲宋代的物質文化生活比前代豐富得多[2]。儘管作者也指出宋代女性文化有"畸形"的一面,如纏足、守節等,但并未論述這矛盾的兩面是如何統一的,而且關於女性勞動的論據,仍是紡織、服務業等,未見其新意。沈家莊《宋詞所表現的宋代女性觀念之歷史文化審視》的結論更爲現代:"對母親的尊敬和愛戴已經成爲宋代男性的一種執着的情感。宋代城市商業經濟的繁榮,爲平民婦女提供許多就業機會,……婦女的社會地位亦相應提高,婦女主體獨立意識也得以加強。宋代婦女觀念的進步與文化轉型帶來的價值觀念和思維方式的轉變是同步的。……宋詞中普遍地表現出同情女性、理解女性,對女性以獨立人格、主體價值的認識和人道的關懷,正是這種社會文化思潮的折光。"[3]

宋詞體現出的女性化氛圍,爲不少學者矚目。黃巧樂《扮作紅顏爲哪般:宋詞中角色轉換之作略論》主要論述詞創作的性心理,文中"詞人多爲男性,……而詞人的抒情視角却是女子"的結論,似可商榷[4]。楊雨《論〈花間集〉對宋詞女性意識的奠定》將宋詞女性化的社會背景前溯至晚唐五代,尤其第四部分有關男性視角中女性形象的論述,頗有新意[5]。易思平《唐宋詩詞中的變性之音》亦着眼於唐宋男性文人的精神變性,但并不認爲這說明這些男性真具有女性的視角,不過是在高度專制的社會環境下,文人意識到自己的奴性更甚於妻妾[6]。該文所謂"儒家文化的本質是女性化"的結論頗有代表性,其"陰柔的"便是"女性

---

1 梁鳳榮:《宋代婦女的獨立意識》,《鄭州大學學報》1995年第5期,第68~72頁。
2 葛彬:《論宋代女性文化意蘊》,《南昌大學學報》1997年第3期,第99~104頁。
3 沈家莊:《宋詞所表現的宋代女性觀念之歷史文化審視》,《廣西師範大學學報》2003年第1期,第49~54頁。
4 黃巧樂:《扮作紅顏爲哪般:宋詞中角色轉換之作略論》,《吉首大學學報》1997年第3期,第87~90頁。
5 楊雨:《論〈花間集〉對宋詞女性意識的奠定》,《吉首大學學報》2002年第3期,第50~54頁。
6 易思平:《唐宋詩詞中的變性之音》,《江淮論壇》2003年第1期,第103~108頁。

的",正是值得深思的社會性別觀念。

徐峰《過盡千帆皆不是——唐宋艷詞中女性等待現象透視》一文,通過分析唐宋詞中的語言,進而透視其內在的社會性別意識,令人有耳目一新的感覺。在唐宋詞中,"望斷秋水"的女性等待者成了不可或缺的形象。這種痛苦的存在,成爲忠貞情感的美麗象徵,對此,男性的欣賞超過了同情。首先,這種被等待滿足了男性的性別優越感,使他們感受到自我存在價值;其次,所謂"苦等"多是男性一廂情願的心理錯覺,將一時的繾綣幻化爲一世的深情;最後,這種等待不過滿足某種抒情需要,也是士大夫在政治場中"臣妾"心理的寫照[1]。

劉相雨《〈搜神記〉和宋代話本小説中女神、女鬼、女妖形象的文化解讀》將晋代志怪小説與宋代話本小説加以比較,最後總結説:女神的形象,前者多神聖威嚴,後者則和藹可親;女鬼的形象,前者多居于野外,男子娶女鬼往往得到意外之財,而後者多居于市井,更富人情味;女妖的形象,前者單薄,後者鮮明,并大膽追求情欲。作者分析了産生這一差异的社會、心理、文化等各個原因,得出宋代市民階層的興起,市民的審美情趣、價值觀是影響小説創作的重要因素[2]。其中關于魏晋間女神形象表現了門第婚姻中妻子的高傲,宋代女妖多遭到冷酷的鎮壓等論述,值得史學研究者深思。馬珏玶《宋元話本叙事視角的社會性別研究》分析了話本的題材分布,承認以女性爲叙述對象或爲主要配角的篇目占上風,但文本的叙事視角被集中在女性容貌上,女性的情感被落實爲對婚姻歸宿的追求,文本中女性的形象或爲夜奔的淫婦,或爲清心寡欲的賢婦,即使是被譽爲反抗封建的市民女性代表李翠蓮,所捍衛的也僅是男權文化,故事的主旨仍是展示女性行爲不合時宜的惡果。因而作者斷言:在宋元話本中并不存在嚴格意義上的女性視角[3]。

---

1 徐峰:《過盡千帆皆不是——唐宋艷詞中女性等待現象透視》,《安慶師範學院學報》2002年第3期,第45~47、91頁。
2 劉相雨:《〈搜神記〉和宋代話本小説中女神、女鬼、女妖形象的文化解讀》,《江西師範大學學報》2001年第2期,第30~36、91頁。
3 馬珏玶:《宋元話本叙事視角的社會性別研究》,《文學評論》2001年第2期,第97~106頁。

八、其他

考察某個時代特定區域的女性文化的特點，是近年來出現的新嘗試，目前僅見兩篇論文。張偉然《唐宋時期峽江女性的形象及日常生活》聚焦巴楚之交的峽江一帶，認爲其特有的區域性文化景觀，到唐宋之間纔趨於明顯，而其中包含很多獨特的女性因素。作者首先談及文面、高髻及瘦頸等該地女性特有的體貌，并論述它與自然環境及地方文化的關係。其次考察女性勞動的社會分工，指出負水等繁重的運輸工作主要由女性來承擔，到宋代，女性開始從事一些爲行旅服務的商業活動。最後談及該地女性的婚姻生活，雖然本地具有令異性自由交游的風俗，但由于環境艱苦、人烟稀少，出現一群高齡處女，故峽江女性忍受更多的寂寞，悲怨淒婉的《竹枝》音樂與女性文化有很深的關係。由于該地的漢化程度較低，在女性當中女兒占有特別的地位。元明以降，該地總體的文化面貌發生了明顯的變遷[1]。該文主要依據唐宋士人的詩文，在資料的實證性上尚有待于加强，而行文的文學性與跳躍性，更損害了邏輯性。鄧小南《宋代蘇州士人家族中的婦女》指出：蘇州士人家族婦女中的不少人實際管理着家庭產業，成爲家族事務正常運轉所倚重的對象，往往以不同的方式輔助乃至介入夫君子嗣的事業[2]。

婦女的物質生活與娛樂生活也進入研究者的視野。周寶珠《北宋東京的社會風俗與精神文明》認爲，在北宋生活風俗的變化中，婦女占有突出的地位，她們在服飾、用具及梳妝方面突破傳統，却在朝廷反奢侈的名義下慘遭迫害[3]。黃偉《宋代體育與宋代社會》注意到女子相撲在宋代的普遍性[4]。鍾年、孫秋雲《肉體與精神的雙重禁錮——宋代的婦女生活》將宋代婦女的纏足與貞節觀結

1　張偉然：《唐宋時期峽江女性的形象及日常生活》，《中國文化研究》1998年第2期，第95~102頁。
2　鄧小南：《宋代蘇州士人家族中的婦女》，見北京大學中外婦女問題研究中心：《北京大學婦女問題第三届國際研討會論文集》，1994年，第92~110頁。
3　周寶珠：《北宋東京的社會風俗與精神文明》，《河南大學學報》1985年第4期，第93~98頁。
4　黃偉：《宋代體育與宋代社會》，《史學月刊》1992年第6期，第33~39頁。

合起來考察，認爲從肉體到精神的雙重禁錮使婦女及整個社會心態都發生了畸變[1]。吴旭霞《宋代的服飾與社會風氣》認爲宋代的婦女服飾日趨保守[2]。但有關婦女蓋頭及纏足的考述已見于朱瑞熙《宋代社會研究》，而關于中上層婦女不能隨便與男子相見的結論似與宋代筆記記載不符。

程如峰《合肥北宋任氏墓志》載有新發現的婦女墓志[3]。翁善良、羅偉先《成都東郊北宋張確夫婦墓》有女侍俑的簡圖及夫婦合葬方式的考證[4]。江西省文物考古研究所《江西德安南宋周氏墓清理簡報》載有女性服飾圖案的詳圖和照片，又有關于婦女難産的考證[5]。這些考古論文與婦女史的資料有關。

苗春德《宋代教育》認爲，宋代的婦女教育受到更高的重視，大批有文化女性的涌現，既是宋代教育文化發展的結果，也是對男權主義的衝擊[6]。

九、小結

2001年，李華瑞《宋代婦女地位與宋代社會史研究》總結説：雖有部分學者認爲宋代婦女社會地位比前代有些提高，但大多數人還是認爲宋代婦女的地位自前代以來呈進一步下降的趨勢，并在下列三點上取得較多的共識：(1)婦女貞節觀雖形成于宋代，但在南宋中葉以前并未形成規範婦女的行爲準則，因而反對寡婦再嫁，講求婦女貞節直到南宋後期纔漸趨嚴厲。(2)宋代婦女仍具有一定的遺産繼承權。(3)奴婢、女使的法律地位較唐代有較大的提高。這些共識表明宋代不是婦女地位下降急轉直下的時代，宋代婦女在其地位下降的過程中仍擁有一定的權利[7]。

1　鍾年、孫秋雲：《肉體與精神的雙重禁錮——宋代的婦女生活》，《文史雜志》1996年第1期，第43~44頁。
2　吴旭霞：《宋代的服飾與社會風氣》，《江漢論壇》1998年第3期，第38~41頁。
3　程如峰：《合肥北宋任氏墓志》，《安徽史學》1984年第5期，第52~53頁。
4　翁善良、羅偉先：《成都東郊北宋張確夫婦墓》，《文物》1990年第3期，第1~13頁，圖版壹~貳。
5　江西省文物考古研究所：《江西德安南宋周氏墓清理簡報》，《文物》1990年第9期，第1~13頁，圖版壹~肆。
6　苗春德：《宋代教育》，河南大學出版社，1992年。
7　李華瑞：《宋代婦女地位與宋代社會史研究》，見鄧小南主編：《唐宋女性與社會》，第905~916頁。

筆者基本同意李華瑞上述三點概括,綜觀近年來宋代婦女史研究的趨向,在闡述這些論點時也暴露出過于強調宋代的特殊性,急于作反面文章的弊端,其表現爲:

1.相當一些論文有明顯的"以今代古"的傾向,甚至不惜將現代西方的女權主義理論强加于古人,如沈家莊的結論令人瞠目:"宋代文化表現出一種'人的解放'的文化精神。這種'人的解放',事實上包括婦女的解放在內。宋代婦女解放的評價視角,大抵可分兩個方面:一是男人世界之婦女觀發生了質的改變,男人已肯定婦女也是'人',與男人有同等的人的價值;二是女性獨立人格意識的覺醒,即女人自我意識到自己也是'人',應與男人享有同等的人的權利。"[1] 其實,這并不是宋代婦女史研究特有的現象,通觀當前各個斷代的研究論文,近年來,做"中國婦女被壓迫史"的反面文章似乎已成爲一種時髦,從先秦到清,幾乎都有類似的論點,若將這一派的論文編成通史,甚至可以得出中國婦女是最有獨立人格之人群的結論,而近代的婦女運動幾乎是多餘的了。當然,每個時代婦女的被壓迫都是相對的,因其階層及家庭身份的不同,的確有相對獨立的一面,但如何詮釋這些個別史料背後的社會意義,如何估計一個時代的婦女地位,恐怕有待于更艱苦的積累、更嚴肅的研究。

2.一些學者將某種現象作爲宋代婦女史的特徵,甚至輕易斷言:宋代女性"擁有一個比前朝後代較爲寬鬆的社會生存環境"[2]。其實,這類論文的結論并未或很少參考其他斷代史研究者的成果。如在談到宋代婦女改嫁問題時,多篇論文的證據是宋代法律允許婦女改嫁,實際上無論唐或清律,也都没有禁止婦女改嫁的條文。如吳寶琪《宋代的離婚與婦女再嫁》一文謂宋代婦女改嫁普遍,明清近年有關論文也談到這個問題,如王躍生《清代中期婦女再婚的個案分析》根據清代檔案證明,清代婦女改嫁仍普遍存在[3]。宋史研究者在證明宋代婦女之貢獻或獨立性時,常舉勞動婦女參與紡織等手工業和商業活動爲證,認爲這

1　沈家莊:《宋詞所表現的宋代女性觀念之歷史文化審視》,《廣西師範大學學報》2003 年第 1 期,第 49 頁。

2　舒紅霞:《宋代理學貞節觀及其影響》,《西北大學學報》2000 年第 1 期,第 52 頁。

3　王躍生:《清代中期婦女再婚的個案分析》,《中國社會經濟史研究》1999 年第 1 期,第 56~71 頁。

表明宋代婦女的地位提高了;實際上,明清的商品經濟較宋代更爲發展,尤其在江南城鄉,婦女于紡織業方面的收入占了家庭經濟的重要部分,見李伯重《"男耕女織"與"婦女半邊天"角色的形成——明清江南農家婦女勞動問題探討之二》[1]。那麽,是否可以據此認爲清代女性的地位高于宋代呢?

3.在研究女性史時,相當一部分論文帶有尋找新題材的色彩,根本不接受或很少瞭解社會性別理論,不自覺地以封建士大夫的眼光看待婦女問題。如相當多的論著對兩宋末婦女在亂世中爲保住貞節而大批自殺的行爲持贊賞的態度,或稱爲"愛國",或稱爲"巾幗英烈",其思想上的酸腐實爲"五四"精神的倒退。又如在論述后妃干政時,幾乎和古代的士大夫一樣,不少作者仍將女人擅權作爲政治敗壞之象徵。

長期在中國古代婦女史的園地耕耘,深感史料的散在與缺乏,尚有待于我們進行更深入的挖掘,而在引入來自西方的社會性別理論之時,亦不能過于生硬。實際上,在我自己的研究工作中,上述問題也會在不同程度上存在,當批評他人之時也往往意味着提醒自己。

---

[1] 李伯重:《"男耕女織"與"婦女半邊天"角色的形成——明清江南農家婦女勞動問題探討之二》,《中國經濟史研究》1997年第3期,第10~22頁。

第二章

宋代筆記內外的女性形象

宋代士大夫很爲本朝的女教自豪,《東都事略》在后妃傳前謂:"《詩》稱《關雎》之德,所以正夫婦而化天下也。是以輔佐君子,有逮下之仁而無嫉妒之心,懷進賢之志而有憂勤之念。用能助成一代之治,以興太平之基。塗山啓夏,任姒作周,豈不曰内德之茂哉?……自昭憲以降,正始之道相守如一,皆以遵承祖宗家法爲先。是雖賢德懿範,有所從始,然亦列聖修身、正心、齊家之本有以極其摯如此。"[1]的確,與唐宫相比,宋代的后妃既無武后之强,亦未聞帷薄不經之譏,不僅宫中如此,士大夫家中的大家閨秀及庶民之小家碧玉,風格亦與前代迥异。

然而,以往有關宋代婦女的研究,依據的史料主要爲史部的《宋史·列女傳》及集部中以女性爲傳主的傳記、墓志銘等,但如果將史料拓展至子部中的筆記小説類,也許我們會看到宋代婦女的另一面。

一、宋代的悍婦與妒婦

由于傳統的社會性别觀念將女性塑造成温柔順從的形象,凡是不符合"三從四德"的女人都被認爲是不正常的,國史家乘都不屑或不敢記載這類婦女,于是便在後人腦海中形成固定不變的古代婦女模式。然而,大千世界千變萬化,人類社會永遠是複雜的,無論哪個時代,婦女也不可能完全按照規範生活。即使士大夫不願記載這類婦女,而所謂"惡婦"的形象還是從筆記小説、民俗畫等史料中透露出來。

---

[1] 〔宋〕王稱:《東都事略》,卷一三《世家一》,《二十五别史》,齊魯書社,2000年,第97頁。標點本斷于"極",爲破句,不從。以下引文有類似情况不再注明。

（一）妒婦

南宋著名文人洪适曾編有《壼郵》十五卷，專收妒婦惡事，以誡仕女。其序曰："近世一二甲族，以妒名家，婦襲其姑，母傳其子，誦言誇說，以鉗制其夫爲能，施施不自恥。宗黨先後一有馴柔，則群起以蚩之，巧計以詸之，日陶月移，薰蕕同臭。"[1] 此書謂宋代名族往往"以妒名家"，而且蔚然成風，這還是我們熟知的宋代女性嗎？可惜的是，這部書并未流傳，否則可顛覆後人心目中的宋代仕女形象。

婦人之妒，主要針對丈夫的納妾，有的正妻憑藉妻族的支持，激烈反對丈夫蓄妾。《清明集》載，因爲丈夫黃定蓄妾，余氏搬來父親，雙方大打出手。同爲士大夫之地方官，對妻之"嫉妒"，可能與丈夫心同其苦，因而斥爲"婦人不賢，世多有之"，但也没有力挺丈夫，只是兩面勸和："起訟之端，只因妾桂童生子，黃定偏于愛，余氏專于妒。婦人不賢，世多有之，顧何責于此輩。監定當廳拜告其婦翁，以謝往失，仰余文子當廳遣女亥姐還定責領，并監立限改嫁桂童，別覓乳母，庶息兩家紛紛之訟。"[2] 解決方案竟然是送走寵妾。在正妻較爲强悍的家庭，丈夫也可能無法納妾，《袁氏世範》甚至謂："婦人多妒，有正室者少蓄婢妾，蓄婢妾者多無正室。"[3]

但在大多數家庭裏，儘管妻子不喜歡丈夫納妾，却往往無法與夫權對抗。有的女性或以自殺抗議，士大夫們往往極力描繪這類女性的弱點，誇大其神經過敏、捕風捉影、狹隘自私的性格。如"撫州監酒范寺丞者，妻美而妒。一夕范輪宿，同事戲取妓雙屐，密置范臥具中。詰旦，吏挈衾囊歸，妻見履，神色沮喪，因拊心曰：'天乎！吾至是耶！'入室自縊而死"[4]。這類故事强調的是

---

[1] 〔宋〕洪适：《盤洲文集》，卷三四《壼郵序》，文淵閣本《四庫全書》（以下簡稱"四庫全書本"），臺灣商務印書館，1986年，册1158，第474頁。

[2] 〔宋〕佚名：《名公書判清明集》，卷一〇《緣妒起争》，中華書局，1987年，第381~382頁。

[3] 〔宋〕袁采撰，賀恒禎、楊柳校釋：《袁氏世範》，卷下《暮年不宜置寵妾》，天津古籍出版社，1995年，第132頁。

[4] 〔宋〕曾慥：《類説》，卷四七《妻妒》，《北京圖書館古籍珍本叢刊》，書目文獻出版社，1988年，第802頁。

女性的可笑。

而更多的妒婦將滿腔怒火發洩到更弱的妾與妾子身上,宋筆記多有此類故事。有的正妻常虐待妾婢。"周益公夫人妒。有媵,公盼之。夫人糜之庭,公過之,當暑,媵以渴告,公以熟水酌之。夫人窺于屏曰:'好個相公,爲婢取水!'公笑曰:'獨不見建義井者乎?'"[1]周益公即南宋名相周必大,在其夫人墓志銘中必不見此類記載。又"鎮江士人,亡其姓名。妻悍妒,買妾不能容,每加凌虐,妾不能堪,屢欲投繯,士人憂之。有幹之金陵,丁寧懇諭其妻而行。去家纔兩日,忽中夜聞枕前切切之聲,不見其形,自言即其妾,引決死矣,懇求爲誦經追脩。士人大憂恐,亟遣僕歸,爲其區處。暨僕還,得家信,則妾故無恙"[2]。這本是一個鬼故事,該士遠行便憂慮過度,亦説明其妻雖悍,夫在家便不能害妾。

有的妒婦甚至直接殺妾婢,如"延平吳氏姊妹六人,皆妒悍,時號六虎。其中五虎尤甚,平生殺婢十餘人,凡三適人,皆不中[終]。夜分嘗聞堂廡間喧呼聲,同室皆懼。五虎怒曰:'狂鬼敢爾耶!'命闔户移榻中庭,持刃獨寢,徹旦寂然。人謂五虎之威,鬼猶畏之"[3]。又"鹽官馬大夫中行,妻悍妒。一婢免乳,即沈其子,雜糠穀爲粥,乘熱以食婢,竟以血癖而殂。乃取死子同坎瘞之"[4]。宋筆記所載正妻虐殺婢妾事,往往極其殘忍,令人髮指:"蘄春太守原注:不欲記姓名。妻晁氏,性酷妒,遇妾侍如束濕。嘗有忤意者,既加痛箠,復用鐵鉗箝出舌,以剪刀斷之。妾刮席忍痛,不能語言飲食,逾月始死。"[5]

有的妾婢不堪虐待,或以自殺求解脱。《夷堅志》曰:"華亭胡朝散萱,夏夜納涼,因踞胡床而睡,夢一偉丈夫,着白道服,撼之使起,曰:'居家有不恰好一事,宜急起理會。'胡驚寤,亟出户,果見一人自經于廊下,往視之,其子婦房中所使妾也。婦者同邑張氏女,賦性慘妒,此妾少有過,杖之百數,不能勝楚毒,乃就

---

1 〔元〕陶宗儀:《説郛》,卷二八引陳直《葦居聽輿·夫人妒》,《説郛三種》一百二十卷影印本,上海古籍出版社,1988年,第1352頁。
2 〔宋〕郭彖:《睽車志》,卷二,《叢書集成》(以下簡稱"叢書集成本"),中華書局,1985年,册2716,第18頁。
3 〔宋〕曾慥:《類説》,卷四七《姊妹六虎》,第802頁。
4 〔宋〕郭彖:《睽車志》,卷三,叢書集成本,第22頁。
5 〔宋〕洪邁撰,何卓校點:《夷堅志》,支甲卷四《蘄守妻妾》,中華書局,1981年,第742頁。

死。胡使呼婦就傍熟視,婦略不動色,徐云:'他人不須管,若不可救,我自當其責。'即取凳登之,解縊索,移時復蘇。……張婦之惡,猶不少悛也。"[1]在正妻強勢的家庭,妾婢甚至因女主人一個眼神就自殺了。《萍洲可談》謂:"胡宗甫妻張氏,極妒。元豐中官京局,母氏常過其家。有小婢雲英行酒,與主人相顧而笑,張見而嫌之。婢亦覺,是夕,自縊于廁。家人驚告,張飲嚼自如。母氏不遑處,乃歸。"[2]

正妻之妒,往往因己無子而妾有子,恐怕妾子繼承家業而于己不利。宋初張齊賢謂:"衡陽周令,失其名,蜀川人。喪妻三數歲,再娶妻,亦蜀川人。後妻携三女,俱長矣,來周令家,周撫之如己女。後妻凶妒,周舊畜婢數人,内二人妊娠,每後妻加以他事鞭撻之,無虛日。二婢各爲懷妊,常以背或以臀腿受其梃。周令妻多方用杖觸其腹,欲其不全,二婢竟以鞭捶墮胎而死。"[3]

最駭人聽聞者,莫過于殺自己親生子的妒婦。筆記謂:"有人任湖南倅,妻生子始晬,甚愛之。偶因開宴,命妓佐酒,一妓秀慧,倅與戲笑。忽見老兵擎生肉二盤至倅與客前,倅愕問之,則其子肉也。蓋妻忿夫與妓戲,乃手刃其子,持肉以獻焉。"[4]在某種情境下,個別婦人行爲乖張,甚至賭氣用至愛作爲犧牲品,在任何時代都是可能的。但作者將它作爲婦女普遍嫉妒的例子,具有明顯的貶低婦女的意味。這類故事往往強調妒婦的殘酷,甚至不惜用大量筆墨描繪殘酷的細節。

但有的妒婦故事似乎與正妻無關。蘇轍謂:"曲隄周氏以財雄于齊,有秘書丞高者,尤驕縱不法。嘗自京師載妓妾數十人游杭州,其一人以妒害自沉死。及還齊,其父母邀賄謝,不滿意,訴之長清令張次山。"[5]妾于游杭州時而死,正妻并不在,應爲諸妾妓爭風吃醋所致。

---

[1] 〔宋〕洪邁撰,何卓校點:《夷堅志》,支乙卷八《胡朝散夢》,第857頁。

[2] 〔宋〕朱彧撰,李偉國整理:《萍洲可談》,卷三,《全宋筆記》編2冊6,大象出版社,2006年,第179~180頁。

[3] 〔宋〕張齊賢撰,俞鋼整理:《洛陽搢紳舊聞記》,卷二《衡陽縣令周妻報應》,《全宋筆記》編1冊2,大象出版社,2003年,第168頁。

[4] 〔宋〕曾慥:《類說》,卷四七《妻妒》,第802頁。

[5] 〔宋〕蘇轍撰,孔凡禮整理:《龍川略志》,卷四《張次山因一婢知周高而刺配海島》,《全宋筆記》編1冊9,大象出版社,2003年,第271頁。

(二)不慈不孝與争産

比較常見的是後妻虐待或驅逐前妻子。沈括後娶妻張氏,悍虐。朱彧"仲姊嫁其子清直,張出也。存中長子博毅,前妻兒,張逐出之。存中時往賙給,張知輒怒,因誣長子凶逆暗昧事,存中責安置秀州。張時時步入府中,訴其夫子,家人輩徒跣從勸于道。先公聞之,頗憐仲姊,乃奪之歸宗"[1]。

妾生子女後,正妻或趕走妾,其子女往往亦隨之被趕走。元祐時高太后爲哲宗選皇后,看中一女,但因她是庶出而猶豫,并說其嫡母悍妒,女生三歲,生母即被逐,遂鞠于伯氏[2]。筆記謂秦檜之子秦熺原爲王家的庶子,被其家正妻趕出:"秦熺本王晚之孽子,晚妻鄭氏,逵夫之女,晚贅婦家而早逝,鄭氏怙勢而妒。熺既誕,即逐其所生,以熺爲會之乞子。會之任中司,虜拘北去,夫婦偕行,獨留熺于會之夫人伯父王仲嶷豐父家。豐父子時憍而傲,每凌侮之。"[3]

正妻雖能趕走妾生子,而一旦興訟,也并不能拒絶其分産的要求。"吴興富翁莫氏者,暮年忽有婢作娠。翁懼其嫗妒,且以年邁慚其子婦若孫,亟遣嫁之。已而得男,翁歲時給錢米繒絮不絶。其夫以鬻粉羹爲業,子稍長,詒羹于市,且十餘歲。"後莫翁死,里巷小流氓勸婢子去哭喪,然後興起訴訟。其子如教往哭,"一家駭然辟易。嫗罵,欲毆逐之"。而莫家嫡長子很聰明,引其拜嫡母及其家人,讓他與諸兄弟同寢處,并按月給以父親在日所給財物,這纔挫敗小流氓的分産陰謀[4]。

妻妾相争或殃及子女。曾鞏所作《秃秃記》載:秃秃爲孫齊庶子。孫齊因明法得嘉州司法,先娶杜氏,留高密;又騙娶周氏,帶至蜀。歸家,周氏知被孫齊紿,告縣,出錢得釋,孫對周氏許諾爲她休杜氏。後得授歙州休寧縣尉,獨之官,

---

1 〔宋〕朱彧撰,李偉國整理:《萍洲可談》,卷三,《全宋筆記》編2册6,第179頁。

2 〔宋〕朱熹:《三朝名臣言行録》,卷一二之一,《朱子全書》册12,上海古籍出版社、安徽教育出版社,2002年,第765~766頁。

3 〔宋〕王明清撰,燕永成整理:《揮麈録餘話》,卷二,《全宋筆記》編6册2,大象出版社,2013年,第51頁。

4 〔宋〕周密撰,高心露、高虎子校點:《齊東野語》,卷二〇《莫氏别室子》,中華書局,1983年,第365~366頁。

得娼陳氏,又納之。周氏屢訴于撫州及轉運使,皆不勝,便引所產子爲據。齊懼,與陳氏將周氏生子禿禿溺死。曾鞏感嘆道:"事始末惟杜氏一無忌言。"[1]則此事無一好人,僅正妻爲受害者,其褒貶可見。

正妻殺死妾子,似乎并不會受到什麼懲罰。據《宋史》,北宋李及歷掌大郡,以能幹著稱,在秦州時,有禁軍士兵白晝公然于市上搶奪婦人金釵,李及正安坐觀書,略加詰問之後,便令人推出斬首,然後觀書如故。點將悍卒從此服帖。然而,"娶張氏,性嫉悍。及嘗生子,鞠之外舍,張固請歸保養之,乃會親屬,以子擊堂柱,碎其首。及遂無子,以弟之子爲後"[2]。張氏所爲頗似王熙鳳,將妾子騙至府中,當衆殺死,不僅奇悍,而且不給丈夫一點面子。李及竟然毫無反應,不由令人感嘆,世間事物皆一物降一物也。仕女的醜事極少見于正史,這一條資料是要說明李及無子纔留下的,應該是一個例外。

經過多年的經營,儒家的孝道應已深入人心,但在民間却未必徹底,不孝子女仍所在皆有。南宋張侃講了一個故事:"蔡媼,湖休村人,事夫毓,二女。女及笄,嫁比鄰溫燠家。居亡何,良人死,媼日求于市,得十數錢以糊口。既老,就二女以養。歲往月來,頗厭之,問長女不應,問次女又不應,于是撫膺曰:'吾老矣,何以生爲?'乃粥巨燭,夜半即所居茅屋爇以火,且膜拜曰:'即死,死則吾事竟矣!'隔岸人見火光竟天,踪迹至媼室,燭存寸許,尚膜拜,因劫其所以然,媼對云云。明復如是,又燃中指,肉辭骨立,信宿與他指無异。媼曰:'吾將火其身,報謝天地,雖奄奄爲九泉下人,猶勝居人間世。'鄰有竊知其言者,斂金益薪,擇日而火焉。女聞媼死,若塗人,而無戚戚之色。嗚呼!以貧而失其指,又失其身,豈得已耶!是必中心有大不堪而至是耶?昔韓退之聞刲股救母欲聲朝而置諸罪,使聞媼所爲,將以何罪置之耶?嗚呼!此退之深得古人之用心也。使人人刲股以盡孝,則古者爲孝之道泯矣,況又不如刲股者耶。女不能以養媼,不可也;媼不能以固貧,有虧受諸父母之道,又不可也。然則罪其女乎?罪其媼乎?

---

1 [宋]曾鞏:《元豐類稿》,卷一七《禿禿記》,《四部叢刊》(以下簡稱"四部叢刊本"),上海書店,1989年,第3頁。

2 [元]脱脱等:《宋史》,卷二九八《李及傳》,中華書局,1977年,第9909頁。

其必有以處之矣。"[1] 二女互相推諉,皆不養其老母,老母不堪餓死而自焚。無論古今,這都是一個極大的社會悲劇。

和漢以來的故事一樣,嫁入夫家的婦女,往往被描述成破壞大家庭的挑撥者,是孝悌的破壞力量。筆記謂:"姑蘇馮氏兄弟三人,甚相愛。其季娶婦未逾年,輒諷其夫使分異。夫怒曰:'吾家同居三世矣,汝欲敗吾素業耶!'婦乃不復言。其仲每對親戚切齒,謂此婦必破吾家。一日,其婦向夫悲泣求去,詰之不答,固問之,始收淚曰:'妾父母以君家兄弟篤于友義,故以妾歸君。今仲常欲私我,我不敢從,每恚怒,欲令君逐妾。向勸君別居,其實慮此。使妾不幸爲仲所污,縱君含恥能忍,妾亦何面目以見親戚乎?'因泣不止。季怒,遂逼其兄析居,而孝友衰焉。"[2] 這樣的故事并不新鮮,可與圖像史料中的"田真哭荊"相對照,只是在宋代又被人們加以發揮,使得故事更爲曲折,婦人更顯陰毒。

《清明集》常有婦女出面爭產的記錄,如《正欺孤之罪》:"陳子牧先娶戴氏,無子,立璋孫爲子,既而庶生一子瑛孫,年十三。再娶鄭八娘,亦無子。閱十八年,子牧、璋孫相繼而亡。"子牧死後,夫族陳士馴先誘庶子瑛孫破蕩其一半家產,後策劃將自己的長子紹龍立爲已故璋孫之嗣子;繼妻鄭八娘與前妻戴氏親戚等又分其田業[3]。

(三)通奸與失貞

筆記中的確有關于士大夫家婦女通奸的記載:"是時,有工部員外郎侯叔獻者,荊公之門人也,取魏氏女爲妻,少悍,叔獻死而帷薄不肅,荊公奏逐魏氏婦歸本家。京師有諺語曰:'王太祝生前嫁婦,侯工部死後休妻。'"[4] 若謂士大夫造謠以攻擊王安石,而袁采亦曰:"又須自量我家子女如何。如我子愚痴庸下,若娶美婦,豈特不和,或有他事。"[5]

宋筆記裏還記載了一個類似小說的通奸故事。女主角一出場便光彩奪目:

---

1 〔宋〕張侃:《張氏拙軒集》,卷六《蔡媪傳》,四庫全書本,册1181,第434頁。
2 〔元〕陶宗儀:《說郛》,卷三三引方回《虛谷閑抄》,第1525頁。
3 〔宋〕佚名:《名公書判清明集》,卷七《正欺孤之罪》,第234頁。
4 〔宋〕魏泰撰、燕永成整理:《東軒筆錄》,卷七,《全宋筆記》編2册8,大象出版社,2006年,第51頁。
5 〔宋〕袁采撰,賀恒禎、楊柳校釋:《袁氏世範》,卷上《嫁娶當父母擇配偶》,第49頁。

"狄氏者,家故貴,以色名動京師,所嫁亦貴家,明艷絕世。每燈夕及西池春游,都城士女謹集,自諸王邸第及公侯戚里中貴人家,帘幕車馬相屬,雖歌姝舞姬皆飾瑲翠、佩珠犀,覽鏡顧影,人人自謂傾國。及狄氏至,靚妝却扇,亭亭獨出,雖平時妒悍自炫者皆羞服,至相忿詆輒曰:'若美如狄夫人邪?乃相凌我。'其名動一時如此。"有滕生一見便神魂顛倒,但狄氏"資性貞淑",一時難以得手。後打聽到老尼慧澄與其相熟,便投其所好,求她帶去價值二萬緡的兩囊明珠贈美人,其後就頗似《水滸傳》中西門慶勾引潘金蓮的過程了。與滕生雲雨之後,"狄氏亦歡然,恨相得之晚也。比夜散去,猶徘徊顧生,挈其手曰:'非今日,幾虛作一世人,夜當與子會。'自是夜輒開垣門,召生無闋夕,所以奉生者靡不至,惟恐毫絲不當其意也。數月,狄氏夫歸。生小人也,陰計已得狄氏,不能弃重賄。伺其夫與客坐,遣僕入白曰:'某官嘗以珠直二萬緡賣第中,久未得直,且訟于官。'夫愕眙,入詰,狄氏語塞,曰:'然。'夫督取還之。生得珠,復遣尼謝狄氏,'我安得此,貸于親戚,以動子耳。'狄氏雖恚甚,終不能忘生,夫出輒召與通。逾年,夫覺閑之嚴,狄氏以念生病死"[1]。小說家言不知真假,應該還是有仕女暗與人私通,但已不像唐時那樣肆無忌憚,因此記載已遠少于唐了。

當然,通奸的主角大多為寂寞的姜婢。《袁氏世範》曰:"人有以正室妒忌而于別宅置婢妾者,有供給娼女,而絕其與人往來者。其關防非不密,監守非不謹,然所委監守之人得其犒遺,反與外人為耳目,以通往來,而主翁不知,至養其所生子為嗣者。"不僅別宅妾,即使是養在院中之妾亦難免紅杏出牆:"夫蓄婢妾者,內有子弟,外有僕隸,皆當關防。制以主母猶有他事,況無所統轄!以一人之耳目臨之,豈難欺蔽哉!暮年尤非所宜,使有意外之事,當如之何?"[2]

宋筆記謂:"章子厚惇初來京師赴省試,年少美丰姿。當日晚獨步御街,見雕輿數乘,從衛甚都,最後一輿有一婦人美而艷,揭簾以目挑章。章因信步隨之,不覺至夕,婦人以手招與同輿。載至一甲第,甚雄壯,婦人者蔽章雜眾人以入一院甚深邃,若無人居者。少選,前婦人始至,備酒饌甚珍。章因問其所,婦

---

[1] 〔元〕陶宗儀:《說郛》,卷三四引廉宣《清尊錄》,第1560~1561頁。
[2] 〔宋〕袁采撰,賀恒禎、楊柳校釋:《袁氏世範》,卷下《婢妾不可供給》《暮年不宜置寵妾》,第131、132頁。

人笑而不答。自是婦人引儕輩迭相往來甚衆,俱亦姝麗,詢之皆不顧而言他,每去則以巨鎖扃之。如是累日夕,章爲之體敝,意甚彷徨。一姬年差長,忽發問曰:'此豈郎所游之地,何爲至此邪?我主翁行迹多不循道理,寵婢多而無嗣息,每鉤致年少之徒與群婢合,久則斃之此地,數人矣。'章惶駭曰:'果爾,爲之奈何?'姬曰:'觀子之容,蓋非碌碌者,似必能脱。主人翌日入朝甚早,今夕解我之衣以衣子,我且不復鎖門。俟至五鼓,吾來呼子,亟隨我登廳事,我當以廝役之服被子,隨前驅以出,可以無患矣。爾後慎勿以語人,亦勿復由此街,不然,吾與若皆禍不旋踵矣!'詰旦,果來扣户,章用其術,遂免于難。及既貴,始以語族中所厚善者,云:'後得其主翁之姓名,但不欲曉于人耳,少年輩不可不知戒也!'"[1]章惇爲北宋哲宗時的名相,未必有此奇遇,但深宅大院中的美婢妾主動勾引進京趕考的士子却是可能的,最有意思的是,這些女人將年輕男子拘爲性奴,竟是得到了男主人的默許,因爲"無嗣息",其行爲類似于當今富豪的借種生子。

亦有小家碧玉爲好色之生所勾引。"崇寧中有王生者,貴家之子也,隨計至都下。嘗薄暮被酒至延秋坊,過一小宅,有女子甚美,獨立于門,徘徊徙倚,若有所待者。生方注目,忽有驄騎呵衛而至,下馬于此宅,女子亦避去,匆匆遂行,初不暇問其何姓氏也。"後方知女子在等情人,王生先撿去相約暗號,當夜女出,"生挽而劫之曰:'汝爲女子,而夜與人期至此,我執汝詣官,醜聲一出,辱汝門户。我邂逅遇汝,亦有前緣,不若從我去!'女泣而從之。"該生始亂終弃,"女所賫甚厚,大半爲生費",其母又抑鬱而死,遂隸樂籍爲伎。後與王生在酒筵相遇,"密召女,納爲側室,其後生子,仕至尚書郎,歷數郡"[2]。此女初不是士家千金,而終爲士家妾,還算一個大團圓的結局。故事頗似小說,未必爲真,而士子勾引市民婦女當爲常俗。

婦女通奸一旦被發現,往往遭到殘酷的私刑懲罰,這種私刑却得到官府及社會的贊同。如"德州軍士劉喜,有氣岸。嘗出經年,妻與一富人子私通。夫歸,紿語妻曰:'汝之前事我盡知之,吾不能默默受辱于人,又不忍間兩情之好。

---

[1] 〔元〕陶宗儀:《説郛》,卷三三引方回《虛谷閑抄》,第1523~1524頁。
[2] 〔元〕陶宗儀:《説郛》,卷三四引廉宣《清尊録》,第1562頁。

汝能令富人子以百金餉我,我則使汝詐爲得病而死者,載以凶器,而送諸野,子夜則潛往奔之。如是庶可以滅口。'妻以爲然,因進百金,托以疾逝。夫乃納妻于棺,膠以大釘,遂縱火焚之。即以身自訴于郡,將張不疑奇其節,而釋其罪"[1]。按法律,通奸婦女罪不至死,其夫明顯是故意殺害,而官府却對他非常佩服。令人想起《水滸傳》中的武松殺嫂、宋江殺惜及楊雄殺妻,都極力鋪陳女人之淫與被殺之慘狀,看來這一點當時市民階級與士大夫已達成共識。

有關仕女通奸的故事并不多,但的確有仕女被迫失貞的記載。在《列女傳》中,婦女一遇性暴力便自殺以保清白;但在筆記裏却并不那麽絕對,我們可以看到許多仕女在戰亂時失貞。王明清曰:"錢義妻,德國夫人李氏,和文之孫女,早歲人物姝麗。建炎初,侍其姑秦魯大主避虜入淮,次真州而爲巨寇張遇衝劫,骨肉散走。渡大江,抵句容境上,復爲賊之潰黨十餘人所略。同時被虜儕類六七輩,姿色皆勝。毆之入村落闃無人迹之境,悉置一古廟中。每至未曉,則群盜皆出,扃鎖甚固,至深夜乃歸,必携金繒酒肉而來,蓋樁埋得之。逾旬,無計可脱。"幸得一貨郎相助,報官軍破此群盜。"詢婦輩,各言門閥,皆名族貴家,于是遣人以禮津送其歸。夫人後享富貴者數十年。頃歲,其子隽道端英奉版輿過天台,夫人已老,親爲明清言之。"[2] 在戰亂時,仕女不免落入匪巢,姿色姝麗,必不免遭受性暴力,這并不奇怪,而這位夫人遭此大劫後既未遭到夫家的嫌弃,子亦不避諱這段歷史,還娓娓道來,就讓人十分意外了。

(四) 有關惡女妒婦記載的特點

與唐代筆記相比,宋代筆記中所記的惡女妒婦有如下變化:除妒婦外,筆記中所記載通奸、不孝、争産等故事的主角多爲婢妾、平民或地方土財主的家眷,極少看到士大夫家的妻女。這當然有爲本階級避諱的因素,但恐怕也因爲仕女階層已受到更多的約束。

雖然悍妒往往連用,但二者還是不同的。妒婦一般指不許丈夫蓄妾或沾花

---

[1] 〔元〕陶宗儀:《説郛》,卷二五引范正敏《遯齋閑覽》之《劉喜焚妻》,第1187頁。

[2] 〔宋〕王明清撰,燕永成整理:《揮麈第三録》,卷二"李夫人盡獲群賊",《全宋筆記》編6册1,大象出版社,2013年,第264~265頁。

惹草，而悍婦則可能壓制丈夫。相較而言，宋代的婦女既無魏晋名門女子睥睨一切的自信，又無唐朝女子説一不二的威勢，似乎極少看到能真正壓制丈夫的妻子。沈括夫人似乎是個例外："沈括存中，入翰苑，出塞垣，爲聞人。晚娶張氏，悍虐，存中不能制，時被箠罵，捽鬚墮地，兒女號泣而拾之，鬚上有血肉者，又相與號慟，張終不恕。……存中投閑十餘年，紹聖初復官，領宫祠。張忽病死，人皆爲存中賀，而存中恍惚不安。船過揚子江，遂欲投水，左右挽持之，得無患，未幾不禄。或疑平日爲張所苦，又在患難，方幸相脱，乃爾何耶？余以爲此婦妒暴，非碌碌者，雖死魂魄猶有憑藉。"[1]作者以爲是沈夫人鬼魂作怪，而筆者以爲，沈括也許是真愛夫人。遍查筆記，目前只找到這一例敢動手打丈夫的宋代悍婦。又筆記曰："朱氏女沉慘狡妒，嫁爲陸慎言妻。慎言宰尉氏，政不在己，吏民語曰'胭脂虎'。"[2]朱氏果于干政，令吏民十分害怕，但也可能是她得到丈夫寵愛而行使特權。由行文看，她并没有令陸慎言害怕，也并未説她能欺負丈夫。

《妒記》及《續妒記》中記載的婦人，往往能鉗制丈夫，使其不敢和其他女人親近。而宋代妒婦在筆記中的形象發生了某些變化。大量史料説明，宋代妒婦的主要表現爲對比自己弱勢的妾婢及庶子施行暴力，儘管其手段非常惨忍，但已明顯不如唐代的女子威風，她僅敢對婢妾施威。即使是那位最著名的"河東獅吼"的原型，也并不能阻止丈夫納妾。筆記謂："陳慥字季常，公弼之子，居于黄州之岐亭，自稱龍邱先生，又曰方山子。好賓客，喜畜聲妓，然其妻柳氏，絶凶妒，故東坡有詩云：'龍邱居士亦可憐，談空説有夜不眠。忽聞河東師子吼，拄杖落手心茫然。'河東師子，指柳氏也。坡又嘗醉中與季常書云：'一絶乞秀英君。'想是其妾小字。黄魯直元祐中有與季常簡曰：'審柳夫人時須醫藥，今已安平否？公暮年來想漸求清净之樂，姬媵無新進矣，柳夫人比何所念以致疾邪？'又一帖云：'承諭老境情味，法當如此，所苦既不妨游觀山川，自可損藥石，調護起居飲食而已。河東夫人亦能哀憐老大，一任放不解事邪？'則柳氏之妒名固彰著

---

[1] 〔宋〕朱彧撰，李偉國整理：《萍洲可談》，卷三，《全宋筆記》編2册6，第179頁。

[2] 〔宋〕陶穀撰，鄭村聲、俞鋼整理：《清異録》，卷上《胭脂虎》，《全宋筆記》編1册2，大象出版社，2003年，第24頁。

于外,是以二公皆言之云。"[1]後人可以看出,柳氏的怒吼并不能阻止其夫好色,其夫仍舊夜夜笙歌,時納新姬。和唐代妒婦相比,宋代的妒婦實在弱多了。

宋代筆記所記載的這類惡婦故事,價值取向非常明確。首先,妒婦家的男主人往往遭到全體士大夫的嘲笑。蘇軾生性風流,養姬妾多人,尤喜作詩嘲笑怕老婆的士人:"孫公素畏内,衆所共知。嘗求坡公書扇,坡題云:'披扇當年笑温嶠,握刀晚歲戰劉郎。不須戚戚如馮衍,但與時時説李陽。'公素昔爲程宣徽門賓,後娶程公之女,性極妒悍,故云。"[2]又《甕牖閒評》曰:"或云:人家種南天竺,則婦人多妒。余聞之舊矣,未知其果然否。向在江陰時,有一曹檢法者,其妻悍甚,蓋非止妒也。曹嘗建一新第,求所謂南天竺者,將植于堂之東偏,余是時偶到彼處,姑以所聞告之,曹慘然應曰:'其果然耶?我家今無事,尚不能安帖,況復植此感動之物乎!'余曰:'事未可知,聊爲耳目之玩,亦自不惡也。'曹曰:'耳目未必得玩,而先潰我心腹矣,則不如其已!'遽命撤去,坐客無不笑之。"[3]

如果説畏妒婦的男人遭到嘲笑還是傳統社會一般主題的話,那麽宋代筆記的記事往往直接表現出士大夫的憤慨。如上述衡陽縣令妻故意令妾流産并致其死亡,張齊賢自謂:"是時,余任薊州通倅,聞嘗不平之。"[4]

其次,宋代有來自朝廷的直接干預,這回可不是令妒婦喝醋之類的搞笑懲罰了。"王賓以供奉官充亳州監軍,妻極妒悍。時監軍不許挈家至任所,妻擅至亳州,賓具以白上。上召見其妻詰責,俾衛士交捽之,杖一百,配爲忠靖卒妻,一夕死。"[5]妻妾之争鬧至朝廷,甚至會影響丈夫的仕途。孫準因納妾與妻家争訟而被罰銅,司馬光竟以舉主自劾曰:"今準閨門不睦,妻妾交争,是行義有缺。于臣爲貢舉非其人,臣不敢逃刑。"[6]

---

[1] 〔宋〕洪邁撰,孔凡禮整理:《容齋三筆》,卷三《陳季常》,《全宋筆記》編5册6,大象出版社,2012年,第37~38頁。
[2] 〔宋〕趙令時撰,孔凡禮整理:《侯鯖録》,卷一,《全宋筆記》編2册6,大象出版社,2006年,第197頁。
[3] 〔宋〕袁文撰,李偉國整理:《甕牖閒評》,卷三,《全宋筆記》編4册7,大象出版社,2008年,第163頁。
[4] 〔宋〕張齊賢撰,俞鋼整理:《洛陽搢紳舊聞記》,卷二《衡陽縣令周妻報應》,《全宋筆記》編1册2,第168頁。
[5] 〔宋〕洪邁撰,孔凡禮整理:《容齋四筆》,卷一四《祖宗親小事》,《全宋筆記》編5册6,大象出版社,2012年,第357頁。
[6] 〔宋〕司馬光撰,李文澤、霞紹暉校點:《司馬光集》,卷五五《舉孫準自劾第二札子》,四川大學出版社,2010年,第1134頁。

《清明集》中有無子之妾被正妻斥逐的案例,妾得到地方官的同情。羅柄正室無嗣,有婢來安生子一人,不爲繼室所容,被逼逐在外,寄在田舍,將及一歲,男主人撥與田以充口食。未幾,該子病故,其田繳還羅氏,婢來安遣還父母。以後羅柄又給田來安,寫在其父鄒明的名下。羅柄死後,圍繞田產的歸屬發生訴訟。判詞嚴厲斥責逐妾正妻:"在法:妻有七出,無子爲先。羅柄之妻趙氏不惟無子,又嘗謀其庶子,已爲羅柄所出,自有公案,人所共知。已而復歸,乘羅柄之老且病,據其生業,逐其孽子,而自主家事,使羅柄雖有大廈而不得安居,雖有庶子而不得就養,行路之人,聞而哀之,咸爲不平。今其婢已去,其夫已死,而猶滋毒不已,甚矣!雌之不才,未有加于斯人者。……仰鄉司仍舊頓立鄒明戶,以元稅苗還之,候阿鄒嫁人,却聽自隨。"[1]地方官的判決明顯打壓強悍的正妻,主要是爲了讓父家長制延續下去。

最後,在士大夫筆下,妒婦總會遭到悲慘的惡報,這和南朝至唐代單純娛樂搞笑的故事明顯不同。上述衡陽縣令"周之後妻,既殺二婢,其後三女相次適人,因權寄寓衡陽。不四五年,三女俱因產而死。每一女死,其妻必飯僧懺悔,爲先鞭撻墮胎死者二婢看經,自禮《梁武懺》。三女俱以產死,未死間必旬日號呼痛楚,宛轉而後終。周令妻泣涕誦佛經,自對佛稱罪焚香。憂惱,因而得疾,女亡後歲餘亦死。烏乎,書所謂'天網恢恢,疏而不漏',佛經報應,何昭昭若是乎?書之,俾妒悍不令之婦,聞之增懼,亦勸誡之道,有益于世教云"[2]。

又上述胡宗甫妻張氏逼殺婢妾,"明年,張之愛女病,作婢語責張曰:'我由爾死,尚未足道;既聞之,飲食笑樂安忍耶?必令主死,爾諸子繼之,使爾子然無聊,以償我昔痛!'未幾,宗甫捐館,張遽出京還常州,三子盡亡,姑婦四人孀居。張晚年病發,宛轉哀鳴,求諸婢餔飼扶掖,或責以前事,則流涕無語,如是十餘年乃卒"[3]。

上述鹽官馬大夫中行妻殺生子之婢,"後數年,妻爲厲所憑,自言坐血池中,

---

[1] 〔宋〕佚名:《名公書判清明集》,卷四《羅柄女使來安訴主母奪去所撥田產》,第116頁。

[2] 〔宋〕張齊賢撰,俞鋼整理:《洛陽搢紳舊聞記》,卷二《衡陽縣令周妻報應》,《全宋筆記》編1冊2,第168~169頁。

[3] 〔宋〕朱彧撰,李偉國整理:《萍洲可談》,卷三,《全宋筆記》編2冊6,第180頁。

受無量苦,上訴于天,今當偕詣陰府。其家禱之,且許以誦經飯僧,皆不從。且云:'主母今亦數盡,故我得相近。'又云馬在世僅有三年之壽。妻竟死"[1]。

講鬼怪的《睽車志》記載了更多這類故事:"一日,(程)泳之方與妻對食,忽有骷髏自空墮几案間,舉家駭愕。泳之爲祭文而埋之。不數日,泳之妻病,日浸加劇。一夕爲鬼所憑,下語云:'我李貫也,爾先爲吾妻,酷妒特甚,三婢懷妊,皆手殺之,今使吾無後,職汝之由。吾既死,資財且多,曾不爲吾廣作佛事,以伸薦悼,乃盡奄有,爲再嫁資。吾已訟于陰府,不汝置也。'"程見其妻爲三鬼鞭之甚楚,已而竟卒。[2]

小説《夷堅志》亦熱衷于傳播此類故事。上述知州妻晁氏斷妾舌,"後其家設水陸齋會,僧方召孤魂,晁窺屏間,正見故妾手持刀鉗二物,流血滿身,就位享供饌。怖而奔歸,爲傍人言,深有悔懼意。尋得疾,呻吟之際,但云:'切[妾]督冤責償,勢必不免。'蘄守許以佛經及多焚楮鏹釋其怨,晁云:'切[妾]不可。'數日而卒。"[3] 又户曹張濤妻生前妒忌,使酒任情,死後在地獄受苦:"至晡後,聞騶哄傳呼,旌斾劍戟,儀衛甚盛,紫衣貴人下馬入正廳。一行從卒,悉變爲獰鬼阿旁形狀。運長叉,揕妻至前斬首,且析其四體爲數十段。已而復生,鞭訊痛楚。移時,紫衣去,一切如初來時。妻曰:'每日受苦如此,須請泗州大聖塔下持戒僧看誦《金剛經》,方免兹業。'"[4]

誤殺丈夫的悍婦,應該當世就會受到法律的制裁,而在故事裏,悍婦還會受到來世的報應。某女陳氏突然發願爲尼,原來得知她前世有冤報須殺夫,"法悟心悸,對曰:'得生人間,未曾爲惡,何得有冤?'判官曰:'汝前世之妻乃汝今生之夫,以妒嫉,故傷汝左耳,因而致死。今反爲汝之夫,合正其命。'法悟曰:'我雖有此宿冤,心不欲報。'"[5]

---

[1] 〔宋〕郭彖:《睽車志》,卷三,叢書集成本,第22頁。

[2] 〔宋〕郭彖:《睽車志》,卷四,叢書集成本,第33頁。爲使讀者更好地理解原文,本書特在圓括號内補充信息,或爲人物姓氏,或爲年號。全書同此處理。

[3] 〔宋〕洪邁撰,何卓校點:《夷堅志》,支甲卷四《蘄守妻妾》,第742頁。原文中的"切"改爲"妾"更妥帖,故在方括號内標出。全書同此處理。

[4] 〔宋〕洪邁撰,何卓校點:《夷堅志》,支丁卷二《張次山妻》,第981頁。

[5] 〔宋〕王明清撰,燕永成整理:《投轄録·尼法悟》,《全宋筆記》編6册2,大象出版社,2013年,第86頁。

對于妒婦問題，士大夫開出了不同的藥方。一是不能娶富貴家的婦人。司馬光曰："婦者，家之所由盛衰也，苟慕一時之富貴而娶之，彼挾其富貴，鮮有不輕其夫而傲其舅姑，養成驕妒之性，异日爲患，庸有極乎？"[1]

二是休妻。司馬光曰："自古及今，以悍妻而乖離六親，敗亂其家者，可勝數哉！然則悍妻之爲害大也。故凡娶妻，不可不慎擇也。既娶而防之以禮，不可不在其初也。其或驕縱悍戾，訓厲禁約而終不從，不可以不弃也。夫婦以義合，義絶則離之。今士大夫有出妻者，衆則非之，以爲無行，故士大夫難之。按《禮》有七出，顧所以出之用何事耳。若妻實犯禮而出之，乃義也。昔孔氏三世出其妻，其餘賢士，以義出妻者，衆矣。奚虧于行哉？苟室有悍妻而不出，則家道何日而寧乎！"[2]

三是加强對正妻的教育。吕祖謙曰："夫人無妒忌之行，而賤妾安于其命，所謂上好仁而下必好義者也。"[3] 洪适著《壼郵》，明顯帶有教育閨中婦女的意義，而不是一部娛樂士大夫的故事書。序謂："《詩》本'二南'，以不妒忌爲嬿德，彤史直筆，以婉淑爲良範。《易》曰：'男女正，天地之大義也。'嗚呼！士無賢不肖，入朝見嫉；女無美惡，入宫見妒。國有邪媚之臣則衰，家有孽蠱之婦則替。……昔虞通之作《妒記》二卷，王續補之，事或疏逸，由唐至于今未能彙見也。間因學餘，掎抉群編，旁羅耳目所接，得若干事，披爲十五卷。以閨中之過，莫先于此，目之曰《壼郵》，不直云《妒記》者，微其文所以深貶之也。或曰：劉子政著《列女傳》，班孟堅而下咸踵焉。今子不表其長，而惟短之揭，無乃非德者之言乎？曰：子政遠摭三代迄于漢，可贊者百十有六人，兩都四百年，不刊者十有七人，信乎有德而可範者鮮矣！夫至賢不待書而然，至惡不待書而變，抑使中人之性，知惡之不可蹈也，懼後有汗青者不吾置，則洗然知所新，所謂抆凶魂于腐壤，啓懿行于將來，士君子鑒之！徒以資其頰舌而不能自儆，又《壼郵》之罪人也。孟子曰：'晋之《乘》，楚之《檮杌》，魯之《春秋》。'說者曰，《乘》爲君子之器，所載皆美迹，《檮杌》則懲惡之詞，兼之者爲《春秋》。是書其《檮杌》之流歟？

---

[1] 〔宋〕朱熹：《小學》，卷七，《朱子全書》册13，第445頁。
[2] 〔宋〕司馬光著，王宗志注釋：《溫公家範》，卷七，天津古籍出版社，1995年，第157頁。
[3] 〔宋〕真德秀：《西山讀書記》，卷一三，四庫全書本，册705，第394頁。

客不能難。"[1]可想而知,其主旨意在鞭笞婦人,但由"客難"可見當時士大夫對這類書是有异見的,其書終不能流傳,恐怕也和這種意見相關。

對于婦女嫉妒産生的原因,士大夫意見罕見地統一。他們先將妒忌定爲所有女性普遍的性格,而原因是女人欲望强于男子:"孫真人云,婦人之病比之男子十倍難治,以嗜慾多于丈夫,故感病倍于男子。蓋以慈戀愛憎、嫉妒憂患,染着堅牢,情不自逆,因此成疾。實非感冒外邪、飲食起居失節之所致也。"[2]"婦人妒者,非特妒其夫,又且妒人之夫,其惑甚矣。"[3]"婦人之妒出于天資,脅以白刃不變也。故小説載太宗賜房玄齡妻酒事,至今以爲口實。"[4]

然後又説婦女妒忌,是因爲她自身長得醜陋。《省心雜言》曰:"婦人悍者必淫,醜者必妒,如士大夫繆者忌,險者疑,必然之理也。""量有餘則不隘,力有餘則不乏,德有餘則不争,色有餘則不妒。"[5]《袁氏世範》曰:"如我女醜拙狠妒,若嫁美婿,萬一不和,卒爲其弃出者有之。"[6]梅堯臣《桓妒妻》詩嘆曰:"昔聞桓司馬,娶妾貌甚都。其妻南郡主,悍妒誰與俱,……嫉忌尚服美,傷哉今亦無。"[7]

最後將妒忌解釋爲品德之惡,將它與小人、惡人相聯繫。"女相妒于室,士相嫉于朝,古今通患也。若無貪榮擅寵之心,何嫉妒之有?"[8]

四是嚴格妻妾等差地位。真德秀曰:"愚按:古者自天子至于士庶人,妻妾媵各有等降之數,後世惟力是視而已,此文中子所以嘆也。夫正家之本,由于夫婦之各正,治家以禮,而無寵昵之偏。使嫡妾之序紊,失夫之正也。撫下以恩,而無妒忌之失。使怨曠之禍興,失婦之正也。得其正則家治,失其正則家亂,此必然之理也。至于妾媵猥多,未有不爲家之害者,内或陷子弟于惡,外或生童僕之變,無所不有。欲正其家者,于此尤不可不戒。"[9]

---

[1] 〔宋〕洪适:《盤洲文集》,卷三四《壺郵序》,四庫全書本,册1158,第474頁。
[2] 〔宋〕張杲:《醫説》,卷九《婦人》,上海科學技術出版社,1984年,第23頁。
[3] 〔宋〕羅大經撰,王瑞來點校:《鶴林玉露》,乙編卷一《妒婦喻》,中華書局,1983年,第123頁。
[4] 〔宋〕曾慥:《類説》,卷四七《妻妒》,第802頁。
[5] 〔宋〕李邦獻:《省心雜言》,四庫全書本,册698,第561頁。
[6] 〔宋〕袁采撰,賀恒禎、楊柳校釋:《袁氏世範》,卷上《嫁娶當父母擇配偶》,第49頁。
[7] 〔宋〕梅堯臣:《宛陵先生集》,卷七《桓妒妻》,四部叢刊本,第9頁。
[8] 〔宋〕李邦獻:《省心雜言》,四庫全書本,册698,第559頁。
[9] 〔宋〕真德秀:《西山讀書記》,卷一三,四庫全書本,册705,第410頁。

文集中常見贊頌賢妻的墓志碑傳，也不完全是諛墓，實際上，大部分士家妻子都能容納丈夫蓄妾。只有一位醫生指出，婦女的妒忌，根源在於多妾制，婦女的正常性欲往往得不到滿足。"至于士夫志得意滿，不期驕而驕，至侍妾數十人，少亦三五輩，淫言褻語不絶於耳，不能自克，而淫縱其欲者多矣。爲内子者，恬不之怪。人有問之者，則曰：'自母言之，則爲賢母，自我言之，未免爲妒婦人也。'人或以此多之，其夫亦以爲賢而不妒。孰知其不妒乃所以爲禍之歟！雖然二南之化，至于無妒忌而止，今而言此，豈求異于詩人耶？是不然。古人十日一御，《荀子》彼其不妒者，蓋使媵妾得備十日一御之數爾。不妒則同，所以不妒則異。吾故表而出之，以爲夫婦之戒，固非求異于詩人也。"[1]

《睽車志》中一故事極有意義："士人李璋妻徐氏，美艷，而性静默，居常外户不窺，惟暮夜獨行後圃。璋初不以爲異，但每自後歸，則口吻間若咀嚼物。他日密隨覘之，則徐氏入一竹叢間，俯而捫地，若有所索，歸仍咀嚼。夜于枕邊摸得一白石子，但視皆有齒痕，若嚙殘然，已而視其箱中，齒痕之石甚多。始怪而詰之，終隱不言。始徐氏甚妒，自齒石之後，遂不復妒，更爲寬容，璋寢婢子別榻，皆縱不問。如是累年乃病卒。"[2] 心中妒忌時，便將石子咬碎，這種行爲不免過於奇特，但由此亦可知做一名賢婦有多麽痛苦。

二、唐宋仕女形象對比

女性之美本千姿百態，但某一個民族在某一個時代對美女的評判標準往往呈現出一些主流的特徵。中國古代的美女形象也有着鮮明的時代特徵，時而腰細盈握，時而豐滿性感，時而瘦削内斂，時而金蓮趨步，其背後則是社會性别觀的嬗變與社會文化的變遷。要瞭解女性形象的變化，自然不能忽視現存的圖像史料，而結合傳統的文獻史料，能更好地解讀這類圖像史料，進行深入的探討。就畫作而言，總體來說，仕女畫往往代表當時士大夫的美女觀，即主流的美女觀。本節試圖觀察女性形象從唐到宋的變遷，并注意主流形象之外的真實場景。

---

[1] 〔宋〕王執中：《鍼灸資生經》，卷三，上海科學技術出版社，1959年，第6頁。
[2] 〔宋〕郭彖：《睽車志》，卷三，叢書集成本，第26頁。

圖一　《簪花仕女圖》

（一）唐代的美女特徵

人常説漢瘦唐肥，似乎唐代美女的特徵主要是胖，然而對比唐宋兩代的仕女圖，會發現唐人眼中的美女更具有奔放性感的内在特徵。

圖一爲唐周昉《簪花仕女圖》[1]，繪有仕女五人、女侍一人，另有小狗、白鶴及辛夷花點綴其間。先看其衣飾與臉部化妝：五位仕女體態豐腴，臉龐圓潤，眉毛皆作蛾眉，眉間飾有金花子，髮式皆雲髻高聳，從左至右頭上分別簪有牡丹、芍藥、荷花、綉球等鮮花及步摇。其衣着顔色艷麗，多爲紅色或橘色，内着束至胸部的長裙，外衣寬肥敞領，所佩披肩皆十分單薄透明，隱約可見肌膚。化妝與衣飾十分艷麗，更顯得性感撩人。對女性衣着之艷麗，當時士大夫已有微詞，元稹謂："近世婦人暈淡眉目，縮約頭鬟，衣服修廣之度，及匹配色澤，尤劇怪艷。"[2]

不僅如此，唐代女性的外衣敞領或低領也是較常見的。圖二爲唐懿德太子墓的壁畫局部[3]，宫女的衣裝雖不像圖一仕女那樣奢華，但她們大多穿着低領衣裙，坦然地露出雪白的胸部。唐詩中往往有美女半露酥胸的描述。著名詩人白居易《代謝好答崔員外》曰："青娥小謝娘，白髮老崔郎；謾愛胸前雪，其如頭上霜？别後曹家碑背上，思量好字斷君腸。"[4] 唐憲宗時的詩人施肩吾有《觀美人》

1　圖一《簪花仕女圖》，絹本，設色，46厘米×180厘米，今藏遼寧省博物館。引自遼寧省博物館官方網站：http://www.lnmuseum.com.cn/huxing/show.asp? ID=6739。

2　〔唐〕元稹撰，冀勤點校：《元稹集》，卷三〇《叙詩寄樂天書》，中華書局，1982年，第353頁。

3　圖二爲懿德太子墓壁畫局部。懿德太子李重潤爲唐中宗李顯的長子，武則天與唐高宗的孫子。該墓位於陝西省乾縣東南隅的韓家堡北。照片爲筆者2002年攝于現場。

4　〔唐〕白居易著，顧學頡校點：《白居易集》，卷一九《代謝好答崔員外》，中華書局，1979年，第426頁。

謂:"漆點雙眸鬢繞蟬,長留白雪占胸前。愛將紅袖遮嬌笑,往往偷開水上蓮。"[1] 僖宗咸通時的詩人方干有《贈美人》四首,其一曰:"直緣多藝用心勞,心路玲瓏格調高。舞袖低徊真蛺蝶,朱唇深淺假櫻桃。粉胸半掩疑晴雪,醉眼斜迴小樣刀。纔會雨雲須別去,語慚不及琵琶槽。"[2] 晚唐詩人李群玉《同鄭相并歌姬小飲戲贈》:"裙拖六幅湘江水,鬢聳巫山一段雲。風格只應天上有,歌聲豈合世間聞。胸前瑞雪燈斜照,眼底桃花酒半醺。不是相如憐賦客,爭教容易見文君。"[3]

圖二　懿德太子墓壁畫局部

若謂上引諸詩皆爲歌伎舞姬而作,則白居易描寫宮女的作品亦有類似描述。其長詩《上陽白髮人》曰:"憶昔吞悲別親族,扶入車中不教哭。皆云入內便承恩,臉似芙蓉胸似玉。未容君王得見面,已被楊妃遙側目。妒令潛配上陽宮,一生遂向空房宿。"[4]《吳宮詞》更謂:"一入吳王殿,無人睹翠娥。樓高時見舞,宮靜夜聞歌。半露胸如雪,斜迴臉似波。妍蚩各有分,誰敢妒恩多!"[5]

唐詩中歌咏民間美女亦時見露胸的描述。昭宗時宗室李洞有《贈龐煉師女人》曰:"家住涪江漢語嬌,一聲歌戛玉樓簫。睡融春日柔金縷,妝發秋霞戰翠翹。兩臉酒醺紅杏妒,半胸酥嫩白雲饒。若能携手隨仙令,皎皎銀河渡鵲橋。"[6] 這位龐煉師的女人或爲妾,外人却得見其嬌容。大曆、貞元間詩人于鵠《題美人》曰:"秦女窺人不解羞,攀花趁蝶出牆頭。胸前空帶宜男草,嫁得蕭郎愛遠游。"[7] 周濆《逢鄰女》則謂:"日高鄰女笑相逢,慢束羅裙半露胸。莫向秋池

---

[1] 《全唐詩》,卷四九四,中華書局,1960年,第5604頁。

[2] 《全唐詩》,卷六五一,第7478頁。

[3] 《全唐詩》,卷五六九,第6602頁。

[4] 〔唐〕白居易著,顧學頡校點:《白居易集》,卷三《上陽白髮人》,第59頁。

[5] 〔唐〕白居易著,顧學頡校點:《白居易集》,卷一七《吳宮詞》,第370頁。

[6] 《全唐詩》,卷七二三,第8296頁。

[7] 《全唐詩》,卷三一〇,第3504頁。

照緑水,參差羞殺白芙蓉。"[1]

再仔細觀察唐畫中仕女的動作。圖一中她們或戲犬,或拈花,或捕蝶,動作幅度較大。圖三爲圖一的局部[2],這位女性雙手張開,一手點在袒露的香肩上,一手旁置,打開胸懷,有點賣弄風情,又顯得十分活潑。

圖四《虢國夫人游春圖》[3]雖爲北宋徽宗趙佶摹唐張萱畫,其中的文物制度與畫風均符合唐代風格。全圖繪九人八馬出行,綫條細勁圓轉,敷色濃艷脱俗。畫中哪一位是楊貴妃的三姊虢國夫人,學界有不少爭議,衍生出許多論文,一般認爲處于畫面中心位置身着淡青色窄袖上衣的婦人,最有可能是虢國夫人,但也有人認爲畫中根本就没有虢國夫人。此處并不關心畫中的主角與歷史人物的關係,而主要關注其中女性的衣着與舉止。這幅畫更具有動感,畫中的婦人衣飾華貴,風姿綽約,儘管她們不像圖三中的婦女那樣露出香肩,前襟也不像圖二那樣呈深V字形,但繫到胸部的羅裙,略爲敞開的短襦,還是露出頸下小半個胸脯,一襲對襟齊胸襦裙仍給人留下性感、香艷的印象。其體態豐腴,或朱唇微啓,或側身訴説,她們似乎意識到自己成爲衆人注目的焦點,仍舉止驕矜從容。

圖三 《簪花仕女圖》局部

杜甫的名篇《麗人行》可與此圖相参,"三月三日天氣新,長安水邊多麗人。態濃意遠淑且真,肌理細膩骨肉匀。綉羅衣裳照莫春,蹙金孔雀銀麒麟。"[4]詩

---

1 《全唐詩》,卷七七一,第8755頁。
2 圖三引自中國美術全集編輯委員會編:《中國美術全集·繪畫編2·隋唐五代繪畫》,人民美術出版社,1993年,第60頁。
3 圖四爲《虢國夫人游春圖》局部。原圖絹本,設色,52.1厘米×147.7厘米,現藏于遼寧省博物館,相傳爲宋徽宗趙佶摹唐張萱作。引自浙江大學中國古代書畫研究中心編:《宋畫全集》卷3册1,浙江大學出版社,2009年,第78頁。
4 〔唐〕杜甫撰,〔清〕朱鶴齡輯注,韓成武等點校:《杜工部詩集輯注》,卷二《麗人行》,河北大學出版社,2009年,第60頁。

圖四　《虢國夫人游春圖》局部

人細緻地描述虢國夫人等的肌理骨肉,可見其衣飾之輕薄性感。

《舊唐書·輿服志》記載:"武德、貞觀之時,宮人騎馬者,依齊、隋舊制,多着冪䍦。雖發自戎夷,而全身障蔽,不欲途路窺之。王公之家,亦同此制。永徽之後,皆用帷帽,拖裙到頸,漸爲淺露。尋下敕禁斷,初雖暫息,旋又仍舊。咸亨二年又下敕曰:'百官家口,咸預士流,至于衢路之間,豈可全無障蔽。比來多着帷帽,遂弃冪䍦,曾不乘車,别坐檐子。遞相仿效,浸成風俗,過爲輕率,深失禮容。前者已令漸改,如聞猶未止息。又命婦朝謁,或將馳駕車,既入禁門,有虧肅敬。此并乖于儀式,理須禁斷,自今已後,勿使更然。'則天之後,帷帽大行,冪䍦漸息。中宗即位,宮禁寬馳,公私婦人,無復冪䍦之制。開元初,從駕宮人騎馬者,皆着胡帽,靚妝露面,無復障蔽。士庶之家,又相仿效,帷帽之制,絶不行用。俄又露髻馳騁,或有着丈夫衣服靴衫,而尊卑内外,斯一貫矣。"[1] 此段文獻詳細説明了唐代女性出行從冪䍦遮蔽、帷帽淺露到全露的過程,朝廷三令五申也無法擋住時尚的洪流,而所謂"拖裙到頸"也僅是出行時的裝扮,于室内恐怕就未必注意遮掩春光了。圖四中的貴婦騎于馬上,頭身皆無遮蔽,面容淡定,前胸淺露,

---

[1] 〔後晉〕劉昫等:《舊唐書》,卷四五《輿服志》,中華書局,1975年,第1957頁。

圖五 《唐人宮樂圖》

舉止開放,説明其出行并不在乎人們的目光,甚至以被圍觀爲榮。

  圖五《唐人宮樂圖》[1]描繪唐後宫十位嬪妃聚會的場景,畫面更具動態美。她們圍坐在一張巨型的方桌四周,有的品茗,有的在行酒令。中央四人手持樂器正在奏樂,從右至左分别爲篳篥、琵琶、古筝與笙。旁立兩名侍女,其中一名正輕敲牙板打着節拍。没有庶民的圍觀,這些宫女非常放鬆,所有女性全不遵從傳統的女性坐相要求,她們的臀部都穩穩地坐滿整張小凳,大多數女子的腰都懶懶地垮下來,有的將身體斜倚在旁邊的桌上,有的手扶凳邊扭腰轉身作出一副媚態,畫面整體給人以頽唐放縱的感覺。而唐宫室及貴族、士人帷薄不經的史實,早爲學者注意,在此不加贅述。

  朱子曾言:"唐源流出于夷狄,故閨門失禮之事不以爲异。"[2] 陳寅恪評曰:"朱子之語頗爲簡略,其意未能詳知。然即此簡略之語句亦含有種族及文化二問題,而此二問題實李唐一代史事關鍵之所在,治唐史者不可忽視者也。"[3] 唐

---

[1] 圖五《唐人宫樂圖》,絹本,設色,48.7 厘米×69.5 厘米,現藏于臺北"故宫博物院"。無畫家款印,原題爲"元人宫樂圖",經考古學家及藝術史專家考證,認爲此畫文物與晚唐時尚相侔,故將畫名改爲"唐人宫樂圖"。本圖引自《故宫書畫圖録》第一册,臺北"故宫博物院",1989 年,第 46 頁。

[2] 〔宋〕黎靖德編,王星賢點校:《朱子語類》,卷一三六,中華書局,1986 年,第 3245 頁。

[3] 陳寅恪:《唐代政治史述論稿》,上海古籍出版社,1997 年,第 1 頁。

文化有夷狄文化的成分，先行研究已有不少高論，而對于種族，似乎尚缺乏考察。衆所周知，李唐皇室帶有北方少數民族鮮卑族的血統。陳寅恪先生曾論道："若以女系母統言之，唐代創業及初期君主，如高祖之母爲獨孤氏，太宗之母爲竇氏，即紇豆陵氏，高宗之母爲長孫氏，皆是胡種，而非漢族。故李唐皇室之女系母統雜有胡族血胤。"[1] 并進而考證李唐男系父統之氏族，論述道："李唐血統其初本是華夏，其與胡夷混雜，乃一較晚之事實也。"[2]

現代考古發現，唐朝中心地的民衆也具備多民族的特徵。2002年9月至2004年12月，陝西省考古所發掘的"紫薇田園都市"墓葬群，共485座，絕大多數爲唐墓，可供觀察和測量的39例頭骨標本均出土于唐墓。陳靚據此發表《西安紫薇田園都市唐墓人骨種系初探》一文，認爲據頭骨的形態學特徵，一部分頭骨的特徵接近于蒙古人種中的南亞類型和東亞類型，但面部較寬等特徵在某種程度上還受到北亞類型和東北亞類型的影響，有的頭骨甚至可能屬于歐羅巴人種的中亞-兩河類型[3]。這有力地證明：具有异族血統的人群在唐代長安城的居民中占有相當的數量，致使當地的百姓亦具有多民族特徵，甚至具有國際化的人種外形特徵。

唐代首都長安有大量的外族人聚居，除西域各國的王公貴族外，還有衆多來自中亞、北亞的波斯、天竺、大秦等國家的人，這些外國人被允許長期在華居住，擁有店肆、田宅等，與一般的唐代市民并無區別。《資治通鑒》載："胡客留長安久者，或四十餘年，皆有妻子，買田宅，舉質取利，安居不欲歸。"[4] 宰相李泌命檢括，竟得四千餘人。又《新唐書》載："蕃獠與華人錯居，相嫁娶，多占田營地舍……"[5] 而且，胡漢通婚不僅是胡人男子娶唐朝女子，胡女嫁唐朝男子的例子亦史不絕書。《唐語林》載："兵部李約員外，嘗江行，與一商胡舟楫相次。商胡病，因邀相見，以二女托之，皆絕色也。……及商胡死，財寶鉅萬，約悉籍其數送

1　陳寅恪：《唐代政治史述論稿》，第1頁。
2　陳寅恪：《唐代政治史述論稿》，第13頁。
3　陳靚：《西安紫薇田園都市唐墓人骨種系初探》，《考古與文物》2008年第5期，第95~105頁。
4　〔宋〕司馬光：《資治通鑒》，卷二三二，唐德宗貞元三年，中華書局，1956年，第7493頁。
5　〔宋〕歐陽修、宋祁：《新唐書》，卷一八二《盧鈞傳》，中華書局，1975年，第5367頁。

官,而以二女求配。"[1]由此可知,胡漢通婚已爲當時社會所認同,亦可推測,唐代與外族通婚的人應不在少數,胡漢通婚便可能使胡人的外表被其子女所傳承。

李澤厚曾説:在唐代,"中外貿易交通發達,'絲綢之路'引進來的不只是'胡商'會集,而且也帶來了异國的禮俗、服裝、音樂、美術以至各種宗教。'胡酒''胡姬''胡帽''胡樂'……,是盛極一時的長安風尚。這是空前的古今中外的大交流大融合"[2]。而這種交流的成果之一便是胡風對唐代審美的全面滲入。馬上民族的婦女自然更壯碩,腰圓肥臀顯得更性感,而敞領露胸的衣飾也可能是胡姬引入的時尚。

圖六　《四美圖》

圖七　《天寒翠袖圖》局部

（二）內斂的宋代仕女

宋代的主流美女則呈現出端莊嫻静的形象。

首先,看這個時代女性的服裝。宋代仕女畫中的女子服飾趨于保守,不再以衣着暴露、突出性感之美爲主題,只以身材窈窕、衣着飄逸來表現美。

圖六《四美圖》[3]描繪四位宋代美女。圖七《天寒翠袖圖》[4]與圖八《竹林仕

1　〔宋〕王讜撰,周勛初校正:《唐語林校正》卷一,中華書局,1997年,第11頁。
2　李澤厚:《美的歷程》,文物出版社,1982年,第127頁。
3　圖六《四美圖》,斗方,絹本,設色,24.1厘米×20.3厘米,美國王己千私藏。引自王綉主編,李東君編:《中國歷代小品畫精選·人物》,河南美術出版社,2010年,第11頁。
4　圖七爲《天寒翠袖圖》局部。原圖爲團扇形,絹本,設色,24.5厘米×21.6厘米,北京故宫博物院藏。引自浙江大學中國古代書畫研究中心:《宋畫全集》卷1册7,浙江大學出版社,2010年,第46頁。

圖八 《竹林仕女圖》局部

女圖》[1]爲佚名畫家所繪的同題异畫,即根據唐杜甫"天寒翠袖薄,日暮倚修竹"詩句的意境想象出的畫面,前者背景主要是山坡與竹林,後者更有松、竹與假山,前景各有一名仕女,意境經過宋人改造,仕女也依照宋代的女性形象描繪。

三圖共繪有六位仕女,她們的着裝與唐朝的女子服飾有相似之處,皆頭梳髮髻并配以飾物,身穿拖曳于地的襦裙,肩環披帛,鞋襪藏于裙裾之間。但整體風格與唐畫完全不同,這些仕女的襦裙一律是交領的,短襦的袖變窄了,髮髻變低了,頭上的裝飾也樸素多了,無論襦或裙的顔色都更爲沉着低調,披帛幾乎都是清淡的白色或米色,更講究襦裙帛的顔色協調,而極少看到對比色調,其中圖七與圖八中的兩位女性穿着更顯得素雅。的確,唐畫中的女子亦有着交領短襦的,如《虢國夫人游春圖》中的紅衣少女身穿對襟直領襦裙,將胸前封得嚴嚴實實的,但總體而言,唐畫中仕女的領襟普遍較低,暴露的頸肩胸部位更多,而宋畫中的仕女所穿的交領襦裙雖也露出頸部和小部分前胸,但明顯可以發現,其領襟更爲向上,起碼在士大夫階層女性中已看不到"半露胸如雪"的形象了。

---

[1] 圖八爲《竹林仕女圖》局部。原圖爲團扇形,絹本,設色,22.3厘米×23.8厘米,美國費城藝術博物館藏。引自浙江大學中國古代書畫研究中心:《宋畫全集》卷6册6,浙江大學出版社,2008年,第111頁。

服裝史研究者指出：宋代女子衣裙的"色彩以鬱金香根染的黃色爲貴，紅色則爲歌舞伎樂所穿，以石榴裙最爲鮮麗，多爲詩人吟誦。青、綠色裙多爲老年婦女或農村婦女所穿"[1]。由現存宋畫看，除皇后等内命婦禮服較華貴之外，士大夫階層女性的衣着多以清新淡雅爲主，或淡綠，或粉紫，或褐色，這一點也得到出土文物的印證。1975年于今福州市北郊浮倉山發現一座宋墓，墓主黄昇是南宋淳祐年間的官家小姐，父黄樸進士出身，時任地方官，淳祐二年（1242）黄小姐十六歲，嫁給宋宗室朝議大夫趙師恕的孫子趙與駿爲妻，婚後不到一年死亡。從黄墓發掘出服飾201件、整匹的絲織品及零料153件，還有梳妝用品48件及大量其他器物，是宋代婦女服飾的重大發現。這些衣裙的顏色或深褐色，或土烟色，或黄褐色，花紋也多爲松、竹、梅及幾何形，而牡丹、芙蓉的花樣則較爲細碎或僅現輪廓，"風格清新秀麗"[2]。

　　宋代婦女髮髻花冠的式樣繁多，當然仍有高髻及元寶冠之類誇張的造型，如圖九《厨娘斫鱠磚雕》[3]。但宋代士大夫一直自覺抵制婦女的奇裝异服，甚至令後人覺得他們太多管閑事了。太宗端拱二年（989），詔"婦人假髻并宜禁斷，仍不得作高髻及高冠"；仁宗"皇祐元年，詔婦人冠高毋得逾四寸，廣毋得逾尺，梳長毋得逾四寸，仍禁以角爲之。先是，宫中尚白角冠梳，人争仿之，至謂之内樣。冠名曰垂肩等，至有長三尺者；梳長亦逾尺。議者以爲服妖，遂禁止之"[4]。

圖九　《厨娘斫鱠磚雕》

1　黄能馥、陳娟娟：《中國服裝史》，中國旅游出版社，1995年，第206頁。
2　黄能馥、陳娟娟：《中國服裝史》，第213～221頁。
3　圖九《厨娘斫鱠磚雕》出自河南偃師酒流溝北宋墓，現藏于中國國家博物館。在該磚雕和其他兩塊厨娘磚雕中，三位婦女皆梳高髻，戴元寶冠，冠高約三尺。簡圖見黄能馥、陳娟娟：《中國服裝史》，第207～208頁。本圖片來自中國國家博物館網站：http：//www.chnmuseum.cn/tabid/212/Default.aspx?AntiqueLanguageID=989。
4　〔元〕脱脱等：《宋史》，卷一五三《輿服五》，中華書局，1977年，第3574、3576頁。

圖一〇　《妝靚仕女圖》局部　　　　　　　圖一一　《欽宗皇后像》

在宋代仕女圖中，少見誇張的髮式與冠樣，還應與士大夫的抵制有關。《袁氏世範》曰："婦女衣飾惟務潔净，尤不可異衆。且如十數人同處，而一人衣飾獨異，衆所指目，其行坐能自安否？"[1]士大夫對女性服裝的關切，一方面由於防止"女禍"是宋朝建立以來的祖宗之法，士大夫時常抨擊宮內的奢靡之風，對女主非常警惕，進而對所謂"服妖"十分敏感；另一方面，正如宋瓷尚高雅素净一樣，女性的裝扮也必然朝同一趨向發展，即宋代整個社會的審美情趣主流都是依從士大夫所謂雅趣的。

其次，看看唐宋美女容貌體態的不同。前列圖六中的四位仕女，面頰爲橢圓形，下巴略尖，近似瓜子形，眉毛細長，五官端正小巧，化妝更爲淡雅，眉毛畫成淺淺彎彎的柳葉形。圖一〇《妝靚仕女圖》[2]描繪了女子晨起對鏡梳妝的私密場景，仕女已穿好窄袖襦裙，肩環披帛，并梳好髮髻，配上美麗的頭飾，她端坐于長凳上，凝視鏡中所映現的容顏，右手拿起筆似乎正欲畫眉。與圖六相較，圖七、圖八、圖一〇中三位女性的臉形更呈瓜子形，下巴更尖。

1　〔宋〕袁采撰，賀恒禎、楊柳校釋：《袁氏世範》，卷中《婦女衣飾務潔净》，第96頁。
2　圖一〇爲宋蘇漢臣《妝靚仕女圖》局部。原圖爲團扇形，絹本，設色，25.2厘米×26.7厘米，美國波士頓藝術博物館藏。圖片引自浙江大學中國古代書畫研究中心：《宋畫全集》卷6冊1，浙江大學出版社，2008年，第145頁。

圖一一爲《欽宗皇后像》[1]，靖康之亂中，欽宗朱皇后隨皇室被俘北遷，當時年僅二十六歲，苟活至上京，被迫裸露上身"獻俘"于祖廟，然後被"賜沐"，歸第後朱后絕望自殺[2]。一路上她曾被性侵，其美貌尤爲金酋垂涎。在諸皇后像中，朱后的確顯得最美，像中她的頭飾與服裝雖比一般仕女更奢華，而其面容并不是艷麗的，仍具備宋代美女的清秀特徵，其妝容也是淡雅的，淡淡的一字眉，兩頰所貼"花子"接近膚色。所謂花子又稱花鈿，爲唐宋女子妝容之一，即在額上及兩頰貼上金箔或彩紙剪成的某種圖案，或云起自唐武則天時上官昭容，或謂起自隋文帝宮女。而《事物紀原》曰："《酉陽雜俎》曰：今婦人面飾用花子，起自唐上官昭容所製，以掩點迹也。按隋文宮貼五色花子，則前此已有其制矣，似不起于上官氏也。《雜五行書》曰：宋武帝女壽陽公主，人日臥于含章殿檐下，梅花落額上，成五出花，拂之不去，經三日洗之乃落，宮女奇其異，競效之。花子之作，疑起于此。"[3] 因傳說起自劉宋武帝壽陽公主，故亦稱"壽陽妝"。宋徽宗《宮詞》曰："宮人思學壽陽妝，每看庭梅次第芳。淺拂胭脂輕傅粉，彎彎纖細黛眉長。"[4] 可見，這種妝容到宋代已變得十分淡雅。

上述宋代仕女圖中的美女均身形窈窕，畫面透露出柔婉雍和的氣息。儘管宋代仕女的衣飾仍仿唐制，而體態已盡失唐代豐腴艷肥的特色，她們皆窈窕纖細、婀娜秀美，顯得更爲婉約嫻靜。宋詞中大量描述美女的句子，都說明宋代士大夫喜歡的美女具有上述特徵，如晏幾道《訴衷情·凈揩妝臉淺勻眉》曰："凈揩妝臉淺勻眉。衫子素梅兒。苦無心緒梳洗，閑淡也相宜。雲態度，柳腰肢。入相思。夜來月底，今日尊前，未當佳期。"[5] 這是一位何等惹人憐愛的窈窕女子，"雲態度"應形容女子的柔媚輕盈，而"柳腰肢"明顯是這一代特有的美女特徵。

---

1 圖一一《欽宗皇后像》，臺北"故宮博物院"藏。本圖片引自其官網：http://www.npm.gov.tw/exh92/beauty0328/chinese/02_3b.htm。

2 〔宋〕佚名撰，程郁、瞿曉鳳整理：《呻吟語》，《全宋筆記》編4冊8，大象出版社，2008年，第28~29頁。

3 〔宋〕高承撰，金圓、許沛藻點校：《事物紀原》，卷三《花鈿》，中華書局，1989年，第144頁。

4 〔宋〕毛晉：《二家宮詞》，卷上，叢書集成本，冊1787，第32頁。

5 〔宋〕晏幾道、晏殊著，張草紉箋注：《二晏詞箋注》，上海古籍出版社，2008年，第484頁。

又如柳永筆下的"千嬌面盈盈佇立"(《采蓮令》)[1],蘇軾眼中的"輕盈紅臉小腰身"[2]。而無論是細長的眉眼還是細腰纖手,都是漢族女性特有的風姿。

再次,看看唐宋女性身體語言的不同。如上所述,唐畫中的仕女動作幅度更大,顯得更活潑,站則扭腰回首,或胸前分手,坐則隨意垮腰,或左倚右靠,儀態萬方。而宋代仕女畫中的女性動作内斂或完全没有動作,皆以静爲主,明顯較唐保守。圖六中四位美女皆手執绣物,懸空放在腹部上方的位置,神態雍容大方,動作舉止皆中規中矩,給人一種端莊嫻静之感。圖七與圖八中的兩位女性亦雙手交握于衣袖之中,懸空輕置于腹部。宋代仕女的站姿都呈端正的"一"字形,并不左右扭擺,其雙手大多置于胸腹前,顯得特别拘謹小心。

再看女性的坐姿。圖一○描畫仕女化妝時的動態,儘管她身處内闈,仍端端正正地坐于長凳前方三分之一的位置上,腰身挺直,不偏不倚,動作顯得十分遲緩。圖一二爲南宋《女孝經圖》[3]開宗明義章的局部,描繪漢代曹大家教導女子的場面,畫中曹大家正坐于床,依稀可見漢代的習俗,其他女子坐于绣墩之

圖一二 《女孝經圖》局部

---

1 〔宋〕柳永撰,孫光貴、徐静校注:《柳永集》,岳麓書社,2003年,第85頁。

2 〔宋〕蘇軾:《蘇軾詞集》,卷五《南歌子》,見曾棗莊、舒大剛主編:《三蘇全書》册10,語文出版社,2001年,第345頁。

3 圖一二爲《女孝經圖》局部。全圖藏于北京故宫博物院,卷軸畫,絹本,設色,43.8厘米×823.7厘米。引自浙江大學中國古代書畫研究中心:《宋畫全集》卷1册5,浙江大學出版社,2010年,第192~193頁。

上。高脚椅凳于兩宋之交進入深閨，南宋以後上層女子也可垂足而坐，這種場面應該是宋人所想象的漢代場景與宋代婦學實況之雜糅。這些女子皆髻上簪花，衣着講究，纖腰細手，體形婀娜，體現出宋代上層仕女的特點。坐着的仕女皆挺直腰身，臀部僅坐綉墩的一半或三分之二，姿態端正，雙手略交握于寬大的衣袖中，放置于膝蓋上方，這應該是上層女性標準的坐姿。

唐至宋仕女形象由開放性感變爲内斂温順，首先與宋代的政治相關。北宋一建立，士大夫便屢言避免漢唐"女禍"，極力提倡婦禮，故舊史稱"宋三百餘年，外無漢王氏之患，内無唐武、韋之禍，豈不卓然而可尚哉"[1]。宋代士大夫特别重視和强調皇家婦女的柔順。仁宗嘉祐七年(1062)册封苗賢妃爲德妃，其册文曰："咨爾賢妃苗氏，性資柔嘉，體蹈静婉，居循圖史之戒，動顧珩璜之節。頃自魯館降嬪，淑封進位，而能飭躬彌約，率德罔違，曾微私詖之謁，益茂肅廱之美，流徽壼則，增光彤史。宜及吉時，顯膺恩册。"[2]徽宗大觀四年(1110)封鄭貴妃爲皇后，"十月二日詔曰：貴妃鄭氏柔明婉淑，謙慎持身，位極元妃，德冠中壼，有追賢逮下之志，無險詖私謁之心，越自纘承，祇服内職，夙夜匪懈，嬪御式從。屬長秋之久虚，致大臣之懇請，遠稽東漢，近考祥符，質古參今，具存方册，宜隆位號，以正坤儀，可立爲皇后"[3]。當柔順成爲册封后妃的陳詞，即可見這個時代對女性性格的要求。有宋一朝素以多賢后而自詡，而《宋史·后妃傳》亦主要突出后妃的柔順性格，如："太祖孝惠賀皇后……性温柔恭順，動以禮法。""孝明王皇后……建隆元年八月，册爲皇后。常服寬衣，佐御膳，善彈筝鼓琴。晨起，誦佛書。事杜太后得驩心。""孝章宋皇后……性柔順好禮，每帝視朝退，常具冠帔候接，佐御饌。"[4]可見，宋朝一建立，便大力提倡温柔順從的女性人品，奠定了宋后妃的模式，這也是所謂"祖宗之法"。《夢粱録》亦載：真宗"章懿太后李氏，性莊重寡言，雖以仁宗爲己子，而后不曾言，中外罔知，后薨後方追册皇太后，謚章懿，葬永定陵"[5]。其實，在劉太后的淫威下，沉默恭順是保命的唯一方法，官

1　〔元〕脱脱等：《宋史》，卷二四二《后妃上》，第8606頁。
2　〔清〕徐松：《宋會要輯稿》，后妃三之一三、一四，中華書局，1957年，第254頁。
3　〔清〕徐松：《宋會要輯稿》，后妃一之二二，第231頁。
4　〔元〕脱脱等：《宋史》，卷二四二《后妃上》，第8607~8608頁。
5　〔宋〕吴自牧：《夢粱録》，卷一七《后妃列女》，浙江人民出版社，1980年，第155頁。

方當然不能説這些背景,只是一味强調其所謂婦德。

在一朝之中,當柔順成爲大多數後宫女人的基本要求,它便必然也成爲整個時代對女性的要求。隨着理學的興起,宋代的社會性别觀進一步走向嚴苛。司馬光在論述人妻之德時,便將柔順置于第一位,認爲"婦人專以柔順爲德,不以强辯爲美"[1]。范祖禹也説:"坤道柔順,陰德静專,無非無儀,乃婦之賢。"[2] 宋代士大夫特别强調婦女柔順,皆是爲了符合父家長制的要求。王安石認爲,婦女"淵静裕和,不强而安,事舅、姑、夫,撫子,皆順適"[3],"温柔静恭,内外親稱之"[4]。一般士大夫家中的理想賢婦,首要的要求也是容止端莊。晁補之作《李氏墓志銘》贊李氏"端莊,不妄語言,有才智,家事甚理"[5]。樓鑰作《從妹樓夫人墓志銘》亦稱:"夫人性資曉慧,容止端莊,幼閑禮度,動有儀矩。"[6] 曾鞏爲知處州青田縣朱某之妻戴氏撰墓志銘,謂戴氏"平居深静,有儀法,不妄笑言,就之色莊而氣仁"[7]。他還稱贊自己的長妹"爲人進退容止皆有法度,人罕見其喜愠之色"[8]。可見,在宋代士大夫眼中,進退得宜、端莊沉静的女子纔是備受贊賞的淑女。

因此,宋代士大夫不喜歡性格開朗、善于辭令、喜怒形于色的女子,在他們看來,此類女子不符合禮教,難以掌控。宋末元初的話本《快嘴李翠蓮》,説李翠蓮性格活潑、口無遮攔,最終遭夫家休弃,以故事説明這樣的女子不會有好結局,藉機向女子進行説教。《袁氏世範》更直接説"人家不和,多因婦女以言激怒其夫及同輩",認爲"見識高遠之人,不聽婦女之言"[9]。

中國傳統文化一直在强調兒孫小輩的行爲禮儀,即所謂"坐有坐相,站有站相",女性作爲家族中的卑屬,自然少不了必須嚴格遵守的苛刻禮儀,這一點被宋代士大

1　〔宋〕司馬光著,王宗志注釋:《温公家範》,卷八《妻上》,第164頁。
2　〔宋〕范祖禹:《范太史集》,卷五二《右監門衛大將軍妻孫氏墓志銘》,四庫全書本,册1100,第546頁。
3　〔宋〕王安石著,唐武標校:《王文公文集》,卷八六《外祖黄夫人墓表》,上海人民出版社,1974年,第917頁。
4　〔宋〕王安石著,唐武標校:《王文公文集》,卷一〇〇《宋右武衛大將軍黎州刺史世岳故妻安喜縣君李氏墓志銘》,第1015頁。
5　〔宋〕晁補之:《濟北晁先生雞肋集》,卷六六《李氏墓志銘》,四部叢刊本,第3頁。
6　〔宋〕樓鑰:《攻媿集》,卷一〇五《從妹樓夫人墓志銘》,四部叢刊本,第17頁。
7　〔宋〕曾鞏:《元豐類稿》,卷四六《知處州青田縣朱君夫人戴氏墓志銘》,四部叢刊本,第6頁。
8　〔宋〕曾鞏:《元豐類稿》,卷四六《鄆州平陰縣主簿關君妻曾氏墓表》,四部叢刊本,第3頁。
9　〔宋〕袁采撰,賀恒禎、楊柳校釋:《袁氏世範》,卷上《婦女之言寡恩義》,第31頁。

夫極力提倡。司馬光《溫公家範》與袁采《袁氏世範》都對婦女的一言一行規定得非常細緻，如："凡婦不命適私室，不敢退。婦將有事，大小必請于舅姑。子婦無私貨，無私蓄，無私器，不敢私假，不敢私與。"[1] "婦女婢妾無故不得出中門。只令鈴下小童通傳內外。"[2] 仕女圖無非描畫出了士大夫心目中的理想女子，在這樣的社會性別觀念之下，她們被塑造成端莊嫻靜、站坐守矩、動靜中規的形象。由此，我們可以清晰地看出父家長制是如何塑造女性的，而繪畫不過是社會性別制度的生動寫照。

宋代的繪畫藝術審美也深受上述女教觀的影響。宋代的人物畫有多種風格，郭若虛《圖畫見聞志》謂：當代畫"士女宜富秀色婐婧之態"[3]，婐婧，即嬌艷美貌。因此，郭若虛批評道："歷觀古名士畫金童玉女及神仙星官中有婦人形相者，貌雖端嚴，神必清古，自有威重儼然之色，使人見則肅恭有歸仰之心；今之畫者但貴其婐麗之容，是取悅于衆目，不達畫之理趣也。觀者察之。"[4] 郭若虛對仕女畫突破端莊賢女形象、過度追求女子美貌的傾向提出批評。

三、宋代女性身體文化中的階級維度

圖一三　《素燒喂乳婦女》

如果單看仕女圖，宋代的女性形象的確是走向了內斂，女性的身體被遮蔽，但現存的宋畫還呈現出另一類女性形象，即在一些風俗畫或雕塑中，我們明顯看到一些婦女露出胸部，其尺度甚至大於唐畫。

唐代名畫家曾畫過乳母，《宣和畫譜》載有張萱所畫《乳母抱嬰兒圖》[5]，在這幅圖中也許畫出了乳母的胸部，但此圖今已不傳，我們只能想象唐代乳母的形象了。

1　〔宋〕司馬光著，王宗志注釋：《溫公家範》，卷一〇《婦》，第206頁。

2　〔宋〕袁采撰，賀恒禎、楊柳校釋：《袁氏世範》，卷下《嚴內外之限》，第129頁。

3　〔宋〕郭若虛，俞劍華注釋：《圖畫見聞志》，卷一《敘製作楷模》，上海人民美術出版社，1964年，第11頁。

4　〔宋〕郭若虛著，俞劍華注釋：《圖畫見聞志》，卷一《論婦人形相》，第22頁。

5　〔宋〕佚名撰，岳仁譯注：《宣和畫譜》，卷五《張萱》，湖南美術出版社，1999年，第119頁。

在宋代的繪畫和雕塑中，往往可見母親乳兒的場面，這些女性大都露出整個或大半個乳房。圖一三《素燒喂乳婦女》[1]是一件雕塑，描繪出一位婦女懷抱嬰兒哺乳的情景，她頭梳髮髻，臉部豐腴，身材壯實，上身着印花衣，抱嬰盤坐，解胸喂乳，形態慈祥可親。這位婦女的髮式與坐態表明她不是上層家庭中的婦女，而且她年紀較大，故筆者認爲她應該是一位乳母。有意思的是，這件作品將婦女敞懷喂乳的形象體現出來。

就筆者所見，宋代其他描繪婦女哺乳的繪畫或雕塑作品，也都展示的是下層婦女的形象。圖一四《骷髏幻戲圖》[2]是一幅廣爲人知的名畫，對這幅圖大家有許多玄妙的解釋，認爲此畫代表了人生命運的虛幻、無常、倏忽幻滅之意等，畫面上那位看得入迷的男孩，從其穿着看，明顯出身於上層家庭，而他身後那位照顧他的女性，也是貴婦人的打扮。筆者主要關注的是骷髏身後的哺乳婦女，許多專家將其解讀爲民間藝人的妻子，而筆者以爲，這位婦女也可能是士人家庭中所雇傭的乳母。而不管如何解讀，她和對面那位女性明顯處於不同的階層，無論是她的打扮還是身體行爲，都說明她并非仕女，她懷抱嬰兒袒胸露乳，似乎毫不在意別人的目光。

還有一些圖像史料，更明顯呈現出下

圖一四　《骷髏幻戲圖》

圖一五　《市擔嬰戲圖》局部

1　圖一三《素燒喂乳婦女》爲一尊素燒瓷像，高 7.1 厘米、寬 3.8 厘米、厚 3.7 厘米，1981 年 2 月出土于山東省寧陽縣西磁村古窯址，現藏于山東省寧陽縣文化館。引自中國美術全集編輯委員會：《中國美術全集·工藝美術編 12·民間玩具剪紙皮影》，人民美術出版社，1988 年，第 31 頁。

2　圖一四《骷髏幻戲圖》傳爲南宋李嵩作，絹本，設色，團扇狀，27 厘米×26.3 厘米，現藏于北京故宫博物院。引自浙江大學中國古代書畫研究中心：《宋畫全集》卷 1 冊 4，浙江大學出版社，2010 年，第 126 頁。

層婦女的生活場景,當她們懷抱孩子出現時,往往也是袒胸露乳的。圖一五爲《市擔嬰戲圖》[1]的局部,描繪出老貨郎擔着琳琅滿目的百貨進入鄉村時的場景,婦女、孩童蜂擁而來,左邊有一位身材壯碩的婦女,頭上的蓋頭披向腦後,身着短衫和長褲,其衣着頭飾表明她是位農村婦女。懷中的嬰兒抱着她豐滿的乳房,母親的目光與嬰兒相接,她并不在意老貨郎的注視。

圖一六 《乳哺養育恩》

圖一七 宋磚雕

圖一六是宋代雕塑,出自重慶大足寶頂山石刻群中的《父母恩重經變相》[2],整幅石雕反映的都是下層家庭的生活場景。這位母親顯得十分豐滿,面如滿月,身材壯實,她袒露出兩個乳房,眼光坦然地朝向觀衆。幼兒已能跑跳,應有兩三歲,吃着母親的乳汁,一手捫着母親另一邊乳房。中國傳統的育兒方法認爲給幼兒哺乳時間越長越好,因此,在鄉村有給會走的幼兒哺乳的現象。

上述描繪下層婦女哺乳場景的圖像史料,畫家着重表現母親的慈愛,并没有性感喻意,而在當時的觀者眼中,這樣的場景應該也是司空見慣的,因此,觀者并不會有任何異議。

圖一七爲發現于山西長治的磚雕[3],磚上雕刻二人,左側女子身着開襟服,袒胸露乳,坐于地上,其旁刻一身着開襟衫的老婦。考察報告推測是"王武子妻割股"的故事,

---

1 圖一五《市擔嬰戲圖》爲南宋李嵩畫,絹本,設色,25.8厘米×27.6厘米,現藏于臺北"故宫博物院"。引自中國畫經典叢書編輯組:《中國人物畫經典:南宋卷2》,文物出版社,2006年,第12頁。
2 圖一六雕塑位于重慶大足縣,爲大佛灣第15號《父母恩重經變相》之第六《乳哺養育恩》。引自《大足石刻雕塑全集·寶頂石窟卷(上)》,重慶出版社,1999年,第73頁。
3 圖一七引自朱曉芳、王進先、李永杰:《山西長治市故漳村宋代磚雕墓》,《考古》2006年第9期,第35頁。

而由畫面看,似乎更像"唐氏乳姑"的場面。下文述及宋墓葬中頗見孝子圖,當表現唐氏乳姑時,一般僅用媳婦背身擠乳和奉一碗來表現,該圖應屬特殊的表現。

圖一八爲發現于山西聞喜寺底墓中的壁畫[1],有"劉明達"題字,可見繪的是劉明達行孝圖。劉明達爲隋代的大孝子,其故事盛傳于宋金元時。傳説他爲了養活母親,將自己的兒子送人,妻子悲痛之餘割乳身亡。和一般的劉明達行孝圖相似,這幅圖并没有出現劉明達,只出現抱走孩子的官人和士兵,悲痛欲絶的劉妻在馬後追趕。也許爲了表現母親正在乳兒,也畫出了劉妻的雙乳。考察報告將發現壁畫的古墓定爲金代,但亦有學者指其爲元代早期[2],而無論金元,或與宋代同時,或緊接其後,在漢族地區,其民風民俗尚未變化很大,故附該畫于此。

圖一八 劉明達壁畫

在另一些圖像史料中出現的下層婦女并未哺乳,她們衣衫襤褸,其衣領明顯比仕女的要低。圖一九爲《紡車圖》[3]局部,原圖繪有三個人物和一摇頭擺尾的黑色小犬,圖的中部繪一年輕農婦坐在小凳上,身旁置放一架紡車、一隻竹筐,她懷抱着嬰兒哺乳,同時右手還不停地摇紡輪。少婦身後有一披

圖一九 《紡車圖》局部

---

[1] 圖一八引自聞喜縣博物館:《山西聞喜寺底金墓》,《文物》1988年第7期,第71頁。

[2] 董新林:《蒙元壁畫墓的時代特徵初探——兼論登封王上等壁畫墓的年代》,《美術》2013年第4期,第77~80頁。

[3] 圖一九爲北宋王居正《紡車圖》局部。全圖絹本,設色,26.1厘米×69.2厘米,現藏于北京故宫博物院。引自浙江大學中國古代書畫研究中心:《宋畫全集》卷1册1,浙江大學出版社,2010年,第108頁。

髮兒童,席地而坐,手中拿着木杆,牽着一隻蟾蜍。孩子的天真與大人的愁苦形成鮮明對比。左邊一老嫗,似乎是年輕農婦的婆婆,雙手引着兩個綫團似在紡紗。她骨瘦如柴,上身前傾,顯得顫顫巍巍的,似乎隨時都會倒下來。婦女們既要照顧孩子又忙于紡紗,可知其家生活之貧困。該圖將農村婦女的艱難生活表現得淋漓盡致。老嫗和農婦皆衣衫襤褸,滿臉愁苦,而老嫗胸脯乾癟,衣襟敞開,露出紅色的抹胸。

圖二〇《善事太子本生故事(觀織)》[1]出自壁畫,雖是宗教題材,但也充分反映出當時的民俗民情。畫中墻上挂着油燈,暗示織女夜以繼日地織布。筆者注意到,儘管壁畫只呈現出織女的背面,却看得出她袒露着上身。文同的《織婦怨》以織女的口吻,道出織布的艱辛和對官府的控訴。織女們辛辛苦苦織出紗絹,交給官府時却受到百般刁難,監官不收也就算了,竟在雪白的絹上寫大字,使織女的辛勞全都白費。因此"當須了租賦,豈暇恤襦袴"[2]可作爲這幅圖的注解。

圖二〇 《善事太子本生故事(觀織)》

上述圖像當然沒有絲毫的性感意味,一方面說明農村婦女的貧困,另一方面,這些畫面也反映了當時的風俗。實際上,直到20世紀末,中國農村婦女對露出乳房甚至上身是并不在意的。"文革"期間,上海知識青年下鄉,纔發現農

---

1 圖二〇《善事太子本生故事(觀織)》,宋寺觀壁畫,縱27厘米,橫19厘米,位于山西省高平縣開化寺大雄寶殿西壁中部。引自《中國美術全集‧繪畫編13‧寺觀壁畫》,人民美術出版社,1988年,第43頁。

2 〔宋〕文同:《丹淵集》,卷三《織婦怨》,四部叢刊本,第12頁。

村婦女對露出胸脯并不在意,不僅在安徽、江蘇等較爲偏僻的農村,即使在上海郊區,未婚女性一般不能露出胸部,但已婚女性却完全没有這個禁忌,她可能當衆哺乳,一些老太太在天熱時甚至打赤膊。從城裏下來的女知青剛看到這種情景往往花容失色。由此推測,在宋代的勞動階層中,應該亦同樣如此。

當然,在宋代的確也有將女性畫得很性感的風俗畫。圖二一爲南宋劉松年畫《茗園賭市圖》[1]的局部。此畫爲南宋的市井圖,除婦女身邊的一個男孩外,共畫七位成人,六男一女,唯一的婦女似乎正買完東西,捧着一個裝滿點心的小盤,提了壺熱水,帶着小孩要回家好好享用;也有的解讀爲這是一位正在賣茶湯的婦女,左手捧着裝滿茶杯的盤子,右手提着茶壺,邊走邊回頭看"鬥茶"。筆者并不關心她正在做什麽,而主要注目于其身姿。這位婦女上衫下褲,只見她扭身回顧,略呈 S 形,身材豐滿,衣襟敞開,抹胸下微露雙乳,顯得十分幹練而

圖二一 《茗園賭市圖》局部

性感。這種風俗畫中的女子與仕女圖中端莊嫺静的女子截然不同,表現出明顯的階級斷層。

文獻中不乏婦女賣茶的資料,陸游曰:川蜀黄牛廟一帶賣茶婦人"皆以青斑布帕首,然頗白皙,語言亦頗正,茶則皆如柴枝草葉,苦不可入口"[2]。而三峽一帶"村女賣秋茶,簪花髻鬟匼,襁兒着背上,帖妥若在榻"[3]。可見,有宋一代飲茶之風盛行,到處都有茶葉銷售,下層女性賣茶葉或茶湯實屬常見現象,而文獻與圖像相印證,賣茶婦往往帶着孩子行商,可以想見其艱苦。有的女性還會在

---

1 圖二一爲《茗園賭市圖》局部綫描圖,相傳爲劉松年作,絹本,淺設色,27.2 厘米×25.7 厘米,現藏于臺北"故宫博物院"。引自周積寅、王鳳珠:《中國歷代畫目大典(戰國至宋代卷)》,江蘇教育出版社,2002 年,第 589 頁。

2 〔宋〕陸游撰,李昌憲整理:《入蜀記》,卷六,《全宋筆記》編 5 册 8,大象出版社,2012 年,第 212 頁。

3 〔宋〕陸游撰,錢仲聯校注:《劍南詩稿校注》,卷二《黄牛峽廟》,見錢仲聯、馬亞中主編:《陸游全集校注》册 1,浙江教育出版社,2011 年,第 125 頁。

城鎮開茶鋪,吳自牧言:臨安夜市中"在五間樓前大街坐鋪中瓦前,有帶三朵花點茶婆婆,敲響盞,掇頭兒拍板,大街游人看了,無不哂笑"[1]。中瓦內又有王媽媽茶肆"名一窟鬼茶坊",是"士大夫期朋約友會聚之處"[2]。賣茶老婆婆頭戴鮮花,敲盞拍板招攬生意,生動的畫面躍然紙上。從"哂笑"可見士大夫對這類從商婦的不屑,而有關膚色白皙、簪花髻鬟等的描述,又明明呈現出男性觀看的目光。

令後人難以想象的是,就在這個號稱一本正經的宋代,都城上下竟洋溢着在公衆場合觀賞裸露女體的熱情。嘉祐七年(1062),宋仁宗偕衆后妃于正月集會上與民同樂,其節目便有女子相撲,皇帝循例賞予民間藝人銀絹。司馬光因此奏進《論上元令婦人相撲狀》:"臣竊聞今月二十八日聖駕御宣德門,召諸色藝人,令各進技藝,賜與銀絹。內有婦人相撲,亦被賞賚。臣愚竊以宣德門者,國家之象魏,所以垂憲度、布號令也。今上有天子之尊,下有萬民之衆,后妃侍旁,命婦縱觀,而使婦人贏戲于前,殆非所以隆禮法,示四方也。……若舊例所有,伏望陛下因此斥去,仍詔有司嚴加禁約,今後婦人不得于街市以此聚衆爲戲。"[3] 可見,女子相撲在當時很普遍,皇帝與民同樂時,亦時時與后妃、命婦等同賞,大家都沒有覺得有什麼不妥,只有司馬光坐立不安了。

圖二二 《相撲圖》局部

到目前爲止,筆者未找到有關宋代女子相撲的圖像史料,圖二二爲宋墓壁畫《相撲圖》[4]局部,它生動地描繪出男子相撲的場景,可見男子相撲時僅着一

---

1 〔宋〕吳自牧:《夢粱錄》,卷一三《夜市》,第119頁。
2 〔宋〕吳自牧:《夢粱錄》,卷一六《茶肆》,第140頁。
3 〔宋〕司馬光撰,李文澤、霞紹暉校點:《司馬光集》,卷二一《論上元令婦人相撲狀》,第582頁。
4 圖二二爲宋墓壁畫《相撲圖》局部,2010年5月于山西省壺關縣上好牢村出土。引自山西省考古研究所等:《山西壺關縣上好牢村宋金時期墓葬》,《考古》2012年第4期,圖版拾之3。

塊遮羞布,而根據上述司馬光的奏文,女子相撲亦和男子一樣幾乎裸體進行的,正說明當時的社會風尚,上至皇帝下至黎民,都看得津津有味,而且無論男女都并不在意。司馬光是一位極其重視道德修養的正人君子,當然對這種放縱的市民文化極爲不滿。

　　文獻資料說明,在大集會上往往有相撲表演,而女子相撲表演作爲開場曾一度相當盛行,仁宗以後,女子相撲也并未因司馬光的反對而絕迹。據《夢粱錄》,南宋時臨安舉行男子相撲,仍先由女子相撲出來暖場:"瓦市相撲者,乃路岐人聚集一等伴侶,以圖摽手之資。先以女颭數對打套子,令人觀睹,然後以膂力者争交。"同書并記載杭城的著名女相撲手有賽關索、囂三娘、黑四姐[1]。《武林舊事》亦載:"女颭:韓春春、綉勒帛、錦勒帛、賽貌多、僥六娘、後輩僥、女急快。"[2] "女颭"即女相撲手,因其對抗性較男子稍弱,故有此稱。在瓦市相撲比賽前由女颭來開場,其實帶有半色情表演的性質,以招徠閑人看客。《水滸傳》中有段三娘與王慶相撲的橋段,只見"那女子有二十四五年紀。他脱了外面衫子,卷做一團,丢在一個桌上,裏面是箭小袖緊身,鸚哥綠短襖,下穿一條大襠紫夾綢褲兒,踏步上前,提起拳頭,望王慶打來"[3]。小說中王慶是相撲高手,而段三娘却巾幗不讓鬚眉。看來,宋代的女子相撲不僅僅是女相撲手之間花拳綉腿的表演,也有男女相撲手之間的對打。除瓦市之外,南宋的宫廷宴會仍有"女斯撲:張椿等十人"[4]。如果單從小說描述看,可能南宋的女子相撲在衣着上有所收斂了。看來司馬光的反對還是起到作用的,起碼其後士大夫認爲這類項目難登大雅之堂,女子相撲手穿上内衣進行表演,但即便如此,也仍然是一種帶色情觀賞的娛樂活動。而到元以後女子相撲便銷聲匿迹了。

　　在墓葬的圖像中,亦同樣可看到民間畫匠對女性身體的興趣。1992年在河南洛寧縣發現的樂重進畫像石棺,其蓋前臉(蓋楣)上畫有天女散花圖,見圖二

---

[1] 〔宋〕吳自牧:《夢粱錄》,卷二〇《角抵》,第195~196頁。
[2] 〔宋〕周密:《武林舊事》,卷六《諸色伎藝人》,浙江人民出版社,1984年,第113頁。
[3] 〔明〕施耐庵、羅貫中:《水滸傳》,第一〇四回《段家莊重招新女婿　房山寨雙并舊强人》,上海古籍出版社,2004年,第893頁。
[4] 〔宋〕周密:《武林舊事》,卷一《聖節》,第20頁。

三[1]。中間的飛天兩肋生半圓形雙翼,雙手合十,神態恭謹。兩側相向的飛天凌空飛翔,雙肩披帛從腋下折向後飄揚,皆一手托花籃,一手向下散花。三飛天都十分性感,她們均頭梳螺髻,面部圓潤,隆胸細腰,袒胸露足。

圖二三 北宋石棺飛天

圖二四的飛天雖出自元墓壁畫[2],但她們的形象和宋棺中的飛天十分相像。飛天圓臉黑髮,米黃髮冠,袒露上體,下着紅裙,不露足,戴有項圈,帔巾,雙手持一朵紅蓮,其下雲朵爲黑色。這種形象和龍門石窟中的唐代石窟窟頂淺浮雕飛天極爲近似,也和上述宋代庶民女子形象相合,這不僅說明藝術風格向後代的沿續,亦說明這個地區民風民俗的傳承。

圖二四 山西新絳元墓磚雕中的飛天

圖二五同樣出自山西聞喜寺底墓中的壁畫[3]。墓中西壁嵌有十五塊磚雕,分三排嵌砌,其中第三排爲伎樂人物。伎樂人物皆爲女子,據發掘報告,這些女

---

1 圖二三引自李獻奇、王麗玲:《河南洛寧北宋樂重進畫像石棺》,《文物》1993年第5期,第31頁。

2 圖二四引自山西省文物工作委員會侯馬工作站:《山西新絳寨里村元墓》,《考古》1966年第1期,圖版玖。

3 圖二五引自聞喜縣博物館:《山西聞喜寺底金墓》,《文物》1988年第7期,第68頁。

圖二五　山西聞喜寺底金墓壁畫中的女伎

伎頭束髻并戴花飾,上身赤裸,肩披紅色或赭色披帛,腰束紅色或赭色帶,下身着紅色或赭色喇叭口褲,腳踩蓮座。這些女伎顯得更爲性感。

　　無可諱言,就在南宋,對于觀看女性身體的忌諱開始逐漸加深。宋孝宗乾道五年(1169)四月二日地方官彙報,士民控訴:"邇來有傷風敗教如陳植、陳讜兄弟。平日與其姊有閒言,一日姊死,植、讜訴其夫以爲毆姊致死,必欲陵辱其軀,檢驗至四,并無他故。植、讜致坐虚妄,關係風俗教化,莫大于此。"朝廷令"陳植、陳讜疾速根勘,具案聞奏,令刑部立法申尚書省"[1]。無故令親姊尸身被官府四次檢驗,而這居然成爲"關係風俗教化"的大事。

　　就宋代的圖像史料而言,下層婦女的形象似乎更具女性特徵,一方面極爲生動而壯碩,另一方面帶有社會下層階級的肆無忌憚,顯得十分性感,她們和上層婦女衣領服帖、端莊拘束的姿態形成對照。圖二六爲《瑶臺步月圖》局部[2],繪中秋仕女賞月情景,人物纖秀,風格婉約,景色空濛。和上列仕女畫一樣,畫中的上層社會女性皆身材頎長,胸脯平板,身着做工精緻的窄袖長袍,儘管領口不像明清那樣扣得緊緊的,但絕不會泄露一絲春光。

　　可見,在宋代士大夫心目中,下層婦女雖未必典雅端莊,但她是極具女性特徵的,對上層社會的女性來説,她們也就成爲一種潛在威脅。仕女畫中的女子只是宋代士大夫塑造的理想形象,而并非所有宋代女子真如畫中一樣衣着保守、安静不語。市井婦女着裝突出性感,似乎體現了市民階層的觀念;女相撲手

---

[1] 〔清〕徐松:《宋會要輯稿》,禮六一之一二,第1693頁。
[2] 圖二六爲宋陳波作《瑶臺步月圖》局部。原圖爲團扇形,絹本,設色,25.6厘米×26.7厘米,現藏于北京故宫博物院。引自浙江大學中國古代書畫研究中心:《宋畫全集》卷1册5,浙江大學出版社,2010年,第21頁。

圖二六 《瑤臺步月圖》局部

的裸露實際爲滿足士大夫的色欲;而《紡車圖》中農婦衣衫襤褸却微露雙乳或許是當時社會習俗,只能說明下層社會女性的着裝并未在意理學家的要求。

如葛兆光先生所言:"在所有的社會裏,都有一種屬于少數上層文化人的文化傳統,叫作'大傳統',它是經過學院、寺廟的教育而形成的,是有意識培養和延續的產物,主要是通過有計劃的、設計過的教育而傳播;但是,還有一種屬于非文人的文化傳統,它產生于日常生活,而且這種傳統也沒有人專門去培養和發展,是通過口耳相傳、互相熏染而自然生成的。"[1]考察一個時代的女性形象,既要注意社會性別制度的影響,亦要留意階級的烙印。

儘管宋代筆記中尚有不少有關本朝妒婦惡女的描述,但即使是這些記載,也明顯可以使人感到時代的變遷。首先,通奸等現象主要發生于下層婦女階層,圖像史料也證明宋代的仕女已受到更多的約束;其次,宋代仕女的負面形象主要體現爲嫉妒,和唐代相比,所謂妒婦的凶悍主要發泄在比自己更弱的婢妾及庶生子身上,已很難迫使丈夫不納妾、不尋花問柳了。

---

[1] 葛兆光:《古代中國社會與文化十講》,清華大學出版社,2002年,第176頁。

第三章

宋代的女德教育及其教材

教女子溫良恭儉讓，教婦人從一而終，是中國古代女教亙古不變的主題，宋代女教未必創造出新的內容，但教育的效果却的確比前代成功得多。這就讓人有些好奇，試圖探究其後的背景。

本章參考的先行研究成果主要有兩方面。一是考古學方面有關圖像的報告及研究成果。在吸取考古界最主要研究成果的同時，本書亦將有關考古報告中所展示的圖像作爲史料。由于事前作了大量閱讀，無法在此一一列舉，僅列舉具有考釋及總結性的論著，其餘則在引用時一一注明。朱錫禄編著《武氏祠漢畫像石中的故事》[1]，收入許多列女傳圖和孝子故事圖，該書將磚上的刻字一一列出，使筆者不到現場亦能仔細觀察這些圖像。鄒清泉《圖像重組與主題再造——"寧懋"石室再研究》[2]對比研究了幾種同題材的孝子畫像，如從漢代到北魏，所畫孝子丁蘭仍以"事木母"爲表現主題，但木母逐漸具有生人的形象。這樣的比較方法對筆者啓發甚大。日本學者黑田彰《列女傳圖概論》[3]在詳細對比和林格爾後漢壁畫、北魏司馬金龍墓出土的木版漆畫及相傳爲顧愷之摹本等同題畫的構圖之後，作者猜想：歷史上是否曾存在一個以漢代列女傳圖爲媒介的列女傳圖的系譜，即劉向→[漢代的列女傳圖]→顧愷之。何前《女孝經圖研究》是一篇罕見的精彩碩士論文，作者采用畫面與文獻對讀的方式，分析《女孝經圖》和《女孝經》的關係，并對該圖的流傳作了詳細的梳理，令筆者獲益匪淺。Julia K. Murray（孟久麗）所著《教導女性的藝術——女孝經圖卷》的譯文也

---

[1] 朱錫禄：《武氏祠漢畫像石中的故事》，山東美術出版社，1996年。
[2] 鄒清泉：《圖像重組與主題再造——"寧懋"石室再研究》，《故宫博物院院刊》2014年第2期，第97~113頁。
[3] ［日］黑田彰著，隽雪艷、龔嵐譯：《列女傳圖概論》，《中國典籍與文化》2013年第3期，第107~122頁。

附于該篇論文的最後[1]。

二是史學界有關的論著。在此主要列舉與本書論題有關的婦女史相關成果。臺灣學者劉靜貞《宋本〈列女傳〉的編校及其時代——文本、知識、性別》[2]，用古典文獻的方法詳考《列女傳》在宋代被改編的歷史，即宋以前流行曹大家校注的十五卷本，至北宋嘉祐年間被蘇頌、曾鞏與王回先後加以編校，蘇、曾和王回整理出兩個不同的本子，前者更注重教化，而後者更注重復古。南宋中後期蔡驥又對王回本加以重編，這便是以後的傳世本。劉燕飛《宋若莘姐妹與〈女論語〉研究》[3]與郭麗《唐代女教書〈女論語〉相關問題考論》[4]皆詳考宋氏姐妹身世，使筆者頗爲受益，但論及該書的傳播史，却跳過了宋代，直接從明末論起，引起筆者的興趣。付婷《唐宋變革期的列女認知變遷——以兩〈唐書·列女傳〉爲中心》[5]在詳細比對新、舊《唐書·列女傳》的文本差異之後，認爲唐宋之際對列女的認識發生如下變化，即以歐陽修爲代表的宋代士人認爲：有非常才學的女子不再被視爲列女；對于女子的貞節越加重視；列女需有駭人聽聞和悲苦之事迹。但作者將宋代的閨媛才女在文化素養方面已經達到很高的程度作爲宋人重貞操而輕才學的原因，却令筆者難以苟同。孫順華《唐宋以後女教讀物的普及化及原因探析》[6]一文關于原因的論述不免泛泛，但從語言和配圖着眼分析女教讀物的普及及有關接受對象的擴大等論述皆別具隻眼。王美華《官方旌表與唐宋兩代孝悌行爲的變异》[7]提及宋代史籍中出現更多剖股割肝之類的記錄，而唐代這類愚孝多由邊遠鄉人所爲，但宋代官宦人家却樂此不疲。楊建宏

1　[美]孟久麗著，何前譯：《教導女性的藝術——女孝經圖卷》，《遼寧省博物館館刊》2009年年刊，第305~322頁。
2　劉靜貞：《宋本〈列女傳〉的編校及其時代——文本、知識、性別》，見鄧小南主編：《唐宋女性與社會》，第22~45頁。
3　劉燕飛：《宋若莘姐妹與〈女論語〉研究》，《河北大學學報》2008年第2期，第37~41頁。
4　郭麗：《唐代女教書〈女論語〉相關問題考論》，《河南師範大學學報》2011年第1期，第148~151頁。
5　付婷：《唐宋變革期的列女認知變遷——以兩〈唐書·列女傳〉爲中心》，《唐史論叢》2014年第2期，第183~199頁。
6　孫順華：《唐宋以後女教讀物的普及化及原因探析》，《齊魯學刊》2005年第2期，第53~56頁。
7　王美華：《官方旌表與唐宋兩代孝悌行爲的變异》，《東北師大學報》2003年第2期，第21~27頁。

《論宋代的民間旌表與國家權力的基層運作》[1]認爲：北宋朝廷對婦女守節并不十分鼓勵，但至北宋晚年及南宋以降，婦女守節而受旌表者不斷增多。潘榮華、楊芳《論宋代旌表政策對民間"割股"陋俗的影響——以〈名公書判清明集〉旌表文告爲中心》[2]，引用不少醫藥古籍中的資料說明割股的起源，并指出：旌表割股療親始于唐代，但畢竟屬于偶發現象，更沒有形成定制。楊陽《元代旌表的對象及其特點》[3]提到，元代是第一個也是最後一個對少年兒童的孝行進行旌表的朝代。由于元緊隨宋，故該文引起筆者的注意。

我們從事婦女史研究已不能忽視圖像史料及其研究成果。在此，引用劉靜貞論文的最後一段："在這一連串的討論中，和文本書寫對象關係最密切的女性幾乎完全失去了踪迹。她們原本不曾被設定爲讀者，但却是需要被教化的對象，《列女傳》的知識體系究竟如何進入女性的生活之中，從而由天子或君子應讀之書成爲女教的經典，應是未來有待澄清的另一歷史面相。"[4]這也正是筆者想追究的一面，但我感興趣的并不止《列女傳》一書，也不僅限于女教的文本。

一、女教書籍概况

女教書籍由來已久，最早的可上溯至《禮記》中的《内則》篇，其次便是劉向所撰《列女傳》。《漢書》載："（劉）向睹俗彌奢淫，而趙、衛之屬起微賤，逾禮制。向以爲王教由内及外，自近者始。故采取《詩》《書》所載賢妃貞婦，興國顯家可法則，及孽嬖亂亡者，序次爲《列女傳》，凡八篇，以戒天子。"[5]而《漢書·藝文志》却未載此書。

1　楊建宏：《論宋代的民間旌表與國家權力的基層運作》，《中州學刊》2006年第3期，第193~195頁。
2　潘榮華、楊芳：《論宋代旌表政策對民間"割股"陋俗的影響——以〈名公書判清明集〉旌表文告爲中心》，《南京中醫藥大學學報》2012年第3期，第156~161頁。
3　楊陽：《元代旌表的對象及其特點》，《北京教育學院學報》2014年第4期，第32~36頁。
4　劉靜貞：《宋本〈列女傳〉的編校及其時代——文本、知識、性別》，見鄧小南主編：《唐宋女性與社會》，第38頁。
5　〔漢〕班固：《漢書》，卷三六《劉向傳》，第1957~1958頁。

(一)前代女教書籍數量減少

讓人頗爲意外的是，無論與之前的唐代相比，還是與其後的明清相比，女教書籍在宋代并不多。

這類書自東漢以後多見，爲避免重復引用，亦爲了更清楚地説明問題，以《隋書·經籍志》爲基準，製表如下。

各朝書目所列女教書對照表

《隋書·經籍志》	《舊唐書·經籍志》	《新唐書·藝文志》	《宋史·藝文志》
劉向《列女傳》十五卷（曹大家注）	作二卷	同《隋書》	《古列女傳》九卷
趙母注《列女傳》七卷		作趙母撰	
高氏《列女傳》八卷			
劉歆《列女傳頌》一卷			
曹植《列女傳頌》一卷		同《隋書》	
繆襲《列女傳贊》一卷			
項原《列女後傳》十卷	作者作顏原	作者作項宗	
皇甫謐《列女傳》六卷	同《隋書》	同《隋書》	
綦母邃《列女傳》七卷	同《隋書》	作者作綦毋邃	
《列女傳要録》三卷			
杜預《女記》十卷	同《隋書》	書名作《列女記》	
《美婦人傳》六卷			
虞通之《妒記》二卷		同《隋書》	
《女篇》一卷			
《女鑒》一卷			
《婦人訓誡集》十一卷		徐湛之《婦人訓誡集》十卷	
《娣姒訓》一卷			
《曹大家女誡》一卷	同《隋書》	同《隋書》	班昭《女戒》一卷
《貞順志》一卷		諸葛亮《貞潔記》一卷	
	孫夫人《列女傳序贊》一卷	同《舊唐書》	

續表

《隋書·經籍志》	《舊唐書·經籍志》	《新唐書·藝文志》	《宋史·藝文志》
	虞通之《后妃記》四卷	同《舊唐書》	
	大聖天后《列女傳》一百卷	作者作武后	
	《古今內範記》一百卷	作者作武后	
	《內範要略》十卷	作者作武后	
	大聖天后《保傅乳母傳》一卷	作七卷	
	辛德源、王邵等《內訓》二十卷	作者作王邵	
	文德皇后《女則要錄》十卷	作者作長孫皇后	
	張后《鳳樓新誡》二十卷	作者作武后	
		劉熙《列女傳》八卷	
		徐湛之《女訓集》六卷	
		魏徵《列女傳略》七卷	
		武后《孝女傳》二十卷	
		王方慶《王氏女記》十卷	
		王方慶《王氏王嬪傳》五卷	
		《續妒記》五卷	
		尚宮宋氏《女論語》十篇	
		薛蒙妻韋氏《續曹大家女訓》十二章（韋溫女。蒙，字中明，開成中進士第。）	
		王摶妻《楊氏女誡》一卷	
			張時舉《弟子職女誡鄉約家儀鄉儀》一卷

續表

《隋書·經籍志》	《舊唐書·經籍志》	《新唐書·藝文志》	《宋史·藝文志》
			李大夫《誡女書》一卷
			侯莫陳邈妻鄭氏撰《女孝經》一卷
			王欽若《彤管懿範》七十卷目十卷
			王欽若《彤管懿範音義》一卷

《隋書·經籍志》將列女傳類置於史部，這時劉向《列女傳》纔在書目中出現，但已變爲十五卷，并號稱曹大家注。新出女教書見上表，而訓誡類書又見於子部儒家類[1]。《舊唐書·經籍志》沿襲《隋書》的分類法，即將列女傳類置於史部雜傳中，訓誡類收入子部儒家類的最後，號稱"列女十六家，凡一千九百七十八卷"，但具體數下來，包括劉向舊書也只有十一種，未知這個數字何來[2]。《新唐書·藝文志》將《舊唐書·經籍志》兩處所載的女教書合并於史部雜傳類，舊志所載該類書皆見於新志，而新志又出現多部新著，號稱："凡女訓十七家，二十四部，三百八十三卷。失姓名一家，王方慶以下不著録五家，八十三卷。"[3]與《隋書·經籍志》相較，編新、舊《唐書》時，漢末南朝時出現的女教書佚失并不多，僅未見繆襲所撰《列女傳贊》，并將趙母注記爲撰，又諸葛亮所撰書名不一，其他諸本皆儼然存世。

歷代書目記載亦未必完全，曾鞏曰："自唐之亂，古書之在者少矣。而唐志録《列女傳》凡十六家，至大家注十五篇者亦無録，然其書今在，則古書之或有録而亡，或無録而在者，亦衆矣，非可惜哉。"[4] 根據其他文獻，歷代還有一些女教書未收進《經籍志》。如東漢馬融曾爲《列女傳》作注[5]，杜篤曾撰《女誡》[6]。晉

---

1 〔唐〕魏徵等：《隋書》，卷三三《經籍志》，中華書局，1973年，第978、999頁。

2 〔後晉〕劉昫等：《舊唐書》，卷四六~四七《經籍志》上、下，第2002、2006、2026頁。

3 〔宋〕歐陽修、宋祁：《新唐書》，卷五八《藝文二》，第1486頁。

4 〔宋〕曾鞏：《元豐類稿》，卷一一，《列女傳目録序》，四部叢刊本，第4頁。

5 〔宋〕范曄：《後漢書》，卷六〇上《馬融傳》，中華書局，1965年，第1972頁。

6 〔宋〕王欽若等撰，周勛初等校訂：《册府元龜》，卷八三七《文章》，鳳凰出版社，2006年，第9722頁。

代有王接"撰《列女後傳》七十二人,雜論議、詩賦、碑頌、駁難十餘萬言,喪亂盡失。長子愆期,流寓江南,緣父本意,更注《公羊》,又集《列女後傳》云"[1]。梁庾仲容曾撰《列女傳》三卷[2],行于世。魏常景曾撰《列女傳》數十篇[3]。隋許善心撰"列女傳一卷"[4]。唐時有"韋元旦,京兆萬年人。祖澄,越王府記室,撰《女誡》傳于時"[5]。

另有一些單篇文章,如皇甫規作《女師箴》曰:"煌煌后妃,玄紞是閑。穆穆夫人,爰采潔蘩。奉上惟敬,撫下惟慈。怨豈在明,患生不思。……晋張華《女史箴》:'歡不可以瀆,寵不可以專。專實生慢,愛極則遷。'裴頠《女史箴》:'綠衣雖多無貴于色,邪徑雖利無尚于直。春華雖美,期于秋實。冰璧雖澤,期于見日。'王廙《婦德箴》:'在昧無愧,幽不改虔。'"[6]

綜上所述,從漢代到唐代,女教書籍有兩次編纂的高潮,第一次在魏晉南北朝。可見,對女子的說教,起于西漢,大興于魏晉與南朝,似乎是隨着士族的興起而逐漸熱起來的,而士人公認的所謂正人君子,又特別熱衷于從事這類事業,或者說這類書更願意藉他們的大名,如諸葛孔明。

根據新、舊《唐書》,隋唐是女教書編纂的第二次高潮。如《女論語》《女孝經》等一直流傳至後世的女教書都在這時出現,作者不僅有魏徵之類的士人,還有兩位皇后及閨中才女。唐太宗長孫皇后,"采古婦人之事,著《女則》十篇,又爲論斥馬后不能檢抑外家。帝曰:'此書可以垂後。'"[7]此書的主旨應該是符合傳統女德的。而武后亦自稱女教書籍的作者却令人費解了。《舊唐書·本紀第六·則天皇后》曰:"太后嘗召文學之士周思茂、范履冰、衛敬業,令撰《玄覽》及《古今內範》各百卷,《青宮紀要》《少陽政範》各三十卷,《維城典訓》《鳳樓新誡》《孝子列女傳》各二十卷,《內範要略》《樂書要錄》各十卷,《百僚新誡》《兆

---

1 〔唐〕房玄齡等:《晉書》,卷五一《王接傳》,中華書局,1974年,第1436頁。
2 〔唐〕姚思廉:《梁書》,卷五〇《庾仲容傳》,中華書局,1973年,第724頁。
3 〔北齊〕魏收:《魏書》,卷八二《常景傳》,中華書局,1974年,第1808頁。
4 〔唐〕魏徵等:《隋書》,卷五八《許善心傳》,第1430頁。
5 〔宋〕歐陽修、宋祁:《新唐書》,卷二〇二《文藝中》,第5749頁。
6 〔宋〕王應麟:《玉海》,卷一三〇《唐女則要錄》,江蘇古籍出版社、上海書店,1987年,第2407頁。
7 〔宋〕王應麟:《玉海》,卷一三〇《唐女則要錄》,第2407頁。

人本業》各五卷,《臣軌》兩卷,《垂拱格》四卷,并文集一百二十卷,藏于秘閣。"[1]將這條史料與《藝文志》對照,僅未見二十卷《列女傳》,他書皆一一可證。而《列女傳》的編纂信息亦見于其他史料:劉禕之"上元中,遷左史、弘文館直學士,與著作郎元萬頃、左史范履冰、苗楚客、右史周思茂、韓楚賓等,皆召入禁中,共撰《列女傳》《臣軌》《百僚新誡》《樂書》,凡千餘卷。時又密令參決,以分宰相之權,時人謂之'北門學士'"[2]。當然,武后只是這些女教書的挂名作者,但她爲什麽這麽熱衷于此事?或許她主持編纂的《列女傳》,主旨已大爲不同?可惜今天已無從考證了。

到南宋時,這些女教類書籍則已較爲罕見了。《直齋書録解題》和《郡齋讀書志》中僅見劉向的《古列女傳》,《崇文總目》也只收録了劉向的《列女傳》和《女孝經》二書的書名。王應麟所編《玉海》在"漢列女傳"條下首先回顧前朝女教書的概况,所列舉的書目主要依據《新唐書》,又依據正史諸傳補王接、庚仲容所撰書,而并未説明諸書的現况,且補充道:"荀爽《女誡》、程曉《女典》見《藝文類聚》。曹植《列女頌》,《文選》注引之。"[3]其《困學紀聞》載:"《藝文類聚》鑒誡類多格言法語。如曹植矯志詩曰:'道遠知驥,世僞知賢。'荀爽《女誡》曰:'七歲之男,王母不抱。七歲之女,王父不持。親非父母,不與同車。親非兄弟,不與同筵。非禮不動,非義不行。'程曉《女典》曰:'麗色妖容,高才美辭,此乃蘭形棘心、玉曜瓦質。'"[4]查唐歐陽詢《藝文類聚》,尚有其他佚文:"魏荀爽《女誡》曰:'《詩》云:泉源在左,淇水在右。女子有行,遠父母兄弟。明當許嫁,配適君子。竭節從理,昏定晨省,夜卧早起,和顔悦色,事如依恃,正身潔行,稱爲順婦。以崇蠡斯,百葉之祉,婚姻九族,云胡不喜。聖人制禮,以隔陰陽,七歲之男,王母不抱,七歲之女,王父不持,親非父母,不與同車,親非兄弟,不與同筵。非禮不動,非義不行。是故宋伯姬遭火不下堂,知必爲災,傅母不來,遂成于灰。《春秋》書之,以爲高也。'魏程曉《女典》篇曰:'丈夫百行,以功補過;婦人四教,

---

[1] 〔後晋〕劉昫等:《舊唐書》,卷六《則天皇后》,第133頁。

[2] 〔後晋〕劉昫等:《舊唐書》,卷八七《劉禕之傳》,第2846頁。

[3] 〔宋〕王應麟:《玉海》,卷五八《漢列女傳》,第1102頁。

[4] 〔宋〕王應麟撰,孫通海校點:《困學紀聞》,卷一七,商務印書館,1959年,第1295頁。

以備爲成。婦德闕,則仁義廢矣;婦言虧,則辭令慢矣;婦工簡,則織紝荒矣。是以《禮》有功宮家室之教,《詩》有牖下蘋藻之奠,然後家道諧允。儀表則見于内,若夫麗色妖容,高才美辭,貌足傾城,言以亂國,此乃蘭形棘心、玉曜瓦質,在邦必危,在家必亡。'"[1]可見,許多女教書籍已不爲《玉海》作者所見,只能憑前朝文獻考證這些書籍。

又如蔡邕《女誡》,未見于書目,却爲數部宋代筆記所摘録。如程大昌《演繁露》曰:"蔡邕《女誡》曰:'繒貴厚而色尚深,爲其堅韌也。'案:此即厚帛乃始名繒,其着色深也。"[2]高似孫《緯略》曰:"蔡邕《女誡》曰:'傅脂則思其心之和,澤髮則思其心之潤。'"[3]其所引皆見于宋初類書《太平御覽》:"蔡邕《女誡》曰:'心猶首面也,是以甚致飾焉。面一旦不修,則塵垢穢之;心一朝不思善,則邪惡入之。咸知飾其面,不修其心。夫面之不飾,愚者謂之醜;心之不修,賢者謂之惡。愚者謂之醜猶可,賢者謂之惡,將何容焉?故覽照拭面,則思其心之潔也;傅脂,則思其心之軟也;加粉,則思其心之鮮也;澤髮,則思其心之順也;用櫛,則思其心之理也;立髻,則思其心之正也;攝鬢,則思其心之整也。'"[4]又"蔡邕《女誡》曰:'禮,女始行服纁,纁絳也,上正色也,紅紫不以爲褻服,緗緑不以爲上。繒貴厚而色尚深,爲其堅紐[韌]也。'"[5]可見,筆記作者應未見該書,他們只是從類書摘抄一兩句而已。

鄭樵著《通志·藝文略》所載這類書,凡《隋書》《舊唐書》及《新唐書》著録過的有關書目全都一一在册,這未必説明鄭樵全部看到這些書,正因爲它過于全面,反而説明《藝文略》是集抄上述三書相關部分的。但亦有上述三書皆未載者:如指出《娣姒訓》一卷爲馮少胄所撰,"《誡女書》一卷(李大夫撰)……《古今女規新類》一卷。《彤管懿範》七十卷(王欽若編后妃事)。右列女三十五部、四

---

[1] 〔唐〕歐陽詢撰,汪紹楹校:《藝文類聚》,卷二三《人部七·鑒戒》,上海古籍出版社,1965年,第419頁。

[2] 〔宋〕程大昌撰,許沛藻、劉宇整理:《演繁露》,卷七《繒》,《全宋筆記》編4册9,大象出版社,2008年,第14~15頁。

[3] 〔宋〕高似孫撰,儲玲玲整理:《緯略》,卷一《脂澤》,《全宋筆記》編6册5,大象出版社,2013年,第148頁。

[4] 〔宋〕李昉等:《太平御覽》,卷四五九人事部一〇〇鑒戒下,中華書局,1995年,第2112頁。

[5] 〔宋〕李昉等:《太平御覽》,卷八一四布帛部一彩,第3619頁。

百六十九卷十二章"[1]。

元末所編《宋史·藝文志》,原女教書籍大大減少,僅在史部雜傳類看到劉向《古列女傳》和班昭《女誡》兩種;而且在子部儒家類下也未找到這類書;張時舉所撰書收于子部雜家類;《女孝經》與《誡女書》竟置于小説類;而王欽若的《彤管懿範》收于集部[2]。由此亦可見《宋史》編纂的疏略。

(二)理學家對女教教材的關心

那麽,宋代是否有新撰的女教書呢?據書目,吕祖謙撰有《閫範》一書,僅看書名似乎與女教有關。而《直齋書録解題》曰:該書有十卷,"集經、史、子、傳,發明人倫之道,見于父子、兄弟之間者爲一篇。時教授嚴州,張南軒守郡,寔爲之序"[3]。又按同書,該篇實爲《觀史類編》中的一門,此門最先成,故别行,其他五門爲擇善、儆戒、治體、論議與處事[4]。由該書的内容看,它主要是爲士大夫寫的,却未必是女教書。

據《四庫全書總目》,宋徐伯益撰有《訓女蒙求》一卷,清館臣自《永樂大典》輯出,但謂"是書仿李瀚《蒙求》之體,類集婦女事迹,爲四言韵語以括之,皆習見之詞,無足采録"[5]。故置于存目之中。

在宋諸書目之中,北宋王欽若所編《彤管懿範》爲新纂書。王欽若纂這本書得到本傳、行狀及墓志銘的多方印證,宋書目和《長編》謂此書爲七十卷,《玉海》謂七十七卷,而行狀與墓志銘皆作二百卷[6]。嚴格説來,這部書和傳統的女

---

[1] 〔宋〕鄭樵:《通志》,卷六五《藝文略第三》,中華書局,1987年,志第779~780頁。
[2] 〔元〕脱脱等:《宋史》,卷二〇四~二〇九《藝文志》,第5131~5393頁。
[3] 〔宋〕陳振孫撰,徐小蠻、顧美華點校:《直齋書録解題》,卷九《閫範》,上海古籍出版社,1987年,第283頁。
[4] 〔宋〕陳振孫撰,徐小蠻、顧美華點校:《直齋書録解題》,卷一四《觀史類編》,第430頁。
[5] 〔清〕永瑢等:《四庫全書總目》,卷一三七《訓女蒙求》,中華書局,1965年,第1163頁。
[6] 〔元〕脱脱等:《宋史》,卷八《真宗三》,第158頁;〔宋〕王稱:《東都事略》,卷四九《王欽若傳》,《二十五别史》,第389頁;〔宋〕李燾:《續資治通鑒長編》,卷八五大中祥符八年閏六月庚辰,中華書局,1992年,第1935頁;〔宋〕夏竦:《文莊集》,卷二八《贈太師中書令冀國王行狀》、卷二九《故守司徒兼門下侍郎同中書門下平章事充玉清昭應宮使昭文館大學士監修國史冀國公贈太師中書令謚文穆王公墓志銘》,四庫全書本,册1087,第281、293頁。

教書很不一樣。《玉海》載:真宗大中祥符"八年閏六月庚辰,樞密使王欽若上奉詔編修后妃事跡七十七卷(《崇文》目類書類七十卷),賜名《彤管懿範》,大約如《册府元龜》,凡六部百四十門。詔欽若撰序(先是元年詔:婦人事别爲一書)。九月丙寅,欽若上所撰序(又見宗戚類)"[1]。作者注曰:"《詩》注,古者后、夫人必有女史彤管之法,事無大小記以成法。"[2] 可見,這部書原是用編《册府元龜》時剔除的有關后妃的資料編成的,由于模仿《册府元龜》,它仍然是一部類書。宋筆記又謂:"真宗詔諸儒編君臣事跡一千卷,曰《册府元龜》,不欲以后妃婦人等事厠其間,别纂《彤管懿範》七十卷。又命陳文僖公襃歷代帝王文章爲《宸章集》,二十五卷。復集婦人文章爲十五卷,亦世不傳。"[3] 可見,這部書到南宋已罕見,也許因爲它部頭太大,難以流傳;也許因爲它未加選擇,貞婦與惡女事跡皆有,未必符合士大夫家教的要求。

南宋晚期又出現一部和上書類似的《坤鑒》,但它的出現頗爲特殊。魏了翁曰:"始史彌遠與中宫楊后欲圖侂胄時,乃(趙)汝讜、汝談及后家賓客王夢龍聚自古中宫謀去大臣事一秩,名《坤鑒》,納之宫中。自是楊乃斷意主誅侂之事。"[4] 可見,這是一部陰謀之書,并非女教書。

上述幾部書都不符合理學家女教的要求,流傳不廣便在所難免。那麼宋代的女子教育和男子教育有所不同嗎?如果説有所不同,那男子教育又用些什麽書呢?

司馬光説:"七歲,男女不同席、不共食,始誦《孝經》《論語》,雖女子亦宜誦之。自七歲以下,謂之孺子,早寢晏起,食無時。八歲,出入門户,及即席飲食,必後長者,始教之以謙讓,男子誦《尚書》,女子不出中門。九歲,男子讀《春秋》及諸史,始爲之講解,使曉義理,女子亦爲之講解《論語》《孝經》及《列女傳》《女戒》之類,略曉大意。古之賢女,無不觀圖史以自鑒,如曹大家之徒,皆精通經術,論議明

1　〔宋〕王應麟:《玉海》,卷五四《祥符彤管懿範》,第1032頁。
2　〔宋〕王應麟:《玉海》,卷一三〇《祥符彤管懿範》,第2410頁。
3　〔宋〕宋敏求撰,鄭世剛整理:《春明退朝録》,卷下,《全宋筆記》編1册6,大象出版社,2003年,第296頁。
4　〔宋〕魏了翁:《鶴山集》,卷一〇九《師友雅言》,四部叢刊本,第58頁。

正。今人或教女子以作歌詩,執俗樂,殊非所宜也。"[1] 僅從這一條史料看,在七歲之前,女孩子的教育和男孩子基本相同,所謂誦讀《孝經》《論語》,應該不多加講解,主要是識字教育。八歲以後,女孩子開始"不出中門",九歲以後男女的教育明顯不同了。這樣的安排是基于女孩子智力發育更晚或更不全的社會性別觀,因此對男孩子的教育更早,内容也更深奥。其中關于女孩子教育用書及有關圖史的論述值得注意。

從字面上看,司馬光似乎主張女性和男性一樣應該受教育,但實際上,他主張她們應接受和男性不同的教育。他説:"夫云婦德,不必才明絕异也;婦言,不必辯口利辭也;婦容,不必顔色美麗也;婦功,不必工巧過人也。清閑貞静,守節整齊,行己有耻,動静有法,是謂婦德;擇辭而説,不道惡語,時然後言,不厭于人,是謂婦言;盥浣塵穢,服飾鮮潔,沐浴以時,身不垢辱,是謂婦容;專心紡績,不好戲笑,潔齊酒食,以奉賓客,是謂婦功。此四者,女之大德而不可乏者也。然爲之甚易,唯在存心耳。凡人不學則不知禮義。不知禮義,則善惡是非之所在,皆莫之識也。于是乎有身爲暴亂,而不自知其非也;禍辱將及,而不知其危也。然則爲人皆不可以不學,豈男女之有异哉?"[2] 可見司馬光注重的是女德教育。

根據其他史料,在北宋士大夫家,的確有一批仕女受到和男人幾乎一樣的教育,特別是女孩幼時,往往和男童一樣讀《論語》《孝經》等。《宋史·列女傳》載:"榮氏,蘉女弟也。自幼如成人,讀《論語》《孝經》,能通大義,事父母孝。"[3] 南宋劉宰記項氏曰:"孺人諱某字某,禀姿淑慧,女工不待教而能。六歲從句讀,師授《内則》《女誡》《列女傳》及韓、柳、歐、蘇諸詩文,歷耳輒成誦。稍成,深居無事,取司馬公《資治通鑑》閲之。世治忽人賢不肖,必要其歸,故其閲理明,持身謹。"[4] 作者對項氏讀史作詩并無貶意,但女孩與男孩受同樣的教育會産生一個問題,衆所周知,中國古代教育非常重視詩文的寫作,那麽是否教女孩文學

---

[1] 〔宋〕司馬光:《司馬氏書儀》,卷四,叢書集成本,1039册,第45頁。
[2] 〔宋〕司馬光著,王宗志注釋:《温公家範》,卷六《女》,第107頁。
[3] 〔元〕脱脱等:《宋史》,卷四六〇《列女傳》,第13481頁。
[4] 〔宋〕劉宰:《漫塘集》,卷三〇《故孺人項氏墓志銘》,四庫全書本,册1170,第704頁。

與藝術呢？士大夫大多是抵制的。

真德秀在抄引上述司馬光關于女子教育的高論之後，又引道："伊川程先生曰：'先夫人侯氏七八歲時誦古詩曰："女子不夜出，夜出秉明燭。"自是日暮則不復出房閣。既長，好文而不爲辭章，見世之婦女以文章筆札傳于人者，則深以爲非。'安定胡先生曰：'鄭衛之音導淫，以教女子，非所宜也。'"[1] 可見，理學家對女子教育中的學詩、學藝大多持反對意見，而力主所謂女德教育，由此亦可知，司馬光爲何主張女孩教育至九歲以上必須和男孩不同了。這一説法似亦被大多數士大夫接受，陸游記載：孫氏"幼有淑質，故趙建康明誠之配李氏，以文辭名家，欲以其學傳夫人，時夫人始十餘歲，謝不可，曰：'才藻非女子事也。'宣義其父奇之，乃手書古列女事數十授夫人。夫人日夜誦服不廢。既笄，歸今文林郎、寧海軍節度推官蘇君璆，逮事舅姑左右，就養唯謹"[2]。在陸游筆下，孫氏成爲一名典型的女道學家，大義凜然地拒絶李清照的教學，而士大夫頌此薄彼的傾向亦昭然若揭。

因而後代傳誦女詩人作品時，不免有些心虛，總要説此女是無師自通的。如元女詩人孫蕙蘭爲傅汝礪之妻，其夫序其遺稿曰："故妻孫氏蕙蘭，早失母，父周卿先生，以《孝經》《論語》及凡《女誡》之書教之，詩固未之學也。因其弟受唐詩家法于庭，取而讀之，得其音格，輒能爲近體五七言，語皆閑雅可誦，非苟學所能至者。然不多爲，又恒毁其稿，家人或竊收之，令勿毁，則曰：'偶適情耳，女子當治織紝組紃，以致其孝敬，辭翰非所事也。'"[3] 如此煞費苦心地解釋，其潛臺詞便是教女子學詩是不正當的。因此也能理解爲何《紅樓夢》中薛寶釵所發的一番宏論，即使是桀驁不馴的林黛玉也只好點頭稱是。

司馬光設想，到女孩九歲以上，必須加入專用的女教教材，它們主要是《內則》《列女傳》《女誡》。在其《家範》中，他大量引用了《女誡》的原文，然後加以引申。"爲人妻者，其德有六：一曰柔順，二曰清潔，三曰不妒，四曰儉約，五曰恭

---

[1] 〔宋〕真德秀：《西山讀書記》，卷二一《女子》，四庫全書本，册705，第646頁。

[2] 〔宋〕陸游撰，涂小馬校注：《渭南文集校注》，卷三五《夫人孫氏墓志銘》，見錢仲聯、馬亞中主編：《陸游全集校注》册10，第355頁。

[3] 〔元〕陶宗儀撰，武克忠、尹貴友校點：《南村輟耕録》，卷一三《緑窗遺稿》，齊魯書社，2007年，第172頁。

謹,六曰勤勞。夫,天也;妻,地也。夫,日也;妻,月也。夫,陽也;妻,陰也。天尊而處上,地卑而處下。日無盈虧,月有圓缺。陽唱而生物,陰和而成物。故婦人專以柔順爲德,不以強辯爲美也。漢曹大家作《女誡》,其首章曰:'古者生女三日,卧之牀下,明其卑弱,主下人也。''謙讓恭敬,先人後己,有善莫名,有惡莫辭,忍辱含垢,常若畏懼。'又曰:'陰陽殊性,男女异行。陽以剛爲德,陰以柔爲用。男以強爲貴,女以柔爲美。故鄙諺有云:生男如狼,猶恐其尪;生女如鼠,猶恐其虎。然則修身莫若敬,避強莫若順。故曰:敬順之道,婦人之大禮也。'又曰:'婦人之得意于夫主,由舅姑之愛己也;舅姑之愛己,由叔妹之譽己也。由此言之,我臧否譽毁,一由叔妹。叔妹之心,誠不可失也!皆知叔妹之不可失,而不能和之以求親,其蔽也哉。自非聖人,鮮能無過。'"'雖以賢女之行,聰哲之性,其能備乎?是故,室人和則謗掩,外内離則惡揚。此必然之勢也。''夫叔妹者體敵而名尊,恩疏而義親。若淑媛謙順之人,則能依義以篤好,崇恩以結援,使徽美顯章,而瑕過隱塞,姑舅矜善,而夫主嘉美,聲譽曜于邑鄰,休光延于父母。若夫蠢愚之人,于叔則托名以自高,于妹則因寵以驕盈,驕盈既施,何和之有?恩義既乖,何譽之臻?是以美隱而過宣,姑忿而夫愠,毁訾布于中外,耻辱集于厥身,進增父母之羞,退益君子之累。斯乃榮辱之本,而顯否之基也,可不慎哉!然則求叔妹之心,固莫尚于謙順矣。謙則德之柄,順則婦之行,兼斯二者,足以和矣。'若此可謂能柔順矣。"[1]"古之賢婦未有不恭其夫者也。曹大家《女誡》曰:'得意一人,是謂永畢;失意一人,是謂永訖。'由斯言之,夫不可不求其心。然所求者,亦非謂佞媚苟親也。固莫若專心正色,禮義貞潔耳。耳無塗聽,目無邪視,出無冶容,入無廢飾,無聚群輩,無看視門户,此則謂專心正色矣。若夫動静輕脱,視聽陜輸,入則亂髪壞形,出則窈窕作態,説所不當道,觀所不當視,此所謂不能專心正色矣。是以冀缺之妻饁其夫,相待如賓;梁鴻之妻饋其夫,舉案齊眉。若此,可謂能恭謹矣。"[2]"漢明德馬皇后自爲衣袿,手皆瘃裂。皇后猶爾,况他人乎?曹大家《女誡》曰:'晚寢早作,勿憚夙夜,執務私事,勿辭

---

[1] 〔宋〕司馬光著,王宗志注釋:《温公家範》,卷八《妻上》,第164~165頁。
[2] 〔宋〕司馬光著,王宗志注釋:《温公家範》,卷九《妻下》,第188~189頁。

劇易。所作必成,手迹整理。是謂勤也。'若此可謂能勤勞矣。"[1] "曹大家《女誡》曰:'舅姑之意豈可失哉!' '固莫尚于曲從矣。姑云不爾而是,固宜從命;姑云爾而非,猶宜順命。勿得違戾是非,爭分曲直。此則所謂曲從矣。故《女憲》曰:婦如影響,焉不可賞。'"[2] 加單引號者皆是《女誡》原文,司馬光自己的發揮之處極少,真可謂"述而不作"了。

司馬光的主張得到士大夫的支持與積極推行。曾鞏曰:"昔先王之教,非獨行于士大夫也,蓋亦有婦教焉。故女子必有師傅,言動必以《禮》,養其德必以《樂》,歌其行,勸其志,與夫使之可以托微而見意,必以《詩》。此非學不能,故教成于內,外而其俗易美,其治易洽也。……女有圖史,傳于師氏。其勸以樂,其康以禮。能此非他,繇學而已。王政之興,蓋自此始。"[3] "昔先王之治,必本之家,達于天下,而女子言動,有史以昭勸戒。後世以古爲迂,爲政者治吏事而已。女子之善,既非世教所獎成,其事實亦罕發聞于後,其苟如此,其衰微所以益甚。"[4] 曾鞏所提倡的女教,明顯是用古已有之的教材,教以復古的禮節,因此,他纔會花大力氣去整理《列女傳》。

朱熹十分注重推廣現有的女教書籍,其中包括司馬光的《家範》。學生問:"女子亦當有教。自《孝經》之外,如《論語》,只取其面前明白者教之,何如?"朱子曰:"亦可。如曹大家《女戒》《温公家範》,亦好。"[5] 又朱子在信中説:"聞自明不幸旬月之前,嘗手書《列女傳》數條以遺其家人,此殆有先識者。然其所以拳拳于此,亦豈有他?正以人倫風教爲重,而欲全之閨門耳。伏惟相公深留意焉。"[6] 在印製兒童啓蒙書時,朱子亦力倡印些女教書籍。朱子曰:"前日所禀《弟子職》、温公《雜儀》謹納上,字已不少,似可便刊。《女誡》本傳中有一序,恐可并刊。此印行紙内上數幅,字數疏密,須令作一樣寫乃佳。仍乞早賜台旨,當不日而就也。刻成之日,當以《弟子職》《女誡》各爲一帙,而皆以《雜儀》附其

---

[1] 〔宋〕司馬光著,王宗志注釋:《温公家範》,卷九《妻下》,第189頁。
[2] 〔宋〕司馬光著,王宗志注釋:《温公家範》,卷一〇《婦》,第207頁。
[3] 〔宋〕曾鞏:《元豐類稿》,卷四五《夫人周氏墓志銘》,四部叢刊本,第8頁。
[4] 〔宋〕曾鞏:《元豐類稿》,卷四五《壽昌縣太君許氏墓志銘》,四部叢刊本,第6頁。
[5] 〔宋〕黎靖德編,王星賢點校:《朱子語類》,卷七,第127頁。
[6] 〔宋〕朱熹:《晦庵先生朱文公文集》,卷二六《與陳丞相别紙》,《朱子全書》册21,第1174頁。

後。蓋男女之教雖殊,此則當通知者,使其流行,亦輔成世教之一事也。"[1] "《弟子職》《女戒》本各爲册,而皆以《雜儀》附之。令人家小兒女各取一本讀誦爲便也。今此册爲印者所并,又缺《雜儀》一本,不容復改。然此無多字,致遠更能鋟版流行,亦教化善俗之一事也。但《女戒》向見伯恭説欲删修一兩處,忘記問之,不知向來曾説及否?吕氏二書,似亦可刻,并廣之也。"[2] 則在朱子看來,温公《雜儀》是男女童都要學的,而《女誡》則專授女童。印成之後,朱子又四處贈人并加以宣傳:"《弟子職》《女戒》二書,以温公《家儀》系之,尤溪欲刻未及,而漕司取去。今已成書,納去各一本。初欲遍寄朋舊,今本已盡,所存只此矣。如可付書肆摹刻,以廣其傳,亦深有補于世教。或更得數語題其後,尤幸也。"[3]

上述張時舉所編《弟子職女誡鄉約家儀鄉儀》一書并非新纂,其實就是一部蒙學合編。《直齋書録解題》載:"《弟子職等五書》一卷。漳州教授張時舉以《管子·弟子職》篇,班氏《女誡》,吕氏《鄉約》《鄉禮》,司馬氏《居家雜儀》合爲一編。"[4] 據清人記載,清内廷藏有明影宋鈔本:"此書字法歐體,工整清勁,影鈔能得其神,洵爲佳本。"[5] 一本蒙學書刻印俱佳,可知當時有多麽重視啓蒙教育。

將女教書收入合刊的尚見于他書。陳振孫曰:"《十書類編》三卷。不知何人所集。十書者,管子《弟子職》、曹昭《女誡》、韓氏《家祭式》、司馬温公《居家雜儀》、吕氏《鄉禮》、范氏《義莊規》、高氏《送終禮》、高登《修學門庭》、朱氏《重定鄉約社倉約束》也。雖不專爲禮,而禮居多,故附之于此。"[6] 這未必是一部啓蒙書,但應是民間常用的居家雜儀類書。這兩部書的編法與朱子所提倡的類似。

對于現有女教用書,朱熹是相當不滿的,曾打算重編女性專用的教材。他在信中説:"向讀《女戒》,見其言有未備及鄙淺處,伯恭亦嘗病之。間嘗欲别集

---

1 〔宋〕朱熹:《晦庵先生朱文公文集》,卷二五《與建寧傅守札子》,《朱子全書》册21,第1121頁。
2 〔宋〕朱熹:《晦庵先生朱文公别集》,卷三《劉子澄》,《朱子全書》册25,第4891頁。
3 〔宋〕朱熹:《晦庵先生朱文公文集》,卷三三《答吕伯恭》,《朱子全書》册21,第1450頁。
4 〔宋〕陳振孫撰,徐小蠻、顧美華點校:《直齋書録解題》,卷一〇《弟子職》,第312頁。
5 〔清〕于敏中等:《天禄琳琅書目》,卷四《宋張時舉〈弟子職〉等五書》,《清人書目題跋叢刊》册10,中華書局,1995年,第73頁。
6 〔宋〕陳振孫撰,徐小蠻、顧美華點校:《直齋書録解題》,卷六《十書類編》,第188~189頁。

古語,如《小學》之狀,爲數篇,其目曰'正静',曰'卑弱',曰'孝愛',曰'和睦',曰'勤謹',曰'儉質',曰'寬惠',曰'講學'。班氏書可取者,亦删取之。如《正静》篇,即如杜子美'秉心忡忡,防身如律'之語,亦可入。凡守身事夫之事皆是也。'和睦',謂宜其家人;'寬惠',謂逮下無疾妒,凡御下之事。病倦不能檢閲,幸更爲詳此目有無漏落,有即補之而輯成一書,亦一事也。向見所編《家訓》,其中似已該備。只就彼采擇,更益以經史子集中事,以經爲先,不必太多,精擇而審取之尤佳也。"[1]《鶴林玉露》亦曰:"朱文公嘗病《女戒》鄙淺,欲别集古語成一書。立篇目曰《正静》,曰《卑弱》,曰《孝愛》,曰《和睦》,曰《儉質》,曰《寬惠》,曰《講學》。且言如杜詩云,'嗟汝未嫁女,秉心鬱忡忡,防身動如律,竭力機杼中'。凡此等句,便可入《正静》,他皆仿此。嘗以書屬静春先生劉子澄纂輯,迄不能成。公蓋欲以配小學書也。"[2]可見,由於種種原因,這部女教書并未完成。

其他理學家亦對《女誡》的印行表示關心,如吕祖謙在信中説:"《弟子職》《女戒》《温公居家儀》甚有補于世教。往在嚴陵刊《閫範》,亦是此意,但不若此書之徑直。所惠兩秩,皆《弟子職》,而《女戒》都未之領,不知亦有删削否?"[3]張載的女兒十八娘張盈嫁至吕家,他親爲女兒寫《女戒》九章,并逐句解釋,今僅存部分,曰:"婦道之常,順惟厥正。婦正柔順。是曰天明,天之顯道。是其帝命。命女使順。嘉爾婉娩,克安爾親,往之爾家,吕氏,汝家。克施克勤! 能行孝順,爲勤。爾順惟何? 無違夫子。夫子,壻也。無然皋皋,皋皋,難與言也。無然訿訿! 訿訿,難共事也。彼是而違,爾焉作非? 違是則非。彼舊而革,爾焉作儀? 改舊乃汝妄立制度。惟非惟儀,女生則戒。在《毛詩·斯干》篇。王姬肅雍,酒食是議。周王之女亦然。貽爾五物,以銘爾心:錫爾佩巾,墨予誨言。銅爾提匜,謹爾賓薦。賓客、祭祀。玉爾盦具,素爾藻絢。藻絢妝飾不可太華。枕爾文竹,席爾吴筦。念爾書訓,因枕文思訓。思爾退安。安爾退居之席。彼實有室,男當有室。爾勿從室,不得從而

---

[1] 〔宋〕朱熹:《晦庵先生朱文公文集》,卷三五《與劉子澄》,《朱子全書》册21,第1553頁。
[2] 〔宋〕羅大經撰,王瑞來點校:《鶴林玉露》,乙編卷五《女戒》,第210頁。
[3] 〔宋〕吕祖謙:《東萊别集》,卷八尺牘二,《吕祖謙全集》册1,浙江古籍出版社,2008年,第419頁。

有其室也。遂爾提提,遂,謹退也。提提,安也。爾生引逸。引,長也。逸,樂也。"[1] 張載本是爲自家愛女所作,後傳出爲士大夫所好,爲多種書籍轉載,當時的啓蒙教材今已大部散失,僅存的宋劉清之編《戒子通錄》及元胡炳文編《純正蒙求》皆收入。

正因爲早期教育男女兒童的教材是相同的,唐代士人曾嘗試讓男童讀些女教類書。如唐中宗時縣令李恕,"以崔氏《女儀》戒不及男,《顔氏家訓》訓遺于女,遂著《戒子拾遺》十八篇,兼教男女,令新婦子孫人寫一通,用爲鑒戒云"[2]。"《女誡》《女儀》,兒女等各寫一通,咸將自警。女兼輔佐君子,兒亦勸獎室家,中外相承,夫妻并立,終朝三省,每月一尋,實獲我心,念無違也。"[3]

朱子編男童用的兒童教材時,亦曾有意識地收入一些原女教書的内容:"按朱子小學之書先載胎教之法,而後以此章(《内則》)繼之。《列女傳》曰:'古者婦人妊子,寢不側,坐不邊,立不蹕,不食邪味,割不正不食,席不正不坐,目不視邪色,耳不聽淫聲,夜則令瞽誦詩道正事。如此則生子形容端正,才過人矣。'此言妊子之時必慎所感,感于善則善,感于惡則惡也。合《列女傳》與《内則》二篇觀之,則始終之教略備矣。"[4] 朱子亦曾對學生談道:"天命,非所以教小兒。教小兒,只説個義理大概,只眼前事。或以灑掃應對之類作段子,亦可。每嘗疑《曲禮》'衣毋撥,足毋蹶;將上堂,聲必揚;將入户,視必下'等叶韻處,皆是古人初教小兒語。《列女傳・孟母》又添兩句曰:'將入門,問孰存。'"[5] 因此,宋劉清之編《戒子通錄》亦在卷一引《列女傳・胎教》。

清館臣自《永樂大典》輯出宋《家山圖書》,該書圖文并茂,畫出禮儀位置、服飾、姿勢等,其中便包括女子的部分,還有《子婦嘗藥圖》《婦事舅姑之圖》等人物圖,明顯是男女童共用的教材。《四庫全書總目》曰:"《永樂大典》題爲朱子所作,今考書中引用諸説,有《文公家禮》,且有朱子之稱,則非朱子手定明矣。錢曾《讀書敏求記》曰:'《家山圖書》,晦庵私淑弟子之文。'蓋逸書也。……蓋

---

1 〔宋〕張載撰,章錫琛點校:《張載集》,《文集佚存・女戒》,中華書局,1978年,第354~355頁。
2 〔宋〕劉清之:《戒子通錄》,卷三,四庫全書本,册703,第37頁。
3 〔宋〕劉清之:《戒子通錄》,卷三,四庫全書本,册703,第39頁。
4 〔宋〕真德秀:《西山讀書記》,卷二一《女子》,四庫全書本,册705,第647頁。
5 〔宋〕黎靖德編,王星賢點校:《朱子語類》,卷七,第126頁。

朱子《小學》一書,詳于義理,而此則詳于名物度數之間,二書相輔而行,本末互資,內外兼貫,均于蒙養之學深有所裨,有不容以偏廢者焉。"[1]這一方面說明男女共用教材現象的普遍,另一方面亦說明宋代出版業已有能力提供圖文并茂的讀本。

宋代士大夫力倡女子教育用的特別教材,其努力是有成效的。宋《列女傳》曰:"謝枋得妻李氏,饒州安仁人也。色美而慧,通女訓諸書。嫁枋得,事舅姑、奉祭、待賓皆有禮。"[2]那麽,這些女訓諸書究竟指哪些呢?綜合諸多史料,宋代的女教書甚少新撰者,主要還是傳統的《內則》《列女傳》與《女誡》,尤其是後兩本,運用更爲廣泛,下節將分別詳述。

二、宋代常用的女教書及其圖卷

本節雖主要考察宋的狀況,但一種文化現象往往起源於上代而延至後世,因此,本節也會時而用到前朝或後代的史料。相對而言,宋代士大夫在談到女子教育時,《女誡》往往首先被提及,其次便是《列女傳》。

(一)《女誡》的通行

在唐代,《女誡》已成爲通行的女教書籍,在文獻中亦時時被寫作《女戒》。如女道士"戚逍遥,冀州南宮人。幼好道,父以《女誡》授逍遥。逍遥曰:'此常人之事耳。'遂取《老子》仙經誦之"[3]。

文獻說明,《女誡》在北宋的女子教育中被普遍運用。"宋永泰縣主,太祖從孫女。性孝敬,動循《女誡》。年十四歸元班殿直梁子才,克執婦道,事舅姑孝謹。夫歿時,縣主年二十二,哀毀幾殞,諸族欲奪其志,縣主以節自誓,終身不渝。初封共康郡君,元豐中加今封以褒榮之。"[4]程頤記其母親侯氏:"其教女常

---

[1] 〔清〕永瑢等:《四庫全書總目》,卷九二《家山圖書》,第788頁。
[2] 〔元〕脱脱等:《宋史》,卷四六〇《列女傳》,第13489頁。
[3] 《全唐詩》,卷八六三《戚逍遥序》,第9755頁。
[4] 〔清〕雍正:《河南通志》,卷六七,四庫全書本,册538,第172頁。

以曹大家《女誡》。居常教告家人曰：'見人善則當如己善，必共成之；視他物當如己物，必加愛之。'"¹ 范祖禹記縣君"石氏，曾祖保吉，太祖朝尚公主。祖先普，光州團練使。考繼勛，左藏庫副使。幼奇警，能讀班大家《女戒》。及笄，聰明和靜，歸右監門衛大將軍士鄳，事皇姑彭城郡君盡婦道，執姑喪毀瘠。性不妒忌，能和其族人"²。

士大夫家庭的閨門教育，往往將《女誡》作爲指導原則。北宋末鄒浩曾手書《女誡》授予本家女孩："姨氏第六十，今甫十一歲，事祖母壽昌君如成人，不忍須臾離左右。壽昌常久疾，有嘆言，聞之惕然誓以身代，諷勸尊屬，詞婉而意嚴，戒諭使令，務篤于親而勤乃職。其天稟不凡如此。某因取《女誡》書以獻焉，庶幾朝夕成誦，以爲姆訓之助，異時有勉其夫以正，教其子以忠，與古淑懿相望于聲詩圖史之間者，必吾姨氏也。薦紳先生將曰：毗陵張公之後，不獨男有特操，無愧家法，施及女子，亦賢矣哉！"³ 北宋理學家楊時亦慨然命筆曰："古者大夫以上，子生，立三母，必求其寬裕慈惠、溫良恭敬、慎而寡言者爲之師。女子十年不出，教之婉娩聽從，執麻枲，治絲繭，織紝組紃，學女事以共衣服。觀于祭祀，納酒漿、籩豆、菹醢，禮相助奠。閨門之内，朝夕之所習聞者惟是而已，不見異物而遷焉。故德言容功，不待異稟而能也。禮廢千有餘年，士且不知師，而況于女子乎？故膏粱之族酣豢逸放于幽閑之中，而塗歌巷語淫褻不可讀者，日積于耳目，其不淪胥而散者幸而已。毗陵張氏，世有顯人，其子孫皆高才遠識，絕出倫輩，今見其人矣。牧之間出道卿所書《女誡》示予，極稱其稚子之賢，益知張氏之刑家貽後者，其流未艾也。以圭璋之質，又得良工切磨之，其成豈易量哉！道卿盛德之士也，言動足以經世範俗，其所書不特有補于張氏而已，後必有因斯文以興起者，其于世教豈小補哉！"⁴ 北宋時黃庶所記農家女子的故事更有意思："周氏，其父恭，先世以農自力。豫章學家，分寧最盛，鄉黨命儒者出入，人皆知爲可

1　〔宋〕程顥、程頤著，王孝魚點校：《二程集》，《河南程氏文集》，卷一二《上谷郡君家傳》，中華書局，1981年，第654頁。
2　〔宋〕范祖禹：《范太史集》，卷四八《右監門衛大將軍妻崇安縣君石氏墓誌銘》，四庫全書本，冊1100，第513頁。
3　〔宋〕鄒浩：《道鄉集》，卷三二《爲姨氏書女誡後跋》，四庫全書本，冊1121，第448頁。
4　〔宋〕楊時：《龜山集》，卷二六《跋鄒道卿所書女誡》，四庫全書本，冊1125，第356頁。

貴。恭慕之,而其子兩人業已耕,念不可教。獨周氏幼而慧,乃使授古《女誡》七篇習之。既長,歸徐氏,事上撫下,皆有禮可愛,里人緩急,必奔之無所惜。處士少學,不得志而歸,周氏耻之,益欲教其子。"[1]這個案例很有意思,周氏父羡慕讀書人,但兩個兒子不可能靠讀書興家,便培養女兒讀書,終于將她嫁入士人家。而女孩所讀仍是《女誡》。

南宋時《女誡》更成了女孩的必讀書。方大琮記曰:"先妣林氏諱守貞,生于紹興丁丑十一月二十八日,通判福州諱雩之孫女。甫能言,父國諭諱天明教以《女誡》,父卒,每展卷感泣。事母楊氏以孝謹稱。年二十四于歸方氏。"[2]袁甫記何氏曰:"太孺人姿敏惠,父愛之尤,教以《孝經》《論》《孟》《詩》《書》《左氏傳》及《内則》《女誡》,終身不遺忘。性耻華靡,被服簡澹,相夫子以禮,切磋如良友。君既歿,延師誨子,必期成立。"[3]

于是,在命婦的制誥中,往往頌揚她如何遵守《女誡》。如樓鑰作某官妻潘氏封令人敕:"敕:具封某禀姿静專,處己冲素,動遵《女戒》,克循待傅之言;躬習婦儀,果見從夫之貴,治組紃而有度,奉温清以尤恭。象服是宜,鸞箋增寵,其服恩光之渥,以彰内助之賢。"[4]張嵲撰任氏潭國夫人制曰:"某故前母某氏,被服《女戒》,飭修婦儀。雍睦以宜家人,柔正以事夫子。"[5]這樣的行文被作爲固定格式反復用于其他命婦的制誥,在此不再多列。

在宋士大夫的往還約婚書信中,《女誡》又成爲婦女受教育的代稱。周必大的求婚書爲女家向男家提親的代表,曰:"東阡西陌,幸容自附于鄉鄰;北富南貧,敢謂見求于昏對。既早識盈階之玉,遂遠馳擇婿之車。伏惟某人得雋詞場,信人門之俱美;而某第幾女留心《女誡》,處閨闈以自修。及笄方議于有行,委幣過勤于不棄。施衿鞶而從父母,雖未著于柔儀,執箕箒而奉姑嫜,亦勉承于嘉命。乃如微物,已具别箋。"[6]而張綱所書爲男方向女方求婚的典範:"鄰邦相

---

[1] 〔宋〕黄庶:《伐檀集》,卷下《徐君處士妻周氏墓誌銘》,四庫全書本,册1092,第797~798頁。
[2] 〔宋〕方大琮:《鐵庵集》,卷三五《妣太安人林氏墓誌》,四庫全書本,册1178,第324頁。
[3] 〔宋〕袁甫:《蒙齋集》,卷一八《縣尉楊君太孺人何氏墓誌銘》,四庫全書本,册1175,第546頁。
[4] 〔宋〕樓鑰:《攻媿集》,卷四〇《妻安人潘氏封令人》,四部叢刊本,第17頁。
[5] 〔宋〕張嵲:《紫微集》,卷一一《故前母任氏可特贈潭國夫人制》,四庫全書本,册1131,第438頁。
[6] 〔宋〕周必大:《文忠集》,卷八九《妻妹親書(代外舅)》,四庫全書本,册1147,第909頁。

望,凤欽閥閱之高;二姓同婚,願卜絲蘿之好。雖慚非偶,蓋喜同聲。伏承令侄女某人傳慶大家,已深明于《女誡》;而某第四孫通仕郎某誦書黄石,私竊慕于祖風。既夤緣姻婭之有初,且考驗著龜而協吉。匪媒不得,先馳尺素之誠,其新孔嘉仵,俟千金之諾。"[1] 無論是自贊小女還是吹捧令愛,往往謂"深明《女誡》"或"留心《女誡》",這類遣詞不僅表明此女受過教育,最主要還是説明女孩具備傳統女德。類似表述,于宋代求婚類文書中比比皆是,如:"熟曹大家之《女誡》"[2];"《女誡》甚閑"[3];"閑七篇之《女誡》"[4];"閨則温柔,純是大家之《女誡》"[5];"少聞《女戒》,已高道韞之風"[6];"粗聞《女誡》之詞"[7];"粗知《女戒》,信其賢之可妻"[8];等等。值得注意的是"已高道韞之風"之類的表述,説明在士大夫心目中,傳統女德更重于女才。

到元代,士大夫家沿襲這種風氣,讀《女誡》訓女德蔚然成風。元吴澄謂:"珪母張氏女,文安陸子門人宋先生復之外孫也。有婦德,能爲里中女子説《禮記·内則》、曹大家《女戒》,常以明經勖其子。"[9] 詩人孫蕙蘭咏其小妹曰:"小妹方纔習《孝經》,可憐嬌怯性偏靈。自尋《女誡》窗前讀,嗔道家人不與聽。"[10] 元蕭𣂏悼其女曰:"讀得班姬《女戒》篇,略通一二未精研。小心長恐耶娘怒,不待知書自可憐。"[11]

---

1 〔宋〕張綱:《華陽集》,卷三三《曹宅求婚書(四孫鎬)》,四庫全書本,册1131,第207頁。
2 〔宋〕樓鑰:《攻媿集》,卷六八《婦弟知道長女許李氏書》,四部叢刊本,第17頁。
3 〔宋〕廖行之:《省齋集》卷六,《五一弟定鄭氏書》,四庫全書本,册1167,第358頁。
4 〔宋〕廖行之:《省齋集》卷六,《代求范氏婚書》,四庫全書本,册1167,第359頁;〔宋〕何夢桂:《潛齋集》,卷一一《通徐宅聘啓》,四庫全書本,册1188,第515頁。
5 〔宋〕陳著:《本堂集》,卷八二《代單祥卿(天麟)請期王氏》,四庫全書本,册1185,第436頁。
6 〔宋〕李彌遜:《筠谿集》,卷二一《問親書》,四庫全書本,册1130,第789頁。
7 〔宋〕魏齊賢、葉棻:《聖宋名賢五百家播芳大全文粹》,卷一〇二張全真《回禮書》,臺灣學生書局,1985年,第738頁。
8 〔宋〕孫應時:《燭湖集》,卷八《侄女答胡氏書》,四庫全書本,册1166,第618頁。
9 〔元〕吴澄:《吴文正集》,卷八六《故臨川逸士于君玉汝甫妻張氏墓志銘》,四庫全書本,册1197,第815頁。
10 〔清〕顧嗣立:《元詩選》,初集壬編孫氏蕙蘭,中華書局,1987年,第2520頁。
11 〔元〕蕭𣂏:《勤齋集》,卷八《哭殤女》之八,四庫全書本,册1206,第455頁。

(二)《列女傳》的改編

至宋代,《列女傳》已不復漢時舊貌。曾鞏謂:"劉向所敘《列女傳》凡八篇,事具《漢書》向列傳,而《隋書》及《崇文總目》皆稱向《列女傳》十五篇,曹大家注。以頌義考之,蓋大家所注,離其七篇爲十四,與頌義凡十五篇,而益以陳嬰母及東漢以來凡十六事,非向書本然也。蓋向舊書之亡久矣。嘉祐中,集賢校理蘇頌始以頌義爲篇次,復定其書爲八篇,與十五篇者并藏于館閣。而《隋書》以頌義爲劉歆作,與向列傳不合。今驗頌義之文,盡向之自叙,又《藝文志》有向《列女傳頌圖》,明非歆作也。……今校讎其八篇及其十五篇者已定,可繕寫。"[1]

現存書目證實了曾鞏的概述。劉向的作品,在其本傳中稱八篇,而在《七略別録》中記爲"種類相從爲七篇",由于其後出現的趙母、縈母遂注本爲七卷,漢時可能七卷本、八卷本并存,而學者張濤認爲,八卷本即七卷爲傳與頌一卷[2]。到《隋書·經籍志》記録時,該書已變爲十五卷;《舊唐書·經籍志》又爲兩卷,兩卷本應將十五篇分爲上下而成。《新唐書·藝文志》仍將該書記爲十五卷,宋《崇文總目》亦記爲十五卷,可知十五卷本在北宋仍流行。曾鞏推測:班昭將劉向的八篇拆散,又加以補充,方分爲十五卷。嘉祐六年(1061),蘇頌根據頌義篇復定其書爲八篇,因此館閣中收藏了八卷本與十五卷本兩種。

根據王回的《古列女傳序》,嘉祐八年(1063)王回亦曾加以重編,重編的目的主要爲恢復劉向本的舊貌,即將他所認爲非劉向所作的二十篇别出編爲《續列女傳》,另將頌與序摘出,于是《古列女傳》爲八卷,加上《續列女傳》共爲九卷。曾鞏將這兩個本子重加校勘。臺灣學者劉靜貞認爲蘇頌和曾鞏所編八卷本與王回編九卷本是兩個不同的本子,即前者未將非劉向作的篇章别出[3]。但僅就曾鞏序文而言,他始終未提究竟是以十五卷本爲底本還是校本,也就是説,

---

[1] 〔宋〕曾鞏:《元豐類稿》,卷一一《列女傳目録序》,四部叢刊本,第4頁。
[2] 張濤:《劉向〈列女傳〉的版本問題》,《文獻》1989年第3期,第249～257頁。
[3] 劉靜貞:《宋本〈列女傳〉的編校及其時代——文本、知識、性別》,見鄧小南主編:《唐宋女性與社會》,第31頁。

最終"可繕寫"的本子分卷不詳。八篇應僅指《古列女傳》而言，所謂王回本則多一卷《續列女傳》而已，曾鞏未提王回，也并不能斷定曾鞏便一定以蘇頌本爲底本。因此，筆者以爲，所謂蘇、曾本實即王回本。

現存《崇文總目》著錄《列女傳》仍作十五卷。該書目僅列書名與卷數，提要、小序等已佚，古典文獻研究者認爲，它應是南宋初爲徵集書籍而抄錄的簡目[1]。因此，它所反映的書籍狀況，仍是北宋時的舊貌。而南宋諸書目如晁公武《郡齋讀書志》、陳振孫《直齋書錄解題》、元馬端臨《文獻通考》等均著錄爲《古列女傳》八卷、《續列女傳》一卷，皆爲王回所編定的九卷本。鄭樵《通志》雖作十五卷，但如上所述，這些相關部分是集抄前代書目而成，大都不存于宋。

宋人提出另一個問題：現存的《列女傳頌》究竟出自誰的手筆，前人或謂此頌出自劉歆，但《隋書·經籍志》又著錄劉歆所撰《列女傳頌》一卷，此書到唐宋已不見于書目，曹植亦撰有《列女傳頌》，此書雖見于《新唐書·藝文志》，但宋人從未提起。王回力主宋存《列女傳頌》爲劉向原著，這一說法也在曾鞏序中得到呼應，這一點似乎也可證明曾鞏曾讀過王回序。由于曾鞏序的影響更大，這一說法在宋代被廣泛接受。筆者以爲，獨立行世的《列女傳頌》很可能也是頌圖相配的。

而傳至後代的《列女傳》又將頌配于傳後，這是南宋嘉定時蔡驥所爲。他在跋語中僅辨析序頌皆爲劉向手筆："謹按：《列女傳》頌義、大序、小序及頌，或者皆以爲劉向子劉歆作。驥謹按《隋書》《崇文總目》及本朝曾校書序，則非歆作明矣。然《崇文總目》則以續二十傳無頌，附入向七篇中，分上下，爲一十四篇，并傳頌一篇共成一十五篇。今人則以向所撰《列女傳》七篇并《續列女傳》二十傳爲一篇，共計八篇。今止依此將頌義、大序列于目錄前，小序七篇散見目錄中間，頌見各人傳後，觀者宜詳察焉。嘉定七年甲戌十二月初五日，武夷蔡驥孔良拜手謹書。"[2] 也許這樣的編法更爲讀者所接受，于是這種文本便流傳于世了。

劉靜貞先生對王回及曾鞏二序的解讀十分敏銳，即王回更注重文本的復

1　李彩霞：《〈崇文總目〉版本源流考及小序辨》，《河南圖書館學刊》2004 年第 5 期，第 80~83 頁。
2　〔漢〕劉向撰，〔晉〕顧愷之圖：《古列女傳》，前附蔡驥識，叢書集成本，册 3400，目錄第 13 頁。

古,"要找回著作者劉向的作品原貌,而曾鞏更熱衷于以"女教化俗"[1]。而在筆者看來,王回對《列女傳》的熱衷不僅在于復古。當王安石嘲笑説:"子政述諸狂女而成書,證其君,迂哉!其所學也。子何區區喜治之耶?"王回在序中回答:"余以謂:先王之俗既熄學,士大夫誦詩書,修仁義,進取當路之功,有卓犖顯赫若不可攀者,試窮其迹,其不概于聖人多矣。然聖人之道亦未嘗廢狂狷也,況女子哉。且其所列,其惡者固足以垂家國之戒,狂者雖未中禮義,而壹志于善行,成其房闥,使其皆遭先王之俗,追琢其質而充其美,自家形國,則雖列于賢妃治臣,著之《詩》《書》可也。余是以閔其不幸而興向之舉于其君,固有直諒多聞之益也。竊明而存之,以告後世,君子何尤焉。"[2] 劉向所記列女,既有貞女節婦,更有見多識廣的才女、言辭犀利的智者,即序中所謂狂狷之徒,這的確不符合宋代士大夫的禮教要求,而王回不僅覺得這樣的女子應該收入歷史,而且更"閔其不幸"。可見,在對"列女"的定義及其在女性史的作用上,王回與曾鞏更有本質的區別。

曾鞏説:"初,漢承秦之敝,風俗已大壞矣,而成帝後宮趙衛之屬尤自放。向以謂王政必自内始,故列古女善惡所以致興亡者,以戒天子。此向述作之大意也。其言大任之娠文王也,目不視惡色,耳不聽淫聲,口不出敖言,又以謂古之人胎教者皆如此。夫能正其視聽言動者,皆大人之事,而有道者之所畏也,顧令天下之女子能之,何其盛也!以臣所聞,蓋爲之師傅保姆之助,詩書圖史之戒,珩璜琚瑀之節,威儀動作之度,其教之者。雖有此具,然古之君子未嘗不以身化也。故《家人》之義歸于反身,'二南'之業本于文王。夫豈自外至哉?世皆知文王之所以興,能得内助,而不知所以然者。蓋本于文王之躬化,故内則后妃有《關雎》之行,外則群臣有'二南'之美,與之相成。其推而及遠,則商辛之昏俗,江漢之小國,兔罝之野人,莫不好善而不自知。此所謂身修故國家天下治者也。後世自學問之士多徇于外物,而不安其守,其家室既不見可法,故競于邪侈,豈獨無相成之道哉!士之苟于自恕,顧利冒恥,而不知反己者,往往以家自累故

---

[1] 劉静貞:《宋本〈列女傳〉的編校及其時代——文本、知識、性別》,見鄧小南主編:《唐宋女性與社會》,第28~35頁。

[2] 〔漢〕劉向撰,〔晋〕顧愷之圖:《古列女傳》,前附蔡驥識,叢書集成本,册3400,目録第3~4頁。

也。故曰：身不行道，不行于妻子。信哉！如此人者，非素處顯也。"[1] 這一段有三層意思：首先，説明劉向所作《列女傳》本用于勸誡皇帝；其次，説書中有許多可用于普通人家女教的内容，如單獨提出的胎教一條，謂天下女子若皆以該書爲綱，即可教化民風；而最後，却將着眼點又回歸士大夫本身，指出"身不行道，不行于妻子"。可見，他的本意是希望士大夫認真研讀這本書，或者説他并不認爲它是一本單純的女教書。

對于《詩》的解釋，《列女傳》與世傳的解釋有些不同，爲此，曾鞏曾表示困惑："向之所述，勸戒之意可謂篤矣。然向號博極群書，而此傳稱《詩》《芣苢》《柏舟》《大車》之類，與今序《詩》者之説尤乖异，蓋不可考。至于《式微》之一篇，又以謂二人之作，豈其所取者博，故不能無失歟？"[2] 有的文人以爲，劉向作《列女傳》在前，而當時解《詩》有多家，如項安世曰："劉向父祖世受魯詩，故其作《列女傳》，所載如此。去古既遠，獨毛詩存，韓詩猶有外傳，及薛君章句，齊、魯二家，不獲可識。因此亦略見魯學之一二，故備録之，以顯今毛氏序非必皆古之國史本文矣。"[3] 又黄震曰："南豐疑此傳，稱《芣苢》《柏舟》《大車》之類與今《詩》序不合，蓋不思今序衛宏所作，出向之後也。"[4] 這些討論還是純學術的，而朱熹直取《列女傳》的解釋，明顯帶有教化的政治目的："晦庵主《列女傳》，以此爲婦人之詩，以《柏舟》之堅自比。華谷援《孔叢子》載，孔子讀《柏舟》，見匹夫執志之不可易，謂非婦人之詩。晦庵據《列女傳》以變毛氏，華谷又據《孔叢子》以變晦庵。愚按：'泛彼柏舟'，古注謂泛泛然流水中，似與經文合，初不見所謂堅守之意。且合依毛氏古説，以仁人不遇爲主。"[5] 可見，一場經學上的訓詁之争，被朱子變爲對女性的貞節教育。由于朱子的影響，"柏舟之節"後來便成爲節婦的代名詞。

由于曾鞏崇高的聲譽，其後《列女傳》的各種版本都附載其序，他所提倡的第二層意思得到廣泛傳播，經過幾代宋儒的提倡，《列女傳》不再爲宮廷女教所

1　〔宋〕曾鞏：《元豐類稿》，卷一一《列女傳目録序》，四部叢刊本，第4頁。
2　〔宋〕曾鞏：《元豐類稿》，卷一一《列女傳目録序》，四部叢刊本，第5頁。
3　〔宋〕項安世：《項氏家説》，卷四《魯詩》，叢書集成本，册242，第48頁。
4　〔宋〕黄震：《黄氏日抄》，卷六三，四庫全書本，册708，第553頁。
5　〔宋〕黄震：《黄氏日抄》，卷四《柏舟》，四庫全書本，册707，第31頁。

专用,而成爲士大夫家庭女子的必讀書。如上所述,經過朱子等的提倡,後在小學書中往往收入《列女傳·胎教篇》,南宋的誡子書亦往往收此篇,這應該也是受到曾鞏的影響。

北宋晁補之所作悼亡詩中説,秦國夫人"酷好春秋學,親書《列女》篇。胡兒吟敢并,逸少字方傳。餘事猶閨範,高材自世賢。凱風君莫誦,秋柏已成阡"[1]。李綱記陳襄的外甥女劉氏曰:"夫人姓劉氏,家世福州懷安。曾祖諱仲甫,太子洗馬致仕。祖諱若思,贈光禄少卿。考諱彝,朝請大夫、行都水監丞、贈銀青光禄大夫;銀青以文學行義爲儒林所宗,被遇神宗皇帝,奉使守邊,數更顯任。娶樞密直學士陳公襄之女弟,是生夫人。柔惠婉淑,尤爲父母之所鍾愛;女工之外,喜讀書,能通其義,嘗手書《列女傳》,師慕往烈,銀青嘉其志,爲作詩以係之。"[2] 楊萬里曰:"夫人劉氏,邑之谷口人也。自其稚齒,靖恭明淑。父文藴授《孝經》《内則》、劉向《列女傳》,一讀成誦。奇之曰:'是不可以凡女子擇對。'得朱君邦衡字正卿歸。事尊章伈伈孝敬,勉正卿以學。"[3] 而在深受理學熏陶的君子之家,《列女傳》亦成爲其家婦女的必讀書。如"趙善澤,字守道,寓居金壇。登乾道五年進士第,任平江司户、湖州録事參軍。……燕居獨處,儼然持敬,如對賓客,朋友雖亟見,揖必恭,雖小夫孺子,皆接以誠意。左右圖史、司馬、程、張氏之書不去手,以劉向《列女傳》等日使妹與其妻諷誦"[4]。

在一些賜婦女封號之類的公文中,《列女傳》幾成婦女行爲的標準。洪适爲國夫人所撰制曰:"某氏儀容莊靚,德履肅雍,母訓少成,循八篇《列女》之戒,壼彝交播,爲四姓小侯之師。"[5]

然而,曾鞏序所提倡的第三層意思,即士大夫當以身作則,却少見後世提起。僅見劉克莊説:"昔曾公子固序《列女》,謂後世學問之士徇于外物者,往往

---

1 〔宋〕晁補之:《濟北晁先生雞肋集》,卷二三《秦國夫人挽辭三首》,四部叢刊本,第4頁。
2 〔宋〕李綱著,王瑞明點校:《李綱全集》,卷一七〇《宋故安人劉氏墓志銘》,岳麓書社,2004年,第1565頁。
3 〔宋〕楊萬里撰,辛更儒箋校:《楊萬里集箋校》,卷一三二《夫人劉氏墓銘》,中華書局,2007年,第5092頁。
4 佚名:《京口耆舊傳》,卷九,四庫全書本,册451,第213頁。
5 〔宋〕洪适:《盤洲文集》,卷二二《吴蓋妻趙氏越國夫人制》,四庫全書本,册1158,第393頁。

以家自累。余味其言而深悲焉，因思老萊、黔婁、冀缺、於仲子、龐德公、梁鴻之流皆遁世無悶，抗志不屈，豈特若人之賢哉？其閨閫之内趣向如一，雖菽食布被、饁耕辟纑、采藥賃春之陋，相安如富貴，相敬如賓友。嗚呼！此詩人彤管之所咏，劉向屏風之所圖也。"[1] 但劉克莊未能領會曾鞏之意，曾講的是士大夫不能修身，因此其家女教不行；而劉表述的，却是女人不能守貧如富，男人纔不能安于遁世。這豈不是南轅北轍嗎？

(三) 女教書籍的圖像化

書籍配圖并不自宋起，古代早期的許多書都有配圖。清末民初學者葉德輝考證說："吾謂古人以圖書并稱，凡有書必有圖。《漢書·藝文志》《論語》家，有《孔子徒人圖法》二卷，蓋孔子弟子畫像。武梁祠石刻七十二弟子像，大抵皆其遺法。……顧自有刻板以來，惟繪圖《列女傳》尚存孤本。"[2] 明李東陽特别強調女教書籍的圖像化："夫畫之爲用，亦淺矣。及其至，或可以感善創惡，出于言語文字之外，而施之婦女童孺尤宜。使其據事指物，因辭以達意，如后妃之閑静，姜女之貞烈，樊女之忠讓，驪姬之狼戾，宜亦有悚然而興、惕然而懼者矣。"[3] 的確，古人很早就認識到圖畫在教育中的作用，自古以來，啓蒙用的童書及女教書籍配圖後都更利于宣教，而宋代出版印刷業的發展，亦爲女教書配圖創造了條件。

古《列女傳》是出現最早、最流行的女教書籍，其圖或爲卷軸，或繪于屏風，史不絶書。最早的當然是東漢劉向時的繪本。"劉向《七略·别録》曰：'臣向與黄門侍郎歆所校《列女傳》，種類相從爲七篇，以著禍福榮辱之效，是非得失之分。畫之于屏風四堵。'"[4] 如前文所述，《漢書·藝文志》有劉向《列女傳頌圖》一卷的記載，那麽說明兩點：第一，頌圖自古相配；第二，頌圖與傳曾爲别本，其流傳可能更廣泛。

1　〔宋〕劉克莊：《後村先生大全集》，卷一五一《陳孺人墓誌銘》，四部叢刊本，第8頁。
2　葉德輝：《書林清話》，卷八《繪圖書籍不始于宋人》，中華書局，1957年，第218頁。
3　〔明〕李東陽著，周寅賓點校：《文後稿》，卷一三，《李東陽集》册3，岳麓書社，1985年，第195頁。
4　〔唐〕徐堅等：《初學記》，卷二五《器物部·屏風第三·列女四堵》，中華書局，1962年，第599頁。

自後漢開始，史書中便時見宮中有《列女傳圖》的記載。東漢光武帝時，"御坐新屏風，圖畫列女，帝數顧視之。（宋）弘正容言曰：'未見好德如好色者。'帝即爲徹之。笑謂弘曰：'聞義則服，可乎？'對曰：'陛下進德，臣不勝其喜。'"[1]又，"順烈梁皇后諱妠，大將軍商之女，恭懷皇后弟之孫也。后生，有光景之祥。少善女工，好史書，九歲能誦《論語》，治《韓詩》，大義略舉。常以列女圖畫置于左右，以自監戒"[2]。文獻載，蔡邕也"有《講學圖》《小列女圖》傳于代"[3]。

　　宋人考證説，漢時不僅宮內屏風上畫有列女，甚至宮外官衙也畫有列士列女："魯直言：唐省中皆青壁畫雪。僕因考之，漢省中皆粉壁畫古列士列女。見《漢官典職》。"[4]漢成帝嬪妃班婕妤被皇帝冷落後曾作賦自傷，曰："陳女圖以鏡監兮，顧女史而問詩。"[5]則《列女圖》又鑄于銅鏡之背。宋《春渚紀聞》考古琴品飾曰："秦、漢之間所製琴品，多飾以犀玉金彩，故有'瑶琴''绿綺'之號。《西京雜記》：趙后有琴名'鳳凰'，皆用金隱起爲龍鳳、古賢、列女之像。嵇叔夜《琴賦》所謂'錯以犀象，藉以翠綠'，'爰有龍鳳之像、古人之形'是也。"[6]

　　漢畫已不傳，而今存漢畫像石中時見《古列女傳》的故事，或可從中窺見當時風采。圖一爲有關梁高行的繪圖[7]。圖中梁高行頭戴首飾，坐于垂帷之下，面向梁王派來的奉金者，她左手持匕首，右手持銅鏡，正準備割鼻。她對面爲奉金婦女，跪坐，雙手捧金，欲獻與梁高行。梁高行身後，站立着一個手持便面的侍女。奉金者後面有一個戴冠男子，當是使者，他肩上扛着一件像幢的圓物，當是節。圖上有三處題榜："梁高行""奉金者""使者"。

1　〔宋〕范曄：《後漢書》，卷二六《宋弘傳》，第904頁。
2　〔宋〕范曄：《後漢書》，卷一〇下《梁皇后紀》，第438頁。
3　〔唐〕張彥遠著，俞劍華注釋：《歷代名畫記》，卷四，上海人民美術出版社，1964年，第86頁。
4　〔宋〕王楙撰，儲玲玲整理：《野客叢書》，卷二七《省中畫壁》，《全宋筆記》編6冊6，大象出版社，2013年，第358頁。
5　〔漢〕班固：《漢書》，卷九七下《外戚列傳》，第3985頁。
6　〔宋〕何薳撰，儲玲玲整理：《春渚紀聞》，卷八《古琴品飾》，《全宋筆記》編3冊3，大象出版社，2008年，第261頁。
7　圖一爲武梁祠漢畫像石復原圖，引自〔美〕巫鴻《武梁祠——中國古代畫像藝術的思想性》，生活·讀書·新知三聯書店，2006年，第272頁。

圖一　梁寡高行

圖二　楚昭貞姜

圖三　京師節女

圖二爲漢畫像石中的楚昭貞姜故事[1]。圖中繪有屋頂和柱子，這就是故事發生的地點——漸臺。楚昭貞姜面向左，坐在屋內的木榻上，其頭飾與梁高行的相同，戴的也是花冠。身後有兩個侍女。畫上有一處題榜："楚昭貞姜"。

圖三爲漢畫像石中所繪京師節女的故事[2]。畫中有兩人，一個是欲代夫受死的京師節女，她卧在屋中矮床上，另一個上半身探進屋內下半身還在屋外者，是前來報仇的人。題榜有兩處："京師節女""怨家攻者"。

前兩個故事出自《古列女傳》卷四《貞順傳》，圖三出自卷五《節義傳》。梁高行的故事講的是寡婦拒絕求婚，不惜自毀面容；楚昭貞姜則強調女子死也不能離開丈夫所指定的場所；京師節女則爲丈夫而死。這些都是後世貞烈的題中之義。漢畫像石所描繪的列女形象應該是當時社會所提倡的。

此後歷代許多書畫家都畫過這一題材。魏荀勗多才藝，善書畫，"有大

1　圖二爲武梁祠漢畫像石復原圖，引自[美]巫鴻《武梁祠——中國古代畫像藝術的思想性》，第278頁。
2　圖三爲武梁祠漢畫像石復原圖，引自[美]巫鴻《武梁祠——中國古代畫像藝術的思想性》，第283頁。

《列女圖》、小《列女圖》"[1]。晋代有更多名畫家涉及這一題目，西晋衛協有大小《列女圖》，其中小《列女圖》經隋宫藏而傳至唐[2]。顧愷之《論畫》云："……《七佛》及《夏殷與大列女》二，皆(衛)協手傳而有情勢。"[3] 又論其小《列女圖》曰："面如銀刻，削爲容儀，不盡生氣，又插置丈夫支體，不似自然，然服章與衆物既甚奇，作女子尤麗，衣髻俯仰中，一點一畫皆相與成其艷姿，且尊卑貴賤之形，覺然易了，難可遠過之也。"[4] 又晋明帝司馬紹爲元帝長子，善書畫，亦畫有《列女圖》二[5]。號稱晋代書畫第一的王廙作有《列女仁智圖》[6]。"晋戴逵有《列女仁智圖》。"[7] 由晋入宋的謝稚，有《列女母儀圖》《列女貞節圖》《列女賢明圖》《列女仁智圖》《列女辯通圖》《大列女圖》等[8]。劉宋時期濮道興所作《列女辯通圖》傳于後代[9]。南齊王殿有《列女傳母儀圖》，陳公恩有《列女貞節圖》和《列女仁智圖》，皆傳于後代[10]。南北朝的畫家喜畫這一題材，亦説明上層社會需要這類圖畫。

其他文獻證明，《列女傳》已成爲南北朝後宫的常用書。"高祖太穆順聖皇后竇氏，京兆平陵人。父毅，在周爲上柱國，尚武帝姊襄陽長公主。入隋爲定州總管、神武公。后生，髮垂過頸，三歲與身等。讀《女誡》《列女》等傳，一過輒不忘。武帝愛之，養宫中，异它甥。"[11] 而《列女圖》常爲女性所觀。北周"廢帝皇后宇文氏，周文帝女也。后初産之日，有雲氣滿室，芬氳久之。幼有風神，好陳《列女圖》，置之左右"[12]。

1　〔唐〕張彦遠著，俞劍華注釋：《歷代名畫記》，卷五，第93頁。
2　〔唐〕裴孝源：《貞觀公私畫史》，《畫品叢書》，上海人民美術出版社，1982年，第30頁。
3　〔唐〕張彦遠著，俞劍華注釋：《歷代名畫記》，卷五，第105頁。
4　〔清〕《佩文齋書畫譜》，卷一一《晋顧愷之論畫》，上海同文書局石印，光緒九年(1883)，第5頁。
5　〔唐〕張彦遠著，俞劍華注釋：《歷代名畫記》，卷五，第92頁。
6　〔唐〕張彦遠著，俞劍華注釋：《歷代名畫記》，卷五，第96頁。
7　〔宋〕郭若虚撰，俞劍華注釋：《圖畫見聞志》，卷一《叙圖畫名意》，第8頁。
8　〔唐〕張彦遠著，俞劍華注釋：《歷代名畫記》，卷五，第121頁。
9　〔唐〕張彦遠著，俞劍華注釋：《歷代名畫記》，卷六，第136頁。
10　〔唐〕張彦遠著，俞劍華注釋：《歷代名畫記》，卷七，第138～139頁。
11　〔宋〕歐陽修、宋祁：《新唐書》，卷七六《后妃上》，第3468頁。
12　〔唐〕李延壽：《北史》，卷一三《后妃上》，中華書局，1974年，第508頁。

《新唐書》曰：唐太宗"嘗命（虞世南）寫《列女傳》于屏風，于時無本，世南暗疏之，無一字謬。帝每稱其五絶：一曰德行，二曰忠直，三曰博學，四曰文詞，五曰書翰"[1]。此條史料雖未明言于屏風上畫列女圖，但令著名書法家以書配畫，應爲通常做法。

　　宋文獻中亦往往提到《列女傳》圖。王回序曰：此書有《母儀》《賢明》《仁智》《貞順》《節義》《辯通》《孽嬖》等篇，而各頌其義，圖其狀，總爲卒篇，傳如《太史公記》，頌如《詩》之四言，而圖爲屏風云[2]。王回所見的版本似没有圖，但宋士大夫曾見有圖的《列女傳》。"頌云畫之屏風，而史有頌圖在八篇中。今直秘閣呂縉叔、集賢校理蘇子容、象山令林次中，各言嘗見《母儀》《賢明》四卷于江南人家，其畫爲古佩服，而各題其頌像側。然《崇文》及三君北游諸藏書家皆無此本。不知其傳果向之頌圖歟？抑後好事者據其頌取古佩服而圖之歟？"然而，由上述史料看，《列女傳圖》歷代史不絶書，宫廷亦一直可見，蘇頌等所見的《列女傳圖》應該不是宋人憑空畫的。

　　唐《歷代名畫記》未載顧愷之有《列女圖》，而宋代却有顧手繪傳世的相關記載，如《通志》謂有"顧愷之《列女圖》"[3]。北宋時蔡襄看到藏書豐盛的宋氏家族藏有《列女圖》："宣獻業文學，嘗作調羹鹽。藏書百千帙，傳世惟清廉。東堂得春和，花卉晨露霑。之君延賓從，當畫褰珠簾。朱函青錦囊，寶軸紅牙籤。……江田亦名手，農野興鋤鎌。桑麻婦女喜，餔餉兒童覘。列女自幽閑，明眸咽頸纖。昔人何遥遥，意會相披瞻。"[4]僅據蔡襄詩未能判斷宋家所藏畫是否《古列女圖》，而同去的梅堯臣則明謂此圖爲顧愷之手繪："君謨善書能別書，宣獻家藏天下無。宣獻既殁二子立，漆匣甲乙收盈厨。鍾王真迹尚可睹，歐褚遺墨非因模。開元大曆名流瀋，一一手澤存有餘。……虎頭將軍畫列女，二十餘子拖裙裾。許穆夫人尤窈窕，因誦載馳誠起余。余無書性無田區，美人雖見身

1　〔宋〕歐陽修、宋祁：《新唐書》，卷一〇二《虞世南傳》，第3972頁。
2　〔漢〕劉向撰，〔晋〕顧愷之圖：《古列女傳》，叢書集成本，册3400，目録第3頁。
3　〔宋〕鄭樵：《通志》，卷七二《圖譜略第一・記有》，志839上。
4　〔宋〕蔡襄著，〔明〕徐㶿等編，吳以寧點校：《蔡襄集》，卷二《觀宋中道家藏書畫》，上海古籍出版社，1996年，第35頁。

老癯。舉頭事事不稱意,不如倒盡君酒壺。"[1] 所謂"虎頭將軍"即指東晉名畫家顧愷之。

　　畫過《列女圖》的宋畫家黃伯思,也親眼看到相傳爲顧繪的《列女圖》:"右《列女圖》,自密康公母至趙將括母,凡十五圖。考于劉向傳,此乃畫《仁智》一卷像也,所題頌,即傳所載。王回傳序云:'人嘗見《母儀》《賢明》四卷于江南人家,其畫爲古佩服,而各題其頌像側。'與此正同。予按列女之目七,古皆有畫,世所傳特《母儀》《賢明》《仁智》三圖而已,今江南二圖亦復亡軼,獨此《仁智》一卷在焉,彌宜珍錄,故手摹之。大觀元年季冬望日(王回列女傳序云,呂縉等各言,嘗見《母儀》云云)。"[2] "顧長康畫《列女圖》中有蘧伯玉車,形筆勢與此田車了無小異,且三車(一作軍)之士方從禽馳騁,而神韵安閑,若中禮容,非顧、陸遺迹不能迨此。博陵之筆縝細,而此圖簡古,裴公以爲無有異于閻令,何邪?大觀四年十月五日閩人黃某觀。"[3]

　　大畫家米芾却説:"顧愷之《維摩天女》《飛仙》在余家。《女史箴》横卷在劉有方家,已上筆彩生動,髭髪秀潤。《太宗實錄》載購得顧筆一卷。今士人家收得唐摹顧筆《列女圖》,至刻板作扇,皆是三寸餘人物,與劉氏《女史箴》一同。"[4] 米芾則認爲世傳所謂顧愷之《列女圖》其實是唐人摹畫的,宋代又加以縮小刻印,做成扇子。這條史料值得注意,可見隨着雕板印刷的普及,《列女圖》已走向民間。故清王士禎評《列女圖》曰:"道成而上,藝成而下,時代遷變,其理一也。六朝人畫多寫古聖賢列女及習禮彝器等圖,此如漢儒注疏多詳于制度名物之類也。宋元人畫專取氣韵,此如宋儒傳義,廢注疏而專言義理是也。"[5]

　　後代的書畫目錄亦有顧愷之《列女圖》的記載,而且此圖明顯不是刊刻的。如明張丑《清河書畫舫》于顧愷之名下載有《列女圖》。[6] 順治年間孫承澤記:"顧愷之《列女傳‧仁智圖》。新安汪注宋卿跋云:晉顧虎頭《列女傳圖》。……

1　〔宋〕梅堯臣:《宛陵先生集》,卷一三《同蔡君謨江鄰幾觀宋中道書畫》,四部叢刊本,第8頁。
2　〔宋〕黃伯思:《東觀餘論》,卷下《跋仁智圖後》,叢書集成本,册1594,第56頁。
3　〔宋〕黃伯思:《東觀餘論》,卷下《跋吉日圖後》,叢書集成本,册1594,第61頁。
4　〔宋〕米芾:《畫史》,《畫品叢書》,上海人民美術出版社,1982年,第188頁。
5　〔清〕王士禎:《居易錄》,卷四,四庫全書本,册869,第355頁。
6　〔明〕張丑:《清河書畫舫》,卷一上,四庫全書本,册817,第10頁。

圖今在王長垣寓。"[1] 王士禎見該圖印章"有喬簣成印、柯氏清玩印",同于其他清畫錄,但他認爲此圖爲宋人臨摹。[2] 乾隆九年(1744)奉敕將清宮秘藏的畫作編爲《石渠寶笈》,其中便有《列女圖》:御書房所藏列朝上等畫卷中有"晋顧愷之《列女圖》一卷,素絹本,墨畫。凡八段,每段節錄《列女傳》一則,無款姓氏"。本條下列跋語,其中有"寶慶改元端月人日,新安汪注宋卿識。又葉士則跋云:以續摹補真迹之闕,徒使後人有貂不足之誚,乃撤去而重裝之,殘璜斷璧,夫豈以多爲貴哉? 隆禮題"[3]。跋語同于上列孫承澤所記,則此圖已被清廷收入宮中。葉隆禮,字士則,著有《契丹國志》,理宗開慶年間曾爲臨安知府[4]。故清人認爲此畫是自宋傳下的。

不僅前代所繪《列女圖》傳至宋代,宋代畫家亦常畫這一題材。如北宋名畫家李公麟,宋筆記曰:"此圖自密康公母至趙括母,凡十五。考之《劉向傳》,乃《仁智》一卷,世傳龍眠李公麟所作。然按:隋朝官本有衛協畫《列女圖》一卷,隋王廣有《列女仁智圖》一卷,陳公恩有《列女貞節圖》《仁智圖》。李氏之筆固當祖述于此。又按:後漢順烈梁皇后常以列女畫于左右,以自監戒。又後漢宋弘常燕見,御座新屏風圖畫列女,帝顧視之。弘正容言曰:'未見好德如好色者。'光武即命撤之。觀此,則《列女圖》又始于漢矣。"[5] 此畫應傳至明,明張丑載:"黃伯思《列女圖》云:'自密康公母至趙括母凡十五圖。'考于《劉向傳》,所讀《仁智》一卷也。此三圖亦止于趙括母,當是逸其前十二圖耳。珮服古則行筆遒潤,不施鉛丹,而光彩動人,信藝苑之雄也。相傳爲伯時所摹,可謂能與閻相傳神。衡山文徵明題。"[6] 又"李東,理宗時人,常在天街鬻畫。内侍携之以入,遂受知于慈慶六宫,購其畫者必得善價。家累千金,一旦歸隱天目,不知所終。

---

1 〔清〕孫承澤:《庚子銷夏記》,卷八,四庫全書本,册826,第87頁。
2 〔清〕王士禎:《居易錄》,卷三一,四庫全書本,册869,第709頁。
3 〔清〕張照等:《石渠寶笈》,卷三二,四庫全書本,册825,第238頁。
4 〔宋〕潛説友等:《咸淳臨安志》,卷五〇《兩浙轉運》,《宋元方志叢刊》册4,中華書局,1990年,第3796頁。
5 〔宋〕高似孫撰,儲玲玲整理:《緯略》,卷一〇《列女圖》,《全宋筆記》編6册5,第340~341頁。
6 〔明〕張丑:《清河書畫舫》,卷八下,四庫全書本,册817,第335頁。

畫之傳世者《列女忠孝圖》五,《列女仁智圖》三,《宮闈補裘圖》二"[1]。

宋宮中亦常見《列女圖》。宋高宗"憲聖慈烈吳皇后,開封人。……后益博習書史,又善翰墨,由是寵遇日至,與張氏并爲婉儀,尋進貴妃。顯仁太后回鑾,亦愛后。憲節皇后崩聞至,秦檜等累表請立中宮,太后亦爲言。紹興十三年,詔立貴妃爲皇后。……顯仁太后性嚴肅,后身承起居,順適其意。嘗繪《古列女圖》,置坐右爲鑒;又取《詩序》之義,扁其堂曰'賢志'"[2]。看來吳皇后侍奉韋太后頗爲受氣,只得以古列女來鼓勵自己。宋宮詞曰:"下直歸來日未晡,鳳盤錦幄卷流蘇。紗櫳粉壁無塵到,挂起長康列女圖。"[3]

宋人考證古物,時引《列女圖》證之,如呂大臨《考古圖》曰:"李氏録云:《詩》曰'鞞琫有珌',又曰'鞞琫容刀',《春秋傳》曰'藻率鞞鞛',皆注爲佩刀之上下飾,乃刀削具裝之首尾。觀顧長康所畫《列女圖》,有楚武王所佩刀如是,是以知其爲上下飾者,名曰'琫珌'。"[4]朱熹在講學時曾引用《列女傳》作爲證據,解釋"載弄之瓦"曰:"瓦,紡磚也,紡時所用之物。舊見人畫《列女傳》,漆室乃手執一物,如今銀子樣。意其爲紡磚也,然未可必。"[5]顯然朱子見過《列女圖》,而且衆生徒亦應見過此圖,故舉例説明。南宋洪咨夔詩曰:"春透蓬萊碧玉壺,晴窗恭侍寶奎敷。從容玩畫家人卦,取次題籤列女圖。"[6]洪咨夔所題的列女圖,未必是上述宋皇室珍藏的名畫,所以纔能隨意地題籤。這也證明,起碼南宋以後,《列女傳圖》已在民間流傳,一般人也能看到。

元建安余氏靖安勤有堂刊刻的《古列女傳》尚流傳至今,采用上圖下文版式,共有插圖一百二十三幅[7],與文獻所記載的宋代重編《古列女傳》版本相合,雖題"晉顧愷之畫",但或許是宋人摹畫,最重要的是,據此可見宋代常見圖式。

1　〔清〕王毓賢:《繪事備考》,卷六,四庫全書本,册826,第274頁。
2　〔元〕脱脱等:《宋史》,卷二四三《后妃傳》,第8646~8647頁。
3　〔宋〕王仲修:《宮詞》,《十家宮詞》,中國書店,1990年,卷三,第10頁。
4　〔宋〕呂大臨:《考古圖》,卷八,中華書局,1987年,第142頁。
5　〔宋〕黎靖德編,王星賢點校:《朱子語類》,卷八一《斯干》,第2123頁。
6　〔宋〕洪咨夔:《平齋集》,卷二三《七言三首》之一,四庫全書本,册1175,第269頁。
7　王伯敏:《中國版畫通史》,河北美術出版社,2002年,第26頁。

圖四、圖五與圖六[1]分別爲這個版本中的梁寡高行、楚昭貞姜和京師節女的形象，與圖一至圖三相比，基本構圖并沒有大的改變，只是後世爲刊刻的方便，將一幅長圖割爲兩幅，變爲上圖下文的形式，甚至連圖中的說明題簽也是如此相近。由此亦可見日本學者黑田彰所言自漢以來的古《列女圖》爲歷代所摹的推測是相當可信的[2]。

圖四　梁寡高行（勤有堂本）

圖五　楚昭貞姜（勤有堂本）

圖六　京師節女（勤有堂本）

曾經擁有此本的清人如錢功甫、錢謙益、錢曾、錢大昕都相信圖爲顧愷之所繪。錢謙益跋曰："余藏《列女傳》古本有二，一得于吳門老儒錢功甫，一則丙戌入燕，得于南城廢殿中，皆僅免于劫灰。此則內殿本也。功甫指示余：'圖畫雖草略，尚是顧愷之遺製。蘇子容嘗見舊本于江南人家，其畫爲古佩服，而各題其頌像側。今此畫佩服古樸，坐皆尚右。儒者在百世之下得見古人形容儀法，非偶然者，吾子其寶重之。'余心識功甫之言，不敢忘。"而清宮認爲此爲宋本，并指明刊于嘉定七年（1214）。乾隆皇帝序曰："劉向《列女傳》，宋嘉定間閩中所刊，圖書并列，殆古遺製。大內有顧愷之《女史箴圖》，旁書箴文，即董其昌刻入戲鴻堂帖者，不知蘇子

1　[漢]劉向撰，[晉]顧愷之圖：《古列女傳》，卷四《貞順傳》、卷五《節義傳》，叢書集成本，冊3400，第117、109、151頁。

2　[日]黑田彰撰，雋雪艷、龔嵐譯：《列女傳圖概論》，《中國典籍與文化》2013年第3期，第107~122頁。

容所見《列女傳畫》爲墨迹耶？抑刻本也？乾隆甲子秋九月。"[1]可見，乾隆看到的《列女傳》是有圖像的，確指爲宋嘉定閩本，應據蔡驥按語。《天禄琳琅書目》曰："古列女傳二函八册。漢劉向編，八卷，每傳有圖，晋顧愷之畫。……此本爲宋寧宗嘉定七年刊行，前有武夷蔡驥按語。……蔡驥，《宋史》列傳不載，其云依今人所定，不知出于誰氏之手？書分八卷，前七卷以頌附傳後，與曾鞏所訂傳七篇、頌一篇定爲八篇者不合，至無頌之二十傳，王回所云號《續列女傳》别爲一篇者，本在八篇之外，此則列爲第八卷。書中每卷有顧愷之繪圖。按：曾鞏序中據《藝文志》，有向《列女傳頌圖》一語，并未言及所校讎者有圖與否。王回則云：'史有頌圖，在八篇中，莫得而考。'是愷之所繪，二人皆未之見。此獨燦若列眉，宜藝林珍秘。目録後刊'建安余氏印書'，中或稱'静庵余氏模刻'，或稱'余氏勤有堂刊'，即岳珂《九經三傳沿革例》所稱建安余氏也。"[2]

對于此本中的畫是否爲顧愷之所作，後代書家見識各异。江藩作《新刊古列女傳》跋曰："此圖即好事者爲之，亦宋畫也，存之爲是。""後于宋丈芝山處見趙文敏臨愷之《列女傳仁智圖》，如蘇子容之言，各題頌于像側，其畫像佩服與刻本一一吻合，始悟此圖乃顧畫之縮本，王回特未之見耳。"[3]而阮福刊小琅嬛仙館本亦認此畫爲古畫，"此本即遵王所藏明内府本無疑，福九妹季蘭曾用紙素于此圖描摹一通，毫髮畢肖，余復令良工將傳、頌影鈔，與圖畫合而付梓"[4]。

顧之逵據余氏本重刻顧氏小讀書堆本，却削去繪圖。顧之逵跋曰："余氏本上方有圖，首題虎頭將軍畫。然據王回序，則吕縉叔等所見圖乃止《母儀》《賢明》二傳，後并無從更得。今此圖蓋余氏所補繪耳，無容贅爲摹刻也。"[5]著名文獻學家葉德輝曰："徐康《前塵夢影録》云：'綉像書籍，以宋槧《列女傳》爲最精。顧抱冲得而翻刻，上截圖像，下截爲傳，仿佛武梁造象，人物車馬極古拙，相傳爲顧虎頭繪。'按顧刻無圖，阮福仿宋刻有圖。又顧虎頭畫，亦阮刻推揣之詞，非相傳有此説。

---

[1] 〔清〕于敏中等：《天禄琳琅書目》，卷二《古列女傳》，《清人書目題跋叢刊》册10，第36頁。

[2] 〔清〕于敏中等：《天禄琳琅書目》，卷二《古列女傳》，《清人書目題跋叢刊》册10，第34頁。

[3] 〔清〕江藩：《新刊古列女傳跋》，見鄭曉霞、林佳郁編：《列女傳彙編》册4，北京圖書館出版社，2007年，第695~696頁。

[4] 〔清〕阮福：《摹刊宋本列女傳跋》，《列女傳彙編》册4，第688頁。

[5] 〔清〕顧之逵：《重刻古列女傳跋》，《列女傳彙編》册3，第585頁。

徐氏云云,殆誤記耳。"即葉德輝對所謂宋本之説頗爲懷疑[1]。

元錢選亦爲《列女圖》繪摹本,跋言:"錢舜舉年少時,嗜酒好音聲,善畫,高者至與古人無辨。嘗借人《白鷹圖》,夜臨摹裝池,翌日以所臨本歸之,主人弗覺也。今老矣,其畫益不可得。湖之人經舜舉所授,類皆以能書稱,然而舜舉高矣。此三圖舜舉所臨,誠古名本。劉尚[向]書序記古之列女多矣,古人因之以爲圖,此獨取鄧曼、許穆夫人、括母,豈非以其識微知遠也耶?婦人之于父母、夫若子之間,不失孝貞,亦已多矣,今楚、魏、趙之事未見幾徵,三人者固已言之,其言之售,無毫末差,若符合谷應,淵澄而日出。凡于形聲之内,舉不能以自遁,則三人者之明,其于婦人獨不甚賢也哉!大德四年龍集庚子七月望,金華胡長孺書。"[2]

《列女圖》于元代仍時見于後宫。虞集詩曰:"松陰鵠立候宫車,風送飛花著百鬚,水影漸移簾側畔,鶯聲祇在殿東隅。近床儼進名臣傅,載筆親題《列女圖》。太液雨餘波浪動,龍舟初試散魚鳧。"[3]元仁宗時,"時有進《大學衍義》者,命詹事王約等節而譯之,帝曰:'治天下,此一書足矣。'因命與《圖象孝經》《列女傳》并刊行,賜臣下"[4]。

又元人曾記所見古玉:"古玉色如此樣有十餘枚,或大或小,或有文或無文,或青或緑,長不滿寸,蓋人綰繩之物。玉人一,高五六寸,束髮于頂,餘髮被腦後,衣垂至地不見足,色溫潤與馬同。人如顧愷之所畫《列女圖》中人物。"[5]

葉德輝雖不信清人所見繪圖本爲宋槧,但他明確記載見過元繪圖本:"而徐氏所未見者,有元大德本繪圖《列女傳》。……明仇英繪圖《列女傳》。十六卷,明汪道昆本,劉書增輯。至乾隆時原版猶存,售于鮑以文廷博,始印行之。"[6]

綜上所述,各代名畫家幾乎都畫過《列女傳圖》,而且似乎又多有摹畫之迹。

1　葉德輝:《書林清話》,卷八《繪圖書籍不始于宋人》,第218頁。
2　[明]朱存理:《趙氏鐵網珊瑚》,卷一三《列女圖跋》,四庫全書本,册815,第698頁。
3　[元]虞集撰,王頲點校:《虞集全集》,《二十五日即事呈閣老諸學士》,天津古籍出版社,2007年,第101頁。
4　[明]宋濂等:《元史》,卷二〇《仁宗本紀》,中華書局,1976年,第536頁。
5　[元]湯允謨:《雲烟過眼録續集》,《畫品叢書》,上海人民美術出版社,1982年,第384頁。
6　葉德輝:《書林清話》,卷八《繪圖書籍不始于宋人》,第218~219頁。

而《列女傳圖》的典型畫面亦曾被繪于各種場地,并用多種材質塑入民間常用的一般器物之中。其中,宋代是十分重要的傳承環節。

《女孝經》爲宋代常用的女教書之一,該書由唐代侯莫陳邈妻鄭氏作。從結構看,它明顯模仿了《孝經》。

《孝經》作爲兒童的啓蒙教材,很早就有了配圖。唐《歷代名畫記》中的《述古之秘畫珍圖》類中,列舉了《孝經秘圖》、《孝經左契圖》、《孝經雌雄圖》、《孝經讖圖》(十二)。單看名稱,這些圖可能還不是《孝經》的配圖,似乎是方士的工具。如上所述,由晋入宋的謝稚畫了多種《列女圖》,同時他也畫過《孝經圖》和《孝子圖》[1]。而在宋代,經士大夫的極力提倡,《孝經圖》更爲普及。北宋元祐二年(1087)十月"丁未,范祖禹乞于邇英閣復張挂仁宗時王洙、蔡襄所書《無逸》《孝經圖》,從之"[2]。著名畫家李公麟畫《孝經圖》一事更屢見于宋代文獻。宋筆記曰:"李伯時《孝經圖》并書,自題云:'鳳閣舍人楊公雅言,《孝經》關鍵六藝,根本百行,世訓所重。'謂龍眠山人李公麟曰:'能圖其事以示人,爲有補。'元豐八年六月因摭其一二隨章而圖之。"[3] 南宋時孝宗未出閣時,"得李公麟所畫《孝經圖》,(范)冲書其後"[4]。同年,汪應辰爲此畫作跋[5]。

作爲常見的女教圖卷,唐繪《女孝經圖》亦屢見于畫史,其中偶見唐人畫《女孝經圖》的記載。清《平生壯觀》記載:"《女孝經圖》,絹素破碎,空地皆非本來。而用筆最古,的的唐人氣韵。逐段經文,云是虞永興筆,諦視之,蓋宋思陵也。想虞書遺失,以思陵書經配之,故絹色不同,高低甚遠。設色畫八段,書經文九段。"[6] 而清《大觀録》亦載有《閻立本畫女孝經圖虞世南書孝經卷》,書爲紙本,畫爲絹本,文字在前,圖畫在後,共有九段:一開宗明義章,二邦君章,三三才章,四后妃章,五事姑舅章,六賢明章,七夫人章,八孝治章,九庶人章[7]。《石渠寶

---

1 〔唐〕張彦遠著,俞劍華注釋:《歷代名畫記》,卷三、卷五,第76~78、121頁。
2 〔宋〕李燾:《續資治通鑒長編》,卷四〇六,第9893頁。
3 〔宋〕周密:《雲烟過眼録》,卷一,《畫品叢書》,上海人民美術出版社,1982年,第338頁。
4 〔宋〕李心傳:《建炎以來繫年要録》,卷九〇,紹興五年六月己酉,叢書集成本,册3869,第1501頁。
5 〔宋〕汪應辰:《文定集》,卷一二《跋李伯時孝經圖》,四庫全書本,册1138,第697頁。
6 〔清〕顧復撰,林虞生校點:《平生壯觀》,卷六《女孝經圖》,上海古籍出版社,2011年,第218頁。
7 〔清〕吴昇輯:《大觀録》卷一一,武進李氏聖譯樓鉛印本,1920年,第9~14頁。

笈》亦載清宮御書房藏有"唐人畫《女孝經圖》一卷,素絹本,着色畫,凡九段,每段書本文一則"[1]。

這些後人的記載頗令人懷疑。而宋《宣和畫譜》的記載較爲可靠,謂宋徽宗内府僅見原後蜀畫家石恪作"女孝經像八"[2],因而《四庫全書總目》謂該書"五代時乃盛行于世也"[3]。

北宋著名書畫家米芾曾鑒賞前代《女孝經圖》。宋筆記載:"米老嘗有題跋云:'侍講仁熟携顧陸真迹、保大琴會于米老庵。'即此畫,并《女孝經》是也。"[4]從文意看,這一《女孝經圖》并非宋人畫的。

圖七爲流傳至今的宋《女孝經圖》[5],今藏北京故宫博物院。據美術史專家的記載,北京卷爲絹本設色的卷軸,縱 43.8 厘米,横 823.7 厘米,由九幅獨立的畫面組成,每幅畫横 68.7 厘米。目前這九幅的附題裝裱順序是:一開宗明義章,二后妃章,三三才章,四賢明章,五事舅姑章,六邦君章,七夫人章,八孝治章,九庶人章。

另外,臺北亦藏有《女孝經圖》,縱 26.4 厘米,横 823.8 厘米,"臺北卷先以楷書抄録一章經文,再以圖像來表現,也圖繪了九章,按附題順序爲:一開宗明義章,二后妃章,三夫人章,四邦君章,五庶人章,六事姑舅章,七三才章,八孝治章,九賢明章"[6]。圖八爲臺北"故宫博物院"藏《女孝經圖》的開宗明義章[7]。

現代的美術史家未確定它的作者,穆益勤認爲是北宋人畫:"從人物形象、

---

1 〔清〕張照等:《石渠寶笈》,卷三五,四庫全書本,册 825,第 423 頁。
2 〔宋〕佚名:《宣和畫譜》,卷七《石恪》,第 148 頁。
3 〔清〕永瑢等:《四庫全書總目》,卷九五《女孝經》,第 801 頁。
4 〔宋〕周煇撰,劉永翔、許丹整理:《清波雜志》,卷五,《全宋筆記》編 5 册 9,大象出版社,2012 年,第 61 頁。
5 圖七爲《女孝經圖》局部。引自浙江大學中國古代書畫研究中心:《宋畫全集》卷 1 册 5,浙江大學出版社,2010 年,第 214~215 頁。
6 何前:《女孝經圖研究》,中央美術學院 2009 年碩士論文,第 7~8 頁。
7 圖八爲《女孝經圖》局部。原圖現藏臺北"故宫博物院",與北京故宫博物院所藏者相較,即使構圖基本一致,人物動作神態仍不同。舊題爲宋高宗題馬和之繪。藝術史家謂,作品中人物勾勒細謹,面容清雅秀逸,筆墨雖極爲精到,但與馬和之并不相似,更近於馬麟的風格,所謂高宗題字亦可疑,更近於宋理宗,故宜易名爲"宋人書畫女孝經"。本圖引自該院官網:http://theme.npm.edu.tw/selection/Article.aspx?sNo=04009145#inline_content intro。

圖七 《女孝經圖》孝治章(北京卷)

圖八 《女孝經圖》開宗明義章(臺北卷)

服裝、髮髻及傢具陳設看，可拿'韓熙載夜宴圖'作範本。'夜宴圖'中幾個歌舞女子，其臉形、髮髻式樣、服裝等處，恰恰和這幅圖中的人物形象很相近，都是細腰長裙，身材婀娜，面貌娟秀，有的坐在石墩上，有的叉手而立，這些人的姿勢幾乎像是一個稿本畫下來的。根據這些方面看，可以推斷'女孝經圖'和'夜宴圖'的關係非常密切，是一個系統，是'夜宴圖'以後不久的東西。另外，樹石背景的畫法，勁健蒼古，多暈染，濃墨重筆勾勒，不露筆鋒，這種風格在劉、李、馬、夏時期已經見不到了。屏風上的山水畫，接近于宋初李成一派。有些遠山背景的畫法，還有唐李思訓青綠山水的遺風。這些方面又足以說明其創作時代不能晚于北宋。"[1] 與穆益勤不同,何前認爲臺北"故宫博物院"所藏者應爲南宋作品。林莉娜及孟久麗均認爲,此畫雖有文獻記載標明爲馬和之作品,但更似較晚的馬遠、馬麟父子一派的風格。

《宣和畫譜》載北宋畫家李公麟有"女孝經相二"[2]。李公麟畫《女孝經》亦得到宋筆記的證實,周密曰:"李伯時畫《女孝經》,并自書經文,惜不全。右各有宣和御題,及宣和大觀印、睿思東閣大印。其後歸金章宗,或剪去舊印,用明昌御府、明昌中秘、明昌珍玩、明昌御覽大印。軸杆多檀香合成,蓋慮其久而不蝕故也。"[3] 李公麟畫《女孝經》尚見于元人記載,元王惲爲該畫作跋曰:"公麟畫筆,當時聖賢言行,情深義奥,後世有未易窺測者,天機所到,千古之事,如隨目前。所謂出新意于法度之中,寄妙趣于言意之表,若三百篇比興宛從,弦而歌之,一唱三嘆,有遺音者矣。激薄揚清,助世教多矣。此畫予也三見,兹雖張仁所臨,殊有分數。"[4]

李公麟繪亦見于明清人記載。明李東陽跋曰:"駙馬都尉樊公大振出《女孝經圖》一卷,無名識,後有祭酒胡公若思記,以爲宋李伯時作。而世所傳《頤庵集》載此記,首有'吾家舊藏'四字,知爲胡氏故物也。按:漢曹世叔妻班昭,固之女弟,撰《女誡》十八篇,大抵仿《孝經》爲之,故俗稱《女孝經》。後世畫者多圖其事,而本亦不同。此卷筆意精絶,誠有如胡公所云者,非近時畫手所能仿佛也。"[5] 但李東陽誤將唐人之《女孝經》誤作曹大家之《女誡》。《寓意編》曰:"龍眠畫《女孝經》四章。每章亦龍眠書。"[6] 又明《清河書畫舫》曰:"啓南翁藏李龍眠畫《女孝經》四章,每章龍眠自書,惜不全。吴原博先生爲之作跋,見公家藏集中。"[7] 明吴寬《跋女孝經相後》曰:"昔人論文章,不關世教,雖工無益,余以爲圖畫亦然。此卷寫《女孝經》四章,而其事迹則每章圖之。初不知作于何人,獨其

---

1 穆益勤:《宋人"女孝經圖"卷的作畫年代》,《故宫博物院院刊》1960年第2期,第183頁。
2 〔宋〕佚名:《宣和畫譜》,卷七《李公麟》,第158頁。
3 〔宋〕周密:《雲烟過眼録》,卷上,叢書集成本,第14頁。
4 〔元〕王惲:《秋澗先生大全集》,卷七三《題李龍眠畫班昭女孝經圖後》,四部叢刊本,第5頁。
5 〔明〕李東陽著,周寅賓點校:《文後稿》,卷一三《女孝經圖跋》,《李東陽集》册3,第194~195頁。
6 〔明〕都穆:《寓意編》,叢書集成本,册1571,第1頁。
7 〔明〕張丑:《清河書畫舫》,卷八上,四庫全書本,册817,第298頁。

上有喬氏半印可辨,啓南得之,定以爲龍眠筆。及觀元周公謹志《雅堂雜鈔》云:己丑六月二十一日,同伯機訪喬仲山運判觀畫。而列其目有伯時《女孝經》,且曰伯時自書不全。則知其爲龍眠無疑。啓南真知畫者哉!圖中爲女婦輩所以共職進戒者,皆閨門之法、家國之利,而其容氣端莊詳雅,覽之使人竦然起敬,足以消其淫媟戲嫚之心,非特女子之有家者當爲監戒也,所謂關世教者,此類是已。延陵吴寬識。"[1]

根據文獻,南宋名畫家亦曾涉及這一題材。元《圖繪寶鑒》載南宋"李遵,畫人物,嘗見有《女孝經圖》傳世"[2]。明《畫史會要》亦曰:李遵"畫有《女孝經圖》傳世"[3]。

《清河書畫舫》引明《文嘉書畫記》謂南宋畫家馬遠有"女孝經圖一"[4]。《嚴氏書畫記》同之。清《石渠寶笈》載清宮中藏有"宋高宗書《女孝經》,馬和之補圖二卷。素絹本,楷書,卷首幅半印各一,俱漫漶不可識。下卷末幅有'坤卦''御書之寶'二璽。每段後馬和之着色畫補圖,下卷末幅署'臣馬和之'四字微缺。每幅有'明安國玩'一印。上卷自《開宗明義》章起至《賢明》章訖,下卷自《紀德行》章起至《舉惡章》訖,書畫各九幅"[5]。《石渠寶笈》所著錄者,應即現藏于臺北"故宫博物院"者。

清陸心源《穰梨館過眼録》卷二記載有《高宗書女誡馬遠補圖卷》,引首紙本,畫絹本,共有九圖并九段御書:一、紀德行章,二、五刑章,三、廣要道章,四、廣守信章,五、廣揚名章,六、諫諍章,七、胎教章,八、母儀章,九、舉惡章。此幅圖卷標爲《女誡》,"宋人嘗取古《女誡》、女訓圖其事,傳于世"[6]。但從章節上來看描述的却是《女孝經》的內容,因此筆者把它也歸爲《女孝經圖》。《虚齋名畫録》將此畫記載爲《宋馬欽山列女圖高宗書女訓合璧卷》,絹本,設色人物,書畫各四段,無款。雖然没有明確標出《女孝經》的章名,但是從文字上可以看出,這

---

1 〔明〕張丑:《清河書畫舫》,卷八上,四庫全書本,册817,第314頁。
2 〔元〕夏文彦:《圖繪寶鑒》,卷四《宋南渡後》,商務印書館,1938年,第85頁。
3 〔明〕朱謀垔:《畫史會要》,卷三,四庫全書本,册816,第497頁。
4 〔明〕張丑:《清河書畫舫》,卷七上,四庫全書本,册817,第267頁。
5 〔清〕張照等:《石渠寶笈》,卷三六,四庫全書本,册825,第433頁。
6 〔清〕陸心源:《穰梨館過眼録》,卷二,光緒十七年吴興陸氏家塾本,第1~3頁。

是《女孝經》中的四個章節：母儀章、諫靜章、廣守信章、五刑章。明陸完曰："此卷舊以爲馬遠畫而高宗書。今觀所畫諸景皆筆力超絶，而婦女容態自有國有家者，以至田野紡績，莫不端莊静雅，無一毫斜僻意思，望之令人肅然起敬，若此者，要非遠不能邪？其書則出當時内夫人手，而用乾卦御書，并挂號印信耳，知書者自能辨之。"清龐元濟曰："筆墨沈著，動心駭魄，希世之珍也。前明陸全卿、吳中大鑒家定作馬遠，可以爲據，而謂其書出當時内夫人手，尤爲特識。"[1] 劉海粟美術館藏有四幅《女孝經》插圖，應即這個版本。

《女誡》一書全講大道理，應該極難配畫。清孫承澤曾見過宋代的《女誡》圖卷。"予又有《女誡》一卷，爲馬麟畫，相傳爲寧宗書，實楊妹子書，用御書之印耳。此卷今在畿南士夫家。"[2] 由于極少見到《女誡》圖，又往往將《女孝經》誤記爲《女誡》，馬麟爲馬遠之子，其畫風相近，很可能孫承澤看到的就是馬遠的《女孝經圖》。

如上所述，至遲到五代，《女孝經圖》便流行起來，宋代許多著名畫家如石恪、李公麟、李遵、馬遠、馬和之等都畫過這個題材。這些圖傳至元代，《元史》載：元順帝"完者忽都皇后奇氏，高麗人，生皇太子愛猷識理達臘。……后無事，則取《女孝經》、史書，訪問歷代皇后之有賢行者爲法"[3]。這條史料雖不能説明她看的是《女孝經圖》，但隨着《女孝經》的流傳，《女孝經圖》很可能也是流行的。

歷代《列女傳》的故事亦曾被繪出。

宋末牟巘曾在《蔡琰歸漢圖》上題曰："蔡文姬陷身沙漠十二年，曹操遣使以重寶贖之，一旦與使者俱還，既慰中國土思，且上先世冢墓，得其正矣。觀此圖垂發之際，二稚牽衣，萬里永訣，旁觀者皆爲之掩袂，乃與《胡笳十八拍》中同一凄哽，何其悲之甚耶！"[4] 蔡文姬并不是古《列女傳》中的人物，但她被載入《後漢書》中的《列女傳》。

歷代文獻説明，地方官曾將本地的列女圖像繪于官府。晉《華陽國志》曰："廣柔長郫姚超二女（姚）妣、饒，未許嫁，隨父在官。值九種夷反，殺超，獲二女，

---

[1]〔清〕龐元濟：《虛齋名畫録》，卷一，宣統元年烏程龐氏刊本。
[2]〔清〕孫承宗：《庚子銷夏記》，卷八，四庫全書本，冊826，第98頁。
[3]〔明〕宋濂等：《元史》，卷一一四《后妃傳》，第2880頁。
[4]〔宋〕牟巘：《牟氏陵陽集》，卷一六《書蔡琰歸漢圖》，四庫全書本，冊1188，第145頁。

欲使牧羊。二女誓不辱，乃以衣連腰自沉水中死，見夢告兄慰曰：'姊妹之喪當以某日至溉下。'慰寤，哀愕，如夢日得喪，郡縣圖象府庭。峨峨淑媛，表圖銘旌。淑，善；媛，婉娩也。言此十二女皆圖象列傳。"[1]又楊文妻，夫死，"父欲改嫁，乃自沉水中，宗族救之，幾死，得免。太守五方爲之圖象"[2]。廖伯妻殷氏，夫死，"以己有美色，慮人求己，作詩三章自誓心。而求者猶衆，父母將許，乃斷指明情，養子猛終義。太守薛鴻圖象府庭"[3]。

唐代士大夫談到某女可上《列女傳》時，往往會想象她的形象，并將其繪入屏風畫。徐夤贈其妻曰："懿德好書添《女誡》，素容堪畫上銀屏。鳴梭軋軋纖纖手，窗户流光織女星。"[4]

宋士大夫亦有同樣表述。劉克莊曰："其閨閫之内趣向如一，雖菽食布被、饁耕辟纑、采藥賃舂之陋，相安如富貴，相敬如賓友。嗚呼！此詩人彤管之所咏，劉向屏風之所圖也。孺人之事近之矣。"[5]在宋人的觀念中，將女人載入史册，不僅僅是留名，而更應該留下其形象。北宋陸佃詩曰："百花流轉逐浮萍，柔質那堪殞妙齡。畫手若能圖列女，玉顔應許上丹青。"[6]這首悼亡詩明顯爲婦女所作，"玉顔應許上丹青"自然是詩人之言，當不得真，但前代列女圖應爲宋人所常見，詩人纔有這樣的觀念。

劉克莊在談到女教書在近世不被重視時，也談到圖史中常見古代女子的形象："昔者詩書圖史所載，多閨門淑婉之事，共姜、伯姬以節，孟母以訓，曹娥以孝，蓋不可勝紀。至近世碑碣始詳于王公大人，而略于婦人女子，若以爲無與于世教者，夫如是，則列女之傳不可復續，而彤管廢矣。"[7]其中曹娥的故事始見于《後漢書》，她正是宋墓孝子圖中常見的形象，那麽，可以推測，共姜、伯姬、孟母等也是宋代圖書中常見的形象。

1　〔晉〕常璩撰，劉琳校注：《華陽國志校注》，卷一〇上《二姚見靈》，巴蜀書社，1984年，第736頁。
2　〔晉〕常璩撰，劉琳校注：《華陽國志校注》，卷一〇中《正流自沉，玉潔冰清》，第769頁。
3　〔晉〕常璩撰，劉琳校注：《華陽國志校注》，卷一〇中《紀配斷指，以章厥貞》，第768~769頁。
4　《全唐詩》，卷七〇九徐夤《贈月君》，第8163頁。
5　〔宋〕劉克莊：《後村先生大全集》，卷一五一《陳孺人》，四部叢刊本，第10頁。
6　〔宋〕陸佃：《陶山集》，卷三《悼亡八首》之七，四庫全書本，册1117，第85頁。
7　〔宋〕劉克莊：《後村先生大全集》，卷一四九《陳太孺墓志銘》，四部叢刊本，第12頁。

三、由列女到烈女

女性如何入史？劉向《列女傳》所記載的女性，從出身而言，不僅限于貴家女性，從行爲而言，貞女節婦也只是列女的一部分。劉向所撰七篇，除貞順、節義之外，尚有母儀、賢明、仁智、辯通、孽嬖五篇，其中許多女性以才智聰明被記載，也可能以見識深遠被贊賞，如宋人所說："漢《列女傳》搜次材行；晋《列女傳》載循六行。"[1]

而後世《列女傳》往往取上層女性的故事，漸有上層化的傾向。后妃早就進入正史，南齊時就是否在國史中爲皇帝女兒作傳發生了爭論，史官認爲："帝女體自皇宗，立傳以備甥舅之重。"當時詔内外詳議，左僕射王儉曰："又立《帝女傳》，亦非淺識所安。若有高德异行，自當載在《列女》，若止于常美，則仍舊不書。"[2] 爭論的結果是當時并未給公主立傳，直到《舊唐書》，公主仍未有專傳。歐陽修等作《新唐書》，不僅將皇子傳集中列于后妃傳之後，而且將公主列入專傳，此後，公主入史成爲史例。

不僅如此，我們可以清晰地看到，豐富多彩的列女形象是在唐宋間變爲單一的節婦烈女的。

（一）女英雄的日漸式微

劉向《列女傳》原收有各類婦女典型，隨着歷代女教的嚴苛化，收入的類型逐漸收窄，最後只剩下節婦烈女一類，這一變化就發生在唐宋之間。

圖九[3] 爲劉向《列女傳》中的衛靈公夫人形象，圖一〇[4] 爲漆室女，一爲上層

---

[1] 〔宋〕俞文豹撰，張宗祥校訂：《吹劍四錄》，《吹劍錄全編》，古典文學出版社，1958年，第127頁。

[2] 〔梁〕蕭子顯：《南齊書》，卷五二《檀超傳》，中華書局，1972年，第892頁。

[3] 圖九《衛靈夫人圖》爲東晋顧愷之《列女仁智圖卷》局部，原圖藏于北京故宫博物院，絹本，淺設色，25.8厘米×470.3厘米。引自《中國美術全集·繪畫編1·原始社會至南北朝繪畫》，文物出版社，1993年，第125頁。

[4] 圖一〇《漆室女圖》，見于清阮福道光五年（1825）刊《新刊古列女傳》所收的插圖，號稱爲顧愷之書摹圖。引自《列女傳彙編》册4，北京圖書館出版社，2007年，第510頁。

婦女,一爲下層庶民女子,皆聰慧且有遠見,關心國之大事。圖中她們侃侃而談,最後爲國家立下不朽功績。很明顯,劉向是非常欣賞這類女子的。唐宋以後,她們的形象已退出民間繪圖,而僅見于《古列女傳》插圖,爲少數文人所欣賞。

圖九　衛靈夫人圖　　　　　　　　　　　圖一〇　漆室女圖

　　淳于緹縈是漢代的奇女子,《前漢紀》載:文帝十三年(前167)"夏五月詔除肉刑。時齊太倉令淳于公有罪當刑,淳于公有女五人,無男,嘗罵其女曰:'生女不生男,緩急無有益!'小女緹縈自傷泣,乃隨父到長安,上書言:'妾父爲吏,齊國皆稱廉平。今坐法當刑。妾聞,夫死者不可復生,刑者不可復贖,雖欲改過自新,其道無由。妾願没身爲官奴,以贖父刑,使得自新。'"[1] 天子悲憐其意,遂下令廢除肉刑。因爲她的一番話而使文帝廢除了肉刑,因而劉向把她置于《辯通篇》,評曰:"君子謂:緹縈一言發聖王之意,可謂得事之宜矣。詩云'辭之懌矣,民之莫矣',此之謂也。頌曰:緹縈訟父,亦孔有識。推誠上書,文雅甚備。小女之言,乃感聖意,終除肉刑,以免父事。"圖一一爲《古列女傳》的配圖,圖中這位奇女子面對皇帝侃侃而言,主要突出其能言善辯的形象。[2] 宋林同《孝詩》贊曰:"仁矣文皇詔,悲哉少女書。至今民受賜,非但活淳于。"[3]

1　〔東漢〕荀悦:《前漢紀》,卷八,四部叢刊本,第3頁。
2　〔漢〕劉向撰,〔晋〕顧愷之圖:《古列女傳》,卷六《辯通傳·齊太倉女》,叢書集成本,册3400,第188頁。
3　〔宋〕林同:《孝詩》,叢書集成本,册2264,第55頁。

圖一一　太倉女

圖一二　淳于緹縈

　　宋編《太平御覽》行文同于《史記》《漢書》所載,却將這個故事收入孝女目下,結局改爲"漢文帝憐悲其意,原其父罪"[1]。于是,廢除肉刑這一重大舉措變爲原諒一個罪犯,小女子直指肉刑不合理的高明見識被淡化,而以身贖父的"孝"却被突出宣傳。在宋金孝子圖中不常見她的形象,圖一二爲金墓磚雕彩繪的描摹圖[2],這個故事被分成兩個畫面,左邊磚雕二軍士手執旗杆,意味着軍士來抓人,右邊畫面中,年輕女子便是淳于緹縈,左臂挎籃前行,一男子身負刑具隨其後。在這個畫面中,不僅緹縈顯得更幼稚,而且也僅僅突出她捨身救父的一面,其智慧和見識都已看不到了,以後她更從孝子圖中銷聲匿迹了。

　　與聰明女子一樣,女英雄的形象也逐漸從女教書籍中隱退。

1　〔宋〕李昉等:《太平御覽》,卷四一五人事部五六《孝女》,第1914頁。
2　圖一二引自魏文斌、師彦靈、唐曉軍:《甘肅宋金墓"二十四孝"圖與敦煌遺書〈孝子傳〉》,《敦煌研究》1998年第3期,第88頁。

劉向《列女傳·節義》篇中的故事,也并不全是貞節的説教,其中梁節姑姊和齊義繼母都屬于先人後己的勇敢形象。圖一三是武梁祠東壁上的漢畫像石[1],表現出突發火灾時,梁節姑姊衝進大火彌漫的屋裏救人的英勇形象。她後面一婦女用手拽着她,圖中兩個孩子已被救出,正在外面玩耍,而她哥哥的孩子在屋裏地上躺着。四處題榜分别爲:"梁節姑姊""長婦兒""捄(救)者",題曰:"姑姊室失火,取兄子,往往輒得其子,赴火如亡,示其誠也。"梁節姑姊冲進去救孩子,濃烟中什麽也看不清,連續衝進去兩次,都只摸到自己的孩子,不顧勸阻,又第三次衝進去,終被火燒死。

圖一三　梁節姑姊

圖一四　齊義繼母

圖一四原位于武梁祠東壁中,描繪的是劉向《列女傳》中的齊義繼母故事[2]。畫上共繪五人,中央躺着一名死者,圖右邊是乘馬佩刀的官吏。題榜五處爲:"追吏騎""後母子""前母子""齊繼母""死人"。死人上方一人跪着,手抬至胸前向官吏作揖,這是齊義繼母的親生子。前母子立在死人左方,手亦抬至胸前向官吏作揖。齊義繼母站立在前母子的後面,爲保全前妻之子,齊義繼母伸出左手,忍痛指認自己的親生子。

在漢畫石中,她們的形象都很高大,這一方面説明當時所欣賞的女性形象未必像後世那樣纖細嬌小,另一方面也説明女英雄的形象是被放大的,所以她們都顯得

1　圖一三爲武梁祠漢畫像石復原圖,引自[美]巫鴻《武梁祠——中國古代畫像藝術的思想性》,第279頁。
2　圖一四爲武梁祠漢畫像石復原圖,引自[美]巫鴻《武梁祠——中國古代畫像藝術的思想性》,第281頁。

偉岸果決。儘管她們仍見于傳世的《古列女傳》,但已從宋金民間的壁畫中消失。

魯義姑姊的形象還見于宋金墓的壁畫等,其形象的變遷就很說明問題,而且後來她也從元以後的民間畫中消失。

她的故事亦見于劉向《列女傳·節義》篇:"魯義姑姊者,魯野之婦人也。齊攻魯至郊,望見一婦人抱一兒攜一兒而行,軍且及之,弃其所抱,抱其所攜而走于山,兒隨而啼,婦人遂行不顧。齊將問兒曰:'走者爾母耶?'曰:'是也。''母所抱者誰也?'曰:'不知也。'齊將乃追之,軍士引弓將射之,曰:'止!不止,吾將射爾!'婦人乃還。齊將問所抱者誰也,所弃者誰也,對曰:'所抱者妾兄之子也,所弃者妾之子也。見軍之至,力不能兩護,故弃妾之子。'齊將曰:'子之于母,其親愛也,痛甚于心,今釋之,而反抱兄之子,何也?'婦人曰:'己之子,私愛也。兄之子,公義也。夫背公義而嚮私愛,亡兄子而存妾子,幸而得幸,則魯君不吾畜,大夫不吾養,庶民國人不吾與也。夫如是,則脅肩無所容,而累足無所履也。子雖痛乎,獨謂義何?故忍弃子而行義,不能無義而視魯國。'于是,齊將按兵而止,使人言于齊君曰:'魯未可伐也。乃至于境,山澤之婦人耳,猶知持節行義,不以私害公,而況于朝臣士大夫乎?請還。'齊君許之。魯君聞之,賜婦人束帛百端,號曰'義姑姊'。公正誠信,果于行義,夫義其大哉!雖在匹婦,國猶賴之,況以禮義治國乎?詩云'有覺德行,四國順之',此之謂也。頌曰:齊君攻魯,義姑有節,見軍走山,弃子抱侄。齊將問之,賢其推理,一婦爲義,齊兵遂止。"[1] 這是又一個救國的小女子,故事突出她的言辭犀利,有理有節。

圖一五爲漢畫像石[2],魯義姑姊捨子救侄的故事見于武梁祠後壁,題榜有四處,分別爲:"齊將軍""姑姊兒""兄子""義姑姊"。魯義姑姊在右方,左手抱一小兒,右手牽一小兒。齊將軍的車在左方,車駕二馬,車上有齊國將領和御者。車後放有節,車前一導騎,導騎前一軍士,均面向畫面上的魯義姑姊。與宋代同題材的畫相比,漢畫顯得更有張力,女子更高大偉岸,右手張開,似乎凛然不可

---

1 〔漢〕劉向撰,〔晋〕顧愷之圖:《古列女傳》,卷五《節義傳·魯義姑姊》,叢書集成本,册3400,第134頁。

2 圖一五爲武梁祠漢畫像石復原圖,引自〔美〕巫鴻《武梁祠——中國古代畫像藝術的思想性》,第276頁。

侵犯,而齊將兵皆前傾彎腰,俯于魯義姑姊前。

圖一六[1]爲宋磚雕畫,共繪五人,右邊兩名士兵騎于馬上,正好奇地低頭詢問,畫面構圖已變爲將兵高而婦女低了。圖一七爲北宋墓中的壁畫[2]。壁畫有四人,左邊魯義姑身着黃衣,懷抱一小兒面右而立,前邊蹲一裸體小兒;右邊一男子左手在前,右手持刀向魯義姑走來,士兵的角色變成了宋代匪兵。類似的畫面還有許多[3],有關魯義姑姊的畫面似乎都是這幾個元素:兩個孩子,氣勢洶洶的士兵和淡定的婦女,差別僅在于官兵的數量,強調的則是婦女抱侄弃子之義。和漢畫像相比,雖然角色仍是士兵與婦女,但婦女的動作已相當收斂,或如圖一六、圖一七那樣顯得楚楚可憐。劉向所贊頌的本是婦女臨危不亂的英雄氣概和一言退兵的智慧,其行爲與貞節沒什麼關係,也談不上孝。而宋人僅僅歌頌她的先人後己,其善辯却是宋代士大夫所不願提倡的,在宋代以後她便退出二十四孝的行列。

圖一五　魯義姑姊

圖一六　魯義姑姊

圖一七　魯義姑姊

在劉向筆下,這幾位女英雄英氣逼人,這種氣概與春秋戰國時的義氣是相通的,顯然,這與宋代所提倡的循規蹈矩、謹言慎行的女性氣質極不相合。

1　圖一六引自何飛:《孝爲無上福田——二十四孝磚雕賞析》,《收藏家》2015 年第 7 期,第 90 頁。藏鄭州大象陶瓷博物館。
2　圖一七引自鄭州市博物館:《滎陽司村宋代壁畫墓發掘簡報》,《中原文物》1982 年第 4 期,第 43 頁。
3　朱曉芳、王進先、李永杰:《山西長治市故漳村宋代磚雕墓》,《考古》2006 年第 9 期,第 37 頁。

(二)對前代"列女"的質疑

劉向《列女傳》曾是古代士人的常讀書目,如唐虞世南竟至全部背誦,以至一字不漏,不僅因爲它載有許多古代典故,也因爲它是男性觀看女性的經典。和後代《列女傳》不同,劉向也記載夏姬這樣的淫蕩女性,本意是讓皇帝引以爲鑒,而在宋代士大夫看來,却不免有些形而下之了。宋姚寬考曰:"《春秋》:夏姬,乃鄭穆公之女,陳大夫御叔之妻。其子徵舒弑君。徵舒行惡逆,姬當四十餘歲,乃魯宣公十一年。歷宣公、成公,申公巫臣竊以逃晋,又相去十餘年矣。後又生女嫁叔向,計其年六十餘矣,而能有孕。《列女傳》云:夏姬内挾技術,蓋老而復壯者,三爲王后,七爲夫人。或云:凡九爲寡婦,當之者輒死。《左氏》所載當之者,已八人矣。宇文士及《妝臺記序》云:'春秋之初,有晋、楚之諺曰:"夏姬得道,鷄皮三少。"'"[1] 這樣讀書,實在有點兒關注性史的味道了。

魯秋胡的故事首見于劉向《列女傳》,後來廣泛流傳,以至被編成戲曲,在民間爲人津津樂道。圖一八爲武梁祠後壁中的秋胡戲妻圖[2]。圖中桑樹下,放着一個盛桑葉的小筐。兩人頭前各一榜曰:"魯秋胡""秋胡妻"。魯秋胡頭戴一頂漢官的前高後低斜頂冠,上身前傾,顯得十分輕佻,調戲右邊的婦女。秋胡妻左手握桑枝,一面采桑不輟,一面昂首面對軍士,顯得毫不示弱。

圖一八 秋胡戲妻

唐代劉知幾曾質疑説:"案劉向《列女傳》載魯之秋胡妻者,尋其始末,了無才行可稱,直以怨懟厥夫,投川而死。輕生同于古冶,殉節異于曹娥,此乃凶險

---

1 〔宋〕姚寬撰,湯勤福、宋斐飛整理:《西溪叢語》,卷下,《全宋筆記》編4册3,大象出版社,2008年,第70頁。
2 圖一八爲武梁祠漢畫像石復原圖,引自〔美〕巫鴻《武梁祠——中國古代畫像藝術的思想性》,第274頁。

之頑人,强梁之悍婦,輒與貞烈爲伍,有乖其實者焉。"[1] 劉向"皆廣陳虛事,多構僞辭。非其識不周而才不足,蓋以世人多可欺故也。……案蘇秦答燕易王,稱有婦人將殺夫,令妾進其藥酒,妾佯僵而覆之。……此并戰國之時,游説之士,寓言設理,以相比興。及向之著書也,乃用蘇氏之説,爲二婦人立傳,定其邦國,加其姓氏,以彼烏有,持爲指實,何其妄哉!又有甚于此者,……懷嬴失節,目爲貞女;劉安覆族,定以登仙"[2],并大贊杜預,曰:"杜元凱撰《列女記》,博采經籍前史,顯録古老明言,而事有可疑,猶闕而不載。斯豈非理存雅正,心嫉邪僻者乎?君子哉若人也!長者哉若人也!"[3]杜預所撰書今佚,既然劉知幾大贊,則其主旨應合于劉心。清人釋曰:"《列女記》,預本傳:撰《女記贊》,當時論者,謂文義質直。隋《經籍志》:《女記》十卷,杜預撰。在雜傳類。"[4]

前代的列女故事給後人帶來諸多談資。南宋楊萬里記曰:"夫人鄒氏,世居臨江軍新淦縣,……夫人歸曾氏(德賢)。……方德賢少之時,篤志問學,求師結友,夫人經紀家事,井井不紊。逮子之長,訓誨尤力,好學之士,願與子游者,悉招延之,故其子學以成。每母子尊俎談笑間,時以班姬《女誡》及《古今列女傳》反覆評論,聽者忘倦。鄉里之爲婦爲女者,是則是式。"[5]母子在茶餘飯後評論古代列女,雖不知他們的女性觀是否合于當世,但起碼可見兒子對這些典故也很感興趣。薛季宣《讀列女傳》詩曰:"一避先生席,鏗然鼓瑟希。功名窗紙薄,聲色路塵微。大禮無通問,清談浪解圍。黨人狂斐甚,猶有咏雩歸。"[6]他所歌咏的明顯是一位或幾位有見識的婦女,而絶不是動不動就自殺的愚婦。

然而,宋代士大夫的主流已無法接受這樣的列女觀。南宋的周紫芝便對漢代的蔡文姬發出嚴厲的批判:"余讀范蔚宗《烈[列]女傳》,以蔡琰列于諸姬之後,蓋嘗疑之。曹操問其家藏書,至于口誦四十餘篇,以至作二詩叙流落悲愁之

---

[1] 〔唐〕劉知幾撰,〔清〕浦起龍釋:《史通通釋》,卷七《品藻》,上海古籍出版社,1978年,第186~187頁。
[2] 〔唐〕劉知幾撰,〔清〕浦起龍釋:《史通通釋》,卷一八《别傳》,第516~517頁。
[3] 〔唐〕劉知幾撰,〔清〕浦起龍釋:《史通通釋》,卷一八《别傳》,第524頁。
[4] 〔唐〕劉知幾撰,〔清〕浦起龍釋:《史通通釋》,卷一八《别傳》,第525頁。
[5] 〔宋〕楊萬里撰,辛更儒箋校:《楊萬里集箋校》,卷一三〇《夫人鄒氏墓志銘》,第5044頁。
[6] 〔宋〕薛季宣:《浪語集》,卷四《讀列女傳》,四庫全書本,册1159,第176頁。

態,有古作者之風,亦可愛矣。然是非女子之所宜,先固不當以此預列女之數。其夫董祀犯法當誅,琰乃蓬首詣操請之,辭致慷慨有足觀者,以是爲琰之奇節。則其前夫衛仲道亡,不幸而陷敵中,雖夷人脅以死,義不當事左賢王。事之十有二年,豈可謂不久?又生二子,豈可謂無母子之愛?夫死而適異域之君,不能繼之以死,既事賢王,又并去二子而歸中國,二者皆不得謂之烈女也。或曰:《春秋》責備于賢者,琰以婦人而能爾亦足矣。曰:此余所以正有責于琰也。以琰博聞强識,聰明而能文,其于立身大節有勿及知,則亦安取其文乎?曄之載此,以爲後世女子之戒,則可,若以其博學多才且能救祀于垂死,足以爲漢烈女,則吾不知也。"[1] 又王十朋曰:"范史之去取固善矣,蔡琰失節于胡,行非不醜也,乃以其文采之故,而傳諸列女,則何以勵天下之婦節!"[2] 可見,古代"列女"雖包括"烈女",但并不等于"烈女",而宋代士大夫責于文姬者,全集中在她不能爲丈夫守節而死,雖博學多才亦不足以爲婦女之榜樣,已將"列女"等同于"烈女"了。

各代《列女傳》中所載的女性出格言行,亦被宋儒嚴厲批判。范正敏曰:"《晋史》僞誕極多,有甚害名教者。……《列女傳》王渾見王濟趨庭,曰:'生子如此,足慰人意。'妻鍾琰曰:'新婦得配參軍,生子不翅如此。'何等語,乃載之史册!更謂之列女乎?"[3]

宋代書目有女性詩文集的解題,作者亦往往不忘對才女的貞節德行作一番評論。如《直齋書錄解題》評魚玄機曰:"唐女冠。坐妒殺女婢抵死。余嘗言婦女從釋入道,有司不禁,亂禮法、敗風俗之尤者。"[4] 又如評李清照曰:"《漱玉集》一卷。易安居士李氏清照撰。元祐名士格非文叔之女,嫁東武趙明誠德甫。晚歲頗失節。"[5]《郡齋讀書志》亦曰:"右皇朝李氏格非之女,先嫁趙誠之,有才藻名。其舅正夫相徽宗朝,李氏嘗獻詩曰'炙手可熱心可寒'。然無檢操晚節,流落江湖間以卒。"[6] 而對所謂貞女亦不惜褒詞。如"閩人謝景山之妹,嫁陳安國,

---

[1] 〔宋〕周紫芝:《太倉稊米集》,卷六五《蔡琰蓬首救董祀》,四庫全書本,册1141,第466頁。

[2] 〔宋〕王十朋:《梅溪先生文集》,前集卷一二《上舍試策第二道》,四部叢刊本,第19頁。

[3] 〔宋〕曾慥:《類説》,卷四七引范正敏《遁齋閑覽·論晋史》,第800頁。

[4] 〔宋〕陳振孫撰,徐小蠻、顧美華點校:《直齋書錄解題》,卷一九《魚玄機集》,第585頁。

[5] 〔宋〕陳振孫撰,徐小蠻、顧美華點校:《直齋書錄解題》,卷二一《漱玉集》,第621頁。

[6] 〔宋〕晁公武:《昭德先生郡齋讀書志》,卷四下《李易安集》,四部叢刊本,第25頁。

年三十三而死。其詩甚可觀,歐公爲之序,言有古淑女幽閑之風雅,非特婦人之言也"[1],"簡池王亢子倉之女尚恭,字安之,年二十,未嫁而死,乾道戊子也。亢自志其墓。有任公鼐者,爲作集序,援歐公所序謝希孟爲比,而稱其詩不傳。今余家有之,任蓋未之見也"[2]。兩相比較,作者之取向便昭然若揭,評才女已不以文學評優劣,而依貞節爲標的。

(三)新、舊《唐書·列女傳》的義例變化

五代所編《舊唐書·列女傳》序曰:"女子禀陰柔之質,有從人之義。前代志貞婦烈女,蓋善其能以禮自防。至若失身賊庭,不污非義,臨白刃而慷慨,誓丹衷而激發,粉身不顧,視死如歸,雖在壯夫,恐難守節,窈窕之操,不其賢乎!其次梁鴻之妻,無辭偕隱,共姜之誓,不踐二庭,婦道母儀,克彰圖史,又其長也。末代風靡,貞行寂寥,聊播椒蘭,以貽閨壺,彤管之職,幸無忽焉。"[3]其宗旨已主要爲歌頌貞節烈婦,但隱士賢妻、母儀婦道,尚見表彰,似乎還不止于貞婦烈女一種。

歐陽修等撰《新唐書》時,所謂的"列女"則更局限于節婦貞女,序曰:"女子之行,于親也孝,婦也節,母也義而慈,止矣。中古以前,書所載后、妃、夫人事,天下化之。後彤史職廢,婦訓、姆則不及于家,故賢女可紀者千載間寥寥相望。唐興,風化陶淬且數百年,而聞家令姓窈窕淑女,至臨大難,守禮節,白刃不能移,與哲人烈士爭不朽名,寒如霜雪,亦可貴矣。今采獲尤顯行者著之篇,以緒正父父、子子、夫夫、婦婦之懿云。"[4]《新唐書》的列女已完全局限爲"烈女"了。

詳校新、舊《唐書·列女傳》,《舊唐書》收入三十位列女,《新唐書》收入五十位女性的故事,新書不僅"其事則增于前,其文則省其舊",在選擇標準上亦有所改變了。

在《新唐書》裏,不屬貞烈或大孝的類型已被隱没。原《舊唐書·列女傳》中的故事,僅有兩例未見于新書。其文不長,録于下。"魏衡妻王氏,梓州郪人

---

[1] 〔宋〕陳振孫撰,徐小蠻、顧美華點校:《直齋書録解題》,卷二〇《女郎謝希孟集》,第612頁。
[2] 〔宋〕陳振孫撰,徐小蠻、顧美華點校:《直齋書録解題》,卷二〇《處士女王安之集》,第613頁。
[3] 〔後晉〕劉昫等:《舊唐書》,卷一九三《列女傳》,第5138頁。
[4] 〔宋〕歐陽修、宋祁:《新唐書》,卷二〇五《列女傳》,第5816頁。

也。武德初,薛仁杲舊將房企地侵掠梁郡,因獲王氏,逼而妻之。後企地漸強盛,衡謀以城應賊,企地領衆將趨梁州,未至數十里,飲酒醉卧,王氏取其佩刀斬之,攜其首入城,賊衆乃散。高祖大悦,封爲崇義夫人,捨衡同賊之罪。"[1]又,"宋庭瑜妻魏氏,定州鼓城人,隋著作郎彦泉之後也,世爲山東士族。父克己,有詞學,則天時爲天官侍郎。魏氏善屬文。先天中,庭瑜自司農少卿左遷涪州别駕,魏氏隨夫之任,中路作《南征賦》以叙志,詞甚典美。開元中,庭瑜累遷慶州都督。初,中書令張説年少時爲克己所重,魏氏恨其夫爲外職,乃作書與説,叙亡父疇昔之事,并爲庭瑜申理,乃録《南征賦》寄説。説嘆曰:'曹大家《東征》之流也。'庭瑜尋轉廣州都督,道病卒。魏氏旬日亦殞,時人莫不傷之"[2]。在第一則故事中,王氏先從房企地,不能殺身殉節,即使後來鼓動丈夫投唐,被封爲夫人,僅失節一事便不符合《新唐書》的"列女"標準。而魏氏應屬于劉向《列女傳》中所謂的"才智"類,她不甘寂寞,寄書露才,攀援權貴,雖未失節,但和宋人欣賞的"列女"亦相去甚遠。

此外,《新唐書·列女傳》更强調婦女爲丈夫或父親犧牲的價值,其犧牲的方式越激烈越得到贊揚。該篇開首載:"李德武妻裴,字淑英,安邑公矩之女,以孝聞鄉黨。德武在隋,坐事徙嶺南,時嫁方逾歲,矩表離婚。德武謂裴曰:'我方貶,無還理,君必儷它族,于此長决矣。'答曰:'夫,天也,可背乎?願死無它。'欲割耳誓,保姆持不許。夫姻娟,歲時朔望裴致禮惟謹。居不御薰澤。讀《列女傳》,見述不更嫁者,謂人曰:'不踐二廷,婦人之常,何異而載之書?'後十年,德武未還,矩决嫁之,斷髮不食,矩知不能奪,聽之。德武更娶尒朱氏,遇赦還,中道聞其完節,乃遣後妻,爲夫婦如初。"[3]女子以割耳斷髮等自殘行爲宣示貞節,初見于《古列女傳》,在這裏得到進一步的强調,并用裴淑英的口説明,守節本爲天經地義,不值得宣揚。

與《舊唐書》相較,《新唐書》更喜歡描述女性慘烈的犧牲。如京兆奉天縣竇氏二烈女,永泰中爲賊劫持,二女跳崖,長者卒,據《舊唐書》,"仲娘脚折面破,

---

[1] 〔後晋〕劉昫等:《舊唐書》,卷一九三《列女傳》,第5140頁。

[2] 〔後晋〕劉昫等:《舊唐書》,卷一九三《列女傳》,第5146頁。

[3] 〔宋〕歐陽修、宋祁:《新唐書》,卷二〇五《列女傳》,第5816頁。

血流被體,氣絶良久而蘇,賊義之而去"[1]。而《新唐書》刪去這一段,却謂"官爲厄葬",隻字不提次女的生還,人爲加劇其壯烈。

《新唐書·列女傳》所增諸"列女",表貞的方式更爲激烈,似乎一個比一個慘烈,篇次間累見血淋淋的描述。李廷節妻崔氏,因不肯從賊,被"刳其心食之"。周迪妻某氏爲救丈夫,自售于人肉販子,轉眼丈夫"見妻首已在枅矣"。王琳妻韋氏,"琳卒時,韋年二十五,家欲强嫁之,韋固拒,至不聽音樂,處一室,或終日不食。卒年七十五,著《女訓》行于世"。"賈直言妻董。直言坐事,貶嶺南,以妻少,乃訣曰:'生死不可期,吾去,可亟嫁,無須也。'董不答,引繩束髮,封以帛,使直言署,曰:'非君手不解。'直言貶二十年乃還,署帛宛然。及湯沐,髮墮無餘"。名臣房玄齡妻盧氏,"玄齡微時,病且死,諉曰:'吾病革,君年少,不可寡居,善事後人。'盧泣入帷中,剔一目示玄齡,明無它"。所謂貞節甚至包括夢想,顯得越來越絶對。李貞婦年十七嫁入鄭家,未滿一年便守寡了,"夜忽夢男子求爲妻,初不許,後數數夢之。李自疑容貌未衰醜所召也,即截髮,麻衣,不薰飾,垢面塵膚,自是不復夢"[2]。日有所思,夜有所夢,少婦思春本屬正常,奇怪的是,如此春夢居然告人,并以此求名。

與守貞的極端相應,婦女所謂盡孝亦無所不用其極,年輕女子終身守墓往往得到鼓勵。圖一九[3]爲出自重慶井口宋墓的石刻浮雕,雕有三女,一中年婦人立于帷帳下,旁有雙鬟小女侍。左下角有一墓,墓前有一女子,一手捧物。考古學家認爲是圖描繪的是《新唐書·列女傳》中李氏的故事:"汴女李者,年八歲父亡,殯于堂十年,朝夕臨。及笄,母欲嫁之。斷髮,丐終養。居母喪,哀號過人,自厎葬具,……廬于墓,蓬頭,跣而負土,以完園塋,蒔松數百。"[4]《新唐書》還載有另一李孝女,聞父亡,爲儘快奔喪,"一子不忍去,割一乳留以行。既至,父已葬,號踴請開父墓以視,宗族不許。復持刀刺心,乃爲開。見棺,舌去塵,髮治拭

---

1 〔後晉〕劉昫等:《舊唐書》,卷一九三《列女傳》,第5147頁。
2 〔宋〕歐陽修、宋祁:《新唐書》,卷二〇五《列女傳》,第5817~5831頁。
3 圖一九引自重慶市博物館歷史組:《重慶井口宋墓清理簡報》,《文物》1961年第11期,第12頁。出自二號墓右壁石刻第一圖。
4 〔宋〕歐陽修、宋祁:《新唐書》,卷二〇五《列女傳》,第5821頁。

圖一九　重慶井口石雕

之"。結廬于墓旁,母亡,"刺血書于母臂而葬,廬墓終身"[1]。李氏的行爲簡直類似精神病了,而赫然書于正史,以示表彰。

實際上,長期居于墳邊的唐代婦女尚不止上述這些。"劉寂妻夏侯,滑州胙城人,字碎金。父長雲爲鹽城丞,喪明。時劉已生二女矣,求與劉絶,歸侍父疾。又事後母以孝稱。五年父亡,毁不勝喪,被髪徒跣,身負土作冢,廬其左,寒不綿、日一食者三年。"[2] "(貞觀)二十一年二月甲戌,賜滑州胙城女子劉少娘粟帛,仍表其閭,旌孝行也。少娘母夏侯碎金亦以至孝聞,少娘年十五而母亡,遂廬于墓側,負土成墳。"[3]

又,"孝女王和子者,徐州人。其父及兄爲防秋卒戍涇州。元和中,吐蕃寇邊,父兄戰死。無子,母先亡,和子時年方十七,聞父兄殁于邊上,被髪徒跣縗裳,獨往涇州,乞取父兄之喪歸徐營葬,手植松柏,剪髪壞形,廬于墓所"[4]。又唐宣宗大中六年(852),鄭孝女父戰死于慶州,女"年二十四,先亡父未行營已前,許嫁與右驍雄將官健李玄慶,并未受財禮。阿鄭知父神佐陣殁,遂與李玄慶休親,截髪壞形,自往慶州北淮安鎮,收亡父遺骸,到兗州瑕丘縣,與亡母合葬訖,便于塋内廬墓,手植松柏,誓不適人"[5]。

這類孝女往往自毁容貌,以示堅定;而且這些故事還有一個共同的特徵,即爲父家長犧牲的少女不婚,得到异乎尋常地贊揚。除上述二李氏、趙氏、王氏、鄭氏及劉少娘不婚或離婚外,《列女傳》中尚見賈孝女,父爲族人玄基所殺,"弟疆仁尚幼,孝女不肯嫁,躬撫育之,疆仁能自樹立,教伺玄基殺之"。山陽女趙

---

[1] 〔宋〕歐陽修、宋祁:《新唐書》,卷二〇五《列女傳》,第5826頁。
[2] 〔宋〕歐陽修、宋祁:《新唐書》,卷二〇五《列女傳》,第5819頁。
[3] 〔宋〕王欽若等撰,周勛初等校訂:《册府元龜》,卷一三八《旌表二》,第1540頁。
[4] 〔宋〕王欽若等撰,周勛初等校訂:《册府元龜》,卷一四〇《旌表四》,第1562頁。
[5] 〔宋〕王欽若等撰,周勛初等校訂:《册府元龜》,卷一四〇《旌表四》,第1564頁。

氏,父盜鹽論死,女赴官救之,得免死刑,女便"依浮屠法以報,即截耳自信,侍父疾卒不嫁"。即便她們出嫁,也是由于他人的強制,或爲父家長的某種利益不得已而爲之。如絳州衛孝女報父仇後,皇帝"令州縣以禮嫁之";蕭氏父母雙亡,以葬親作爲出嫁的條件。除正史所載之外,地方史亦有類似的故事。《夢粱錄》曰:"唐孝女馮氏,少孤獨,無兄弟共侍母,惟母子相依,誓不嫁以奉母,母病篤,刲股治之不救,葬母,乃結草廬墓下,以供晨香夕燈,侍奉如生,又刺血書經,報劬勞之恩,以宅舍建梵宮薦母,仍不嫁,以死盡孝節,郡臣聞于朝,賜束帛旌之,敕頒寺額曰報恩,以表其孝矣。"[1]

室女守貞在唐代便得到極力贊揚,曾尖銳抨擊割股奉親之風的皮日休,却大贊前述趙氏女爲救父而立志不婚,"如趙氏,一乳臭女子耳,繼死請父命,孝也。自刑以盟言,信也。秉孝植信,高蹈于世,潔乎瑾瑜不足爲其貞,芬乎茝蘭不足爲其秀,與夫救危拯禍者遠矣。今之士,見難不立其節,見安不償其信者,其趙女之刑人乎。噫!後之修女史者,幸無忘邪"[2]。故事傳至宋代,可知室女守貞可貴的觀念亦傳至後代。

另一方面,在《新唐書·列女傳》中,一批低齡少女得到異乎尋常的稱頌,如饒娥年僅十四,父打漁溺亡,便不食而死;高湣女年僅七歲,建中二年(781)爲叛軍所殺,"諸儒争爲之誄"[3]。在男女比例嚴重失調的古代,歌頌女性不婚未必符合國家的利益;而鼓吹年幼的少女爲父兄犧牲,更顯得這種說教的不人道。這說明貞節與孝義的宣傳在唐代便趨絕對化,經過《新唐書》的推波助瀾,在宋代時更日趨偏激。

有宋一代幾乎沒有留下傳世的女教用教材,閨中常用的還是前代編纂的《列女傳》《女誡》和《女孝經》,但這并不能説明宋代士大夫不重視女教。恰恰在這個時期,經過司馬光等的提倡,强化了在兒童啓蒙期對女孩的特别教育,朱熹等理學家直接參與蒙書中女教教材的編纂刊印,而以歐陽修爲首的

---

1 〔宋〕吳自牧:《夢粱錄》,卷一七《后妃列女》,第155頁。
2 〔唐〕皮日休撰,蕭滌非、鄭慶篤整理:《皮子文藪》,卷八《趙女傳》,上海古籍出版社,1981年,第78頁。
3 〔宋〕歐陽修、宋祁:《新唐書》,卷二〇五《列女傳》,第5823、5825頁。

史學家更注重社會性別觀的灌輸,使婦女的貞孝教育更爲極端化。可以説,宋代士大夫有意識地使前代多元化的"列女"形象變爲以貞節爲主的"烈女",其灌輸從教育開始,并擴展至史學、文學,甚至于民間繪畫,最終形成整個社會的集體意識。

第四章 宋代的烈女及其女德觀

僅據《古今圖書集成》學者統計，"在歷代節婦烈女的總數中，宋以前歷代不過一百八十七人，宋金時驟增至三百零二人，元代七百四十二人，明代三萬五千八百二十九人，清初也有一萬兩千三百二十三人"[1]。由此可見宋代社會性別觀對後代的影響，而有關文獻記載的宋代烈女主要出現在靖康之難時，程朱理學貞節觀念也是在這以後產生更大的影響，從北宋到南宋，宋代社會的貞節觀念漸趨嚴苛，元以後烈女的激增，實際是社會文化滯後的影響。爲此，在討論宋代貞節觀時，筆者常常關注到戰爭對婦女生活的影響，更時時注意到"靖康"這一節點。

一、宋代戰爭對婦女的荼毒

宋朝重文輕武，致使國家時常面臨外有強敵、內有兵變的窘境。國家未有寧日，百姓則傷亡慘重，特別是兩宋末的亡國之戰，更使宋人死傷數目巨大，其中便包括衆多的女性。由于歷史觀的原因，儘管大批婦女死于戰亂，但她們往往無聲無息地遇害，很少留下聲音，筆者只能根據零星的史料再現她們遇害的情景。

總體來説，在戰爭中女性不同于男子，多不死于戰場，她們遇害的地點多爲城池中或逃難途中。

當戰爭進入久攻不下、雙方僵持的狀態之下，戰爭的犧牲者便包括大批平民。如援軍遲遲不到，城未破，城中人口便會餓死多半。靖康元年(1126)九月，"金人陷太原。始，尼瑪哈久攻太原不下，乃于城外築城居之，分兵防守，使内外不通。已而歸雲中，留銀朱大王攻城。至是尼瑪哈復至，乘勝急攻。丙寅，城

---

[1] 鍾年、孫秋雲：《肉體與精神的雙重禁錮——宋代的婦女生活》，《文史雜志》1996年第1期，第44頁。

陷,金人盡殺勝捷軍,……太原自去年十二月乙卯受圍,凡二百六十日,城中軍民餓死十八九,固守不下,至是始破"[1]。太原被金兵包圍達十月之久,後方援兵不能解圍,城内軍民絶大多數活活餓死,可想而知,其中體質相對較弱的婦孺,餓死者更不在少數。

城破之際,首先遇害的便是忠義之臣的眷屬。如靖康元年(1126)的東京城,閏十一月"金兵登城,衆皆披靡。金人焚南薰諸門。姚仲友死于亂兵,宦者黄經國赴火死,統制官何慶言、陳克禮、中書舍人高振力戰,與其家人皆被害。秦元領保甲斬關遁,京城陷"[2]。父兄奮力抵抗仍難改敗局,城破之後忠臣的女眷往往隨夫、父一同遇害,或死于敵手,或死于自己的父兄之手,史載至此往往語焉不詳。

城破之後,戰勝者通常會對城池進行一番"掃蕩",除追殺殘兵敗將,搶掠財物和婦女外,往往還屠殺城中的居民,謂之"屠城"。于是,居于城内的婦女,無論貴賤大都難逃一劫。爲抵抗敵軍的擄掠,女性往往得付出生命的代價。靖康元年(1126)閏十一月二十六日"京城十六門皆爲蕃兵占守,吾兵無一人在城上者。當日早,班直及諸處軍等奪萬勝門奔出者四萬許人,京城大擾,哭聲不絶。而士庶近臣皆扶老攜幼,藏匿于小街深巷之家。婦女蓬首垢面,自毁形容,或入井,或自縊,半死半活而弃在旁者不可勝數"。(二十七日)"黎明,雪止。自城初破,金人雖數令不得鹵掠,然擅下城,執弓箭槍刀于貴家富室劫金帛、馱馬、子女,每數十人作隊者甚衆。小人輩因緣爲奸,或爲指縱,或髡髮皂裳,效其號呼,秉炬公肆虜掠。是夜,又火焚雲騎橋、明達皇后、孟昌齡等宅,神衛營、藍從宅,沿燒數千間。民見東南火作,争走西北,悲哭不止,幼稚弃于河者益多。"[3]因爲害怕被擄往北方,大批婦女投水而死,"不可勝數"四字已使人想象得出當時之慘狀。

建炎初,六朝古都建康(今南京)幾經兵火,兩三年間便成爲人間地獄;建炎三年(1129)冬,"敵既大入,十一月壬戌南渡,自溧水徑趣浙,留其僞太師張真

---

1 〔元〕佚名撰,李之亮點校:《宋史全文》,卷一五,黑龍江人民出版社,2005年,第852頁。
2 〔元〕脱脱等:《宋史》,卷二三《欽宗本紀》,第434頁。
3 〔宋〕汪藻撰,王智勇箋注:《靖康要録箋注》,卷一四,四川大學出版社,2008年,第1425~1426頁。

奴,分兵五百薄建康。宰相杜充率麾下北去,知府事陳邦光以城降。敵由是未盡肆其虐,別築城于西南隅以居,取城中器械、子女、金帛儲之,禁吾民毋得出州城。明年夏,回自浙東,五月復至建康,與所留兵合。丙午,入城,始料其強壯與官吏,以兵圍守于州之正覺寺,散取老弱之遺者悉殺之,縱火大掠。越三日,府署民廬皆盡,乃擁衆去,凡驅而與俱者十之五,逃而免者十之一,死于鋒鏑敲榜者蓋十之四。城中頭顱手足相枕藉,血流通道,傷殘宛轉于煨燼之間,猶有數日而後絕者。官軍繼收復又一年。烏鳶所殘,風雨所蝕,阡陌溝渠,暴骨皆充斥,行者更踐蹙,居者雜卧起,與瓦礫荆莽相半也"[1]。可想而知,在慘絶人寰的屠城中,來不及逃走的老弱婦女死于屠刀之下,而被"驅而與俱者"也主要是年輕女性。

當戰事屢敗之時,必然出現大量民衆逃亡的狀況,在逃亡的人流中女性是主要部分。因自身的弱勢,女性往往死于途中,或爲逃避敵方的追擄而自殺,或被人潮踐踏致死。宋人筆記載:建炎二年(1128)"初四日,賊至瓜洲,貴賤未渡江者十猶五六,賊既緊迫,奔迸溺水死者不知其幾何也。婦女被驅虜,願死不去,有虜而去者,又不知其幾何也"[2]。可以想見,前有長江、後有追兵之際,人們本能地選擇向前擁,擁擠中溺水者不計其數,其中必有大批婦孺,這時不管貴賤皆死傷無數。未被擠入水中的婦女,則多被驅虜,其中不少人不願受辱,又跳入江中自殺。僅此一難,便有大批婦女遇難,只是我們仍然只能用"無數"來追悼其亡靈。

戰火過處滿街尸骨,數年後仍未收殮,以至南宋朝廷一度將收尸視爲重事。紹興元年(1131),"天子在會稽。秋,大饗明堂,詔:'凡敵所破州縣暴骨之未殮者,官爲募爲僧若道者收瘞,纍數至二百則得度。'于是州之寺五,得其肄業精勤者二十人,益以貧民之餓者,食而佐之,度城四隅高原隙地,各爲穴以待藏。出羨穀二百斛、錢三百萬以給費,爲籍日校其所獲,以時檢察之,人欣然將樂效力。閱十九日,得全體四千六百八十有七,斷折殘毀不可計以全者又七八萬,以次入

---

[1] 〔宋〕葉夢得:《建康集》,卷四《建康掩骼記》,四庫全書本,册1129,第614頁。
[2] 〔宋〕佚名撰,程郁、余珏整理:《建炎維揚遺錄》,《全宋筆記》編4册8,大象出版社,2008年,第79頁。

于穴。而城中之骸略盡"[1]。僅建康一城即有數萬骸骨,在這場戰爭中不知有多少婦女成爲無辜的犧牲者。

戰爭中遇害的男子,多死于疆場,而敵軍幾乎是唯一的加害者。如上所述,戰亂中女性的遇害地點自有其特殊性,細讀史料之後,更會意外地發現,加害者的構成更爲複雜。

衆所周知,兩宋的戰爭以宋金及宋蒙之間的戰鬥規模最大,因而,今人往往認爲婦女的加害者首先是外族入侵者。這一點的確得到史料的印證。如北宋末年的張晉卿之妻丁氏,"靖康中,與晉卿避金兵于大隗山。金兵入山,爲所得,挾之鞍上。丁自投于地,戟手大罵,連呼曰:'我死即死耳,誓不受辱于爾輩。'復挾上馬,再三罵不已。卒乃忿然舉梃縱擊,遂死杖下"[2]。爲躲避金兵的迫害,丁氏隨丈夫躲在大隗山中,不料還是被金兵俘虜。丁氏不願遭受屈辱,故意對金兵"再三罵不已",最後慘死在敵軍的亂杖之下。與她命運相同的還有南宋末的譚氏婦趙,在"至元十四年,江南既内附,永新復嬰城自守。天兵破城,趙氏抱嬰兒隨其舅、姑同匿邑校中,爲悍卒所獲,殺其舅、姑,執趙欲污之,不可,臨之以刃曰:'從我則生,不從則死。'趙罵曰:'吾舅死于汝,吾姑又死于汝,吾與其不義而生,寧從吾舅、姑以死耳。'遂與嬰兒同遇害"[3]。趙氏全家已出逃,仍爲元兵所獲。悍卒先殺掉"没有用處"的老人,再威逼趙氏出賣色相來保全性命。而趙氏寧願隨公婆而死,于是和懷中的嬰孩一同死在元兵手中。

由于宋代的戰爭多與他族入侵相關,後人自然認爲遇害婦女大多死于外來入侵者手下。有關戰爭中遇害婦女的記載本來并不多,但即使在這有限的史料中,我們也可以看到,金兵、元兵作爲加害者的記載并不占絶大多數,令人驚訝的是,不少婦女死于宋人之手。

宋軍歷來外戰外行,内戰内行,當前綫戰事屢敗之時,官軍望風潰敗,叛亂四起。身處後方的婦女往往尚未遭遇敵軍,就爲本族敗兵所害。如"徐氏,和州人。閎中女也,適同郡張彌。建炎三年春,金人犯惟揚,官軍望風奔潰,多肆虜

---

1 〔宋〕葉夢得:《建康集》,卷四《建康掩骼記》,四庫全書本,册1129,第614~615頁。
2 〔元〕脱脱等:《宋史》,卷四六〇《列女傳》,第13480頁。
3 〔元〕脱脱等:《宋史》,卷四六〇《列女傳》,第13490頁。

掠,執徐欲污之。徐瞋目大罵曰:'朝廷蓄汝輩以備緩急,今敵犯行在,既不能赴難,又乘時爲盜,我恨一女子不能引劍斷汝頭,以快衆憤,肯爲汝辱以苟活耶!第速殺我。'賊慚恚,以刃刺殺之,投江中而去"[1]。金兵尚未打來,徐氏所在和州就突遭兵變,身爲官宦女的她也未能幸免於難,以至被潰兵所持,她大罵不已,遂遭殘害,甚至被抛尸江中,不得安葬。可見,有相當一部分婦女是被宋朝的殘兵敗將所害。

當戰争深入發展,國家的控制力減弱時,往往會有原本爲民的強人蜂起於四方,他們拿起武器并非爲了保家衛國,而是趁國禍世亂搶掠民衆,其中便包括對婦女的傷害。如南豐有一對樂氏女,父親以鬻果爲業。"紹定二年,盜入境,其父買舟挈家走建昌。盜掠其舟,將逼二女,俱不從,一赴水死,一見殺。"[2] 這些盜賊掠奪其家財物,還要強暴其一對女兒,樂氏女不願受辱,一個赴水而死,一個被殺害。類似史料還有很多,不再一一列舉。

可見,盜賊加害女性時同樣殘暴,其所作所爲與金軍、元兵并無二致。而無論婦女面臨來自何方的暴行,父家長制總是教導她們以死抗争,唯一正確的選擇似乎只有以死明志。如此説來,要求女性殉國或"愛國",便顯得尤其虛僞。

二、何謂"靖康恥"

岳飛的《滿江紅》一向爲人所熟知,抗日戰争時更是爲人們傳唱一時。"靖康恥,猶未雪,臣子恨,何時滅",詞句鏗鏘有力,傳唱千古。儘管此詞已有學者疑爲明人擬作,但類似於"靖康恥"一類的説法確實常被南宋人提起。南宋初,"思退始終與張浚不合,浚以雪恥復仇爲志,思退每借保境息民爲口實,更勝迭負,思退之計迄行"[3]。紹興初,金軍南侵,趙鼎督軍江上,侍御史魏矼扈從。韓世忠等諸帥懷私隙不肯協同作戰,魏矼至軍中諭曰:"爲諸公計,當思爲國雪恥,

---

[1] 〔元〕脱脱等:《宋史》,卷四六〇《列女傳》,第 13481 頁。

[2] 〔元〕脱脱等:《宋史》,卷四六〇《列女傳》,第 13488 頁。

[3] 〔元〕脱脱等:《宋史》,卷三七一《湯思退傳》,第 11531 頁。

釋去私隙,不獨有利于國,亦將有利其身。"[1] 胡寅上疏勸高宗應下詔曰:"繼紹大統,出于臣庶之詔,而不悟其非;巡狩東南,出于僥幸之心,而不虞其禍。金人逆天亂倫,朕義不共天,志思雪恥。父兄旅泊,陵寢荒殘,罪乃在予,無所逃責。"[2] 以此號召四海,聳動人心。

然而,所謂"靖康恥""國恥"指的是什麼? 難道僅僅指徽宗、欽宗被俘及大片土地被占嗎? 胡寅口中的"金人逆天亂倫"除滅亡北宋之外,是否還有別的意思? 當東京城破之時,宋臣對金相説得很明白:"太上出質,人子難忍;妃姬改嫁,臣民所恥。"[3] 對一般男性而言,自家的妻女被他人凌辱,自是奇恥大辱。對宋皇室、宋代士大夫來説,靖康之恥不僅意味着國亡,還有家破之後的難言之痛。

(一)靖康之難使皇室及士大夫集體蒙羞

靖康二年(1127)東京城破之後,隨二帝一起被俘押往北方的,不僅是皇室的全體男性子嗣,而且有整個後宮及宮外的公主、王妃,其中包括高宗的生母和他的正妻,還包括許多士大夫的女眷,相較而言,女俘的人數遠多于男俘。

靖康元年(1126),金軍大舉南下,一開始便計劃擄掠宋上層女性。"十月初五日,斡離不陷真定府,遣楊天吉、王汭來詰責,索親王詣軍前陳謝,并金帛、車輅、儀物,上金主徽號,取蔡京、童貫、王黼、吴敏、李綱等九人及家屬。"[4] 令親王來軍前以作人質,取蔡京等人欲泄憤,而令士大夫家屬前來恐怕只爲了擄掠女眷。

國家危亡在即,與社稷相比,女人畢竟無足輕重,士大夫便迫不及待地開始出賣自家妻女。大臣們一開始就準備犧牲皇家妻女,他們以爲將美女送出去便能退兵。和談之初,"宋使鄧珪嘗稱妃嬪、帝姬之美。……因議和親"[5]。東京城陷,金人便公開宣揚盡擄帝姬。閏十一月"二十五日,與劉晏議未決,城已陷,

---

[1] 〔元〕脱脱等:《宋史》,卷三七六《魏矼傳》,第 11632 頁。
[2] 〔元〕脱脱等:《宋史》,卷四三五《胡寅傳》,第 12917~12918 頁。
[3] 〔宋〕耐庵輯:《靖康稗史七種·南征錄匯》,文海出版社,1981 年,第 60 頁。
[4] 〔宋〕韋承撰,瞿曉鳳、程郁整理:《甕中人語》,《全宋筆記》編 4 册 8,大象出版社,2008 年,第 53 頁。
[5] 〔宋〕耐庵輯:《靖康稗史七種·南征錄匯》,第 58 頁。

晏爲敗軍所殺。金兵下城焚掠,聲言盡取帝姬至寨,并即洗城"[1]。

東京初陷,金兵却不急于進城,先放出和談之風,目的在于榨取更多的財物并俘獲大量婦女,這時他們將目標直接指向后妃與帝姬。靖康元年(1126)十一月二十六日,"宋遣何㮚至寨哀懇,國相令回奏少帝,速請道宗出城。㮚曰:'此非臣子所宜言。'國相怒云:'爾家太上事事失信,弗親出城,便須出質妻女,此外更無計議。'"[2] 皇帝妻女即后妃和公主,古時兩國停戰,或以王公之子爲人質,故有"質子"之稱。金人所謂"出質妻女",即暴露出染指宋皇朝女子的欲望。二十七日,"斡離不掠婦女七十餘人出城。左言妻亦被掠,翌日,以金贖還"[3]。金兵擄掠婦女,并無固定目標,所謂"左言妻"應爲士紳婦女,可見上層女性亦朝不保夕了,雖次日以金贖還其命,必已不保其"貞節"。

二十八日,金人再次逼迫將所謂"干戾人"家屬交出,這是一個包括蔡京、童貫、宋主戰派及金降臣在内的二十七人名單,涉及宋衆多大臣。何㮚再來哀求,"國相云:'道宗來質,妻女來質,以何爲可!'㮚語塞"[4]。

局勢已不容宋廷討價還價。十二月初二日,欽宗被迫出城呈上降表,并許諾獻出宫中所有的財寶及女樂。"禮成,請退兵,願獻世藏珍異、一應女樂。國相云:'一人一物何非我有?皇帝且歸候旨。'令烏凌葛思美等五人送入城。"[5] 金人看穿宋人已黔驢技窮,金將所謂"一人一物何非我有",充分暴露出金人的欲壑。

十二月初八,宋使何㮚請求減少賠償的金銀,金"二皇子云:'從我和親,再容議減。'㮚云:'臣不能奏請。'皇子云:'須爾皇帝獻來,不煩再議。'"[6] 所謂"和親"實爲索要公主。和十月初五時一樣,金軍仍强硬要求先送士紳女眷入營,而且這回獅子大開口,從九家大臣的女眷激增爲六十餘家。十二月初九,"虜索河

---

1 〔宋〕韋承撰,瞿曉鳳、程郁整理:《甕中人語》,《全宋筆記》編4册8,第55頁。
2 〔宋〕耐庵輯:《靖康稗史七種·南征録匯》,第57頁。
3 〔宋〕韋承撰,瞿曉鳳、程郁整理:《甕中人語》,《全宋筆記》編4册8,第55頁。
4 〔宋〕耐庵輯:《靖康稗史七種·南征録匯》,第58頁。
5 〔宋〕耐庵輯:《靖康稗史七種·南征録匯》,第58頁。
6 〔宋〕耐庵輯:《靖康稗史七種·南征録匯》,第59頁。

北、河東守臣家屬四十五家及蔡京等家屬二十餘家出城"[1]。

金人公然入城搶奪強暴婦女。十二月十九日,"有一金將在天津橋駐扎。甲士百有餘人,人民不敢過此,壯者爲之剝脫而殺之,婦女美麗者留之,往往城中閉戶,不復出入"。"二十一日,金人遣使入城,且言國主有令,于京師選擇十八以下女子一千五百人充後宮祗應。于逐坊巷二十四廂集民間女子選擇出城,父母號呼,聲動天地。其女子往往爲金人淫污,留而不遣出城,亦不令歸家。"[2]

儘管宋大臣早有預謀,但皇家妻女畢竟關係到朝廷的臉面,皇帝還是不肯一下就獻出的。正月初十,欽宗再次出城求和,經過反復的討價還價,決定滿足金人"和親"的要求,但皇帝只同意交出兩名離皇家關係較遠的宗女:"親王、宰執、宗女各二人,衮冕、車輅及寶器二千具,民女、女樂各五百人入貢,歲幣加銀絹二百萬匹兩,以抵河以南地,宗女各一人饋二帥。"[3]

在金軍與大臣的雙重壓力下,爲了自己的性命,皇帝很快讓步:"十一日,楊天吉、王汭令吳開、莫儔語少主云:'福金帝姬是干戾人蔡京媳,理宜發遣,遲則和議不成。'少主令王宗沔入城面奏,并手詔留守開封府曰:'比者金人已登京城,按甲議和,不使我民肝腦塗地。時事至此不獲已,已許帝姬和親,立大河爲界。'"[4]不久,宋臣便直接帶金人入宮看美人了。正月"十三日,王宗沔同虜使入城窺伺帝姬。已議和親"[5]。

但金人并不滿足,經過激烈的討價還價,正月二十二日,宋朝答應再獻上十名趙氏女性及宮女、女樂等三千多人。"蕭慶奉二帥命,與宋臣吳開、莫儔等議定事目,令少帝手押爲據:一準免道宗北行,以太子、康王、宰相等六人爲質,應以宋宮廷器物充貢。一準免割河以南地及汴京,以帝姬兩人,宗姬、族姬各四人,宮女一千五百人,女樂等一千五百人,各色工藝三千人,每歲增銀絹五百萬匹兩貢大金。一原定親王、宰相各一人,河外守臣血屬,全速遣送,准俟交割後

---

[1] 〔宋〕韋承撰,瞿曉鳳、程郁整理:《甕中人語》,《全宋筆記》編4冊8,第56頁。

[2] 〔宋〕辛弃疾撰,燕永成整理:《南燼紀聞錄》,《全宋筆記》編4冊4,大象出版社,2008年,第20~21頁。

[3] 〔宋〕耐庵輯:《靖康稗史七種·南征錄匯》,第59~60頁。

[4] 〔宋〕耐庵輯:《靖康稗史七種·南征錄匯》,第60頁。

[5] 〔宋〕韋承撰,瞿曉鳳、程郁整理:《甕中人語》,《全宋筆記》編4冊8,第56頁。

放還。一原定犒軍金一百萬錠、銀五百萬錠，須于十日內輸解無缺，如不敷數，以帝姬、王妃一人準金一千錠，宗姬一人準金五百錠，族姬一人準金二百錠，宗婦一人準銀五百錠，族婦一人準銀二百錠，貴戚女一人準銀一百錠，任聽帥府選擇。"[1] 雙方議定，作爲獵物的上層婦女并不止十名，所有的皇室及王公大臣家的女性都淪爲財物，一任敵軍挑選。

爲滿足金人的要求，亦爲救出自己的妻女，宋君臣開始在東京大肆擄掠財物和女人。開始還儘量收羅所謂青樓女子或歌妓舞女，"金人索內夫人、優倡及童貫、蔡京、梁師成、王黼家聲樂，雖已出宮、已從良者悉要之。開封府散遣公吏捕捉，巷陌店肆搜索甚峻，滿市號慟，其聲不絕。又索教坊伶人、百工伎藝、諸色待詔等，開封府奉命而已"。次日"捕獲倡優、內人莫知其數，悉押赴場銓擇，開封府尹及四壁官掌其事"。第三日，"捕獲內夫人、倡優尤多"[2]。"又取大內人、街坊女弟子、女童及權貴戚里家細人，指名要童貫、蔡京家祗候，凡千餘人，自選端麗者。府尹悉捕倡優、內夫人等，莫知其數，押赴教坊銓擇。開封府尹、四壁官主之。俟采擇。里巷爲之一空。"[3] 但青樓女子畢竟數量有限，以後開封府尹也公然出面搶掠良家女孩了。有女子"或願入小火下户之家充其婢妾者，至開封府，皆蓬頭垢面不食，做羸病狀，覬得免。而開封府尹徐秉哲自置釵衫冠插鮮衣，令膏沐粉黛，盛飾畢，滿車送軍中。父母夫妻抱持而哭，觀者莫不嘘唏隕涕"[4]。

宋朝很快送來第一批女子，"自正月二十五日，開封府津送人、物絡繹入寨，婦女上自嬪御，下及樂户，數逾五千，皆選擇盛裝而出"。但其中并沒有嬪妃，宋人白費心思抓倡優，金人并不喜歡青樓女子，挑挑揀揀之後，從中"選收處女三千，餘汰入城"[5]，金人竟然也好處女，看來深受漢文化的影響，當然也可能是他們考慮到健康的因素，青樓女子畢竟容易傳播性病。三千處女被分配給諸將：

---

[1] 〔宋〕耐庵輯：《靖康稗史七種·南征錄匯》，第61~62頁。

[2] 〔宋〕丁特起撰，許沛藻整理：《靖康紀聞》，《全宋筆記》編4册，大象出版社，2008年，第123~124頁。

[3] 〔宋〕徐夢莘：《三朝北盟會編》，卷七七，上海古籍出版社，1987年，第584頁。

[4] 〔宋〕徐夢莘：《三朝北盟會編》，卷七七，第584頁。

[5] 〔宋〕耐庵輯：《靖康稗史七種·南征錄匯》，第62~63頁。

"國相自取數十人,諸將自謀克以上各賜數人,謀克以下間賜一二人。"[1] 還有"車輅、冠冕及女童六百人、教坊樂工數百人"[2]。第一批送入金營的女性以平民女子居多,女童和教坊樂工同時送去,也許是教坊所培養的歌舞人才。

金軍始終未忘記搶大臣女眷,"二十八日,虜索蔡京、王黼、童貫家姬四十七人出城"[3]。這已是第三回直接點名,而且只要其家女眷。就在這一天,第一位帝姬被金人霸占。"福金帝姬實是正月二十八日歸入蔡京、王黼、童貫遺存家屬內遣送,原目載趙氏一名之證,因鄧珪傳奉國相令旨,福金是皇子夫人位號,應送皇子寨中,以符名識,遵依送往。"[4]

二月初一日至三日,"虜索工匠各色人及三十六州守臣家屬出城"[5];"再要內夫人、雜工、伎伶人、內官等并家屬"[6]。所謂三十六州守臣的家屬,當然是士大夫家庭中的女性。

然而,金軍很快就不需要宋朝廷的貢獻了,皇室女性最終被一掃而光。當亡國就在眼前時,宋君臣更瘋狂地出賣自家女人。斡離不得了第一位帝姬,還引起主將的不滿,宋使"鄧珪以皇子私納帝姬事漏言,國相知皇子有私意,不欲議和,……國相遂大怒,不令少帝歸"。二月初五,"皇子送少主入齋宮,密語廢立事,吳開、莫儔跪求云:'倘蒙再造,俟國相回軍後,無論何人何物,惟皇子命。'遂指索帝姬三人,妃嬪御七人,吳開等力請少主手押為信"。但斡離不也不過虛與周旋,二月初六,金人宣布廢徽宗、欽宗二帝為庶人,限徽宗七日之內率宮眷出城。初七"及午,太上率妻(妾)、子婦、婿女、奴婢絡繹而出,我兵監押轎車之中,抵瓮城,令內侍指認點驗,後宮以下,騎卒背負疾馳"。正是這些力主進貢女人的大臣,變起臉來最快。金"令莫儔、吳開入城宣諭,令鄧珪率內侍百餘人入城監守后妃、帝姬、諸王妃,令馮澥、曹輔入侍廢帝,餘臣禁押別室"。"令鄧珪入城搜捉。""戌刻,鄧珪又押送宮眷七百餘人至青城、劉家寺。"看來這幾位大臣十

1　[宋]耐庵輯:《靖康稗史七種・南征錄匯》,第63頁。
2　[宋]徐夢莘:《三朝北盟會編》,卷七八,第585頁。
3　[宋]韋承撰,瞿曉鳳、程郁整理:《甕中人語》,《全宋筆記》編4冊8,第57頁。
4　[宋]耐庵輯:《靖康稗史七種・開封府狀》,第33頁。
5　[宋]韋承撰,瞿曉鳳、程郁整理:《甕中人語》,《全宋筆記》編4冊8,第57頁。
6　[宋]徐夢莘:《三朝北盟會編》,卷七八,第587頁。

分盡職，以致在城内的宋皇室女性無一人逃脱。徽宗尚有勇氣爲自己的妻女做最後的抗辯："二帥斥之云：'不允和親，全爲俘囚，何顏向人？'太上云：'我與若伯叔，各主一國，國家各有興亡，人各有妻孥，請二帥熟思。'國相云：'自來囚俘皆爲僕妾，因先皇帝與汝有恩，妻子仍與團聚，餘非汝有。'揮出。見少帝，相顧號泣。""初八日，又解到王妃、帝姬六人。""初十日，又解到王妃、帝姬九人。"十二日，立張邦昌爲帝，因"秦檜上書帥府有异議，拘其家屬至"[1]。

"十一日，皇后、太子以下出赴虜寨。""十三日，虜盡索宗族男女及明經四十人出城。""十六日，虜復索後宫才人出城。十七日，虜索從官家屬。"[2]初八至十八日，金軍又陸續進城搜索宗室眷屬、帝姬、後宫才人、内侍、各色人及家屬，搜出遺漏的宫嬪王妃、帝姬等數人，并根據宋人提供的名册擄從官家屬一并入營。"二十二日，宋康王母韋氏至自齋宫，與妻邢氏同禁壽聖院。"[3]康王即後來即位的高宗。至此，幾乎全部皇室女性及高官家女性被擄入金營大寨。

宋《開封府狀》載有女俘的詳單，經金人確認後，數字有些出入，所謂"汰除不入寨者"，應指那些特别年幼及死去者，最終俘獲皇妃嬪八十三人，王妃二十四人，帝姬二十二人，王妾二十八人，宗姬五十二人，御女七十八人，近支宗姬一百九十五人，族姬一千二百四十一人，宫女四百七十九人，采女六百零四人，宗婦二千零九十一人，族婦二千零七人，歌女一千三百一十四人；貴戚、官民女三千三百一十九人。女俘共一萬一千五百三十七人。[4] 金《宋俘記》所載人數更多，自天會四年（宋靖康元年，1126）十一月二十五日，"既平趙宋，俘其妻孥三千餘人，宗室男婦四千餘人，貴戚男婦五千餘人，諸色目三千餘人，教坊三千餘人，都由開封府列册津送，諸可考索。入寨後喪逸二千人，遣釋二千人，麈行萬四千人"[5]。即金共俘一萬四千餘人，兩相對照，其中只有徽、欽二帝和皇族及少數隨臣爲男性，而絶大部分是女俘。

被擄女性大致有兩個來源：一爲宋朝廷按名册將宫中女性及趙宋皇族的女

1　〔宋〕耐庵輯：《靖康稗史七種・南征録匯》，第63~65頁。
2　〔宋〕韋承撰，瞿曉鳳、程郁整理：《甕中人語》，《全宋筆記》編4册8，第57~58頁。
3　〔宋〕耐庵輯：《靖康稗史七種・南征録匯》，第68頁。
4　〔宋〕耐庵輯：《靖康稗史七種・開封府狀》，第55頁。
5　〔宋〕耐庵輯：《靖康稗史七種・宋俘記》，第115頁。

性進貢給金軍,二爲金軍入城擄掠來的。而根據上述名簿,人數應以前者爲多。如果將這些女俘分階層的話,因爲宮中及王府中的女性還包括低級的宮女、使女、女工和樂府中的樂伎等,再加上金軍所掠的平民女子,從總數來說,應該還是以下層女性居多。張明華《"靖康之難"被擄北宋宮廷及宗室女性研究》一文統計:是役被擄女性中與皇室關係密切者共三百零九人,這個數字應是帝姬與王女、皇妃嬪與王妃嬪的總和[1]。但這個數字并未包括近支宗姬一百九十五人,在京族姬中應有不少嫁入士大夫家,此外還有貴戚、官紳婦女也無法統計,因此上流女性應有二千至三千人,應占女俘總數的五分之一至四分之一。

《開封府狀》詳細記載了重要被俘者的年齡,在列有姓氏的後宮女性與趙氏族親中,四十歲以上者僅有五位,最大者爲徽宗鄭皇后時四十七歲,喬貴妃四十二歲,其他三位是王妃,而未見五十歲以上的長公主及妃嬪,看來年長的婦女已死于兵亂。十二歲以下的皇女及皇孫女四十九名,最小的是祁王及徐王的宗姬,年僅一歲,在嚴酷的環境中,她們恐怕很快就會死去。九位女孩因爲是聘定而未娶的皇子妃,亦被一起掠入,她們的年齡在十四歲至十九歲之間。古人早婚,欽宗宮中便有十三歲的妃嬪,十四歲的女孩已被認作到婚齡。女俘中列有姓名者共三百零九人,而十四歲至三十九歲的女性多達二百五十二人。金人擄女俘本爲滿足色欲,被擄的士大夫女眷應該亦相當年輕。

從靖康的談判過程看,宋、金雙方都曾把女性作爲雙方交易的籌碼,儘管宋人最初想以下層宮女、樂女及民女換來社稷的保存,而金人一開始便揚言"盡取帝姬",最後將上自后妃、帝姬,下至宮女、侍婢全部擄走,而宋帝亦寫下以皇女、妃嬪抵進貢金銀的賣身契。金軍取宋上層女性,除她們更漂亮外,其實也是有政治目的的,强占宋君臣的妻女,不僅使占領者更具勝利感,而且更讓失敗者集體蒙羞,以滅絕其自尊。

(二) 被俘婦女的"失節"與自殺

女俘中包括有特殊技藝的女工及女樂、歌妓等,但她們也難免遭受性暴力,不言而喻,女俘的主要價值仍在于能滿足金將士的性欲。儘管《宋史·列女傳》

---

[1] 張明華:《"靖康之難"被擄北宋宮廷及宗室女性研究》,《史學月刊》2004年第5期,第48~52頁。

記載不少死于靖康之難的烈女，但其中多爲平民婦女的故事，却未見這批被俘的皇室女子及士紳女性就義的光輝形象，上層女性在關鍵時刻并没有實踐殺身成仁的教誨，這纔最讓士大夫鬱悶。

首先，看皇帝的女兒，即帝姬、公主。正史載：徽宗有"三十四帝姬，早亡者十四人，餘皆北遷。獨恭福帝姬生纔周晬，金人不知，故不行"[1]。《開封府狀》稱貢公主、帝姬二十二人，其中二十一位徽宗女稱帝姬，一位欽宗女稱公主，柔嘉公主年僅七歲，徽宗女有五位在十二歲以下，餘皆值青春年少[2]。《宋史·公主傳》籠統地説"餘皆北遷"并不對，因爲據筆記，在被押往北方前，仁福、賢福、寶福公主已慘死于金營，除早亡十四女及一女逃脱之外，則徽宗女應有十九人北遷。而年老色衰的長公主并不在女俘之列，"賢德懿行大長帝姬、淑慎長帝姬不與遣，……二帝姬，神宗、哲宗女也"[3]。可見，金人俘帝姬的主要目的仍在于獵色。

福金帝姬成爲第一個受辱的皇女，當時二十二歲，正史稱她爲"茂德帝姬"，傳曰："茂德帝姬，初封延慶公主，改封康福。尋改號帝姬，再封茂德。下嫁宣和殿待制蔡鞗。"[4] 證以《蔡京傳》，蔡京子"鞗尚茂德帝姬。帝七幸其第，賚予無算"[5]。當東京被圍之時，蔡京已死于邊地，他的兒子亦大都被貶，只有蔡鞗因尚公主而幸免。在大臣的壓力下，這時福金作爲第一個被貢入金營的公主，當然亦有懲罰蔡家的意味，而對茂德帝姬來説，父親和兄長也太冷血了。由其他史料看，福金早就被斡離不覬覦，"二皇子獲蔡京家婢李氏，本宋宫女媵福金帝姬嫁蔡，刺問益詳，因議和親"[6]。"靖康之役，斡離不初欲得一帝姬，蕭慶語斡云：'天家女，非若民婦，必抗命自盡。'斡意沮。宋帝歸千戾人家屬，未計福金帝姬爲蔡京婦在所歸中。盟書既定，無中變理。議和諸臣誘姬至寨，誤飲狂藥，婉

1　〔元〕脱脱等：《宋史》，卷二四八《公主傳》，第8787頁。
2　〔宋〕耐庵輯：《靖康稗史七種·開封府狀》，第37~39頁。
3　〔宋〕李心傳：《建炎以來繫年要録》，卷二，建炎二年二月丁卯，叢書集成本，册3861，第42頁。
4　〔元〕脱脱等：《宋史》，卷二四八《公主傳》，第8783頁。
5　〔元〕脱脱等：《宋史》，卷四七二《蔡京傳》，第13726頁。
6　〔宋〕耐庵輯：《靖康稗史七種·南征録匯》，第58頁。

委順從,斡遂肆欲無厭。蔡京流禍烈已。"[1]但她被送往金營并不是無意的,而是宋大臣有意爲之。正月二十八日,從蔡京、童貫、王黼家各選二十四位美女送入金營,福金帝姬亦隨之入寨。一開始她是被騙上車的,"姬初受紿于開封府,及見皇子,戰栗無人色。皇子令其婢李氏慰而醉之"[2]。其後所發生的事可想而知,她成爲斡離不的女人。由于她第一個入金營,又有明文記載她未曾殉節,在正史中其結局自然含糊其詞了。

二月十八日,斡離不宴請粘罕及諸將,令帝姬及諸妃嬪侑酒。宋徽宗第六女趙富金,正史稱洵德帝姬,年方十八,已嫁田丕,當時她應當亦是侑酒的女子之一,當場被色迷迷的金將看中。"席散,皇子語太上曰:'設也馬悦富金帝姬,請與之。'太上曰:'富金已有家,中國重廉恥,不似貴國之無忌。'國相怒曰:'昨奉朝旨分俘,汝何能抗?'令堂上客各挈二人。太上亦怒曰:'上有天,下有地,人各有女、媳!'國相呵出之。鄭后見侄婦在堂下,跪求國相云:'妾家不與朝政,求放還。'國相頷之,令挈侄婦去。"[3]但這時二帝根本就没有不同意的餘地了。

在群狼的爭搶與蹂躪下,體弱的帝姬很快便生病或慘死。二月"二十四日,儀福帝姬病,令歸壽聖院"。"二十五日,仁福帝姬薨劉家寺。""二十八日,賢福帝姬薨劉家寺。"三月"二十四日,帥府歸香雲帝姬、金兒帝姬、仙郎帝姬三喪,宋臣十一人、婦稚三千人入城"。[4] 諸帝姬皆爲徽宗女,儀福帝姬小名圓珠,十七歲。據《宋俘記》,香雲、金兒和仙郎即仁福、賢福和保福三帝姬的小名,她們都是十六歲,皆慘死在劉家寺。劉家寺是金軍的大營之一,史書的記載語焉不詳,我們只能猜想她們的遭遇有多麽悲慘。對照《宋史·公主傳》,死于開封金軍營三女皆見于傳,但本傳并未提及她們死于金營,和其他死于北方的諸公主不同,她們三位分别被追封爲順穆、冲懿、莊懿,大約因爲靖康之難後她們的遺體被安葬了,所以只有她們三位有謚號。

在北征途中,押送的金將繼續爭奪帝姬。如上所述,二月間設也馬强求富

---

1 〔宋〕佚名撰,程郁、瞿曉鳳整理:《呻吟語》,《全宋筆記》編4册8,第26~27頁。
2 〔宋〕耐庵輯:《靖康稗史七種·南征録匯》,第62頁。
3 〔宋〕耐庵輯:《靖康稗史七種·南征録匯》,第67頁。
4 〔宋〕耐庵輯:《靖康稗史七種·南征録匯》,第68~71頁。

金(洵德帝姬)爲妾,經鄭后苦求暫得擱置。但不久富金還是被這位真珠大王强納爲妾。而寶山大王(斜保)亦在押送途中迫珠珠(惠福帝姬,時年十六)爲妾[1]。對于帝姬的强暴有時尚在表面上取得皇帝的許可。北上時衆俘一直缺水乏食,金將在途中又乘機要挾,强要幼小的帝姬,徽宗爲此纔得到一點酒肉。"二太子面請,王婉容位帝姬與粘罕次子作婦,許之。飯罷歸寨,自此不相見,但日送鷄兔魚肉酒果。徽廟答以病,在車中無心飲酒食肉,願早承來旨。"[2] 實際上,所謂"請"亦不過宋臣的死要面子,和賜帝姬時的手詔一樣令人耻辱,難怪徽宗吃不下這賣女的酒食。亦有文獻説粘罕求的是王婉容,她"隨徽欽北上,粘罕見之,求爲子婦。婉容自刎車中,虜人葬之道旁"[3]。她究竟遭遇了什麽,我們已無從探究,但既然不死于初入營,而是自刎于車中,恐怕仍與性暴力相關。

被擄至北方的諸帝姬,大多由金主收入宫中或分給金宗室。《宋俘記》載有宋諸帝姬、公主的結局:長女趙玉盤、次女趙金奴、三女趙金羅、四女趙福金、五女趙珊兒、七女趙巧雲均已嫁,九女趙圓珠、十四女趙佛保、十六女趙串珠均未嫁。自劉家寺五起北行,玉盤入蒲蘆虎寨,天眷二年(1139)没入宫,皇統二年(1142)封夫人。金羅十月二十六日殁于多昂木寨。福金天會六年(1128)八月殁于兀朮寨。珊兒、巧雲、佛保均天會六年(1128)八月入洗衣院。圓珠入兀朮寨,串珠入額魯觀寨,均天眷二年(1139)没入宫,皇統元年(1141)封夫人。六女趙富金已嫁,十女趙嬛嬛即多富未嫁,自真珠大王寨二起北行。富金敕爲王妾,嬛嬛入洗衣院,天會十三年(1135)入蓋天大王寨,遣嫁徐還,皇統元年(1141)亡。八女趙纓絡已嫁,自青城寨七起北行,入雲中御寨,天會十五年(1137)殁于五國習古國王寨。十一女趙仙郎、十二女趙香雲、十五女趙金兒均未嫁,殁于劉家寺寨。十三女趙珠珠未嫁,自寶山大王寨三起北行,爲王妾。十七女趙金珠、十八女趙金印、十九女趙賽月、二十女趙金姑、二十一女趙金鈴均幼,自壽聖院

---

1 〔宋〕耐庵輯:《靖康稗史七種·青宫譯語》,第79頁;〔宋〕佚名撰,程郁、瞿曉鳳整理:《呻吟語》,《全宋筆記》編4册8,第25頁。

2 〔宋〕曹勛撰,朱凱、姜漢椿整理:《北狩見聞録》,《全宋筆記》編3册10,大象出版社,2008年,第4頁。

3 〔明〕楊慎:《升庵詩話》,《詩話補遺·宋子虚咏史》,叢書集成本,册2579,第189頁。

四起北行，天會六年（1128）八月入洗衣院。賽月、金姑皇統元年（1141）并封次妃[1]。又《三朝北盟會編》引《靖康皇族陷虜記》曰："見在公主：純福公主（尚醫官王宗沔，男昌遠）、小公主（尚藥官成良，男敦復）、榮德公主（嫁習古國王，已死，見在大金皇后後位居）、洵德公主（嫁設野馬郎君，見在上京）、寧福公主（嫁陳王，已死，其子見在冷山住居）、惠福公主（嫁開府相公斜保三國相，見男在上京居住）。"[2] 帝姬被迫嫁為金人妻妾是普遍的，所謂入洗衣院，即被沒入公共妓院，故被收為金貴人之妾尚稱幸者。

六位帝姬被收入金宮。金主敕徽宗曰："昨取汝女六人為宗室次婦，……念汝女、汝媳，宮寢侍奉已歷二年，敬戒無違，疊承寵眷。"欽宗謝表曰："伏奉宣命入殿，賜見女弟、弟婦等……"可見此後他們還入宮見過這些親人。到紹興元年（1131），這些女人還為金主生下男孩。[3]

僥幸到達北方的帝姬亦大都早亡。紹興七年（1137）"九月，順德帝姬至五國城。東路都統、習古國王孛堇接打曷以其未奏虜廷，遽離粘沒喝寨，指為私逃，要留寨中，未幾死"[4]。順德帝姬即徽宗第八女趙纓絡，被俘時年僅十七歲，她先被擄入雲中御寨，這時亦不過二十多歲，所謂"要留寨中"的遭遇又語焉不詳，不久亡故，恐怕亦免不了遭受性暴力。

帝姬為金人妾之後，也并不能從一而終，夫死又被其他男人霸占。徽宗長女嘉德帝姬小名玉盤，先被金宋國王蒲蘆虎即宗磐收為妾。寧福帝姬為徽宗十六女，小名串珠，被金兗國王額魯寬即宗雋收為妾。因金上層發生內訌，"紹興十年二月，金籍宋國王次婦嘉德帝姬、兗國王次婦寧福帝姬入宮"。"兀室第三子名撻撻，……去年誅宋王，撻撻奉詔手戮，因說其次婦，婦為玉盤帝姬故夫女。是歲元宵，循俗偷歸，及兀室歸自上京，次婦即和王妃愬撻撻狂暴無人理，玉盤女所弗堪。兀室怒，鞭撻撻，歸玉盤及女于宮。撻撻病，語人曰：'宋王來，我將從之。'越日斃。"[5]

---

[1] 〔宋〕耐庵輯：《靖康稗史七種·宋俘記》，第123~124頁。
[2] 〔宋〕徐夢莘：《三朝北盟會編》，卷九九，第731頁。
[3] 〔宋〕佚名撰，程郁、瞿曉鳳整理：《呻吟語》，《全宋筆記》編4冊8，第33、35~36頁。
[4] 〔宋〕佚名撰，程郁、瞿曉鳳整理：《呻吟語》，《全宋筆記》編4冊8，第40頁。
[5] 〔宋〕佚名撰，程郁、瞿曉鳳整理：《呻吟語》，《全宋筆記》編4冊8，第42~43頁。

《宋史·公主傳》完全不提帝姬的失節與被辱,僅對榮德帝姬和柔德帝姬例外,這主要由于發生了假公主案,纔會在史書中提及她們的改嫁。謂"榮德帝姬至燕京,駙馬曹晟卒,改適習古國王"。又謂到南宋時,曾有人冒名榮德帝姬,當時即被識破,杖死[1]。榮德帝姬小名金奴,被擄時年僅二十五歲,由筆記所載,公主、帝姬一至金營便被爭搶,所以榮德帝姬待曹晟死後方纔改嫁的説法并不可靠,不過是正史避諱之筆罷了。

　　另一位惹出假公主案的柔福帝姬亦屢見于史書,她小名嬛嬛,又稱多富,當時年僅十七歲。一進金營,她便引發群狼爭搶。二月"二十六日,萬户賽里令千户國禄都投書帥府,其弟野利代聘多富帝姬,見歸帥府,求賜釋付。二帥大詫,詢帝姬,云:'出城轎破,時番將脅入民居,令小番傳語云,兄爲北國大王,不異南朝富貴,使受香囊,未解其意。'二帥怒,斬野利于南薰門"[2]。三月被迫北遷,與康王邢氏同路,二十九日"邢朱二妃、二帝姬以墜馬損胎,不能騎行"[3]。同時流産的邢、朱二妃及富金已嫁人,懷有胎尚可理解,而嬛嬛帝姬未婚,所墮之胎又是誰的呢?流産未必全由墜馬,也可能因性侵而發。萬户蓋天大王(完顔賽里)"見國禄與嬛嬛帝姬同馬",心起嫉妒,"殺國禄,弃尸于河,欲挈嬛嬛去",被珍珠大王阻止[4]。據上引《宋俘記》與下引《呻吟語》,獻俘完畢,嬛嬛帝姬并未馬上歸入某家,而是與韋妃(高宗母)一起被送入洗衣院,其命運之慘,可想而知[5]。

　　南宋建炎三年(1129)末,一女自稱柔福帝姬逃到南方。蘄黄都巡檢使"(韓)世清得之,法静自言己上皇季女,小字環環,其母小王婕好也。世清疑焉,即坐之堂上,與守臣朝請郎甄采等朝服隔簾問其故,法静自言脱難之因,且及往時宫閤間事,世清信之,遂以聞之朝"[6]。對柔福公主的認定似乎還是認真的,

---

1　〔元〕脱脱等:《宋史》,卷二四八《公主傳》,第8788頁。
2　〔宋〕耐庵輯:《靖康稗史七種·南征録匯》,第69頁。又〔宋〕辛弃疾撰,燕永成整理:《南燼紀聞録》,《全宋筆記》編4册4,第20頁,亦謂柔福公主爲金將爭奪,但此人爲野利。
3　〔宋〕耐庵輯:《靖康稗史七種·青宫譯語》,第75頁。
4　〔宋〕耐庵輯:《靖康稗史七種·青宫譯語》,第76頁。
5　〔宋〕耐庵輯:《靖康稗史七種·宋俘記》,第123~124頁;〔宋〕佚名撰,程郁、瞿曉鳳整理:《呻吟語》,《全宋筆記》編4册8,第28頁。
6　〔宋〕李心傳:《建炎以來繫年要録》,卷二九,建炎三年十一月戊午,叢書集成本,册3864,第573頁。

宫中宦者和宗親曾來相認，"朝廷差宣政使馮益并宗婦吳心兒，往紹興府識認，遂收入内，加爲福國長公主，降駙馬都尉高世榮"[1]。因此，她享受了十幾年的榮華富貴，"前後請給錫賚計四十七萬九千緡"[2]。

然而，到紹興十二年(1142)八月，高宗母親韋氏回到南方後，韋氏首先指認現在南朝的柔福公主是假冒的。嚴刑拷打之下，據說她原是開封尼李靜善："内人從顯仁太后歸，言其妄，送法寺治之。内侍李㤄自北還，又言柔福在五國城，適徐還而薨。靜善遂伏誅。柔福薨在紹興十一年，從梓宮來者以其骨至，葬之，追封和國長公主。"[3]

可見，爲了證明兩位公主是假的，宋人纔在正史中説明她們已嫁金人。

其次，看兩宮后妃的遭遇。上自皇后下至一般宮女，一入金營便如羊入虎口，自然亦無一幸免。衆女俘中當然以皇后地位最高，可最重要的女俘是康王母親韋氏和其妻邢氏及諸妾。東京再次被圍時，僅康王趙構逃出，靖康二年(1127)五月在應天府即帝位，後廟號高宗。當南宋諸將奮力抗金時，"始聞韓世忠大敗四太子兀朮于黄天蕩。粘罕編造穢書，誣衊韋后、邢后、柔福帝姬諸人"[4]。這條史料語焉不詳，但它透露出：南宋初金人曾大肆宣揚高宗妻子、母親被辱之事，以羞侮敵國君臣，而宋朝矢口否認。而根據諸多史料，所謂金人"穢書"所陳事實是不可否認的。

宋人筆記謂韋氏曾爲金人之妾："或曰，阿計替引帝至庭下，有紫衣二番人坐堂上，呼曰：'識我否？'曰：'不識。'曰：'吾蓋天大王，乃四太子之伯。'良久屏後呼一人出，帝視之，乃韋妃也。帝、太上俯首，韋妃亦俯首，不敢相視。良久，蓋天大王命左右賜二帝、太后酒，曰：'我看此個婦人面。'蓋韋妃爲彼妻也。酒罷，爲監人曰：'善護之。'阿計替引去，帝再入前室，然稍稍緩其監，飲食略備，以此經一冬，衣服稍可禦寒矣。"[5] 此後，韋氏多次與欽宗照顧。當時高宗已在南方即位，高宗的生母韋妃自成可居奇貨，也未必還會將她留在一般貴族家，但根

---

1 〔宋〕熊克：《中興小紀》，卷三〇，紹興十二年九月戊戌，叢書集成本，册3860，第350頁。
2 〔宋〕羅大經撰，王瑞來點校：《鶴林玉露》，乙編卷五《柔福帝姬》，第206頁。
3 〔元〕脱脱等：《宋史》，卷二四八《公主傳》，第8788頁。
4 〔宋〕佚名撰，程郁、瞿曉鳳整理：《呻吟語》，《全宋筆記》編4册8，第32頁。
5 〔宋〕辛棄疾撰，燕永成整理：《南燼紀聞録》，《全宋筆記》編4册4，第44~45頁。

據同路人的命運推測,她被金將強收爲妾是可能的。

宋人的辯解集中于韋氏的年齡,《呻吟語》曰:"韋后北狩年近五十,再嫁虜酋,寧有此理?虜酋舍少年帝姬,取五旬老婦,亦寧出此。"[1]在正史中并無韋太后生于哪年的記載,根據《后妃傳》記載,她回南宋後于紹興十九年(1149)慶七十,紹興二十九年(1159)慶八十大壽,所謂北遷時年近五十,應是據此倒推的,即北遷時她已有四十八歲了。但是,這個年紀并不可靠,恐怕也是回南後處心積慮造出的。《宋史·后妃傳》曰:"喬貴妃,初與高宗母韋妃俱侍鄭皇后,結爲姊妹,約先貴者毋相忘。既而貴妃得幸徽宗,遂引韋氏,二人愈相得。"[2]據《宋會要輯稿》,"貴妃喬氏初爲御侍。崇寧二年五月封宜春郡君。二年九月進美人。四年閏二月進婕妤。五年二月進婉容。大觀元年十二月進賢妃。二年二月進德妃。三年五月進貴妃。生景王杞、濟王栩、邠王材、華原郡王樸、鄆王楗、鄆國公㭹、瀛國公樾"[3]。喬氏生有七子,可見非常得寵。而韋氏很晚纔得幸,"崇寧末,封平昌郡君。大觀初,進婕妤,累遷婉容。高宗在康邸出使,進封龍德宮賢妃"[4]。崇寧末應爲崇寧五年(1106),這時喬氏已爲婉容。高宗生于大觀元年(1107),韋氏這纔進爲婕妤。靖康二年(1127)時高宗年方二十歲,如果韋太后北遷時爲四十八歲,那她生高宗時已年近三十,很難想象那位風流天子會臨幸這位沒有什麽特殊才能的年長宮女。而且《開封府狀》是最原始的史料,記載北遷時喬貴妃四十二歲,韋氏三十八歲,應該可信。韋氏也許不像朱后那樣被金人爭奪,但仍能吸引金人的注意;徽宗見而不認、欽宗向她哭求也未必爲真事,而當她回到南方後,不再提起北方的故人,却的確對自己的經歷諱莫如深了。《宋史》記述喬貴妃在金送別韋氏時,稱其爲"姊",亦明明與《開封府狀》不合,改年歲的痕跡如此清晰。因此,《呻吟語》于韋氏"年近五十"辯語之下,"國鈞案:據《開封府狀》韋后北行時實三十八歲,此云年近五十,誤。在洗衣院忍辱偷生者,人人皆然。非如朱后之水死,誰能潔身,正不必辯也"[5]。宋人說韋太

---

[1] 〔宋〕佚名撰,程郁、瞿曉鳳整理:《呻吟語》,《全宋筆記》編4册8,第32頁。

[2] 〔元〕脫脫等:《宋史》,卷二四三《后妃下》,第8643頁。

[3] 〔清〕徐松:《宋會要輯稿》,后妃三之九,第252頁。

[4] 〔元〕脫脫等:《宋史》,卷二四三《后妃下》,第8640頁。

[5] 〔宋〕佚名撰,程郁、瞿曉鳳整理:《呻吟語》,《全宋筆記》編4册8,第32頁。

后到金國時已爲老婦,只爲證明金人的侮辱全是胡説罷了。

而且,最令宋人感到耻辱的還不是太后嫁爲人妾,更可怕的是,高宗母韋氏、高宗妻邢氏與諸妾皆淪爲官妓,她們被性侵的命運是很難避免的,這纔是奇耻大辱!

北遷時雖然高宗尚未稱帝,但由于他是唯一一位未被俘的皇帝近親,且已號稱天下兵馬大元帥,因此金人對趙構母與妻的關押特别關注。高宗母韋氏和其妻妾邢氏等被視作重要人質,她們并没有和徽宗或欽宗同行,而是由重兵押解先行。三月二十八日,金主"指揮元帥府叛逆趙構母韋氏,妻邢氏、田氏、姜氏先遣入京禁押"[1]。斡離不"命成棣隨珍珠大王(名設野馬,國相長子)、千户國禄、千户阿替紀押宋韋妃(康王之母)、邢妃(康王之妻)、朱妃(鄆王之妻)、富金嬛嬛兩帝姬(康王之妹)、相國王(趙梴)、建安王(趙楧)等先至上京,護兵五千"[2]。四月初二,"太上見韋后、相國公、柔福帝姬乘馬先行,泪下竟日"[3]。

如下所述,邢氏所在一隊的押解金將極爲好色,邢夫人時年二十二歲,田郡君十九歲,姜郡君僅十七歲,邢氏的美貌已屢被"關注",她們沿途被犯已在所難免。在相關史料中,有些記載明顯對高宗不利。宋宫中舊臣曰:"康王目光如炬,好色如父,侍婢多死者。"[4] 正是這種肆無忌憚纔更令人相信記載的真實。靖康二年(1127)五月底一行到上京,六月初七,金主命富金帝姬等歸設野馬,而"宋妃韋氏、鄆王妃朱鳳英、康王妃邢秉懿、美[姜]醉媚、帝姬趙嬛嬛"等被送到浣衣院(或稱洗衣院)[5],康王另一妾"田春羅"已死于途中。洗衣院相當于金人的妓院,即她們被淪爲官妓。《宋俘記》有關高宗妻妾的記載雖有殘缺,亦可相對照:"邢(秉)懿封建炎宋國夫人,天眷二年六月殁。□□□□□□□□田春羅六年四月殁洗衣院。姜醉妹[媚]封紹興夫人。徐聖英敕賜真珠大王爲妾。"[6]

---

1 〔宋〕耐庵輯:《靖康稗史七種·南征録匯》,第72頁。
2 〔宋〕耐庵輯:《靖康稗史七種·青宫譯語》,第75頁。
3 〔宋〕佚名撰,程郁、瞿曉鳳整理:《呻吟語》,《全宋筆記》編4册8,第22頁。
4 〔宋〕耐庵輯:《靖康稗史七種·青宫譯語》,第76頁。
5 〔宋〕耐庵輯:《靖康稗史七種·青宫譯語》,第79頁。
6 〔宋〕耐庵輯:《靖康稗史七種·宋俘記》,第124頁。

八月"二十二日，虜主令韋、邢二后及帝姬、王妃入行幄"[1]。因此獻俘受辱一幕，她們都親身經歷。《燕人麈》記載更爲明確："趙□母韋氏、妻邢氏没爲宫婢。"[2]直至天會八年（建炎四年，1130）"六月初三日，虜主榜朝市云：'宫奴趙□母韋氏、妻邢氏、姜氏凡十九人。并抬爲良家子。'"[3]紹興五年（1135）"二月，韋后等七人出洗衣院，柔福帝姬歸蓋天大王賽里，名完顔宗賢，後嫁徐還。純福帝姬歸真珠大王設野馬，後嫁王昌遠，一名成棟"[4]。柔福帝姬似又曾和韋氏朝夕相處。

因此，假冒柔福帝姬一案就更爲可疑了。根據史料，柔福帝姬被擄時已十七歲，并不是未成年的小女孩，她又十分美貌，故引發金將争奪。兄妹即使多年未見，高宗也應該認得出，即使他認不出，也應該有許多逃出的宫内人認識她，因此南宋時曾被認明正身。而所謂假冒者的來歷亦人言人殊，《四朝聞見録》説此女是女巫，聽女尼之教而假冒，"嘗以尼師自隨，或謂此尼曾事真帝姬，故備知疇昔帝姬俱上在宫中事，僞帝姬引見之頃呼上小字，尼師之教也"[5]。而《宋史》方有此女的全名，説她是開封尼李靜善。

紹興十二年（1142），宋、金和議達成，高宗接母親回到南方。顯仁太后即韋氏一見到兒子，便迫不及待地説現在南方的柔福帝姬是假的："及韋太后歸自北方，持高宗袂泣未已，遽曰：'哥被番人笑殺，錯買了顔子帝姬。柔福死已久，生與吾共卧起，吾視其殮，且置骨。'上以太母之命，置姬于理，獄具，誅之東市。或謂太后與柔福俱處北方，恐其訐己之故，文之以僞，上奉母命，則固不得與之辯也。……京師顔家巷髹器物不堅實，故至今謂之'顔子生活'。"[6]這位曾經的公主不久被殺，當初認她爲真的宗親及宦者亦全被流放："至是（紹興十二年九

---

[1] 〔宋〕佚名撰，程郁、瞿曉鳳整理：《呻吟語》，《全宋筆記》編4冊8，第28頁。
[2] 〔宋〕佚名撰，程郁、瞿曉鳳整理：《呻吟語》，《全宋筆記》編4冊8，第30頁。
[3] 〔宋〕佚名撰，程郁、瞿曉鳳整理：《呻吟語》，《全宋筆記》編4冊8，第32頁。
[4] 〔宋〕佚名撰，程郁、瞿曉鳳整理：《呻吟語》，《全宋筆記》編4冊8，第39頁。
[5] 〔宋〕葉紹翁撰，張劍光、周紹華整理：《四朝聞見録》，乙集《柔福帝姬》，《全宋筆記》編6冊9，第299頁。
[6] 〔宋〕葉紹翁撰，張劍光、周紹華整理：《四朝聞見録》，乙集《柔福帝姬》，《全宋筆記》編6冊9，第299頁。

月),因内侍李鄂等隨梓宫回,其言柔福帝姬在北界降徐還,去年已死,還近自北界以其骨歸,後因還父中立訴于朝。遂下法寺勘實。是日辛丑,詔阿李杖死,(宦者馮)益、(宗婦吴)心兒以識認不審編管外州。"[1] 兩人很可能不久便被殺人滅口了吧。

告發者明明是韋太后,而官史又説舉報者是内侍,他們還都是隨韋太后歸來的親信,頗有欲蓋彌彰之嫌。而且,正史中所載諸事,許多巧合更令人生疑:一巧在公主居然就死于太后回鑾的前一年;二巧在護送徽宗帝后遺骨的人又正好將她的遺骨帶回南方,徽宗帝后及高宗妻邢氏皆尸骨無存,空棺中只有一抔黄土,而其他夫人、帝姬亦不爲宋帝挂懷,唯獨"柔福帝姬喪未久,全骨以歸"[2]。因此,這個案件是很可疑的,宋筆記所傳韋太后怕她多説在金時的事情,故意陷害她的可能性是極大的。

其他的皇后、妃子所受耻辱亦令人髮指。關于宋俘的遭遇,記載本來就罕見,而寥寥幾頁多出自宋臣之手,既爲尊者諱,又因此事難出口,一涉及金軍對后妃的性暴力,便語焉不詳,但即便如此,仍時見端倪。

靖康二年(1127)二月初七,大批宫人被送入金營。當夜,金"國相宴諸將,令宫嬪等易露臺歌女衣裝,雜坐侑酒,鄭、徐、吕三婦抗命,斬以徇。入幕後,一女以箭鏃貫喉死"。在這之前已有許多婦女被送入寨,其中有"烈女張氏、陸氏、曹氏抗二太子意,刺以鐵竿,肆帳前,流血三日"。當大批宫人入寨時,這三位烈女尚未咽氣,"王妃、帝姬入寨,太子指以爲鑒,人人乞命。命福金帝姬撫慰之,令施膏沐,易後宫舞衣入帳侍宴"。[3] 這是有關女子反抗的最明確記録,七位被殘殺的女性中有六位留下姓氏,一女自殺不知姓名。第一批進營的女性主要出自下層,起碼被害的張氏、陸氏、曹氏并不是出自上層的,而當天被殺的鄭、徐、吕三婦及自殺的一女似乎也不是有姓名的皇親國戚,史載王妃、帝姬"人人乞命",乖乖地沐浴更衣入帳侍候,便説明只能以屈從换取暫時的生存。徽宗宫人未見明顯的反抗記載,欽宗宫人多被擄入青城寨,"曹妙婉、卜女孟、席進士、程

---

[1] 〔宋〕熊克:《中興小紀》,卷三〇,紹興十二年九月戊戌,第779頁。
[2] 〔宋〕佚名撰,程郁、瞿曉鳳整理:《呻吟語》,《全宋筆記》編4册8,第45頁。
[3] 〔宋〕耐庵輯:《靖康稗史七種·南征録匯》,第65頁。

巧、俞玩月、黄勤歿于水。衛貓兒自刎"[1]。查對《開封府狀》,這幾位都是十九歲以下的低級宮女,衛貓兒年僅十三歲。

儘管金帥親口許諾徽宗"妻子仍與團聚",但團聚不等于不能碰他的妻女,一旦進入金營,二帝再也無法顧及他們的後宮佳麗了。二月十六日,"帥府令婦女已從大金將士,即改大金梳裝,元有孕者,聽醫官下胎"[2]。此舉一在于清除餘孽,以確保血統的純正;二當然是爲收這些女人爲性奴。

二月十八日,斡離不宴請粘罕及諸將,并强迫宋二帝及二后出席,自稱爲"太平合歡宴"。席間,金將"斜保請王子出妃姬二十人、歌伎三十二人侑酒。宋帝后避席,國相不許"[3]。鄭后與朱后被迫與十名金高級將領坐在堂上,一席二人,未知帝后尚能同坐否?與金人男女雜坐,對兩位皇后而言自然是極大的侮辱,而且這些勸酒的女子很可能包括帝姬與昔日的妃嬪。對鄭后來説,親見皇女受辱難以忍受;對朱后來説,面對徽宗妃子又亂了倫理。

三月十一日,"帥府以宋華國靖獻夫人李氏及宮人十輩賜邦昌爲后,令郎君等護送入宮,邦昌宴犒之,令舊宮人清歌勸酒"。到該月底金軍北還之前,張邦昌"乞還諸王夫人、諸帝姬,不許"[4]。李氏名春燕,原爲徽宗低級宮人,稱"宋華國靖獻夫人"。張邦昌本有妻,不以其爲后,金人故意送去宋舊宮人,只爲了逼張同流合污,使他再無回頭的可能。金軍退兵之後,這些已失節的宮人恐怕也無生路了。

三月二十八日,金人下令北遷,"太上云:'罪皆在我,請留靖康封界小郡諸王,王妃、帝姬、駙馬不與朝政,請免發遣。'"當然未得到允許。"午後,令王妃、帝姬出見父母夫婿,抵暮即令歸幕。"[5]徽宗的請求未得到允許,而鄭后的家屬却得到赦免:"鄭太后自外至,啓粘罕云:'臣妾得罪,自合從上皇北遷,但臣妾家屬不預朝事,敢乞留。'粘罕點頭許之。至今日,果送太后家屬入城。番使又笑

1　〔宋〕耐庵輯:《靖康稗史七種·宋俘記》,第121~122頁。
2　〔宋〕耐庵輯:《靖康稗史七種·南征錄匯》,第66頁。
3　〔宋〕耐庵輯:《靖康稗史七種·南征錄匯》,第67頁。
4　〔宋〕耐庵輯:《靖康稗史七種·南征錄匯》,第70~71頁。
5　〔宋〕耐庵輯:《靖康稗史七種·南征錄匯》,第73頁。

云:'太后善言辭,進退有法,容止雅麗,故元帥許其請。'"[1] 正史亦有鄭后家屬得以免難的記載,但刪去"容止雅麗"等曖昧的記載。

不久,便開始艱苦的北上遷徙。從出發時的安排看,行軍時居然是男女分開的:斡離不營"三鼓起程,分七軍,從官貲重在二軍,太上、諸王、駙馬在三軍,鄭后、宫屬在四軍,王妃、帝姬在五軍。……四月一日國相退師,分作五起,寶山大王押朱后一起,固新押貢女三千人二起,達賚押工役三千家三起,高慶裔押少主四起,從河東路進發"[2]。徽宗"乘平日宫人所乘牛車。牛五頭,兩虜牽駕,不通華語。次顯肅皇后,次廚及本殿一行内人。車仗計八百六十餘量"[3]。"所押貢女均乘牛車,車兩人。"[4] 這一點得到多方史料的證明,《宋俘記》所載第幾起雖與其他記載有些出入,但證明金軍押俘北上時,諸后妃與帝姬們並没有隨宋二帝及諸王一起走,如朱后與朱妃編在三起,而欽宗編在七起;鄭后與諸妃編在二起,而徽宗編入四起[5],以至四月十六日燕王俁倒斃時,"王妻别在一軍,不准哭臨"[6]。到達燕山之後,五月"十九日,斡酉送還婉容、婕妤、才人六人"[7]。

宿營時,似乎亦將俘虜分男女關押,"夜屯時,宫親貴戚車屯于中,民間車屯于外。虜兵宿帳棚,人環其外"。"太上以下及虜酋毳帳二,布棚四十八爲一圍。鄭后以下及虜酋蕭慶毳帳三,布棚八十八爲一圍。皆有館伴朝夕起居。帝姬以下及虜酋斡離不毳帳五,布棚十二爲一圍。"[8] 即使有房暫住,女士們仍被安排别處居住。如到燕山,"太上、鄭后以下九百餘人館延壽寺,供張甚厚。帝姬等館帥府。聞朱后以下三十餘人四月十八日到此,居愍忠祠,韋后以下二十餘人同日過此,即赴上京"[9]。兩位皇后更受到嚴密監視:"惟皇太后、懿節皇后别有

---

1 〔宋〕徐夢莘:《三朝北盟會編》,卷八七,第647頁。
2 〔宋〕耐庵輯:《靖康稗史七種·南征録彙》,第73頁。
3 〔宋〕曹勛撰,朱凱、姜漢椿整理:《北狩見聞録》,《全宋筆記》編3冊10,第188頁。
4 〔宋〕佚名撰,程郁、瞿曉鳳整理:《呻吟語》,《全宋筆記》編4冊8,第22頁。
5 〔宋〕耐庵輯:《靖康稗史七種·宋俘記》,第116~117頁。
6 〔宋〕佚名撰,程郁、瞿曉鳳整理:《呻吟語》,《全宋筆記》編4冊8,第23頁。
7 〔宋〕佚名撰,程郁、瞿曉鳳整理:《呻吟語》,《全宋筆記》編4冊8,第24頁。
8 〔宋〕佚名撰,程郁、瞿曉鳳整理:《呻吟語》,《全宋筆記》編4冊8,第22頁。
9 〔宋〕佚名撰,程郁、瞿曉鳳整理:《呻吟語》,《全宋筆記》編4冊8,第24頁。

館伴二人,早暮必來瞻見聖容,如未見,須候見乃退。餘房院無館伴。"[1]

大勝還朝的金將士"擁婦女,恣酒肉,弄管弦,喜樂無極"。沿途設宴往往單獨令后妃出席,如四月"二十四日,斡酋設席,宴太上、諸王。畢,又設席宴鄭后、妃嬪"。二十五日"夜,宴婕妤、宗姬、宗夫人等三十四人"[2]。到上京後,"大王來邀后妃等至家宴會"[3]。五月十七日到代州時,金貴族"宴樂,帝、祁王、太子同坐,內人被逼侑酒歌唱"[4]。所謂宴請不過是令她們陪酒罷了。他們還利用各種機會玩弄婦女。五月"初二日,王令駐屯一日,共浴溫泉"[5]。后妃、王妃、帝姬分別隨金將行軍,居住時周遭圍以如狼似虎的士兵,可想而知,尚在北上途中,她們已淪爲性奴。

押送的金將往往捷足先登。出發不久,四月"初七日,次湯陰,館伴阿林葛思美盜後宮曹氏。太上令肅王傳諭後宮,不得離次取辱"。其實,一入金營便不得不受辱,只是時間的早晚問題。第二天便有女俘"避雨虜兵帳中者,多嬲斃"[6]。"嬲"原意指女性被多男糾纏,此處應指這些女俘慘遭輪奸而亡。

押送欽宗朱后、朱妃的第三起金將最爲淫邪,邢、朱二妃頗爲金酋注目。"四月朔,王弟寶山大王(名斜保)押朱后(少帝妻)、朱慎妃(少帝妾)、公主(少帝女)、珠珠帝姬(王弟俘爲妾)至寺合隊。"[7]四月"初二日,早行,途次朱妃便旋,國祿逼之,又乘間欲登朱后車,王弟鞭之"。"初五日,次湯陰。邢妃以蓋天相逼,欲自盡。"十一日,抵達真定,金"千戶韶合宴款二王,以朱妃、朱慎妃工吟咏,使唱新歌。強之再,朱妃作歌云:'昔居天上兮,珠宮玉闕,今居草莽兮,青衫淚濕。屈身辱志兮,恨難雪,歸泉下兮,愁絕。'朱慎妃和歌云:'幼當貴兮綺羅裳,長入宮兮侍當陽。今委頓兮异鄉,命不辰兮志不強。'皆作而不唱"[8]。"屈

---

[1] 〔宋〕曹勛撰,朱凱、姜漢椿整理:《北狩見聞錄》,《全宋筆記》編3冊10,第189頁。
[2] 〔宋〕佚名撰,程郁、瞿曉鳳整理:《呻吟語》,《全宋筆記》編4冊8,第23頁。
[3] 〔宋〕耐庵輯:《靖康稗史七種·青宮譯語》,第77頁。
[4] 〔宋〕佚名撰,程郁、瞿曉鳳整理:《呻吟語》,《全宋筆記》編4冊8,第25頁。
[5] 〔宋〕耐庵輯:《靖康稗史七種·青宮譯語》,第78頁。
[6] 〔宋〕佚名撰,程郁、瞿曉鳳整理:《呻吟語》,《全宋筆記》編4冊8,第22頁。
[7] 〔宋〕耐庵輯:《靖康稗史七種·青宮譯語》,第75頁。
[8] 〔宋〕耐庵輯:《靖康稗史七種·青宮譯語》,第75~77頁。

身辱志"及"志不强"已道出她們的處境與心中的痛苦。

欽宗朱皇后時年二十七歲,五九頁圖一一爲傳世的宋人畫朱后像,在傳世的諸皇后像中亦顯得最爲靚麗,可見在後宮三千佳麗中亦十分突出,可以想見,爲此她受到更多的折磨,命運也最悲慘。金將沿途以打聽宋皇帝的性事取樂,"二王令成棣譯詢宫中事。道宗五七日必御一處女,得御一次即升位號,續幸一次進一階,退位後出宮女六千人,宜其亡國。少帝賢,務讀書,不邇聲色,受禪半年,無以備執事,乃立一妃、十夫人,僅三人得幸,自餘儉德不可舉數。……自是二王致敬朱后有加禮"[1]。所謂對朱后"加禮",不過是對她更爲注目罷了,也并不是因爲尊敬欽宗,而是知道她可能還是處女。

如上所述,她們被并入珍珠大王設野馬和寶山大王斜保所率一隊,更是在劫難逃,千户骨碌都立刻便想强暴她[2]。"騎吏掌行者千户,自言姓幽西名骨碌都,常以言戲朱后,復恣無禮。嘗路行之次,朱后下畦間旋溺,骨碌都從之,乃執后臂曰:'能從我否?'朱后因泣下,戰不能言,遂亦發疾,不能乘騎,骨碌都乃掖后同載馬上行。"當夜,朱后病發腹痛,"骨碌都以手撫其腹曰:'病已病已。'三祝之曰'爾强强,爾强强',其無禮若此。至天明,言于少帝曰:'爲我説與你妻善事我,我即保汝爲相報也。'"押送的金將很可能對朱后得手了,當朱后病不能已而欽宗痛哭時,骨碌都對欽宗傲慢地説:"汝在汴京三千餘口,皆流徙于北矣。其女子美貌者爲人所取,何獨眷一朱皇后?不以結識諸曹以作前程之計。……今至此天報耳,尚何怨耶?"少帝于是不敢復言,但日欷歔而已。[3]

金大將澤利發現骨碌都一直色眯眯地盯着朱后,怒曰:"汝本一冗賤,吾兄待汝至此,今安得與婦人私而稽緩其行程?"揮手殺之。但死一狼,又來一虎。澤利往往恃酒調戲二后,他"拔劍切肉啖食,飲酒連五七盞,以其餘酒殘食餉帝曰:'食之,前途無與食也。'復視朱后笑曰:'這一塊最好,你自喫之。'……移時,澤利乘醉命朱后勸酒唱歌,朱后以不能對。澤利怒曰:'汝四人性命在吾掌握中,安得如是不敬我?'以所執鞭欲擊之,后不勝涕泣,乃持杯作歌……澤利起

---

1 〔宋〕耐庵輯:《靖康稗史七種·青宮譯語》,第76頁。
2 〔宋〕耐庵輯:《靖康稗史七種·青宮譯語》,第75頁。
3 〔宋〕辛弃疾撰,燕永成整理:《南燼紀聞録》,《全宋筆記》編4册4,第30~31頁。

拽后衣曰:'坐此同飲。'后怒,欲手格之,力不及,爲澤利所擊"。旁有某知縣勸止之,"后曰:'妾不能矣,願將軍殺我,死且不恨。'回身欲自投庭前井,左右救止之"[1]。宋臣不敢寫出朱后被性暴的事實,但從上下文看,她不可能逃過此劫。

對后妃、帝姬非禮的還不止金軍將士,她們還被一般的民衆圍觀耻笑,甚至被大衆猥褻。"五月初一日,真定萬戶宴幹酋,帝姬、王夫人等坐騎以從,番人聚觀如潮涌。"[2]該月中旬,后妃到達燕山,"燕人聞宋俘至,喧嚷已匝月,及是,大王眷屬,下逮戚族男女咸集如睹异寶,且與后妃等行抱見禮申敬,漢婦不習,惶窘萬狀"[3]。

這段長征很艱難,減員十分驚人。到燕山時"長途鞍馬,風雨饑寒,死亡枕藉。婦稺不能騎者,沿途委弃,現存一千數百人,居甘露寺,十人九病"[4]。《宋俘記》曰:"北行之際,分道分期,逮至燕、雲,男十存四,婦十存七。"[5]啓程時宋俘一萬四千餘人,如按《開封府狀》的統計女性爲一萬一千六百三十五人,則北徙途中死亡的女俘多達三千人,約占出發人數的三分之一。證以具體的數字:如首起出發時婦女三千四百多,到燕山僅剩一千九百餘人[6],死亡者果然有三分之一。除行軍辛苦及缺衣少食的因素外,性侵恐怕也是重要原因之一。《宋俘記》載有徽宗、欽宗諸后妃及宮人的結局,可知這些后妃一出城就被收入諸將領宮寨,到北方以後或入諸王的後院,或入浣衣院。徽宗"入國後又生六子八女。……餘失考。別有子女五人,俱六年春生,非昏德胤"[7]。天會六年(1128)即建炎二年,春季時尚未行獻俘禮,二帝皆未安定,沿途就生下這麼多子女,以後仍有不少生子女的記録,即使是母親可考的孩子,金人記載指明他們根本不是二帝的後代。

獻俘是一次集體狂歡,亦是一次全民羞辱戰俘的活動。早在商周時期,獻

1　〔宋〕辛弃疾撰,燕永成整理:《南燼紀聞録》,《全宋筆記》編4册4,第31~33頁。
2　〔宋〕佚名撰,程郁、瞿曉鳳整理:《呻吟語》,《全宋筆記》編4册8,第24頁。
3　〔宋〕耐庵輯:《靖康稗史七種·青宮譯語》,第77頁。
4　〔宋〕佚名撰,程郁、瞿曉鳳整理:《呻吟語》,《全宋筆記》編4册8,第24頁。
5　〔宋〕耐庵輯:《靖康稗史七種·宋俘記》,第116頁。
6　〔宋〕耐庵輯:《靖康稗史七種·宋俘記》,第116頁。
7　〔宋〕耐庵輯:《靖康稗史七種·宋俘記》,第118~121頁。

俘儀式就伴隨着展示女俘身體、以集體猥褻來進一步羞辱戰敗者。圖一爲今藏于美國哈佛大學沙可樂美術館的商代圓雕玉女立像，"頭上束髮作左右牛角形，赤身裸體，乳房和陰户等女性性徵明顯，臂、腿部有文身之飾，雙手被枷于腹前"[1]。後代獻俘一般不用赤身裸體，只是袒露上半身。

在金國，這種儀式還帶有原始的意味，顯得更爲野蠻。早在金滅遼時，"太宗見（遼后妃）錦绣繁華，怒令撕去，至以赤體獻廟。朝罷大宴，徇諸王子意，令侍酒"[2]。宋筆記《呻吟語》詳載宋帝后獻俘時的慘狀：靖康二年（1127）八月"二十四日，虜主以二帝見祖廟，時宫親貴戚已發通塞州編管，家奴、軍妓外，此皇子等三十人，妃、主等一千三百人，皆隨帝后居行幄。黎明，虜兵數千洶洶入，逼至廟，肉袒于廟門外，二帝、二后但去袍服，餘均袒裼，披羊裘及腰，縶氈條于手。……帝后

圖一　商晚期女戰俘玉雕

以下皆胡跪。虜主親宰二羊入供殿中。……后妃等入宫，賜沐。有頃，宣鄭、朱二后歸第，已易胡服。出婦女千人賜禁近，猶肉袒。韋、邢二后以下三百人留洗衣院。朱后歸第自縊，蘇，仍投水薨"[3]。《燕人麈》記載更爲詳細："宋帝、后均帕頭、民服，外襲羊裘；諸王、駙馬、妃嬪、王妃、帝姬、宗室婦女、奄人均露上體，披羊裘。……是夜，少后朱氏自縊，救免，仍死于水。"[4] 換胡袍，自然有辱國體，而宗室婦女包括韋太后及高宗邢氏亦被迫"露上體"，甚至將她們分配給金國貴人時還被迫暴露性器官。在宋朝時，即使是被没爲官妓的女人也不會被裸體示衆，一旦上自王妃下至宫婢都玉體橫陳，被展示于金君臣與庶民的衆目睽睽之下，該是何等的奇恥大辱。在衆女之中最爲靚麗的朱后，當穿行于歡呼的敵衆

1　圖一出自王子今、張經：《中國婦女通史·先秦卷》，杭州出版社，2010年，圖版第15頁；參見張維慎：《"面縛"：古代投降儀式解讀》，《中州學刊》2004年第2期，第88頁。
2　〔宋〕佚名撰，程郁、瞿曉鳳整理：《呻吟語》，《全宋筆記》編4册8，第37頁。
3　〔宋〕佚名撰，程郁、瞿曉鳳整理：《呻吟語》，《全宋筆記》編4册8，第28頁。
4　〔宋〕佚名撰，程郁、瞿曉鳳整理：《呻吟語》，《全宋筆記》編4册8，第29頁。

之間時，又會招來多少淫邪的目光，記載語焉不詳，可想而知，當她易服之際又會招來多少性侵，一路忍辱負重的她，終于無法再忍受，兩次自殺，可知已了無生意。

過了兩年，金主下詔表彰："趙□（桓）妻朱氏，懷清履潔，得一以貞。衆醉獨醒，不屈其節。永垂軫恤，宜予嘉名，可封爲靖康郡貞節夫人。典重激揚，共喻朕意。"[1]以"貞節"二字賜予朱氏，真是非常悲哀，也許金主正是藉此對二帝和宋朝衆多懦弱偷生的大臣給予諷刺。而《宋史·后妃傳》于此僅剩"后既北遷，不知崩聞"[2]八字，可見筆記所記朱后的遭遇很可能是真的，否則正史必明書其自殺的光輝形象。

北宋諸王妃亦集體被辱。靖康二年（1127）二月初十，王妃、帝姬九人第一批入金營，被分給將領作爲犒賞，其他八女乖乖就範，"獨一婦不從，二太子曰：'汝是千錠金買來，敢不從！'婦曰：'誰所賣？誰得金？'曰：'汝家太上有手敕，皇帝有手約，准犒軍金。'婦曰：'誰須犒軍，誰令抵准，我身豈能受辱！'二太子曰：'汝家太上宮女數千，取諸民間，尚非抵准？今既失國，汝即民婦，循例入貢，亦是本分。況屬抵准，不愈汝家徒取？'"王妃"言塞氣惡，隨侍小奄屢喚娘娘自重。婦不自主，小奄遂自刎，朱姓貴名，年十三"[3]。強奸帝姬、王妃時金人居然手揮徽、欽二帝的手詔，實在令人不堪。小內侍叫"娘娘自重"，便是提醒她自殺，而王妃却并未實行，最終也只能受辱。

《宋俘記》中亦有關于諸王妃結局的記載，她們都被收入金軍諸寨，有的當即被充作金將之妾，有的到達上京後被送入洗衣院。其中"自盡劉家寨者一，王氏；歿于青城寨者一，羅大姑"[4]。三月"十三日，開封府申解金銀表緞并鄆王姬王氏至劉家寺，王氏自盡，年十六"[5]。查《開封府狀》，鄆王府中郡君以上的妾中并無王氏，且王氏年僅十六，應是地位較低的妾室。又二月二十日"信王妃自

---

1 〔宋〕佚名撰，程郁、瞿曉鳳整理：《呻吟語》，《全宋筆記》編4冊8，第34頁。
2 〔元〕脱脱等：《宋史》，卷二四三《后妃傳》，第8645頁。
3 〔宋〕耐庵輯：《靖康稗史七種·南征錄匯》，第73~74頁。
4 〔宋〕耐庵輯：《靖康稗史七種·宋俘記》，第124頁。
5 〔宋〕耐庵輯：《靖康稗史七種·南征錄匯》，第70頁。

盡于青城寨,各寨婦女死亡相繼"[1]。金人統計爲"入寨後喪逸二千人"。但極少看到這些被害女性自殺的記載,恐怕主要還是不堪性暴力的蹂躪,或者是被殘暴的金將士殺害的。

在靖康之難中,應有更多的貴族與士大夫家庭的女眷被俘,只因她們無名,有關她們的記載就更少了。隨着宋帝姬、嬪妃及大臣家眷陸續落入金寨,金將獵色的胃口愈來愈大:靖康二年(1127)二月十六日,金軍"選定貢女三千人,犒賞婦女一千四百人,二帥侍女各一百人"[2]。當然,二帥搶占的女人最多,撤軍前夕,粘罕、斡離不"左右姬侍各數百,秀曼光麗,紫幘青袍,金束帶爲飾,他將亦不下十人"[3]。可想而知,其中應有不少是帝室及士紳女性。

宗姬宗婦入寨亦曾引發金軍的争搶,三月二十七日,"守城千户陸篤詵殺其兄尚富皂。尚守南薰門,踞大宅,淫及陸所掠女,陸殺兄遁。宗姬、宗婦十七人在所掠中,遂歸寨"[4]。

在北上途中,鄭后等到一縣,知縣自謂取得肅王小女珍珍爲妻,此女拜見鄭后等人後説:"前日在此縣中,諸皇孫女一十七人皆爲諸人分去,或爲妻者,或爲妾者,東西南北矣。"勸酒之婢亦自稱皇孫女。又過幾日到一縣,"有一女子年二十餘歲,在路傍垂首曰:'我乃南朝皇孫女,因病爲大軍挈到此,不能存活。'見太后過,乃拜曰:'帶取奴奴去。'太后不敢留,左右或報澤利,視之微笑曰:'一就去。'遂令左右扶上馬乃行。是夕宿于野寨,澤利醉淫其女,醜惡之聲,二帝共聞,不敢開目。遇有餘食,與女子分食,謂朱后曰:'你不如他。'"[5]這位女子實是所有女俘的縮影。

五月中各路皆到達燕山之後,金人方纔點檢其戰利品,"點驗後,半解上京,半充分賞,内侍、内人均歸酋長,百工諸色各自謀生,婦女多賣娼寮"[6]。到獻俘禮前,"宮親貴戚已發通塞州編管家奴、軍妓"。在獻俘禮之後,金人又將一些分

---

[1] 〔宋〕耐庵輯:《靖康稗史七種·南征録彙》,第67頁。
[2] 〔宋〕耐庵輯:《靖康稗史七種·南征録彙》,第67頁。
[3] 〔宋〕徐夢莘:《三朝北盟會編》,卷八十三,第623頁。
[4] 〔宋〕耐庵輯:《靖康稗史七種·南征録彙》,第72頁。
[5] 〔宋〕辛弃疾撰,燕永成整理:《南燼紀聞録》,《全宋筆記》編4册4,第35~36頁。
[6] 〔宋〕佚名撰,程郁、瞿曉鳳整理:《呻吟語》,《全宋筆記》編4册8,第24頁。

散的婦女送到帥府,獻俘的"翌日,元帥府令醫官二十人抑勒發還之宫眷九十四人,孕者下胎,病者調治,以備選進"。"十月抄,金主令元帥府再選進昏德宫眷五十餘人。"[1]這時宋女性留浣衣院者除諸王夫人之外,還有宗女、宗婦及官家女凡二百六十八人,此外,元帥府女樂院還有四百餘人[2]。而且金主還不時搜取流落民間的宋美女,紹興元年(1131),"虜主徵取留徙燕山、中京、韓州、咸州宋宫室婦女,并贖兵士俘掠爲奴、未嫁典質爲奴、不知情而嫁奴,建炎二年,分賜諸王、郎君、萬户、大僚家爲奴,凡得二十四歲以下婦女一百十四人入宫"[3]。"自俘宋女入浣衣院,王子得乘其間,聾惠獻俘,取三百人入院。兀朮既敗,怒取十人入宫。自此,浣院日空,宫院日盛。土木脂粉所費不貲,九年以後,日荒于色,不三年而崩。"[4]金主完顏"亶尚漢儀,多内嬖,宋室宗姬皆有盛寵。后裴滿氏,亦五王府宗女,隨母被掠于千户忽達家,獻爲后。戎賊寇宋諸酋無噍類"[5]。"紹興八年四月,虜主封玉嬙、飛燕兩宗姬爲夫人。"[6]謂宋宗女殺滅宋的金將,恐怕仍是宋人的自我安慰罷了。

《燕人麈》記載説:"天會時掠致宋國男、婦不下二十萬,能執工藝自食力者頗足自存。富戚子弟降爲奴隸,執炊牧馬,皆非所長,無日不攖鞭撻,不及五年,十不存一。婦女分入大家,不顧名節,猶有生理,分給謀克以下,十人九娼,名節既喪,身命亦亡。鄰居鐵工,以八金買倡婦,實爲親王女孫、相國侄婦、進士夫人。甫出樂户,即登鬼録,餘都相若。"[7]其他未著名的上層婦女命運可知。

靖康之難以後,金軍多次南下,也曾俘獲大批漢族婦女北上。淮上女即千千萬萬不幸犧牲者中的一個。"興定末,四都尉南征,軍士掠淮上良家女北歸。"被擄掠北上的淮上女,在行進途中爲抒發悲憤之情,寫下這篇著名的詞作:"淮山隱隱,千里雲峰千里恨。淮水悠悠,萬頃烟波萬頃愁。山長水遠,遮住行人東望眼。恨

1　〔宋〕佚名撰,程郁、瞿曉鳳整理:《呻吟語》,《全宋筆記》編4册8,第30~31頁。
2　〔宋〕佚名撰,程郁、瞿曉鳳整理:《呻吟語》,《全宋筆記》編4册8,第31頁。
3　〔宋〕佚名撰,程郁、瞿曉鳳整理:《呻吟語》,《全宋筆記》編4册8,第37頁。
4　〔宋〕佚名撰,程郁、瞿曉鳳整理:《呻吟語》,《全宋筆記》編4册8,第37頁。
5　〔宋〕佚名撰,程郁、瞿曉鳳整理:《呻吟語》,《全宋筆記》編4册8,第40頁。
6　〔宋〕佚名撰,程郁、瞿曉鳳整理:《呻吟語》,《全宋筆記》編4册8,第40頁。
7　〔宋〕佚名撰,程郁、瞿曉鳳整理:《呻吟語》,《全宋筆記》編4册8,第24頁。

舊愁新，有淚無言對晚春。"[1] 能作詞吟詩的女子，應不是出自一般庶民家庭的。

筆者不能也根本不想譴責靖康之難中女性受難者的選擇，而僅僅是想揭示出宋人心目中"靖康恥"中難言的部分。在宋代士大夫看來，這段歷史實在可恥，不僅正史隻字不載，"高宗朝搜禁私家記述"，南宋初僅存的稗官野史亦禁毀殆盡。關于女俘的遭遇，幾乎全部出自宋隆興二年（1164）確庵所編《同憤錄》，咸淳三年（1267）耐庵看到時，上册已佚，而《開封府狀》《南征錄匯》《宋俘記》《青宮譯語》和《呻吟語》等收入下秩，于是他又增入《宣和奉使錄》和《甕中人語》，定名爲《靖康稗史》[2]。這正説明，這段歷史不僅讓皇家深感恥辱，士大夫亦痛入骨髓，因此他們纔會不約而同地讓這段歷史沉没。

統治者自毀江山社稷，引來強盗入室，一旦兵臨城下，只會用女人和財物換取苟延殘喘。出賣自己妻女者，又有什麽權利要求女性爲他們殉節？然而，傳統的社會性别觀可不這樣看，所有的統治者都永遠要求臣民爲其殉節，再仁慈的父家長都認爲女性應爲其主殉身。在這種社會性别觀的教育下，大衆仍然認爲，最可恥的是被害的女性。在各種暴力的受害者中，遭受性暴力的女性是唯一感到内疚者。由歷史教訓可見，一切鼓勵女性以死抗拒性侵的宣傳，都是非常怯懦與卑鄙的。

三、南宋以後史家對戰亂中遇害"烈女"的標榜

實際上，在靖康之難中爲趙氏朝廷殉死的士大夫并不多，南宋初，"有言用兵以來仗節死義者甚少，朝廷所以風勵之有未至也。望明詔禮官，凡臨難不屈死節昭著者，特賜之謚，使得垂名不朽，亦風勵節義之一端也"[3]。《宋史·列女傳》所記載的"烈女"多與戰爭有關，衆所周知，元末所編的《宋史》主要根據宋朝的國史編成，當男性忠臣義士不足之時，多記烈女，恐怕亦有激勵男性的動機。古代史學歷來是父家長制的工具，因而在史家的筆下，女性只能是失言的

---

1 〔金〕元好問撰，常振國點校：《續夷堅志》，卷四《泗州題壁詞》，中華書局，2006年，第79頁。

2 〔宋〕耐庵輯：《靖康稗史七種》，序，第1頁。

3 〔宋〕楊時：《龜山集》，卷三五《忠毅向公墓誌銘》，四庫全書本，册1125，第433頁。

群體。歷朝正史中的《列女傳》多爲所謂"烈女",其事迹之所以流傳下來,首先是因爲她們被認爲是婦女的榜樣。通過這些零星的史料,既可窺探戰爭中婦女的生活,亦可藉此瞭解史家記述時的思想觀念。

有關烈女的記述往往强調她們的主動"自殺",如上所述,靖康之難中被俘的上層宫廷婦女,除少數婦女外,大多遭受種種肉體和精神的痛苦,欽宗朱皇后最終以自殺求解脱,但因她已受盡侮辱,宋人亦不以她爲榮。對于這段歷史,南宋史官是回避的,然而,與其形成鮮明對照的是,史官以大量筆墨記載了普通婦女在戰亂中的自殺,極力歌頌她們的英勇行爲。梳理一下被殺婦女的記載,幾乎都會强調她們曾大駡敵方,以激怒他們來殺自己,也就是説,是否"死"不重要,重要的是她們都是在被性侵之前"自願"死去的。

靖康之難後,士大夫記載許多有關婦女殺身守貞的故事,説教更連篇累牘。汪應辰記載右朝奉郎錢受之妻吕氏的故事:"靖康間,戎事起,所至艱梗,夫人偕其家避地來南。屬渡漢沔,而潰兵有以譏禁爲名,因而鹵掠其間無所不至者。夫人猝遇之,懼不免焉,自投于水,以誓義不污賊。賊相顧駭愕,因解去。旁舟亦賴以全,相與感夫人之義,畢力圖救,竟以得活。夫可幸以不死而能必死,自處以必死而未必死。所爲雖失其身而有不顧者,以生之可求也,而死生果不可以避就,其自爲計亦惑矣。況捨生取義,不問其何如者耶!觀夫人之事,愚者足以辨惑,懦者足以有立志矣。"[1]潰兵不知何因解舟而去,汪應辰却把大家的得救歸結爲吕氏的義感動了潰兵,甚至將吕氏的偶然得救歸結爲守貞的善報。全文的重點不在于這位婦女是否得救,而在于"捨生取義",在于令"懦者立志",當然"懦者"不包括南逃的宋朝君臣,而是針對面臨戰亂的婦女。

這類史料强調婦女的"主動自殺"。如臨江軍貢士歐陽希文妻子廖氏:"紹興三年春,盜起建昌,號'白氈笠',過臨江,希文與妻共挾其母傅走山中,爲賊所追。廖以身蔽姑,使希文負之逃。賊執廖氏,廖正色叱之。賊知不可屈,揮刃斷其耳與臂,廖猶謂賊曰:'爾輩叛逆至此,我即死,爾輩亦不久屠戮。'語絶而仆。鄉人義而

---

[1] 〔宋〕汪應辰:《文定集》,卷二三《樞密院計議錢君嬪夫人吕氏墓志銘》,四庫全書本,册1138,第814~815頁。

葬之,號'廖節婦墓'"。[1] 廖氏死得很慘,亂民"揮刃斷其耳與臂",已不純粹是憤而殺之,簡直是以殺人爲樂。但史家行筆至此,并未着重描述虐殺時鮮血淋漓的畫面,而主要爲表揚廖氏的"義"和"節",她如何掩護丈夫背負婆婆逃跑,當對方企圖侮辱她時又如何"正色叱之",臨死前還有大段正義凛然的訓話,語絶即死。其實,史家想強調的是廖氏本不當死而自願死,即寧肯自殺的精神。

另有永春人林老女,"及笄未婚。紹定三年夏,寇犯邑,入山避之。猝遇寇,欲污之,不從。度不得脱,紿曰:'有金帛埋于家,盍同取之?'甫入門,大呼曰:'吾寧死于家,決不辱吾身。'賊怒殺之,越三日面如生"[2]。所謂"林老女",并非指年老的林氏女,而是"及笄未婚"的大齡女子,其實仍是相對年輕的女子。"寧死于家"是想強調未嫁之女不出閨門,"決不辱吾身"仍是"貞節"的説教,儘管她并没有值得守貞的丈夫。其間"自殺""死"往往與"辱"字共同出現,史家要強調的是,好女人應該不願受辱,或受辱後不該忍受,在"受辱"前自殺或激怒對方殺自己,是最好的選擇,這纔是對國的忠、對家的義。

有關宋代烈女的記載,往往被抹上一層神异的色彩,因此說林老女死後三日仍"面如生"。又如死于元兵的趙婦,懷抱嬰兒同遇害,其"血漬于禮殿兩楹之間,入磚爲婦人與嬰兒狀,久而宛然如新。或訝之,磨以沙石不滅,又煅以熾炭,其狀益顯"[3]。《列女傳》還記録:"王氏二婦,汝州人。建炎初,金人至汝州,二婦爲所掠,擁置舟中,遂投漢江以死。尸皆浮出不壞,人爲收葬之城外江上,爲雙冢以表之。"[4] 又如建炎四年(1130)某民婦突遭兵變,"叛卒楊勍寇南劍州,道出小常村,掠一民婦,欲與亂,婦毅然誓死不受污,遂遇害,弃尸道傍。賊退,人爲收瘞。尸所枕藉處,迹宛然不滅。每雨則乾,晴則濕,或削去即復見。覆以他土,其迹愈明"[5]。這則史料的關鍵是民婦"誓死不受污"。

這些婦女皆不願受辱而死,死後都出現一些不可思議的"神迹",或血濺入磚久而不滅,或尸浮水中不壞,或尸體留下永遠不滅的遺迹,或死後三日面容如

---

[1] 〔元〕脱脱等:《宋史》,卷四六〇《列女傳》,第 13485 頁。
[2] 〔元〕脱脱等:《宋史》,卷四六〇《列女傳》,第 13491 頁。
[3] 〔元〕脱脱等:《宋史》,卷四六〇《列女傳》,第 13490~13491 頁。
[4] 〔元〕脱脱等:《宋史》,卷四六〇《列女傳》,第 13481 頁。
[5] 〔元〕脱脱等:《宋史》,卷四六〇《列女傳》,第 13482 頁。

生。這類神迹大多圍繞尸身而出現,它們顯然不符合一般的自然規律,史家如此描述,想表明其節義感天動地,因而老天讓她們死而不滅,使她們的犧牲被人們牢記在心,也就是想説明烈女雖死而重于泰山。這恰恰説明,父家長制所提倡的婦女守節,高于婦女的生命,反之,婦女的生命不值得珍惜,值得珍惜的只是身後名譽。

有關戰火中被害的烈女事迹,有的還賦予佛家輪回的觀念。"王氏婦梁,臨川人。歸夫家纔數月,會大元兵至,一夕,與夫約曰:'吾遇兵必死,義不受污辱。若後娶,當告我。'頃之,夫婦被掠。有軍千户强使從己,婦紿曰:'夫在,伉儷之情有所不忍,乞歸之而後可。'千户以所得金帛與其夫而歸之,并與一矢,以却後兵。約行十餘里,千户即之,婦拒且罵曰:'斫頭奴!吾與夫誓,天地鬼神實臨之,此身寧死不可得也。'因奮搏之,乃被殺。有同掠脱歸者道其事。越數年,夫以無嗣謀更娶,議輒不諧,因告其故妻,夜夢妻曰:'我死後生某氏家,今十歲矣。後七年,當復爲君婦。'明日遣人聘之,一言而合。詢其生,與婦死年月同云。"[1] 梁氏救夫後激敵殺己,這本是天人永隔的悲劇,記述者却用輪回、夢境成真等手法,將它變成圓滿的愛情故事。史家用輪回預示烈女的善果,以減輕女子守節的慘烈,以騙取更多的婦女心甘情願地殺身以守節。

史家尤喜歡標榜官宦之家的女子,强調烈女的高貴出身,或利用其臨終遺言宣示其階級屬性,表現出鮮明的士大夫榮譽觀。如彭州永豐人師氏,建炎初年回到蜀地,"至唐州方城縣,會賊朱顯終掠方城,孝純先被害,賊執師氏欲强之,許以不死。師罵曰:'我中朝言官女,豈可受賊辱!吾夫已死,宜速殺我。'賊知不可屈,遂害之"。師氏之父驥,曾獲"政和二年省試第一。宣和中,爲右正言十餘日,凡七八疏,論權幸及廉訪使者之害而去",夫爲"范世雍子孝純"。[2] 她雖躲過北宋亡國的戰火,却遭遇亂世蜂起的亂民。史家强調她的出身,是想説明上等階級的婦女更應顧及顏面而不惜生命。實際上,生活在戰亂年代,無論貴賤都難免遇難,由靖康之難史料看,上層女子亦未必比下層女子更勇于誓死守貞。而史家强調,身爲官宦之家的女子,無論基于儒家的貞節觀念,還是基于

---

[1] 〔元〕脱脱等:《宋史》,卷四六〇《列女傳》,第 13492 頁。
[2] 〔元〕脱脱等:《宋史》,卷四六〇《列女傳》,第 13484 頁。

父兄所屬的立場,都不能忍受亂民之辱,隨夫而死是其必然和必須的結果。這種階級觀念則成爲婦女甘願受死的又一無形殺手。

通過記載烈女的言行,直接宣示父家長制對女性的期望和要求,其中最基本的倫理説教仍是貞節觀念,它往往又和對王朝的"忠"及對父兄的"義"相交織。在有關烈女的記載中,史家又往往鼓吹女人要爲"義"而死。對女人來説,所謂"義"便表現爲將生的希望讓給公婆、丈夫和父兄。

南宋初的士大夫王之望作《桂女傳》云:"桂女李姓,桂字,襄陽穀城杜母人也。桂年始笄,桑仲據襄陽,漢上大亂,有群賊夜入其家。桂與昆弟避于屏處,其父爲賊得,桂從隙中見之,趨而出,謂賊輩曰:'凡吾家之所有,惟爾曹之所取,吾父老矣,幸諸君釋之。'賊不聽,則引父之裾而慟。賊徐見其色悦之,欲劫與俱行,不可,及脅之以刃。桂曰:'吾父爲賊擄,吾尚奚以生爲?此身有死,不可以辱于賊也。'聲容俱厲,無沮撓色,賊度不可强,遂殺桂,而卒免其父。"[1]李桂捨身救父爲義,"此身有死,不可以辱于賊"則被視作女性的本分。

史載:建炎二年(1128),"賊張遇寇儀真,榮與其姑及二女走惟揚,姑素羸,榮扶掖不忍捨。俄賊至,脅之不從,賊殺其女,脅之益急,榮厲聲詬罵,遂遇害"[2]。爲説明榮氏臨難能大義凛然,又特别説明她自幼讀《論語》《孝經》,通大義,深受傳統的儒家教育,因此嫁夫之後能遵守婦道、孝敬公婆。當遭遇亂民時,她始終攙扶着體弱的婆婆,儘管最後未能挽救婆婆的生命,她的行爲仍是值得表彰的。耐人尋味的是,爲迫使她就範,這些賊人甚至以殺女相威脅,榮氏置之不顧,于是母女共遇害。可見,對一個女人來説,當兒女生命與"貞節"相衝突時,仍應以貞節爲首選。

更多被表彰的烈女則爲丈夫而死。"建炎中,(王)裦監上高酒税,金兵犯筠,裦棄官逃去,(妻)趙從之行。遇金人,縛以去,擊裦夫婦于劉氏門,而入剽掠劉室。趙宛轉解縛,并解裦,謂裦曰:'君速去。'俄而金人出,問裦安往,趙他指以誤之。金人追之不得,怒趙欺己,殺之。裦方伏叢薄間,望之悲痛,歸刻趙像

---

[1] 〔宋〕王之望:《漢濱集》,卷一五《桂女傳》,四庫全書本,册1139册,第868頁。

[2] 〔元〕脱脱等:《宋史》,卷四六〇《列女傳》,第13481頁。

以葬。袁後仕至孝順監鎮。"[1]又"建炎四年,盜祝友聚衆於滁州龔家城,掠人爲糧。東安縣民丁國兵者及其妻爲友所掠,妻泣曰:'丁氏族流亡已盡,乞存夫以續其祀。'賊遂釋夫而害之"[2]。這兩個故事似乎并未涉及性暴力與侮辱,強調的是妻子理應爲丈夫犧牲,所謂"存夫以續其祀",即在父家長制下,男性血嗣高於一切,而女性付出生命的代價是值得的。在有關戰爭的記載中,史家從未表彰一個爲救妻子而死的丈夫,這并不說明當時絕無此事,而是說明這種行爲不值得提倡。在社會性別觀念中,女性社會地位低下,女孩剛出生,社會上都普遍認爲其生命没有男孩重要。當男子生命受到威脅時,女子也相信男人重於女人,救丈夫便是延續本宗族的血脉,是非常值得的。烈女之義,正說明在當時人的潛意識中,男子性命高於女性。

甚至丈夫的尸骨也高於婦女的生命。南宋德祐中,轉運使趙淮"戍銀樹垻。淮兵敗,俱執至瓜州。元帥阿朮使淮招李庭芝,淮陽諾,至揚城下,乃大呼曰:'李庭芝,男子死耳,毋降也。'元帥怒,殺之,棄其尸江濱。……妾俘一軍校帳中,乃解衣中金遺其左右,且告之曰:'妾夙事趙運使,今其死不葬,妾誠不能忘情。願因公言使掩埋之,當終身事相公無憾矣。'軍校憐其言,使數兵輿如江上。妾聚薪焚淮骨置瓦缶中,自抱持,操小舟至急流,仰天慟哭,躍水而死"[3]。趙淮妾,賤不知名,寧願爲葬夫而死,自然令人感動。史家所表彰的,當然是她的義。

出嫁的婦女爲救丈夫、公婆而死,未出嫁的女子則應爲父兄而犧牲自我。蕪湖詹氏女,紹興初年纔十七歲,遇"淮寇號'一窠蜂'倏破縣,女嘆曰:'父子無俱生理,我計決矣。'頃之賊至,欲殺其父兄,女趨而前拜曰:'妾雖寠陋,願執巾帨以事將軍,贖父兄命。不然,父子并命,無益也。'賊釋父兄縛,女麾手使巫去:'無顧我,我得侍將軍,何所憾哉。'遂隨賊。行數里,過市東橋,躍身入水死。賊相顧駭嘆而去"[4]。詹氏女正值芳齡,知一家人難逃死劫,以"色"設"計"救其父兄,確定他們安全之後,方無憾而死。此條可與上述榮氏條相較,當兒女生命受

---

[1] 〔元〕脱脱等:《宋史》,卷四六〇《列女傳》,第13487頁。
[2] 〔元〕脱脱等:《宋史》,卷四六〇《列女傳》,第13482頁。
[3] 〔元〕脱脱等:《宋史》,卷四六〇《列女傳》,第13490頁。
[4] 〔元〕脱脱等:《宋史》,卷四六〇《列女傳》,第13487~13488頁。

威脅時,女人不能因"慈"而失身;當父母、公婆、丈夫生命受威脅時,女人可以色誘設計,但又強調達到目的後,女人必須身死以證明其清白。反之,未見賊人以公婆脅迫兒媳,兒媳置之不顧的表彰記載;也未見女人以失身救夫救父兄的表彰。"孝""義"與"貞節"何為上?這恐怕是一個兩難的選擇。父家長制的回答是,兩個都必須保全,唯一不必保全的只是女人的生命。但現實是錯綜複雜的,不可能按照人的意志安排,沒有以色救親人的記載,不等于真的沒有這類史實,只不過在宋代士大夫看來,這種行為是不值得表彰的,只有那些既能殺身保貞節,又能救父兄的女人纔值得記載。

實際上,戰亂中遇害的女性應該大多是被殺的,但今存的宋代史料中僅有少數記載虐殺婦女的情景,因為在史家看來,這些無辜的犧牲者無足輕重,其死亡人數并不能影響戰事的進程,而由于加害者十分複雜,也不足以說明戰爭的正義性與非正義性,因而往往語焉不詳。一些史料表明,即使是被後世作為榜樣的自殺婦女,特別是城破之際婦女的大批自殺,很大程度上也是"被自殺"的,逼迫者也未必是敵軍。如"德祐二年春正月丁卯朔,大元兵自元年十月圍潭州,湖南安撫兼知州李芾拒守三月,大小戰數十合,力盡將破,芾闔門死,郡人知衡州尹穀亦舉家自焚,帥司參議楊霆及幕屬陳億孫、顏應焱等皆從芾死"[1]。面臨城破,李芾、尹穀眼看敗局已定,無力回天,決定"闔門死""舉家自焚",這明顯包括其家女眷,這時敵兵也尚未入城。這些忠臣也許怕城破後家人慘死于敵軍之手,更擔心男人死後女人被虜而受辱,于是全家同死,以絕後患。這樣的忠臣當然總是得到歷代的尊崇,不難想象,舉火之際,他們不會徵詢女人的意見,"君要臣死,臣不得不死",只不過這時君是男人,臣是女人而已。

南宋末的確有一些婦女特別是上層婦女,恐怕落入敵手會遭受凌辱,或者也擔心在遭受百般折磨之後仍難逃一死,便以自殺的方式結束生命。紹定三年(1230),利州路提舉常平司幹辦公事劉當可的母親王氏"就養興元。大元兵破蜀,提刑龐授檄當可詣行司議事。當可捧檄白母,王氏毅然勉之曰:'汝食君禄,豈可辭難。'當可行,大元軍屠興元,王氏義不辱,大罵投江而死。其婦杜氏及婢

---

[1] 〔元〕脫脫等:《宋史》,卷四七《瀛國公本紀》,第936頁。

僕五人,咸及于難。當可聞變,奔赴江滸,得母喪以歸。詔贈和義郡太夫人"[1]。王氏是一位老年婦女,她的"義不辱"不應有任何性的含義,只是爲了表示對宋的忠誠,朝廷贈以"和義郡太夫人"肯定王氏的義舉。而劉當可之妻杜氏及婢僕也全部遇難,則主要爲了不辱丈夫。

宋祥興二年(1279)二月,元將張弘範率軍大舉進攻,宋軍節節潰敗,殘部紛紛解甲,最後退至崖山(廣東新會南的海上)。最後一戰非常慘烈,"陸秀夫走衛王舟,王舟大,且諸舟環結,度不得出走,乃負昺投海中,後宫及諸臣多從死者,七日,浮尸出于海十餘萬人"。戰後,張世杰曾護太后突圍而出,謀立宗室再起。"楊太后聞昺死,撫膺大慟曰:'我忍死艱關至此者,正爲趙氏一塊肉爾,今無望矣!'遂赴海死。"[2] 陸秀夫看到宋室逃跑無望,背起年幼的帝昺投海溺死,宫人、大臣紛紛投海殉國,戰後海上竟浮尸十餘萬。

楊太后"赴海"殉國,直接的原因便是趙氏最後的男性已亡,感到"無望",因而決定殉國,這樣的自殺或許還有一定的主動性。而與身處高層的皇后、太后等不同,對下層的宫女來說,王朝的興并不會給她們帶來直接的利益,亡也不是生死攸關的,這時紛紛殉國,恐怕也未必是她們自己的選擇。筆者注意到,這種舉家或集體自殺的行爲極少在北宋亡國時出現,却更多見于南宋末,這是否和靖康之難給宋人留下的陰影有關呢?或者説,這種行爲是否和南宋理學的興起有關呢?對女性來說,生命之憂往往與婦女守貞、民族氣節等觀念相交織,于是烈女以死殉節,男人保留顏面,史家標榜貞節,這便是當時社會最樂意看到的。

綜上所述,在兩宋的戰火中,女性大量死亡,但她們并非死于主戰場,而往往死于圍城或逃難途中,或于亡國之際被迫殉國。當戰敗之際,她們不但受到外族士兵的侵凌,而且還會受到本朝潰兵和亂民的迫害,加害者如此衆多,以致難以防備。既然如此,史家所標榜的烈女忠君和守節已沒有任何意義,因爲這時候的女性最爲脆弱,誰都可以來傷害,無論敵我都是不義之舉。宋代史家所褒揚的烈女,首先是不惜殺身以保貞節者,其次是曾有救父兄、丈夫、公婆等義舉的女子。由這類記載我們可以看出男子生命高于女性的觀念;而當"忠"

---

[1] 〔元〕脱脱等:《宋史》,卷四六〇《列女傳》,第13486頁。
[2] 〔元〕脱脱等:《宋史》,卷四七《瀛國公本紀》,第945頁。

"孝""義"與"節"相矛盾時,對一個女人來說,"節"仍是高於一切的,于是,值得犧牲的便只有婦女的生命了。

四、宋代貞孝說教的非人性化

蘇轍詩曰:"蟋蟀感秋氣,夜吟抱菊根。霜降菊叢折,守根安可存?耿耿荒苗下,唧唧空自論。不敢學蝴蝶,菊盡兩翅翻。蟲凍不絕口,菊死不絕芬。志士豈弃友,列女無兩婚。"[1] 詩中的"列女"明顯指"烈女"。在宋士大夫眼中,原來包括才女智婦的"列女",只剩下一個表象:絕不二婚,而且她必然以激烈的方式反抗,不惜犧牲生命,其行爲應有"烈女"的外在表現形式。

實際上,士大夫家的婦女確實有少數再婚的,因此宋史界一度出現諸多論文論宋代婦女的再婚,相當多學者認爲,宋代婦女再婚的現象十分普遍,社會貞節觀還比較寬泛,理學家提倡貞節的主張至南宋中晚期也未改變社會風氣[2]。筆者以爲,論一個時代的婚姻問題,還是要看整體狀況,如臺灣學者柳立言所論,士大夫妻女之再嫁不超過十例,其餘五十個真假參半的例子也難以說明"貞節"觀念[3]。而且若論一個時代的貞節觀,不應看個別人物的議論,而應該看士大夫整體的議論走向,即他們是否極力鼓吹婦女的不二婚,更應該看這個時代的總體走向,即南宋是否比北宋更重貞節。

朱熹曾積極表彰守節寡婦,淳熙六年(1179)三月,朱熹知南康軍,推崇"嫠婦陳氏守節不嫁,遂蒙太宗皇帝賜以宸翰,寵以官資,旌表門閭,蠲除徭役。此

---

1 蘇轍:《蘇轍集》,卷二《和子瞻記夢二首》之二,見曾棗莊、舒大剛主編:《三蘇全書》册16,第107頁。
2 如唐代劍:《宋代的婦女再嫁》,《南充師院學報》1986年第3期,第80~84頁;張邦煒:《宋代婦女再嫁問題的探討》,《宋史研究論文集1984年年會編刊》,第582~611頁;吳寶琪:《宋代的離婚與婦女再嫁》,《史學集刊》1990年第1期,第77~78頁;吳旭霞:《試論宋代的貞淫觀》,《江漢論壇》1989年第5期,第75~78頁;宋東俠:《宋代士大夫的貞節觀》,《中州學刊》1989年第5期,第119~121頁;宋東俠:《理學對宋代社會及婦女的影響》,《青海社會科學》2002年第1期,第78~81頁;賈貴榮:《宋代婦女社會地位與二程貞節觀的産生》,《山東社會科學》1992年第3期,第68~71頁;等等。
3 柳立言:《淺談宋代婦女的守節與再嫁》,《新史學》第2卷第4期,臺北食貨出版社,1991年,第37~75頁。

足見其風俗之美,非他郡之所及"[1]。史稱:"自乾興迄治平五十年間,義烈女婦見于史者十數人,而蒙朝廷褒頌者朱娥、張氏、彭氏而已。貝州之趙不屈于賊,義節尤著,而有司不以聞,史幾失之,則其他湮沒而不傳者蓋有之矣。"[2] 從朝廷表彰的人數來看,南宋遠超過北宋。

那麼,宋代士大夫所樹立的列女典型是些什麼類型呢？首先,見于史冊的士大夫婦女,都以絕不二婚爲榮。

節婦的名字得以留存,多因兒孫高中進士,使其家成爲顯赫的望族。"漢州什邡縣楊村進士陳敏政家特賜旌表門閭。自敏政高祖母王氏遺訓,至今五世同居,并以孝友信義著聞。本州以其事來上,故有是命。王氏年十八歸于陳,歲餘夫卒,守志不嫁,在家事舅姑盡孝,教子及孫,皆篤學有聞,節操行義,著于宗族,鄉閭鄉人不敢以其氏呼之,皆呼之曰'堂前',猶私家呼其母。張商英爲之傳云。"[3] 她便是著名的"陳堂前",後被寫入《宋史·列女傳》,十八歲守寡至老,相當于清代的"苦節"。

名門的婦女亦多見于史。政和"三年三月六日,江寧府言:故諫議大夫、天章閣待制王雱止有一女,三歲而雱卒。及長,適通直郎呂安中,生一女。而安中卒,時王氏年方二十有七,持喪如禮。及服除,即歸宗守義,自誓正潔,或諭以改嫁,王氏獨毅然謝絕。頃居母蕭氏喪,哀毀過制,宗族稱嘆。治閨門有法,不妄笑語,內外整肅,至于追遠奉先,皆可矜式。故夫呂安中雖任通直郎,緣未經大禮而安中卒,王氏遂無封邑。伏望朝廷特賜旌表,加之封號。非特上副聖時崇獎安石父子之意,亦足爲夫節婦之勸。從之"[4]。王氏爲王雱之女,王安石的孫女,此事明載于《宋會要輯稿》。今學者往往對王安石的"擇婿嫁媳"津津樂道,

---

[1] 〔宋〕朱熹:《晦庵先生朱文公文集》,卷九九《知南康榜文》,《朱子全書》册25,第4580頁。

[2] 〔宋〕陳均:《九朝編年備要》,卷一七,治平二年三月,四庫全書本,册328,第433頁。

[3] 〔宋〕佚名撰,李之亮點校:《宋史全文》,卷二五下,乾道九年十一月戊戌,第1768頁。

[4] 〔清〕徐松:《宋會要輯稿》,禮六一之六,第1690頁。

但這條史料出自筆記,行文中帶有明顯攻擊王氏的口吻,很不可靠[1]。而且即便是事實,這條史料也説明再嫁的女子名聲不好。

包拯的兒媳婦不二婚,得到士大夫衆口一詞的稱頌。史稱:"合淝包繶妻,崔氏女也。繶,樞密拯之子,早亡,惟一稚子,拯夫婦意崔不能守也,使左右嘗其心。崔蓬垢涕泣出堂下,見拯曰:'生爲包氏婦,死爲包氏鬼,誓無他也。'其後稚子亦卒。母吕自荆州來,誘而欲嫁,其族人因謂曰:'喪夫守子,子死孰守?'崔曰:'昔之留也,非以子也,舅姑故也。今舅没姑老,忍捨而去乎?'吕怒詛駡:'我寧死此,决不獨歸,須爾同往也。'崔泣曰:'母遠來,義不當使母獨往,然至荆山,倘以不義見迫,必絶于尺組之下,欲以尸還包氏。'遂偕去。母見誓必死,卒還包氏。"[2]

如唐代節婦一樣,女性的堅貞不能以丈夫的不再娶爲條件。"劉氏,海州朐山人,適同里陳公緒。紹興末,金人犯山東,郡縣震響,公緒倡義來歸,偶劉歸寧,倉卒不得與偕,惟挈其子庚以行,宋授以八品官,後累功至正使。劉留北方,音問不通。或語之曰:'人言"貴易交,富易妻"。今陳已貴,必他娶矣,盍改適?'曰:'吾知守吾志而已,皇恤乎他?'公緒亦不他娶。子庚浸長,輒思念涕泣,傾家貲,結任俠,奔走淮甸,險阻備嘗。如是者十餘年,遂得迎母以歸。劉在北二十五年,嘗緯蕭以自給。"[3]丈夫未他娶,兒子又力迎母歸,得一大團圓結局,方寫入正史。

據正史及政書,宋朝廷對許多青年守寡甚至是新婚守寡的婦女進行旌表。有的少婦尚生有幼子,徽宗宣和四年(1122),朝廷表彰"故孟京杰妻王氏,年二十二寡居,男始四歲,父母俾再適,王氏剪髮自誓。鄰里不識面,節義卓然"[4]。王氏特封孺人。王氏根本不出門,可見守節之難。紹興時謝泌妻侯氏,爲服侍

---

1 〔宋〕魏泰撰,燕永成整理:《東軒筆録》,卷七,《全宋筆記》編2册8,大象出版社,2006年,第51頁:"王荆公之次子名雱,爲太常寺太祝,素有心疾。娶同郡龐氏女爲妻,逾年生一子,雱以貌不類己,百計欲殺之,竟以悸死,又與其妻日相鬭閧。荆公知其子失心,念其婦無罪,欲離異之,則恐其誤被惡聲,遂與擇婿而嫁之。"

2 〔宋〕陳均:《九朝編年備要》,卷一七,治平二年三月,四庫全書本,册328,第432頁。

3 〔元〕脱脱等:《宋史》,卷四六〇《列女傳》,第13483頁。

4 〔清〕徐松:《宋會要輯稿》,禮六一之七,第1690頁。

重病的姑婆,幾爲盜殺。"後夫與姑俱亡,子幼,父母欲更嫁之,侯曰:'兒以賤婦人,得歸隱居賢者之門已幸矣,忍去而使謝氏無後乎？寧貧以養其子,雖餓死亦命也。'"[1]南宋紹興時,"承節郎余祐之乞納覃恩所進一官,爲故祖母顧氏換一孺人封號,詔特從其所請。祐之奉新人,生三年并失父母,顧氏自誓不嫁,鞠育祐之,鄉父老上其節行于朝,未及封而死"[2],她同樣得到旌表。有的僅生一女,"元祐七年三月,唐州言:伏見本州泌陽縣上馬鄉故江寧府録事參軍吳賁女,年二十二歲而歸布衣王令。未及一年而令卒,是時王婦方二十三歲,獨有遺腹一女。其兄欲奪而嫁之,號泣弗許。歸老父母之家,屏迹田桑,以事兄嫂,荆釵布素,不事塗飾,如此三十二年矣"[3]。寡婦守節之難于表彰語中"不事塗飾"可見。

有的節婦根本無子女,便立繼子守節。"司馬夢求,叙州人,温國公光之後也。母程,歸及門,夫死,誓不它適。旌其門曰'節婦'。夢求,其族子,取以爲後。"[4]及門夫死,即新婚便失去丈夫,只能取本族男兒爲繼子,這正是"苦節"的典型。

而且所謂貞節必以死争之,似乎没有必死的決心便不算貞節。各地都流傳着類似的故事:"南康有賢女浦,蓋祥符間女子,姓劉氏,夫死誓不再嫁,父兄強之,因自沉于江,浦因以取名。初號貞女,後避昭陵諱,改爲賢女。汪革信民嘗賦二絶句云:'賢女標名幾度秋,行人撫事至今愁。湘雲楚雨知何處,月冷風悲江自流。''女子能留身後名,包羞忍耻漫公卿。可憐嗚咽灘頭水,渾似曹娥江上聲。'"[5]可見,士大夫表彰烈女節婦,根本目的還是爲了激勵士大夫。

嫁入士大夫家誓死不改嫁尚情有可原,而身爲二流子之婦,居然也寧死不改嫁,就令人扼腕了。"開封民婦朱氏,家貧,鬻巾履簪珥以給其夫。夫日與俠少飲博,不以家爲事。犯罪將遠徙,父母欲奪而嫁之,一夕自經死,且曰:'及吾

---

[1] 〔元〕脱脱等:《宋史》,卷四六〇《列女傳》,第13488頁。
[2] 〔宋〕李心傳:《建炎以來繫年要録》,卷八九,紹興五年五月乙亥,叢書集成本,册3869,第1479頁。
[3] 〔宋〕王令:《廣陵集》,附録《吴夫人傳》,四庫全書本,册1106,第574頁。
[4] 〔元〕脱脱等:《宋史》,卷四五二《忠義七》,第13309頁。
[5] 〔宋〕吳曾撰,劉宇整理:《能改齋漫録》,卷一一《賢女浦》,《全宋筆記》編5册4,大象出版社,2012年,第40頁。

夫未死,使知我不爲不義屈也。'"娼家女不肯爲娼,亦可作爲表彰的典型:"嘉州娼家女郝節娥,母迫令世其娼,陵虐百端,卒不奪,自投江以死。"[1]

南宋張九成的續弦是一位再婚的女子:"紹興癸丑九月,余再娶婺州浦江馬氏。馬氏先適義烏縣青口吳氏,夫不幸,馬氏守志不嫁,余妻父、妻母憫馬氏年少,其子幼小,曰:'吾老矣,汝不再適,吾死不瞑目。'遂以嫁余。既成婚,翌日,吾妻面壁掩涕者終日,余問之再三,曰:'君至誠君子也,妾不敢不以誠告。妾吳氏姑高節懿行,當于古列女中求。妾欲與之同志弗克,今已適君矣,無可言者。妾恐吾姑思念妾甚,所以泣。'余聞之爲其戚然者終日,因問其姑高節懿行若何。"馬氏謂其前姑姓龔氏,爲吳京生一子曰察,察纔四歲丈夫死,龔氏撫孤子成人,不幸的是,其子娶妻不久又早夭,遺下幼子曰克忠。馬氏再嫁前夕,龔氏對她説:"汝今所嫁之夫名士也,吾聞其名久矣,恨未及識也。汝謹事其夫,如平日所以事吾者。"張九成聽了龔氏的故事頗爲感動,後來她撫養其孫成人,張最終爲她撰墓誌銘[2]。這個故事頗爲獨特,就在這段史料中,我們分明看到作者對女性從一而終的尊崇,當張九成極力贊揚龔氏時,想必馬氏亦情有難堪。

婦女守節被極力鼓勵的結果,便是在宋代出現最爲殘酷的未婚守貞現象,甚至不婚的貞女得到异乎尋常的尊崇。一類貞女是已與未婚夫訂婚,未婚夫死于婚前,該女便爲他守節終身。如:"劉氏,於潛縣九里人。及笄,許嫁同里進士凌大淵。已請期而凌卒,劉氏聞之號慟,告其父母曰:'兒聞女子以一志爲良,以死生不易爲節,兒已許凌君,今不幸早世,固吾夫也,兒將易服奔喪,誓守柏舟,不更二也。'其父母曰:'汝猶木方芽,又未嘗身踐其庭,何遽若此?'劉氏泣曰:'諸人微物,死猶不廢,况以身許人,而背之乎?有死而已!'父母懼而從之。于是粗衰赴夫家,臨柩伏哭盡哀,退修婦道,終喪,乞兄公之子以養,爲之娶婦,至于抱孫,白首不易其志。寶祐間,縣令吕沆聞而嘉之,爲表其居曰'烈女坊',里人趙景緯爲作詩,以刻諸路傍,詞多不載。以趙景緯所作傳贊修傳,本作'烈女劉氏'。凡未嫁曰女,既嫁曰婦,劉氏女也,宜本其從夫之志題曰'凌大淵妻劉氏'。"[3]

---

[1]〔宋〕陳均:《九朝編年備要》,卷一七,治平二年三月,四庫全書本,册328,第433頁。
[2]〔宋〕張九成:《橫浦集》,卷二〇《龔夫人墓誌銘》,四庫全書本,册1138,第443頁。
[3]〔宋〕潜説友等:《咸淳臨安志》,卷六八《人物九·凌大淵妻劉氏》,《宋元方志叢刊》册4,第3978頁。

前者尚許有人家,而第二類貞女根本沒有婚配,她們同于上述《新唐書》中的列女,爲贍養親生父母,甚至僅僅爲了給父母守喪,便終身不婚。這種現象古已有之,相傳戰國時北宫女至老不嫁以養父母,趙后問齊使曰:"此女不朝,何以王齊國子萬民?"林同詩曰:"妾身期不嫁,至老養雙親。何以趙威后,殷勤問使人。"[1] 大齡女子失期不婚各有緣由,或因爲沒有合適的對象,或没有家人爲其提供彩禮,而士大夫如此表彰不婚的貞女,稱不婚爲守節,實在令人難以理解。

　　相對而言,周必大對不嫁或離婚盡孝的看法稍顯開明,他説:"昔唐傳列女,首以孝爲先,而所記節義率繫其若。孝于親者僅得二李氏。其一父殯于堂十一年,朝夕臨哀,不嫁以養母,母死,身庀葬具。其一劫徙它州,聞父亡間道奔喪,至則已葬,力請開墓,舌去棺塵,其母病篤,終日不視匕箸。朝加旌表,史亦稱美。"該篇表彰一名出嫁之後仍不忘父母的女子:"自君(董昌裔)之没,其仲女適林氏者日奉君姑,從夫官游,深念父母之葬有闕,又惟泉水之義重于歸寧,數諗其弟謀改卜,不事薰澤,不御酒肉,飯蔬飲水。越二十年,姑亡終制,適提點君按行所部,遂得偕來,畢精竭力,遷奉雙柩,葬撫州樂安縣雲蓋鄉西務之原,寶慶元年九月壬寅也。……至是始祔董氏先壠,以成親志,義貫幽顯,聞者嘆息,或至泣下。……由今觀之,既曰内夫家外父母家矣,而苦節不匱,兩致其義,則視昔爲尤難亦賢矣哉!"[2] 周必大認爲,董氏留在夫家,最終主持遷葬父母墳墓,難于唐諸孝女所行,實際也想説明,這樣的孝行纔更有意義。

　　當代的列女故事被寫入國史,亦被宋人常常提起,成爲閨中教育的榜樣。宋末的馬廷鸞曰:"綱常亘天地,節義無古今,是可以世變論哉!恭惟本朝立極叙彝,導民扶世,明禋赦令,應義夫節婦、孝子順孫事狀顯著者,具明聞奏,加之旌擢,恩施甚厚,三歲一下,如寒暑之不移。而壬申詔書以吏奉詔不勤,更二三年竟格,嗚呼!……《中興四朝國史·列女傳》有陳堂前者,其母儀婦節,大書青史。今日視先朝時則异矣,今陳與昔陳之爲烈一也,天典民彝,又可以世變論哉?"[3] 文中所謂"今陳"指馬廷鸞妻子的伯母陳氏,嫁入張家,曾報旌表而遲遲

---

[1] 〔宋〕林同:《孝詩》,叢書集成本,册2264,第54頁。
[2] 〔宋〕周必大:《文忠集》,卷七二《參議董君(昌裔)墓志銘》,四庫全書本,册1147,第762頁。
[3] 〔宋〕馬廷鸞:《碧梧玩芳集》,卷一六《書張母陳氏禮部符後》,四庫全書本,册1187,第112頁。

未批。筆者注意到宋朝廷三年一次的旌表對民間所產生的影響，以及宋國史中《列女傳》的故事已爲士大夫所熟知，那麽，士大夫家的閨教不免據此説教。

相較而言，宋代《列女傳》記載更多的還是以身殉節的"烈女"，宋士大夫鼓吹，當面臨性侵犯時，女性當以身殉節，而其反抗越激烈犧牲越慘纏越能得到贊頌。正史記載："張氏，鄂州江夏民婦。里惡少謝師乞過其家，持刀逼欲與爲亂，曰：'從我則全，不從則死。'張大罵曰：'庸奴！可死，不可它也。'至以刃斷其喉，猶能走，擒師乞，以告隣人。既死，朝廷聞之，詔封旌德縣君，表墳曰'列女之墓'，賜酒帛，令郡縣致奠。"[1]一百多年後，其墓已没于荒草之中，其事爲當地人忘記，時羅願爲知州，爲其立祠設祭，曰："夫男女之際，聖人嚴之，尊其冠昏，而定其配偶，限其內外，而別其氏出，粲然有倫，不相凌越。斯人之所以別于禽獸，中國之所以貴于夷狄，率是道也。……而其婦人女子，乃有能明一定之分，不背其夫，不辱其親，身可危而志不可折者，是豈不繫于其人也哉！夫殺身成仁，捨生取義，此學者之志，而大丈夫之事也，顧家人女子乃能之，用心如日月，厲操如霜雪，信如寒暑之不遷，堅如金石之不化，故以匹婦之微而齒于封君之賞。……察彼柔弱之質，猶能以禮自終。況爲男子，何忍觸情從欲，自弃于不義。而其婦人女子觀而化者，思彼當事之變，獨爲其所難，則凡平居修飾，毋失身于苟賤，乃事之易者，皆可以自警云爾。"[2]羅願爲烈婦立祠，本爲教育男女雙方，對男方强調節欲，對女方却强調寧死不從，雙方守節之難易、犧牲之程度一目了然。

宋代列女行爲方式的絕對化、激烈化未必是那個時代女性的共同選擇，不如説這個形象是由士大夫有意塑造而成的。宋士大夫頗熱衷于爲名不見經傳的女子立傳，她們幾乎全是這類形象的代表，也就是説，這樣的女性纔能載入《列女傳》。宋徽宗政和六年（1116）"八月，詔贈吉州吉水縣項氏爲孺人。以强民脅迫，不從，斷指而死，故旌之"[3]。《宋史·列女傳》尚記沂州滕縣人董氏，建炎元年（1127）爲反抗盜賊李昱的性侵而被斬首；建炎時叛卒楊就寇南劍州，小常村一民婦誓死不受污，遂遇害；紹興初年（1131），蕪湖十七歲的詹氏女爲救父

1　〔元〕脱脱等：《宋史》，卷四六〇《列女傳》，第13478頁。
2　〔宋〕羅願：《羅鄂州小集》，卷四《鄂州張烈女祠堂碑》，四庫全書本，册1142，第496~497頁。
3　〔清〕徐松：《宋會要輯稿》，禮六一之七，第1690頁。

兄,騙取賊一窠蜂的信任,然後跳水自殺;紹興十年(1140),吉州劉生妻歐陽氏爲惡少施暴,歐陽不受辱而死[1]。又紹定二年(1229)盜入其縣,樂氏二女不從盜,一赴水死,一見殺。"節婦余氏者,溧水州銀林市人。淳熙十年,鄉惡少景佐欲污之,至于持刃逼脅,余氏義不辱,甘受白刃。知縣王衍鞠勘具案解府,嘉其正潔,改市爲節婦里,旌表門閭,仍給賜錢米酒帛及免本户三年應干官租。"[2]

細讀烈婦的傳記,往往可見她不得不死的悲哀。"趙氏,貝州人。父嘗舉學究。王則反,聞趙氏有殊色,使人劫致之,欲納爲妻。趙日號哭慢罵求死,賊愛其色不殺,多使人守之。趙知不脱,乃紿曰:'必欲妻我,宜擇日以禮聘。'賊信之,使歸其家。家人懼其自殞,得禍于賊,益使人守視。賊具聘帛,盛輿從來迎。趙與家人訣曰:'吾不復歸此矣。'問其故,答曰:'豈有爲賊污辱至此,而尚有生理乎!'家人曰:'汝忍不爲家族計?'趙曰:'第亡患。'遂涕泣登輿而去。至州廨,舉簾視之,已自縊輿中死矣。尚書屯田員外郎張寅有《趙女詩》。"[3]這個故事最觸目的却是趙家人的自私,爲名節希望她死,但爲了自己又希望她活。從社會輿論來説,被盜匪强暴之後,婦女已無生理。

陳亮所撰《二列女傳》更耐人尋昧:"列女杜氏,永康大姓女也。生而端莊且麗。宣和庚子冬,妖臘起,所在嘯聚相剽殺。里有悍賊輩謁杜氏門,大言曰:'以女遺我,即不肯,今族汝矣。'其家驚泣,欲與則不忍,不與禍且及。言于女,女曰:'無恐,以一女易一家,曷爲不可!待我浴而出。'趣具湯。其家以告,賊相與謹笑以俟。既浴,取鏡抹朱粉,具衫衣,盡飾。俄登几而立,繫帛于梁而圈其下,度不容冠,抽之,籠其首,整髮復冠,乃死。其家遑遽號噭。賊聞,亦驚捨去。嗚呼!學士大夫遭難不屈者,萬或一見焉,而謂女子能之乎!方杜氏之不屈以死,猶未足難也。獨其雍容處死而不亂,無异乎子路之結纓,是其難也不可及已。陳子曰:余世家永康,去杜氏不十里許。余雖不及目其事,大父母屢爲余言如此。雖古之列女,何以進焉!余既傳其事,以示余友應仲實。仲實因爲余言:宣和辛丑,官軍分捕賊,所過乘勢抄掠。道永康,將之縉雲。及境,富民陳氏二女

---

1 〔元〕脱脱等:《宋史》,卷四六〇《列女傳》,第13482~13488頁。
2 〔元〕張鉉:《至正金陵新志》,卷一三下之下,《宋元方志叢刊》册6,第5882頁。
3 〔元〕脱脱等:《宋史》,卷四六〇《列女傳》,第13480頁。

并爲執,植其刃于旁曰:'從我,我婦之;否者死。'長女不爲動,掠髮伸頸請受刃,官軍斫之。次女竟污焉。後有詬之曰:'若獨不能爲姊所爲乎?'次女慘然連言曰:'難!難!'世之喜斥人者,必曰兒女態。陳杜之態,亦兒女乎!人之落患難而兒女者,事已即縱辭自解,昂然有得色,視陳氏次女已愧,他又何説!"[1] 杜氏家人亦如趙氏家人,期待她以身體救全家,又期待她以一死報父兄。陳亮文章的重點當然仍在宣揚婦女寧死不失節,但關于陳氏次女的議論已含有惻隱之心,和"喜斥人"之道學家明顯不同。

宋士大夫所鼓吹的貞節更形嚴苛與表面化。建炎"三年春,盗馬進掠臨淮縣,王宣要其妻曹氏避之,曹曰:'我聞婦人死不出閨房。'賊至,宣避之,曹堅卧不起。衆賊劫持之,大罵不屈,爲所害"[2]。紹興九年(1139),撫州臨川人涂端友妻陳氏,爲盗所執,數日後族黨出資贖,"賊引端友妻令歸,曰:'吾聞貞女不出閨閣,今吾被驅至此,何面目登涂氏堂!'復罵賊不絕,竟死之"[3]。戰亂時婦女一時被俘便無顏歸夫家,而士大夫誇大爲"死不出閨房",即使全爲真事也不值得宣揚,後公然寫入國史,可見士大夫的價值取向有多麽殘酷。

其實,女性貞節的非人性化是隨着孝道的非理性化而加深的,在宋代列女的孝行中有兩點引人注目:一是殺身以盡孝;二是傷身以盡孝,即割股割肝以奉親。

儒家雖以孝爲其主要思想,但起碼在正統的儒家看來,并不主張殺生或傷身孝親。曾參歷來爲孝子的榜樣,而《韓詩外傳》曰:"曾子有過,曾晳引杖擊之仆地,有間乃蘇。起曰:'先生得無病乎?'魯人賢曾子,以告夫子。夫子告門人:'參來!汝不聞昔者舜爲人子乎?小捶則待笞,大杖則逃。索而使之,未嘗不在側;索而殺之,未嘗可得。今汝委身以待暴怒,拱立不去,非王者之民,其罪何如?'"[4]

當唐代割股之風甚囂塵上之時,部分士大夫力請皇帝旌表。"鄠有以孝爲

1　〔宋〕陳亮:《陳亮集》,卷一三《二列女傳》,中華書局,1974年,第160頁。
2　〔元〕脱脱等:《宋史》,卷四六〇《列女傳》,第13482頁。
3　〔元〕脱脱等:《宋史》,卷四六〇《列女傳》,第13487頁。
4　〔漢〕韓嬰撰,屈守元箋疏:《韓詩外傳箋疏》,卷八,巴蜀書社,1996年,第732頁。

旌門者,乃本其自于鄂人,曰:'彼自剔股以奉母,疾瘳,大夫以聞其令尹,令尹以聞其上,上俾聚土以旌其門,使勿輸賦,欲爲後勸。'"韓愈曾強烈反對:"母疾則止于烹粉藥石以爲是,未聞毀傷支體以爲養,在教未聞有如此者。苟不傷于義,則聖賢當先衆而爲之也;是不幸因而致死,則毀傷滅絶之罪有歸矣。其爲不孝,得無甚乎!苟有合乎孝之道,又不當旌門:蓋生人之所宜爲,曷足爲异乎?既以一家爲孝,是辦一邑里皆無孝矣;以一身爲孝,是辦其祖父皆無孝矣。然或陷于危難,能固其忠孝,而不苟生之逆亂,以是而死者,乃旌表門閭,爵禄其子孫,斯爲爲勸已;矧非是而希免輸者乎?曾不以毀傷爲罪,滅絶爲憂;不腰于市,而已黷于政,况復旌其門?"[1] 又皮日休曰:"今之愚民,謂己肉可以愈父母之病,必剔而飼之。大者邀縣官之賞,小者市鄉黨之譽。訛風習習,扇成厥俗,通儒不以言,執政不以禁。昔墨氏摩頂至踵,斷指存脛,謂之兼愛。今之愚民如是,其兼愛邪?設使虞舜糜骨節,曾參隳肢體,樂正子春傷足不憂,漢景吮癰無難,今之有是者,吾猶以爲不可,况無是理哉?或執事者嚴令以禁之,則天下之民,保其身,皆父母之身也。欲民爲不孝也難矣哉!"[2]

而就在唐代,亦有著名學者對此表示贊賞。壽州安豐縣民李興刲股與父,而老父仍病重而死。柳宗元説:"興匹庶賤陋,循習淺下,性非文字所導,生與耨耒爲業,而能鍾彼醇孝,超出古列,天意神道,猶錫瑞物,以表殊異。伏惟陛下有唐堯如天如神之德,宜加旌褒,合于上下,請表其里閭,刻石明白,宜延風美,觀示後祀,永永無極。"[3] 因此宋林同《孝詩》謂:"李興有至行,柳子厚爲作《孝門銘》曰:'引刃自向,殘肌敗形,羞膳奉進,憂勞孝誠。'刲股如爲孝,還應載聖經。莫明柳子意,因甚取殘形。"[4]

後唐天成四年(929)四月丙辰,知制誥程遜針對民間割股邀譽成風的現象,上言曰:"乞願明敕,遍下諸州,更有此色之人,不令舉奏。所冀真誠者自彰孝

1　〔唐〕韓愈撰,馬其昶校注,馬茂元整理:《韓昌黎文集校注》,《文外集上卷》之《鄂人對》,上海古籍出版社,1986年,第680~681頁。
2　〔唐〕皮日休撰,蕭滌非、鄭慶篤整理:《皮子文藪》,卷八《鄙孝議上篇》,第81頁。
3　〔唐〕柳宗元:《柳宗元集》,卷二〇《壽州安豐縣孝門銘》,中華書局,1979年,第549頁。
4　〔宋〕林同:《孝詩》,叢書集成本,册2264,第49頁。

感,詐僞者免惑鄉間,咸歸樸素之風,永布雍熙之化。"[1]

歐陽修等重纂《唐書》,在《列女傳》宣揚婦女以死保貞節的同時,亦對毀傷身體的愚孝極力表彰。"唐時陳藏器著《本草拾遺》,謂人肉治羸疾,自是民間以父母疾,多刲股肉而進。……或給帛,或旌表門閭,皆名在國史。善乎韓愈之論也,曰:'父母疾,烹藥餌,以是爲孝,未聞毀支體者也。苟不傷義,則聖賢先衆而爲之。是不幸因而且死,則毀傷滅絶之罪有歸矣,安可旌其門以表異之?'雖然,委巷之陋,非有學術禮義之資,能忘身以及其親,出于誠心,亦足稱者。故列十七八焉。"[2] 在引用韓愈對割股療親的痛斥之後,作者却敘述表彰有關事例,實際宣揚割股割肝的價值。從此便極少公開反對者,將孝演繹成吃人的禮教。

宋代朝廷一開始便提倡這類愚孝。《宋史·孝義傳》序曰:"太祖、太宗以來,子有復父仇而殺人者,壯而釋之;刲股割肝,咸見襃賞;至于數世同居,輒復其家。一百餘年,孝義所感,醴泉、甘露、芝草、异木之瑞,史不絶書。宋之教化有足觀者矣。作《孝義傳》。"[3]

除朝廷旌表之外,在民間故事裹,孝女節婦又往往被賦予神話色彩,特殊的孝行往往伴隨好報之類的神話,以此説明無辜犧牲的價值。"瑞州高安縣旌義鄉鄭千里者,有女定二娘。己酉秋,千里抱疾危甚,女刲股和藥,疾遂瘥。至次年,女出汲水之次,忽雲涌于地,不覺乘空而去。人有見若紫雲接引而升者,于是鄉保轉聞之縣,縣聞之州,乞奏于朝,立廟旌表以勸孝焉。久之未報,然鄉里爲立仙姑祠,禱祈輒應,遠近翕然,趨之作會,幾數千人。"[4]《夷堅志》載:"紹興二十九年閏六月,鹽官縣雷震。先雷數日,上管場亭户顧德謙妻張氏夢神人以宿生事責之曰:'明當死雷斧下。'覺而大恐,流淚悲噎。姑問之,不以實對。姑怒曰:'以我嘗貸汝某物未償故耶?何至是!'張始言之,姑殊不信。明日,暴風起,天斗暗,張知必死,易服出屋外桑下立,默自念:'震死既不可免,姑老矣,奈驚怖何!'俄雷電晦冥,空中有人呼張氏曰:'汝實當死,以適一念起孝,天赦汝。'

---

1 〔宋〕王欽若等撰,周勛初等校訂:《册府元龜》,卷四七五《奏議第六》,第5380頁。
2 〔宋〕歐陽修、宋祁:《新唐書》,卷一九五《孝友傳》,第5577~5578頁。
3 〔元〕脱脱等:《宋史》,卷四五六《孝義傳》,第13386頁。
4 〔宋〕周密撰,吳企明點校:《癸辛雜識》,前集《鄭仙姑》,中華書局,1988年,第30頁。

又曰:'汝歸益爲善,以此語世人也。'"[1]一念起孝便可免死,這孝順的功效可謂大矣,而故事傳布開來,民衆愈爲相信。

對于這種愚孝之風,宋代士大夫又是怎樣的態度呢？對于無聊的愚孝宣傳,部分士大夫表示不滿。羅願曰:"後世爲治益簡,吏與民益疏。凡吏之所施設者,皆非教民之具,必待其刲肝股、致祥异,幸而吏又以爲意,然後得與于表閭賜帛之寵。至于謹身强力,率妻子治田桑,以奉事其親,聯其兄弟而睦其族鄰者,上之所望于下在此矣,而有司以其無顯异不復言,大率至老死而無聞。是所勸者不可常,而可常者勸有所不及也。"[2] 陳淳曰:"子曰:'弟子入則孝,出則弟,謹而信,泛愛衆而親仁,行有餘力,則以學文。'……每日之内致知力行,隨時更迭,而展轉互相發其味,無有窮矣。苟于餘力而不學文,則所行雖力,必不免于私意,而不能以中節,將如剔股刲肝之孝、抱橋之信,反陷于不孝不信而不自知。"[3]

對此,朱子尚有"過猶不及"之論:"且以孝言之,孝是明德,然亦自有當然之則。不及則固不是,若是過其則,必有刲股之事。須是要到當然之則田地而不遷,此方是'止于至善'。"[4] 但總體而言,朱子明顯取同情的態度:"如子之于父,臣之于君,其分至尊無加于此。人皆知君父之當事,我能盡忠盡孝,天下莫不以爲當然,此心之所同也。今人割股救親,其事雖不中節,其心發之甚善,人皆以爲美。又如臨難赴死,其心本于愛君,人莫不悦之,而皆以爲不易。且如今處一件事苟當于理,則此心必安,人亦以爲當然。如此,則其心悦乎,不悦乎？悦于心,必矣。"[5]

但更多的士人表示支持與贊揚,而且和唐代著名學者公開反對的狀况不同,宋代著名理學家即使不表示贊同,也絕不公開反對。針對韓愈對割股動機的質疑,黄震逐條加以駁斥:"《鄠人對》剔股以瘳母疾,雖非聖賢之中道,實孝子一念之誠切也。爲對鄠人之説者,何忍且薄耶！謂希免輸,謂不腰于市已黥于

---

[1] 〔宋〕洪邁撰,何卓校點:《夷堅志》,甲志卷二〇《鹽官孝婦》,中華書局,1981年,第180頁。
[2] 〔宋〕羅願:《羅鄂州小集》,卷五《新安志叙義民》,四庫全書本,册1142,第517頁。
[3] 〔宋〕陳淳:《北溪大全集》,卷一八,四庫全書本,册1168,第639頁。
[4] 〔宋〕黎靖德編,王星賢點校:《朱子語類》,卷一四,第271頁。
[5] 〔宋〕黎靖德編,王星賢點校:《朱子語類》,卷五九《富歲子弟多賴章》,第1390頁。

政,謂以一身爲孝,是辨其祖父皆無孝。嗚呼!窮鄉小民,藥餌何有?父母呼吸死生之際,號天叫地,救急無門,身之不恤,而希免輸乎?世之剔股以救母者,疾未有不瘳,而子亦不知其痛,未有病創者,殆天地神明之哀其誠也。救母何罪?而可腰于市乎?當仁不讓于師,而古亦以蓋前人之愆。爲孝未聞以祖父無孝稱,而子不可行孝者也。況倉卒剔股,偶然希有之事,不當責其祖父之必有也,祖父未有而子孫有之,顯其祖父者也。"[1] 黃震更極力稱贊曰:"世多疑刲股事,三代未之聞,似與不敢毀傷相反不常。開元間陳藏器撰《本草拾遺》,言人肉治羸疾,故刲股事始見于唐。古謂戰陣不勇非孝,而以殺身爲成仁。方父母危急,如其可贖,孝子仁人雖九殞不恤也,曾謂刲股救父母而可議其非孝乎?"[2]

在士大夫的提倡下,尚無大害的割股逐漸發展爲割肝割心直至在頭上打洞,或者説號稱以如此可怕的行爲毀傷身體,無所不用其極矣。"境内有李十二者因父病膈氣瀕死,李十二遂刲腹取肝,和藥餌以進之,其病即愈。又有朱九七、朱四三皆以母病革,刲股取肉與之服食,而皆獲痊安。此三人者,其在是邑前此未聞。某得是事,私自慰喜,以風俗之厚當自此始,于是即牒縣尉親往問勞,審驗之,且得其實,遂照應條格給付錢帛以賞之。闔邑之民耳聞目見者,莫不爲感激。"[3] 黃震更將割肝之害淡化:"余少時,東鄰張五爲樂工,母病,刲心肝食之即愈。先君子問狀,備言橫束剃刀于梯,深夜焚香禱佛,袒胸燭之,肝即出,無痛,一二日瘡即合,無瘢痕。若然,果毀傷以爲親憂耶?毀傷得其所,猶不當以毀傷言,況實不毀傷耶?"[4] 他還鼓吹挖腦奉親:"盧君之尊翁,穴腦以救母,其事視刲股爲尤難,先朝以宣付史館且旌表之,宜哉!"[5] 即便積極宣揚割股刲肝的真德秀也承認:父母病還主要是服侍與求醫,"不必剔肝刲股然後爲孝。蓋身體髮膚受之父母,或不幸因而致疾,未免反貽親憂"[6]。穴腦是何種舉動!在腦上打洞,即使是外科手術發達的今天,仍是大手術,輕言無痛無害,又是何等

---

[1] 〔宋〕黃震:《黃氏日抄》,卷五九《外集》,四庫全書本,册708,第484頁。
[2] 〔宋〕黃震:《黃氏日抄》,卷九一《題盧計議先父孝行傳》,四庫全書本,册708,第975頁。
[3] 〔宋〕趙善括:《應齋雜著》,卷一《上監司札子》,四庫全書本,册1159,第16頁。
[4] 〔宋〕黃震:《黃氏日抄》,卷九一《書鳴鶴方孝子贊後》,四庫全書本,册708,第979頁。
[5] 〔宋〕黃震:《黃氏日抄》,卷九一《題盧計議先父孝行傳》,四庫全書本,册708,第975頁。
[6] 〔宋〕真德秀:《西山文集》,卷四〇《泉州勸孝文》,四庫全書本,册1174,第628頁。

虛僞!

　　如上所述,宋代的婦女是割股刲肝孝行的積極實行者。盛氏爲"昌化縣民章欽子婦,事舅姑恭謹,躬紡績烹飪以養。欽妻何氏性急,盛氏怡聲下氣,伺顔色,終日侍立無惰容,處娣姒敬順和睦,亦皆化之。姑病,貧無醫藥資,且乞甘旨,盛氏鬻簪珥裙襦共費。姑病劇,盛氏聞人言,病者餔人肝則愈,乃閉閣援刀刳脅取肝,爲常膳以進。長姒潘氏亦刲股焉,姑食而愈。時政和六年七月,權知州事轉運使劉既濟上其事,詔旌表門閭(以國史《乾道志》《淳祐志》修)"[1]。又"葉氏女者,歙縣人。親没,鞠于叔父母。叔父爲衙前吏,坐逋官錢五十萬繫獄,女以香置頂自灼,從昏達旦。中夜獄官夢帝命使審其獄,果前界吏所負。其後叔母有疾,晝夜拜叩,有光曄然,刲股進之,遂愈。……葉氏世柔循,爲親刲肝股者前後五人。又紹興中休寧陳克已母有疾,女刲股,婦繼之,克已又刲其肝,母疾尋已。内翰汪公欲奏之,幕官有不同者,乃止"[2]。可見,對這種極端的愚孝,地方官是有不同意見的。

　　以死盡孝的婦女,也得到表彰。北宋許翰記載了一位名叫翁寧的女子,她的事迹主要是因母親亡故而傷心至死。"翁季女寧者,朝請郎提點淮南東路刑獄彦深之子,贈中奉大夫諱仲通之孫,贈朝奉郎諱元方之曾孫。以崇寧元年生,命之曰寧。寧資淑明,居房闥間終日靚莊,左右無敢少之者。其于女紅家節,精詣昭晰,心理縈然。年十四,哭其姊以得疾,藥石修之,百日僅愈。而母余夫人病,寧日夜侍側,躬勞心悴,不得休息。至明年又哭其母,屢絶而蘇,人皆憂其將不支也。已而疾果復亟,終不肯以葷烈滋味食飲自持,朝夕號慟,迷困頓,猶伏苦鳴不止。自知不可復興,與其父訣,語凄人心,少頃卒。蓋寧生十五年未嫁,以政和六年夏五月庚子没于京師。……某愀然曰:寧于史法當書。昔漢劉向傳列女,其言行類非《内則》之正也,要足以礪世濯俗。吾聞聖人設教,務矯民德反諸厚,書寧之事,意後之人必有讀之而愧于心者,則寧于天地之經不爲無功

1　〔宋〕潛説友等:《咸淳臨安志》,卷六八《人物九·孝婦盛氏》,《宋元方志叢刊》册4,第3977~3978頁。

2　〔宋〕羅願:《新安志》,卷八《葉氏女》,《宋元方志叢刊》册8,第7721頁。

模仿唐代孝女孝婦的榜樣，宋代亦有婦女守墓成名者。宋高宗紹興"七年五月二十二日，南平軍奏，據隆化縣化咸鄉民户言，稅户羅紀妻李氏，在姑王氏墳側結茆誦經，日負土積墳者，三晝夜號泣，孝道彰聞，遠近欽歆，乞賜旌賞，以崇風化。詔令本軍量賜粟帛，仍常切存恤。"[2]

　　而隨着朝廷表彰的力度加大，僞孝子層出不窮。徽宗大觀"三年七月九日，權知兖州王詔言，檢准崇寧四年十二月十六日敕節文，今後如有爲祖父母割肝之人，支絹五匹、米麵各一石、酒二斗。竊見本州諸縣累申諸色人割肝，官司驗視，多見肋脅間微有瘢痕，若果傷臟腑，理無生全。緣愚民無知，利于給賜，妄自傷殘。欲乞朝廷詳酌删去上條，杜絕僞冒之弊。詔崇寧四年十二月二十六日指揮更不施行"[3]。地方官亦看出割肝的蹊蹺，但又不好説破，只好含混地説恐怕愚民自傷。蘇軾更謂："若欲設科立名以取之，則是教天下相率而爲僞也。上以孝取人，則勇者割股，怯者廬墓。上以廉取人，則弊車羸馬，惡衣菲食。凡可以中人意，無所不至矣。德行之弊，一至于此乎？"[4] 很明顯，士人也知道這類毀身奉親是不可信的，問題是，爲何他們還要宣傳？

　　以死守貞、割肝奉親與殺身報君一樣，都是儒家倫理的各個方面，黄震一語道明："刲股救母爲非孝，則成湯之剪爪禱雨爲不仁，太宗之剪鬚和藥爲不義，曹文叔妻夏侯之割耳、王凝妻季氏之斷臂非貞烈，而凡捐軀報君者非忠耶！古稱戰陣不勇非孝，謂死得其所爲孝也。死之視毁傷，孰輕重耶？刲股救可活之母爲非孝，溺身尋不可再活之父，不孝當愈甚，而曹娥獨以孝稱萬世何耶？"[5] "刲股砥純孝之行，斷指凛冰霜之節，可以立懦廉頑，風兹百世，旌廬表墓，又奚忝耶。"[6] 于是，貞節與愚孝必然一步步走向極端。

1　〔宋〕許翰：《襄陵文集》，卷一二《翁季女墓志銘》，四庫全書本，册1123，第594頁。

2　〔清〕徐松：《宋會要輯稿》，禮六一之九，第1691頁。

3　〔清〕徐松：《宋會要輯稿》，禮六一之六，第1689～1690頁。

4　〔宋〕蘇軾：《蘇軾文集》，卷一九《議學校貢舉狀》，見曾棗莊、舒大剛主編：《三蘇全書》册11，第434頁。

5　〔宋〕黄震：《黄氏日抄》，卷九一《書鳴鶴方孝子贊後》，四庫全書本，册708，第978頁。

6　〔宋〕鄭興裔：《鄭忠肅奏議遺集》，卷下《廣陵志序》，四庫全書本，册1140，第218頁。

元末編宋、遼、金三史時，更將烈女作爲《列女傳》的主體內容了。《遼史·列女傳》序曰：“男女居室，人之大倫。與其得烈女，不若得賢女。天下而有烈女之名，非幸也。《詩》贊衛共姜，《春秋》褒宋伯姬，蓋不得已，所以重人倫之變也。遼據北方，風化視中土爲疏。終遼之世，得賢女二，烈女三，以見人心之天理有不與世道存亡者。”[1]

《金史·列女傳》明言，女性遭遇不幸，方有機會成爲列女，其序曰：“漢成帝時，劉向始述三代賢妃淑女，及淫泆奢僭、興亡盛衰之所由，彙分類別，號《列女傳》，因以諷諫。范曄始載之漢史。古者女子生十年有女師，漸長有麻枲絲繭之事，有祭祀助奠之事，既嫁職在中饋而已，故以無非無儀爲賢。若乃嫠居寡處，患難顛沛，是皆婦人之不幸也。一遇不幸，卓然能自樹立，有烈丈夫之風，是以君子異之。”[2] 所謂列女須有"烈丈夫之風"主要着眼于果于自盡，却明確將有智慧、識大體等特徵排除在外了。

清厲鶚又從《金史》中輯得一遼烈女：“《金史》曰：'韓慶民妻者，不知何許人，亦不知其姓氏。'慶民事遼爲宜州節度使。天會中攻破宜州，慶民不屈而死，以其妻配將士，其妻誓死不從，遂自殺。世宗讀《太宗實錄》見慶民夫婦事，嘆曰：'如此節操，可謂難矣！'鶚案：天祚亡，殉國者寥寥，故《遼史》無《忠義傳》。慶民亦忠義中一人，史何以不爲立傳？其妻不屈于金而死，宜改入《遼史·列女傳》。”[3]

南宋尚未滅亡，蒙古即下令禁止過激孝行，可見這類行爲的泛濫。“至元三年十月，中書省左三部呈：'上都路梁重興爲母病割肝行孝。合依舊例，諸爲祖父母、父母、伯叔姑、兄姊、舅姑割肝剜眼割臂攣胸之類，并行禁斷。'都省准擬。”[4] “至元七年十月，御史臺爲新城縣杜添兒爲伊嫡母患病，割股煎湯行孝，舊例合行旌賞，爲此公議。得上項割股旌賞體例，雖爲行孝之一端，止是近代條例，頗與聖人垂戒不敢毀傷父母遺體不同，又恐愚民不知侍養常道，因緣奸弊，

---

[1] 〔元〕脱脱等：《遼史》，卷一〇七《列女傳》，中華書局，1974年，第1471頁。
[2] 〔元〕脱脱等：《金史》，卷一三〇《列女傳》，中華書局，1975年，第2797~2798頁。
[3] 〔清〕厲鶚：《遼史拾遺》，卷二一《韓慶民妻補》，四庫全書本，冊289，第1059頁。
[4] 〔元〕《通制條格》，卷二七《雜令·非理行孝》，浙江古籍出版社，1986年，第281頁。

以致毀傷肢體,或致性命,又貽父母之憂。""割股行孝一節,終是毀傷肢體。今後遇有割股之人,雖不在禁限,亦不須旌賞。"[1] "至元八年二月,御史臺據山東東西道按察司申,東平府汶上縣田改住爲母病,冬月去衣臥冰行孝。乞照驗事,呈奉尚書省,札付該送禮部公議。得爲孝奉侍自有常禮,赤身臥冰,于親無益,合行禁斷。"[2] "諸爲子行孝,輒以割肝、剚股、埋兒之屬爲孝者,并禁止之。"[3]

元朝時政府的確下過一些禁令禁止愚孝的偏激行爲,但這并不能説明元朝開明,當時依所謂"舊例",一般説來指的是金代的《泰和律》,金承宋弊,割肝、剜眼之類的愚孝亦一度在金代流行,于是爲法律所禁止。何況元代的法律未必會被嚴格執行,而且當一種行爲成爲民俗之後,就很難一禁了之。明編《元史·孝友傳》仍保留不少過激的孝行:僅爲父母剚股者就有京兆興平蕭道壽、山丹州寧豬狗、撫州路總管管如林、渾州民朱天祥、亳州鹿邑孔全、扶風趙榮等,并獲得朝廷旌表。盡孝的方式亦愈加奇怪而無聊,如"高郵卜勝榮,母癇,不能藥,日嘗癇以求愈","張思孝,華州人。……父疾,調護甚至,不愈,以父涕溅半器,垂泣盡飲之"。又如鈞州密縣胡伴侣,其父患有心疾,"幾死,更數醫俱莫能療。伴侣乃齋沐焚香,泣告于天,以所佩小刀于右脅傍剚其皮膚,割脂一片,煎藥以進,父疾遂瘳,其傷亦旋愈。朝廷旌表其門"。甚至旌表兒童割股者:潭州李家奴九歲,母病,醫言不可治,該小兒割股肉煮糜以進[4]。可見毀身奉親的陋俗仍很盛行,而且更無謂,但仍被士大夫所認可。

《元史·列女傳》有兩卷之多,記一百八十七人,其中一百六十一人爲貞節烈女,可見人數激增。現代學者董家遵從《古今圖書集成》中統計的元代節婦烈女更達到七百四十二人。婦女毀身奉親者亦更爲極端,湖州郎氏與東平鄭氏、大寧杜氏、安西楊氏皆割肉療姑病;秦氏二女,因父病危,姊閉户默禱,鑿己腦和藥進飲,妹剚股肉置粥中;孫氏女,父病癩十年,女吮其膿血;許氏女,父疾,割股啖之乃痊;張氏女,母病目喪明,張氏以舌舐之,目忽能視;等等。自宋代被尊崇

---

[1] 〔元〕《大元聖政國朝典章》,三三《禮部》卷六"行孝割股不當"條,中國廣播電視出版社,1998年,第1245頁。

[2] 〔元〕《大元聖政國朝典章》,三三《禮部》卷六"禁臥冰行孝"條,第1245頁。

[3] 〔明〕宋濂等:《元史》,卷一〇五《刑法四》,第2682頁。

[4] 〔明〕宋濂等:《元史》,卷一九七《孝義一》、卷一九八《孝義二》,第4458、4465頁。

的室女守貞更得到表彰:葛妙真,九歲即誓不嫁,終身齋素,以延母年;錢塘畏吾氏三女,諸兄遠仕不歸,爲慰母意,三女共斷髮誓天終身不嫁以養母。守節的方式也很極端,如崔氏年二十九守寡,有權貴求娶,輒自爬毀其面,四十年未嘗妄言笑;霍榮妻段氏,年二十六守節,引針墨面,誓死不貳;又吳氏自刺其面;謝思明妻趙氏自髡其髮;田濟川妻武氏、溧水曹子英妻尤氏嚙指滴血;李氏爪面流血,并誓不更嫁[1]。這些令人扼腕的殘酷方式都可一一從唐、宋找到源頭。

"忠臣不二君,烈女不二夫,此古語也。""丈夫死國,婦人死夫,義也。"[2] "夫有再娶之義,婦無二適之文,蓋天道之常經,人倫之大綱也。"[3] 這些論調如此耳熟,我們仍能從中辨出宋代的腔調。室女守貞、烈女殉死、孝婦割肝,皆是宋代的餘緒。

元朝更旌表一大批爲夫殉死的烈婦,僅《列女傳》便集中列舉二十七位烈婦的姓氏,此外又有建康王醜醜,夫死投火自殺;李君進妻王氏,夫死嘔血而死;移剌氏割耳自誓不食而死;趙哇兒,夫死即自經死。殉夫烈婦的急劇增加是元代貞節觀苛化的表現。《元史》辯曰:"元受命百餘年,女婦之能以行聞于朝者多矣,不能盡書,采其尤卓異者,具載于篇。其間有不忍夫死,感慨自殺以從之者,雖或失于過中,然較于苟生受辱與更適而不知愧者,有間矣。故特著之,以示勸厲之義云。"[4] 而這僅是寫入正史者,恐怕有更多的犧牲者未被載入。儘管官府也會在公開場合說烈婦"雖或失于過中",但朝廷悉命旌表,或賜錢贈謚。對愚孝行爲也是這樣,表面上禁止,但士大夫仍提倡,朝廷也時而旌表,可見目的并不是禁絕,可知明清婦女殉死潮并不是突然出現的。

觀察這一發展趨勢,可見遼金與宋貞節觀的同步,至元更變本加厲,元是蒙古族的政權,無論政治制度還是倫理教化,都未必以儒學爲主要依據,而唯獨在女子貞節及孝義方面走向極端,筆者以爲,它并不是突然發生的,恐怕不得不上溯至宋代士人的推動。

---

1 〔明〕宋濂等:《元史》,卷二〇〇《列女一》、卷二百一《列女二》,第4483~4516頁。
2 〔明〕宋濂等:《元史》,卷一九六《忠義四》,第4431、4433頁。
3 李修生主編:《全元文》冊6,卷一七六王惲《孝節王氏詩卷序》,江蘇古籍出版社,1999年,第202頁。
4 〔明〕宋濂等:《元史》,卷二〇〇《列女傳》,第4484頁。

在靖康之難前,對婦女貞節觀的説教已開始升温,主要説教者便是仁宗、神宗時期的理學家。如程頤曾與人談到這個問題:"問:'孀婦于理似不可取,如何?'曰:'然。凡取,以配身也。若取失節者以配身,是己失節也。'又問:'或有孤孀貧窮無托者,可再嫁否?'曰:'只是後世怕寒餓死,故有是説。然餓死事極小,失節事極大。'"[1] 又司馬光《家範·妻》曰:"妻者,齊也,一與之齊,終身不改,故忠臣不事二主,貞女不事二夫。"理學家已將忠臣與貞女并列。以往學者已經看到:宋代貞節觀由寬泛走向嚴苛,與理學的興起和發展有密切聯繫。筆者認爲:這一點確有道理,但不可忽視的是,在靖康之難前,理學家的觀點對當時社會的影響還不是很大,主要還是在上層社會傳播,對民間文化的滲透并不深入。而在靖康之難後,由于大批婦女特別是上層婦女被异族强暴,于是婦女的守貞問題便受到廣泛的關注。此後,士大夫十分注意撰寫烈女的傳記,理學家寧死守貞的觀念被廣泛傳播,在客觀上,靖康之難使理學家的思想得到社會(實際上是以男性觀念爲主導的社會)的認可。靖康之難同時暴露出臣不忠君的問題,儘管理學家將貞女與忠臣置于同一道德層面,但實際上,殺身忠君的説教却没有得到廣泛的接受,這實在是一個值得深思的問題。

---

[1] 〔宋〕程顥、程頤著,王孝魚點校:《二程集》,《河南程氏遺書》卷二二下,第301頁。

第五章 特殊的女性職業——乳母

在宋代，乳母儼然成爲一種職業，她們受雇于上層社會家庭，其身份實際等同于婢，故亦被蔑稱爲"乳婢"。但她又是這個家庭中不可或缺的一員。與妾一樣，她們是一個特殊的女性群體，本出身貧賤，却因某種機緣進入上層社會，成爲其中的一員，但無論哪個階層，都從未忘記她們的出身，所以其身份總帶有某種尷尬。因此，觀察這一群體，既可以瞭解上層社會對女性的規範，又可以洞察下層社會女性的生活狀態。

　　由于這個群體十分特殊，有關的資料十分缺乏，因此相關研究并不多。本章的開頭先縱觀其他時代乳母的身份地位。東漢後期乳母干政的現象較爲突出，有安帝乳母王聖、順帝乳母宋娥與靈帝乳母趙嬈先後得勢，幾乎與宦官之禍相始終[1]。

　　有宋一代，皇家乳母所得封號大多爲外命婦系列，即縣、郡、國夫人等，但在五代以前，并不那麼確定，乳母時而被授予内命婦系列的稱號。如西晉賈皇后之乳母徐氏，1953年其墓誌被發現于洛陽，其題名爲《晉賈皇后乳母美人徐氏之銘》，徐氏所育女爲王妃之後，她自己也獲得才人、良人稱號，後因機智救賈后，而于元康元年（291）拜爲美人[2]。北魏實行"後宮産子，將爲儲貳，其母皆賜死"之鮮卑舊法，造成"乳母之貴，無有過于元魏者"[3]之局面，乳母甚至有取得皇太后稱號者[4]。

　　唐代的乳母仍有部分來自寺觀奴婢，但雇傭平民的現象已逐漸增多，唐代皇室的乳母多被封以夫人的稱號，但有的夫人只是一種榮譽，如"慈訓夫人"

1　曹金華：《東漢時期乳母干政的歷史考察》，《南都學壇》1992年第2期，第1~7頁。
2　湯淑君：《西晉賈皇后乳母徐美人墓誌》，《中原文物》1994年第1期，第119頁。
3　〔清〕趙翼：《廿二史札記》，卷三〇《元封乳母及其夫》，商務印書館，1958年，第652頁。
4　王德棟、曹金華：《北魏乳母干政的歷史考察》，《揚州師院學報》1995年第4期，第104~109頁。

等[1]。但唐代皇室乳母的封號并不一律爲外命婦，如唐"天祐二年九月六日，內出宣旨，乳母楊氏可賜號昭儀，乳母王氏可封郡夫人，第二乳母先帝已封郡夫人，可準楊氏例改封。中書奏議，言：'乳母古無封夫人賜內職之例，近代因循，殊乖典故。昔漢順帝以乳母宋氏爲山陽君，安帝乳母王聖爲野王君，當時朝議，猶或非之。唯中宗封乳母于氏爲平恩郡夫人，尚食高氏爲蔣國夫人。今國祚中興，禮儀革舊，臣等商量，楊氏望賜號安聖君，王氏福聖君，第二王氏康聖君。'從之"[2]。直至五代時，仍見皇室乳母的賜號依內命婦系統，如南唐江昭順王乳母杏氏得"賜號尚書"[3]。

方建新、徐吉軍著《中國婦女通史·宋代卷》于第二章第四節中有一段關于宋代乳母的論述，討論了乳母、乳婢的雇傭方式，認爲宋慈善機構曾大量雇傭乳母，使這一群體呈現出職業化的特徵[4]。尤其對後者，筆者覺得難以苟同。該書對于皇室乳母的特權，以及乳母對上層家庭生活的影響等尚未見系統的論述。

明代設有專門的奶子府，自宣宗乳母李氏被封爲夫人之後[5]，皇帝乳母地位逐漸提高，在湖南發掘的明初谷王乳母李氏墓具有相當的規模，即證明了這一點[6]。明朝亦出現皇帝乳母與宦官勾結干政的現象，最典型的如熹宗乳母客氏[7]。清朝前期沿明制，仍册封皇帝乳母，但至乾隆朝終止，且吸取了明朝的教訓，乳母干政并未出現[8]。清制："皇子生，設乳母、侍母，承侍內宮，按年月日給與分例，有加賞者出自特恩。"如順治的乳母稱"奉聖夫人"，葉黑勒氏封"佐聖夫人"，李嘉氏封"佑聖夫人"[9]。值得注意的是，明清的乳母封號并無郡國號，而只是"奉聖"等美稱。

1　劉琴麗：《論唐代乳母角色地位的新發展》，《蘭州學刊》2009 年第 11 期，第 215~218 頁。
2　〔宋〕王溥：《唐會要》，卷三《雜錄》，中華書局，1955 年，第 35 頁。
3　薛翹：《唐百勝軍節度使江王乳母尚書杏氏墓銘》，《江西文物》1991 年第 2 期，第 87~88 頁。
4　方建新、徐吉軍：《中國婦女通史·宋代卷》，杭州出版社，2011 年，第 204~213 頁。
5　楊光：《明奉聖夫人李氏及其子呂俊墓志考》，《文物春秋》2010 年第 5 期，第 66~71 頁。
6　黃樸華：《湖南望城螞蟻山明墓的特殊現象及相關問題研究》，《文物》2007 年第 12 期，第 61~65 頁。
7　雷大受：《"奉聖夫人"客氏》，《紫禁城》1981 年第 4 期，第 40~41 頁。
8　劉小萌：《清朝皇帝與保母》，《北京社會科學》2004 年第 3 期，第 138~145 頁。
9　晏子有：《佑聖夫人事略》，《紫禁城》1992 年第 2 期，第 44~45 頁。

一、乳母爲士大夫家庭的特殊成員

的確,爲從事某些拯救孤兒的福利事業,宋代官府曾經雇傭一些乳母,但這些都是臨時的舉措。

蔡京當政期間,爲炫强賣富,曾大辦福利慈善事業,建居養院、安濟坊、漏澤園,官府一度雇些乳母置于院中,以養活孤兒[1]。"當是時,有司觀望,奉行失當,于居養、安濟,皆給衣被器用,專雇乳母及女使之類,資給過厚,常平所入,殆不能支,致侵擾行户。宣和初,復詔裁立中制,未幾遂廢。"[2] 根據《宋會要輯稿》,專雇乳母等措施廢于宣和二年(1120)六月十九日[3]。可見,居養院雇乳母,實行的時間很短。

爲應對一些地區的弃兒狂潮,有的地方官也曾雇傭少數的乳母。南宋高宗末鄭作肅知湖州,孝宗"隆興二年(1164)歲歉,民貧有生子不舉,弃于道路者。作肅令屬官尋訪收取,又擇乳母爲之保養,月給贍米一石,委請學官專莅其事。條具事目,刻石州縣。遂爲其邦著令"[4]。寧宗嘉定年間袁甫通判湖州,亦曾維持這一制度:令嬰兒局"收而隸諸學,郡貳總其綱,校官專其職,學之前廊生二人領其事。有弃兒于道者,人得之,詰其所從來,真弃兒也,乃書于籍,使乳母乳之,月給之粟。擇媪五人,爲衆母長,衆乳各哺其兒,又一人焉,以待不時而來者,來者衆,則益募乳收之,今八十人矣"[5]。筆者認爲,首先,極力推行嬰兒局的地方官并不多;其次,這類乳母具有臨時職業的色彩,爲賑灾而應募,不久便會散去,其身份地位也未因此而改變。

至于方建新著作中提到的"照得在法,諸灾傷遺弃小兒,官司給錢雇人乳

---

1 〔元〕脱脱等:《宋史》,卷一七八《食貨上六》,第4339~4340頁;〔宋〕施宿等:《嘉泰會稽志》,卷一三《漏澤園》,《宋元方志叢刊》册7,第6959頁。
2 〔宋〕周煇著,劉永翔、許丹整理:《清波雜志》,卷二,《全宋筆記》編5册9,第27頁。
3 〔清〕徐松:《宋會要輯稿》,食貨六八之一三六,第6321頁。
4 〔明〕王鏊:《姑蘇志》,卷五〇《人物八名臣》,臺灣學生書局,1986年,第730頁。
5 〔宋〕袁甫:《蒙齋集》,卷一二《湖州嬰兒局增田記》,四庫全書本,册1175,第471頁。

養,以賣户絶田宅錢充"[1],其法亦見于《宋會要輯稿》:"寧宗慶元元年正月十九日詔:兩浙、兩淮、江東路提舉司行下所部,荒歉去處逐州逐縣各選委清强官一員,遇有遺弃小兒,支給常平錢米,措置存養。内有未能食者,雇人乳哺,其乳母每月量給錢米養贍。如願,許收養爲子者,并許爲親子。條法施行,務要實惠,毋致減裂,如有違戾,仰監司覺察,按劾以聞。"[2] 仔細閲讀該條史料,可知這個措施仍是爲了賑災,收養因灾被遺弃的小兒,所謂"雇人乳養"主要還是令人分散收養,官府給予一定的補貼。這樣的舉措與清代各州縣設育嬰堂大不一樣[3],可見,據現有文獻,宋代官府集中雇傭乳母是非常罕見的,由于雇乳母費用不少,官府也難以承受,乳母主要還是爲上層家庭所雇用。

(一)乳母怎樣進入士大夫家庭

上層社會家庭爲什麽要雇用乳母呢?極個别家庭收養了養子。自己的妻子未生育,當然無法哺乳。《夷堅志》中有一個故事,朱諷到京城考進士,其僕人撿到一個嬰兒,相謂曰:"是必人家非正所出。吾主公未有子,不妨收養之。""朱大喜,雇乳母,與之還家。"[4]

史料説明,雇乳母幾乎爲上層社會的普遍現象,大部分士大夫家庭都雇傭剛生子的下層女性來爲自己的兒女哺乳。南宋的袁采説:"有子而不自乳,使他人乳之,前輩已言其非矣。况其間求乳母于未産之前者,使不舉己子而乳我子。有子方嬰孩,使捨之而乳我子,其己子呱呱而泣,至于餓死者。有因仕宦他處,逼勒牙家誘賺良人之妻,使捨其夫與子而乳我子,因挾以歸鄉,使其一家離散,生前不復相見者。士夫遞相庇護,國家法令有不能禁,彼獨不畏于天哉!"[5]

首先,這些家庭爲何一定要雇乳母呢?孩子的親生母親在哪兒呢?現代以牛乳代母乳者多數是産婦無乳或少乳,以此推論,古代應該也有少部分婦女的確是不能哺乳的,但是,上層婦女不可能全都没有這一能力,而上述史料也説

---

1 〔宋〕周應合:《景定建康志》,卷二三《收養窮民·慈幼莊》,《宋元方志叢刊》册2,第1705頁。
2 〔清〕徐松:《宋會要輯稿》,食貨五八之二一,第5831頁。
3 李金蓮:《清代育嬰事業中的職業乳婦探析》,《中華文化論壇》2008年第2期,第16~22頁。
4 〔宋〕洪邁撰,何卓點校:《夷堅志》,支甲卷八《朱諷得子》,第777頁。
5 〔宋〕袁采撰,賀恒禎、楊柳校釋:《袁氏世範》,卷下《求乳母令食失恩》,第144頁。

明,許多仕女是故意不哺乳的。宋儒特別表彰楊誠齋夫人羅氏,她"生四子三女,悉自乳,曰:'飢人之子,以哺吾子,是誠何心哉?'"[1]然而,這條史料也正說明上層婦女普遍不肯自己哺乳。

其次,上層婦女爲何不願自己哺乳呢?母親親自哺乳就要親自照管嬰兒,這是非常麻煩與辛苦的,仕女們當然力圖避免這一重負,也可能有的婦女以此顯示身份。但除此之外,最主要的原因是什麼呢?筆者未看到宋人直接陳述上層婦女不肯自乳的理由,但可從婦産科醫書尋到某些綫索。中國傳統醫學相信,乳汁是自血産出的,"産乳衆則血枯殺人"[2],"手太陽小腸脉也,手少陰心脉也,是二經爲表裏,上爲乳汁,下爲月水。有娠之人,經水所以斷者,壅之以養胎,畜之以爲乳汁也"[3]。"且世俗之家,婦人産後復乳其子,産既損氣已甚,乳又傷血至深,蠹命耗神,莫極于此。"[4]可見,嬌貴的上層婦女不肯自己哺乳主要還是爲了保住自身的健康。而且,衆所周知,哺乳的婦女一般難以懷孕,早日斷乳可使母親早日懷孕。這樣可生出更多的後代,也許正是這一點,使大部分士大夫接受雇乳母的做法。

要養育一名健壯的孩子,必須給其提供充沛的乳汁,這名提供乳汁的母體當然也是越健壯越好。宋婦科名醫陳自明曰:"又擇乳母,須精神爽健,情性和悦,肌肉充肥,無諸疾病,知寒温之宜,能調節乳食,奶汁濃白,則可以飼兒。"[5]請注意"肌肉充肥"數字,如上所述,在宋代的圖像史料中,下層女性的肥碩與上層女性的瘦長嬌小成對照。宋代士大夫眼中的美女是瘦長嬌小的,而養育孩子又需要肥碩健壯的母體,這就成爲一個矛盾。筆者不敢斷言,仕女們是爲了培育符合當時美感的身材而故意不哺乳的,但培育一名健壯的孩子,肯定是符合父母雙方利益的,因此雇傭乳母便成爲必然的選擇。

再次,下層婦女受雇成爲乳母,進入上層家庭,那麼她們自己的新生兒呢?

---

[1] 〔宋〕羅大經撰,王瑞來點校:《鶴林玉露》,丙編卷四《誠齋夫人》,第309頁。
[2] 〔宋〕陳自明撰,余瀛鰲點校:《婦人大全良方》,卷一《精血篇第二》,人民衛生出版社,1992年,第12頁。
[3] 〔宋〕陳自明撰,余瀛鰲點校:《婦人大全良方》,卷一二《妊娠漏胎下血方論第五》,第354頁。
[4] 〔宋〕陳自明撰,余瀛鰲點校:《婦人大全良方》,卷一六《坐月門》,第442頁。
[5] 〔宋〕陳自明撰,余瀛鰲點校:《婦人大全良方》,卷二四,第659頁。

南宋洪邁謂:"少時,見前輩一說云:'富人有子不自乳,而使人弃其子而乳之;貧人有子不得自乳,而弃之以乳他人之子。'"[1]由此可見,乳母多單身進入士大夫家庭,有的嬰兒可能剛能吃一點輔食,母親便強行斷奶,然後交由夫家長輩喂以米湯之類勉強帶大。然而按常識,能斷奶的嬰兒起碼得在半歲以上,這時乳母的乳汁已相當稀薄,上層家庭肯定不願雇傭這樣的乳母。下列史料説明,也有乳母將自己的親生兒女帶入富人家,但這種情況非常罕見。如上所述,有相當一部分産婦捨兒離家,甚至不惜犧牲自己孩子的生命。宋代部分地區的庶民已有意識地進行計劃生育,許多地方有所謂"不舉子"之俗,即一對夫婦以兩兒一女爲佳,多生之子女往往被溺死[2]。正值生育年齡的妻子抛下兒女進入富人家,其家肯定有許多不得已的難處,但也可能與主動的"不舉子"相關。

爲養己子而殺他人子,這肯定與儒家的"仁"有衝突,對此,理學大家也頗爲躊躇。程頤想出一個辦法:"今人家買乳婢,亦多有不得已者。或不能自乳,須着使人。然食己子而殺人之子,不是道理。必不得已,用二乳而食二[三]子,我之子又足備他虞,或乳母病且死,則不能爲害。或以勢要二人,又不更爲己子而殺人子,要之只是有所費。若不幸致誤其子,害孰大焉?"[3]爲了窮人家的孩子,要富人家多雇兩名乳母,根本無法推行,程頤的建議實在迂腐。

因此,乳母肯定只能從下層家庭尋找,皇帝的乳母也可能從偏遠的農村覓來。司馬光説:"真宗乳母秦國夫人劉氏,本農家也,喜言農家之事,真宗自幼聞之。故爲開封尹以善政著聞。及踐大位,咸平、景德之治,爲有宋隆平之極。景德農田敕,至今稱爲精當。"[4]可以想見,乳母常給所育兒女講述高墻外的百姓生活,這些公子、小姐聽到這些聞所未聞的故事,該有多麼好奇。

下層婦女又是如何成爲王公貴族家的乳母的呢?由史料看,上自皇室,下至一般士大夫,都是通過女性中介來尋找乳母的。北宋哲宗初,諫官劉安世"呼牙媪爲其兄嫂求乳母,逾月無所得,安世怒詰之,姥曰:'非敢慢也,累日在府司,

---

[1] 〔宋〕洪邁撰,孔凡禮整理:《容齋五筆》,卷五《貧富習常》,《全宋筆記》編5册6,大象出版社,2012年,第449頁。
[2] 詳見劉静貞:《不舉子——宋人的生育問題:殺子、溺女、墮胎》,稻鄉出版社,1998年。
[3] 〔宋〕程顥、程頤著,王孝魚點校:《二程集》,《河南程氏外書》,卷一〇,第407頁。
[4] 〔宋〕李燾:《續資治通鑒長編》,卷三五九,哲宗元豐八年八月己丑,第8590頁。

緣内東門要乳母十人,今日方入了。'安世驚曰:'汝言益妄。上未納后,安有此?'媪具言内東門指揮,令府司責軍令狀,無泄漏。安世猶未之信。任府司者,適安世故人,亟以手簡問之,答云非妄"[1]。劉安世通過牙媼給家人找乳母,却久覓不得,因正逢開封府爲皇室找乳母,而且一下要找十名,于是民間就更難覓了。這條史料透露出兩方面資訊:一是合適的乳母并不好找;二是皇室找乳母往往不止一名,乳母多至十人,其工作恐怕不僅是哺乳吧?

士大夫選擇乳母有一定要求,先決條件當然是婦女的外表。如上所述,首先,要選擇身體健壯的婦人。因此,患有皮膚病或有其他缺陷的都被立時否决。唐名醫孫思邈談及擇乳母的諸條件:"夫乳母,形色所宜,其候甚多,不可求備,但取不胡臭、瘻瘦、氣嗽、瘑疥、痴癃、白秃、鬁瘍、沈唇、耳聾、齇鼻、瘨癇,無此等疾者,便可飲兒也。"[2] 宋代的醫書亦往往可見乳母專章,其表述與前代約略相同:"兒生自乳養者,一切不論。若令乳母乳養者,必擇其人。若有宿疾、狐臭、瘻瘦、上氣喘嗽、疥癬頭瘡、龜胸駝背、鼻齇緊唇、痴聾瘖啞、顛狂驚癇、疽癰等疾,并不可令乳兒也。"[3]

清代的史料又説明,婦女的相貌也是挑選乳母的條件之一:"這些乳母都是從旗丁的妻子中選進來的,都是一些剛生産過的少婦。選擇這些乳母,一要體格好,二要相貌好,條件極其苛刻嚴格。"[4] 古人相信嬰兒吃了乳母的奶,會逐漸長得像乳母,因此,皇家及富貴人家挑選乳母,除要求婦女的身體健康外,長相應該也是一個重要條件。

其次,選擇乳母還必須注意她的性格,如果是挑選進入皇宫的乳母則更爲嚴格。漢劉向記先秦流傳下來的經驗爲:"禮,爲孺子室于宫,擇諸母及阿者,必求其寬裕慈惠、温良恭敬、慎而寡言者,使爲子師,次爲慈母,次爲保母,皆居子室,以養全之。他人無事不得往。"[5] 唐孫思邈亦謂:"凡乳母者,其血氣爲乳汁

1　〔宋〕李燾:《續資治通鑒長編》,卷四三六,哲宗元祐四年十二月,第10515頁。
2　〔唐〕孫思邈:《備急千金要方》,卷五上《擇乳母法》,人民衛生出版社,1955年,第74頁。
3　〔宋〕佚名:《小兒衛生總微論方》,卷二《乳母論》,上海衛生出版社,1958年,第18頁。
4　于善浦:《喝人乳的慈禧》,《紫禁城》1987年第4期,第22頁。
5　〔漢〕劉向撰,〔晋〕顧愷之圖:《古列女傳》,卷五《節義傳・魏節乳母》,叢書集成本,册3400,第144頁。

也。五情善惡,悉是血氣所生也。其乳兒者,皆宜慎于喜怒。"[1] 宋司馬光所作《溫公家範》有專章談及乳母的選擇:"《內則》:异爲孺子室于宫中,擇于諸母與可者,必求其寬裕、慈惠、温良、恭敬、慎而寡言者,使爲子師,其次爲慈母,其次爲保母,皆居子室,他人無事不往。"[2] 司馬光亦曾上疏談及皇室挑選乳母之事:"凡初入宫,皆須幼年未適人者。若求乳母,亦須選擇良家性行和謹者,方得入宫。傳之子孫,爲萬世法,此誠治亂之本,禍福之原,不可以爲細事而忽之。"[3] 南宋真德秀曰:"《禮記》曰:'凡生子,擇于諸母與可者,必求其寬裕慈惠、温良恭敬、慎而寡言者使爲子師。'諸母,衆妾也。可者,傅御之屬也。子師,教示以善道者。司馬温公曰:'子始生,求乳母必擇良家婦人稍温謹者。乳母不良,非惟敗亂家法,兼令所飼之子性行亦類之。'"[4] 很明顯,不可能選處女爲乳母,除身體健康外,挑選的標準還包括她們的出身及性格。

乳母也可能是丈夫死後,自己賣身入富人府的。宋筆記曰:"王磐安國,合肥人。政和中,爲郎京師。其子婦免身,訪乳婢,女儈云:'有一人,夫死未久,自求售身。'安國以三萬得之。"[5] 所謂售身入府,應該是没有固定期限的。而諸多文獻顯示,乳母若是雇傭來的,一般皆有契約,契約上寫明雇傭的期限與報酬。神宗元豐七年(1084)御史蹇序辰報:"聞知杭州張詵于部下雇乳婢,留三月限滿,其夫取之,詵乃言元約三年,其夫訴于轉運副使許懋,取契照驗,實三年也。始悟引致人見罔,挾刃往刺,既不相遇,旁中四人,卒與俱死,杭人冤之。"乳母夫不識字,因此被騙,蹇序辰請嚴厲處罰張詵,但官官相護,以致此奏不了了之[6]。

哲宗元符二年(1099)發生一椿奇案,"京師富民程奇者,家有六歲小兒,其乳婢求去,奇不許。婢怨奇,因與小兒戲,教兒自稱官家,婢即向兒山呼,仍遽出

---

[1] 〔唐〕孫思邈:《備急千金要方》,卷五上《擇乳母法》,第74頁。

[2] 〔宋〕司馬光著,王宗志注釋:《溫公家範》,卷一〇《乳母保母附》,第215頁。

[3] 〔宋〕司馬光撰,李文澤、霞紹暉校點:《司馬光全集》,卷二七《後宫等級札子》,四川大學出版社,2010年,第687頁。

[4] 〔宋〕真德秀:《西山讀書記》,卷二一,四庫全書本,册705,第644頁。

[5] 〔宋〕王明清撰,戴建國整理:《玉照新志》,卷二,《全宋筆記》編6册2,大象出版社,2013年,第166頁。

[6] 〔宋〕李燾:《續資治通鑒長編》,卷三四五,神宗元豐七年五月丁卯,第8294頁。

告。詔開封府推治婢情得，杖脊送畿南編管。上以小兒不足深罪，而奇坐分析不實，但衝替"[1]。可見，乳母雇傭期限已到，主家強留乳母，也會引發其他的麻煩事。

所立券一般寫明雇值多少。而福建風俗不與乳母立券，即先不給錢，直至所育兒女長大之後，再給予重金厚謝。光宗末趙汝愚聯合韓侂胄擁立寧宗，事成之後，朱熹勸趙汝愚以厚禮謝之，即設法給予節度使讓他遠離朝廷，但趙汝愚猶豫未決，後被韓侂胄禍害。"先生對門人曰：'韓，吾鄉乳母也，宜早陳謝之。'建俗用乳母乳其子，初不爲券，兒去乳，即以首飾羔幣厚遣之，故謂之陳謝。"[2]

主家不需要乳母後，也可能將她賣與他家。哲宗初韓縝將與鄧潤甫（温伯）聯姻，便欲將鄧從邊地調回京城，爲此韓與女婿傅堯俞相商，而韓"縝家有乳媪，出售于從官家，漏説此事"[3]。這位乳母的多言引起一場較大的政治風波，而筆者着眼于韓家的乳母居然售予從官。

（二）乳母所受的培訓與管理

乳母成爲上流社會必不可少的服務人員後，社會上遂形成一整套調教乳母的方法，以至宋代醫書連篇累牘涉及這一專題。有的涉及哺乳的細節："凡每乳兒，乳母當先以手按散其熱，然後與兒吮之。若乳汁涌，恐兒咽乳不及，慮防嗆噎，則輒奪之，令兒少息，又復與之，如是數反則可也。又當視兒飢飽，節度一日之中，知幾乳而足，量以爲常。每于早晨，若有宿乳，須當捻去，若夏月不去熱乳，令兒吐哯，冬月不去寒乳，令兒咳利。又若兒大喜之後，不可便乳，令兒驚癇，若兒大哭之後，不可便與乳，令兒吐瀉。又乳兒不可太飽，恐停滯不化，若太飽，則以空乳令吮則消。凡每乳兒，乳母當以臂枕兒頭，令兒口與乳齊，乃乳之，不可用膊，即太高，令兒飲乳不快，多致兒噎。又乳母欲寐，則奪去其乳，恐睡着不覺，被乳填沃口鼻，别生其他事，又且不知兒飢飽也。"[4] "凡乳母慎護養兒，乳

---

1 〔宋〕李燾：《續資治通鑒長編》，卷五一〇，哲宗元符二年五月戊辰，第 12147 頁。
2 〔宋〕葉紹翁撰，張劍光、周紹華整理：《四朝聞見録》，乙集《趙忠定》，《全宋筆記》編 6 册 9，第 269~270 頁。
3 〔宋〕李燾：《續資治通鑒長編》，卷四四七，哲宗元祐五年八月庚戌，第 10752 頁。
4 〔宋〕佚名：《小兒衛生總微論方》，卷二《乳母論》，第 18 頁。

哺欲其有節,襁褓欲其有宜,達其飢飽,察其強弱,適其濃薄,循其寒燠,蓋自有道,不可不知也。……凡乳母,若遇天和無風之時,當抱兒在日中嬉戲,使數見風日,則血凝氣剛,肌肉硬密,堪耐風寒。若藏幃帳之內,重衣溫暖,譬如陰地草木,不見風日,則脆軟不任,易爲傷損。……又常令乳母,每日三時摸兒項後筋兩轅之間,名曰風池,若熱,即須熨之,令微汗則愈。諺云:戒養小兒,慎護風池者是也。"[1] 這些說教彙集起來,幾成乳母培訓大全。

在中國傳統醫學中,認爲乳母的日常行爲與所育兒的健康關係密切。唐孫思邈謂:"其乳母遇醉及房勞、喘後乳兒最劇,能殺兒也,不可不慎。"[2] "乳母洗浴,水氣未消,飲兒爲霍亂。"[3] 宋諸醫書亦頗多相關論述,如:"凡乳母,乃血氣化爲乳汁,則吾性善惡,悉由血氣所生,應喜怒飲食,一切禁忌并宜戒慎。若縱性恣意,因而乳兒,則令兒感生疾病也。若房勞乳兒,則令兒瘦瘁,交脛不能行。若醉以乳兒,則令兒身熱腹滿。若畜熱乳兒,則令兒變黃不能食。若怒作乳兒,則令兒驚狂上氣。若吐下乳兒,則令兒虛羸氣弱。是皆所忌也。"[4] "孩子或夏中熱時,因乳母沐浴多使冷水,妳得冷氣,血脉皆伏見,孩兒氣未定,便與妳,使孩子多胃毒及赤白兩般惡痢。此乃是妳母之過。凡浴後,可令定息良久,候氣定,揉與之,即全無患。師巫燒錢,乳毋須預祝之,勿令着水噴兒,皆令驚熱入心,轉成患害,切細慎之。"[5] "仍令乳母常忌毒魚、大蒜、鷄鴨猪肉等。"[6] "小兒飲乳,則乳母當知禁忌,不爾,令兒百病由之而生。大忌之法:春夏不得衝熱與兒乳,令發熱疳并嘔逆;秋冬不得以冷乳與兒,令腹脹羸瘦。乳母嗔怒次不得哺兒,令患狂邪;乳母醉不得哺兒,令患驚癇、天痾、急風等;乳母有孕不堪哺兒,令患胎黃及脊疳;乳母有疾不得哺兒,令患癲癇風病;乳母吐後不得哺兒,令嘔逆羸瘦;乳母傷飽不得哺兒,令多熱喘急。乳母忌食諸豆及醬熱面生冷之類,若兒

---

1 〔宋〕佚名:《小兒衛生總微論方》,卷二《慎護論》,第19頁。
2 〔唐〕孫思邈:《備急千金要方》,卷五上《客忤第四》,第82頁。
3 〔唐〕孫思邈:《備急千金要方》,卷一五下《小兒痾第十》,第287頁。
4 〔宋〕佚名:《小兒衛生總微論方》,卷二《乳母論》,第18頁。
5 〔宋〕佚名:《顱囟經》,卷上,四庫全書本,册738,第5頁。
6 〔宋〕王衮:《博濟方》,卷四,商務印書館,1959年,第115頁。

患疳，即不得食羊肉及魚。凡乳母不得以綿衣蓋兒頭面，不得以口鼻吹着兒囟。"[1] "不得與奶母大段酸鹹飲食，仍忌纔衝寒或衝熱來便喂兒奶，如此則必成奶癖，或驚疳、瀉痢之疾，切須忌之。夜間不得令兒枕臂，須作一二豆袋，令兒枕兼左右附之，可近乳母之側。蓋覆衣衾，須露兒頭面。一向仰卧恐成驚疾，須時復回動之。"[2] 由這些説教，可知乳母有多麽辛苦，而且在府中很不自由，一舉一動都必須按主人的吩咐行事。

在宋代醫案中亦有乳母飲酒致所育兒女病患的病例：名醫唐與正"侄女年數歲，得風癉疾，先發于臆，迤邐延上，赤腫痛癢。"醫生投以百藥無效，"腫聚于頂，其高數寸，雖飲食寢處無妨，而疾未去也。唐母吴夫人曰：'此女乳母好飲熱酒，至并歠其糟，疾殆因是歟？'唐方悟所以至頂不消之由"[3]。醫案未言及唐府如何懲罰乳母，但可以想見，府中公子、小姐生病，乳母往往會遭到訓斥。

乳母也是幼兒的最初教育者，對乳母的培訓便涉及嬰幼兒的教養方法，醫書曰："凡兒生六十日，目瞳子成，能識人；百日，任脉反復；一百八十日，尻骨成，能獨坐；二百日，掌骨成，能匍匐；三百日，臍骨成，能獨立；三百六十日，膝骨成，能移步。乳母常須依時按節，續續教引，使兒能會，此是定法也。即不得常常抱持，過時都不教引，致令兒筋骨弛墮，又恐成腰脚之疾也。"[4] 這還是嬰幼兒的動作教育，而士人更注重品德的教育，司馬光曰："凡子始生，若爲之求乳母，必擇良惠婦人稍温謹者。子能食，飼之，教以右手；子能言，教之自名及唱喏、萬福安置；稍有知，則教之以恭敬尊長，有不識尊卑長幼者，則嚴訶禁之。"[5]

但調教乳母亦不可死板爲之，世間并無不變之法。范純仁曾説："今陛下愛民，正如父母念遠處嬰兒，若不教乳媪愛子之心，而特爲立乳哺燥濕藥餌之節而使行，則乳媪將不問兒之大小肥瘦虚實之异，及臨時饑渴疾病好惡之情，一切執用其法，則嬰兒必不自適，徒益生其疾苦，至有不能言而夭横者多矣。此豈父母

1　〔宋〕佚名：《聖濟總録》，卷一六七《乳母忌慎法》，上海棋盤街文瑞樓民國8年石印本（據元大德四年本刊），第3頁。
2　〔宋〕陳自明撰，余瀛鰲點校：《婦人大全良方》，卷二四，第659頁。
3　〔宋〕張杲：《醫説》，卷二《唐與正治疾》，上海科學技術出版社，1984年，第29頁。
4　〔宋〕佚名：《小兒衛生總微論方》，卷二《乳母論》，第18~19頁。
5　〔元〕陶宗儀：《説郛》卷七一，引〔宋〕司馬光《涑水家儀》，第3321頁。

之本心哉！不若選擇乳媼而委之，使各盡其愛兒之心，飢渴燥濕隨事得宜，而字養之，則嬰兒皆自便，適其康壯矣。"[1]這雖是一個比喻，但也說明士人家庭非常重視乳母的選擇與調教。

乳母進入雇主家，帶養孩子必有一定的風險。南宋光宗、寧宗時劉宰以長詩講述一個生動的故事："乳母夜深紉故衣，針墮兒側姥不知。兒膚受針口啼哭，輾轉無眠針入肉。明日啼聲甚夜來，問兒疾苦誰能猜？拊摩忽到傷針處，兒啼欲絕姥方悟。醫師睨視了無策，鄰母驚嗟悉來睹。群兒竊聽聞，肩竦毛髮豎。芮生昂然來，自言醫此屢。探懷出良藥，布指揣針路，斯須穎脫出，肌理自如故。"[2]針刺入兒體，顯然是一大事故，所幸芮醫生救治有方，得以脫險，但如果不能取出針來，如果這個孩子是貴家珍兒，則乳母受罰必大。

一旦孩子丟失，乳母則罪過更重。北宋理學家程頤謂："先妣夫人姓侯氏，太原孟縣人，……少女方數歲，忽失所在，乳姥輩悲泣叫號。夫人罵止之，曰：'在當求得。苟亡失矣，汝如是，將何爲？'"[3]

因此，乳母帶不好孩子，或發生某種事故，也可能被辭退。元筆記謂：宋"度宗庚子歲生于八大王府，日夕啼號不已，更數乳母，多獲譴。最後一乳母捧抱行廊廡間，入小閣見所粘塔影，忽然而笑，既去復顧，因以水噀取置手中，自是不復啼泣"[4]。乳母告八大王，始想起當初曾答應布施造塔而未兌現，問寺僧方知討布施的行童已死，計其死之時即度宗生之旦也，大王遂捐貨予寺廟。故事謂度宗乃斷臂求布施之行童轉世，自然不可信，但乳母帶不好孩子便會遭辭退，却是真實的。

(三) 終老于士大夫家庭的乳母

乳母不僅僅哺育幼兒，而且通常都會照顧這個孩子，一直陪伴在孩子身邊。

---

1 〔宋〕趙汝愚編：《諸臣奏議》卷一一九，范純仁《上哲宗論愛民當如父母愛子》，文海出版社，1970年，第4061頁。

2 〔宋〕劉宰：《漫塘集》，卷四《贈芮醫》，四庫全書本，冊1170，第335～336頁。

3 〔宋〕程顥、程頤著，王孝魚點校：《二程集》，《河南程氏文集》，卷一二《上谷郡君家傳》，第653～654頁。

4 〔元〕劉一清：《錢塘遺事》，卷五《度宗即位》，上海古籍出版社，1985年，第112頁。

南宋袁燮傳曰:袁"生而端粹專静,乳媪置槃水其前,玩視終日,夜卧常醒"[1]。神宗時大臣杜純行狀曰:"生警異重厚,不類常兒。方四歲,乳母抱立尚書(其父)側,尚書指庭前物作詩句戲之,即能爲儷語,尚書大驚。"[2] 可見,即使是男主人探視或教育幼兒時,這位乳母也在場,令人注目的是,這時孩子的生母却并未在場。

如果孩子的生母早逝,孩子就更離不開乳母了。南宋趙汝騰記其子崇堂,生母鄭氏"碩人病殁于杭之西湖,崇堂哀甚。碩人殮,其乳母抱之他,不使視。翌早,雨甚至,哭指雲間曰:'見吾母過,冠甚。'側問婢輩,皆曰殮時冠誠然"[3]。

乳母與孩子之間感情的親密度往往會超過幼兒與生母,以至幼兒離不開這位乳母,所以許多乳母會一直留在主家。周密謂,其"大父雖食醋亦取之官庫。一日與客持螯,醯味頗異常時,因扣從來,蓋先姑婆乳母所爲斗許,以備不時之需者。遂令亟去之"[4]。黄庭堅給朋友信中亦稱,"聞諸公數日中欲至摩圍,亦不害,但絶無果實,都不成盤飾。四十乳母乃一老精靈,秃鬢大脚,但可令執爨供承"[5]。可見,所育兒女長大成人之後,乳母會幫着料理主家的家務,成爲資格最老的傭人。

在許多史料中,我們都會看到所謂"老乳母"的身影,她們無名無姓,但對這個家庭的往事瞭若指掌。太宗朝名臣寇準,"初爲樞密直學士,賞賜金帛甚厚。乳母泣曰:'太夫人不幸時,家貧,求一縑作衾褥不可得,豈知今日富貴哉!'公聞之慟哭,盡散金帛,終身不畜財産。後雖出入將相,所得俸禄,惟務施與"[6]。這位乳母親見寇家由貧入富的過程,而寇準對她也頗爲服膺。

當時士大夫爲人作傳或撰墓志銘時必宣揚他們對長輩之孝,而"孝"的對象

---

[1] 〔元〕脱脱等:《宋史》,卷四〇〇《袁燮傳》,第 12146 頁。
[2] 〔宋〕晁補之:《濟北晁先生雞肋集》,卷六二《朝散郎充集賢殿修撰提舉西京嵩山崇福宫杜公行狀》,四部叢刊本,第 6 頁。
[3] 〔宋〕趙汝騰:《庸齋集》,卷六《子將仕崇堂墓志銘》,四庫全書本,册 1181,第 300~301 頁。
[4] 〔宋〕周密撰,吴企明點校:《癸辛雜識》,後集《大父廉儉》,第 90 頁。
[5] 〔宋〕黄庭堅撰,劉琳、李勇先、王蓉貴校點:《黄庭堅全集》,補遺卷七《答人簡》,四川大學出版社,2001 年,第 2249 頁。
[6] 〔宋〕朱熹:《五朝名臣言行録》卷四之二,《朱子全書》册 12,第 124 頁。

往往就包括乳母。如真宗、仁宗時名臣王曾，"事諸父、諸母、乳母，盡其孝謹"[1]，此條單舉乳母，并與"諸父""諸母"并列，可見他對乳母尤其敬重。又如南宋龍圖閣待制趙粹中"事乳母尤謹"[2]。樓鑰行狀謂：其"乳母趙氏，去而不知所在，博訪得之，年垂七十矣，携以之官，率其婦子，敬待以禮。其篤厚類如此"[3]。可見，士大夫爲乳母養老送終乃爲常態。

如樓鑰那樣，文獻中亦常記載士大夫宦游各地時，往往携年長的乳母一同前往。南宋范成大乾道八年（1172）被遣出知静江府，當時人視過嶺南爲畏途，恐怕染瘴不得復歸，故親友分別時皆十分悲傷，而范家體弱多病的老乳母仍然隨其遠行。"乳母徐自登舟病喘甚，氣息綿惙。若以登陸行，則速其絶；委之，恩義不可。過餘杭五日，計無所出。昨夕達曉不寐，往來方寸中，此其勢必不可以遠行也。且政使嫡母有兼侍，而長子遠使，亦當就養他子，況乳保哉！張氏妹，從其夫方宦臨安，又同乳于徐者，遂决意留之。張氏分路時，心目判斷，世謂生離不如死別，信然。"[4] 范成大謂與老乳母作生死訣，筆不能狀其凄愴，可見其情之真。

由于乳母往往隨所育兒生活，一位女性嫁入夫家，可能既要面對丈夫的乳母，亦要與子輩的乳母相處。樓鑰謂其母汪慧通，"先君乳母劉氏，本中原人，忠愛子孫，亡妣待之甚厚，卒老于家"[5]。黄庭堅爲母親代作祭文悼早夭兒曰："維汝乳母，乳我三子。皆不中身，禍酷如此。汝念乳母，在後而單。我尚撫之，如三子存。"[6] 黄家這位孝子，臨終尚擔心自己的乳母老無所歸，而他的母親保證，一定好好待她。

乳母帶大貴家女，還往往伴隨小姐出嫁，最後終老于其夫家。宋筆記多見誠心禮佛獲好報的故事，有一條説通判許州路分都監郭虞卿妻之老乳母拜佛多

1　〔宋〕朱熹：《五朝名臣言行録》卷五之一，《朱子全書》册 12，第 148 頁。
2　〔宋〕樓鑰：《攻媿集》，卷九八《龍圖閣待制趙公神道碑》，四部叢刊本，第 30 頁。
3　〔宋〕袁燮：《絜齋集》，卷一一《資政殿大學士贈少師樓公行狀》，叢書集成本，册 2029，第 184 頁。
4　〔宋〕范成大撰，方健整理：《驂鸞録》，《全宋筆記》編 5 册 7，大象出版社，2012 年，第 32 頁。
5　〔宋〕樓鑰：《攻媿集》，卷八五《亡妣安康郡太夫人行狀》，四部叢刊本，第 5 頁。
6　〔宋〕黄庭堅撰，劉琳、李勇先、王蓉貴校點：《黄庭堅全集》，別集卷一三《母壽光縣太君祭韭熊文》，第 1734 頁。

年,以至獲得舍利無數[1]。而筆者主要着眼于乳母的生活狀態,可見乳母隨貴家女至其夫家生活,養至老年,亦十分愜意。貴家女嫁人之後,其乳母也可能因種種原因不能隨往,而終老于原雇主家中。《夷堅志》謂:"李元佐以紹興十六年監建州豐國監,生女子,買民妻陳氏爲乳母。女既長,因不復肯言歸。媪賦性獷戾,常與人競,視同列蔑如也。乾道四年,女嫁王氏,以其好駡,弗與之俱。後三年,李爲户部郎,陳死于臨安。"[2] 這位乳母不肯回自己家,又因爲脾氣太壞,小姐不肯帶她去夫家,她便留在李家,由李家爲她送終。可見,這是當時社會的一般常態。

貴家女嫁後早逝,隨她出嫁的老乳母還可以回到該女的娘家。黄庭堅曾爲母親作祭文,以紀念逝去的姐姐,曰:其姐逝去,"于今七年。乳母來歸,婿亦繼室,昔所抱兒,亦既結髮。惟汝面目,永隔枯木"[3]。

乳母本包括在所謂"八母"之中,宋人談禮,往往將她與嫡母、庶母等同列,所謂"在禮法中有嫡母、庶母、所生母、乳母、妾母"[4]。因此,高官的乳母也可得到命婦之封。真宗時"封參知政事王曾乳母朱氏爲福昌縣太君"[5]。高官乳母之親人甚至可以得到朝廷的恩典,神宗時丞相陳升之即得此賞。"初,丞相之生也,母荆國太夫人竇氏病,弗能乳,光禄夫人葉氏實乳之。丞相念乳母恩,封葉夫人崇安郡太君,又官其子若孫,都曹、儀鸞皆由此任。"[6] 一些官員主動要求將升官恩例轉給乳母。乾興元年(1022,仁宗即位未改元)四月,"司徒兼侍中丁謂言,有姊未有邑號;司空兼侍中馮拯言,妻早亡,本家宜氏久主家事,乞賜封邑;參知政事王曾言,乳母朱氏年七十三,乞近下封邑名目。并從之"[7]。又孝宗淳熙"十一年正月十六日,户部員外郎、總領浙西江東財賦、淮東軍馬錢糧吴琚言,

---

1 〔宋〕王鞏撰,戴建國整理:《聞見近録》,《全宋筆記》編2册6,大象出版社,2006年,第28頁。
2 〔宋〕洪邁撰,何卓點校:《夷堅志》,支景卷七《李氏乳媪》,第936頁。
3 〔宋〕黄庭堅撰,劉琳、李勇先、王蓉貴校點:《黄庭堅全集》,正集卷二九《母安康郡太君祭亡女陳十娘文》,第801頁。
4 〔宋〕王十朋:《梅溪王先生文集》,後集卷二五《定奪阿何訟陳友直》,四部叢刊本,第8頁。
5 〔宋〕李燾:《續資治通鑒長編》,卷九八,真宗乾興元年四月乙卯,第2279頁。
6 〔宋〕劉宰:《漫塘集》,卷三三《陳府君行述》,四庫全書本,册1170,第749頁。
7 〔清〕徐松:《宋會要輯稿》,儀制一〇之二四,第2016頁。

被旨,太上皇后慶壽七十,推恩親屬數内吴琚與轉一官資,乞回授乳母范氏特與初封。從之"。淳熙十六年(1189)"三月二十一日,敷文閣待制、提舉佑神觀吴琚言,臣乳母范氏見年七十有九,昨因該遇壽聖皇太后慶七十恩典,陳乞回授,已特封孺人,今乞將所該覃恩一官,更與回授于孺人上加封。從之"。[1] 吴琚對乳母特别有感情,以至兩次要求以自己的官資改封乳母。

所育子爲乳母服喪,已見于先秦禮書,明載爲"緦麻三月"。鄭玄注謂:"'養子者有它故,賤者代之慈己。'傳曰:'何以緦也?以名服也。'釋曰:'《荀子》曰,乳母,飲食之者也,而三月;慈母,衣被之者也,而九月;君,曲被者也,三年畢乎哉。'"[2]

唐韓愈文集中即有《乳母墓銘》,其文曰:"乳母李,徐州人,號正真。入韓氏,乳其兒愈。愈生未再周月,孤失怙恃,李氏憐不忍弃去,視保益謹,遂老韓氏。及見其所乳兒愈舉進士第,歷佐汴徐軍,入朝爲御史、國子博士、尚書都官員外郎、河南令,娶婦,生二男五女。時節慶賀,輒率婦孫列拜進壽。年六十四,元和六年三月十八日疾卒。卒三日,葬河南縣北十五里。愈率婦孫視窆封,且刻其語于石,納諸墓爲銘。"[3] 可見,乳母深受韓家尊重,由于其親生母親早逝,老乳母幾乎成爲韓家最尊的長輩。明人謂,士人爲乳母作銘自韓愈始[4]。

蘇軾被遠貶地方時,他的老乳母仍千里相隨,以至死于中途。蘇軾爲其老乳母親作銘文:"趙郡蘇軾子瞻之乳母任氏,名采蓮,蜀之眉山人。父遂,母李氏。事先夫人三十有五年,工巧勤儉,至老不衰。乳亡姊八娘與軾,養視軾之子邁、迨、過,皆有恩勞。從軾官于杭、密、徐、湖,謫于黄。元豐三年八月壬寅,卒于黄之臨皋亭,享年七十有二。十月壬午,葬于黄之東皋黄岡之北。銘曰:生有以養之,不必其子也。死有以葬之,不必其里也。我祭其從與享之,其魂氣無不之也。"[5] 老乳母的過世令蘇軾十分悲傷,很久不能釋懷,爲操辦其喪事,以至無

---

[1] 〔清〕徐松:《宋會要輯稿》,職官六一之二九、三〇,第3769頁。
[2] 〔宋〕李如圭:《儀禮集釋》,卷一九,喪服緦麻三月者,四庫全書本,册103,第341頁。
[3] 〔唐〕韓愈撰,馬其昶校注,馬茂元整理:《韓昌黎文集校注》,卷七《乳母墓銘》,第563頁。
[4] 〔明〕王行:《墓銘舉例》,卷一,四庫全書本,册1482,第386頁。
[5] 〔宋〕蘇軾:《蘇軾文集》,卷一四八《乳母任氏墓志銘》,見曾棗莊、舒大剛主編:《三蘇全書》册15,第414頁。

暇給朋友復信。他説："軾寓居粗遣,……而軾亦喪一老乳母,悼念未衰,又得鄉信,堂兄中舍九月中逝去,异鄉衰病,觸目凄感,念人命脆弱如此!……適會葬老乳母,今勾當作墳,未暇拜書。"[1] "但初到此,喪一老乳母,七十二矣,悼念久之,近亦不復置懷。"[2] 直至過去不少日子,蘇軾亦遠貶至嶺南,仍托親戚爲乳母上墳,他在信中説:"兩兒子新婦,各爲老乳母任氏作燒化衣服幾件。敢煩長者丁囑一干人,令剩買紙錢數束,仍厚鋪薪蒭于墳前,一酹而燒之,勿觸動爲佳。恃眷念之深,必不罪幹冘。悚息!悚息!"[3] 蘇東坡乳母之墳位于黄州,至明清尚可辨識[4]。其墓志銘出土于清代[5]。

南宋名臣周必大重回故鄉,亦以老乳母故去爲痛:"予既久失慈訓,而姒之乳母孟亡,弟子柔、予之乳母姚、婢永壽無一在者,誦無人論舊事之句,墮淚久之。"[6]

乳母往往被葬于主家墳墓,甚至就葬于所育兒女墓旁。南宋衛涇曰:"安娘,某之第二女也,生于慶元丁巳。……疾作遂殁,年止十二。嗚呼!是可哀也。後十八年,乳母楊氏卜葬兹地,因祔于側,且刻歲月納諸壙。"[7]

另一方面,乳母將別人的孩子養大,也會對這個孩子産生親人般的感情。宋代各家筆記多次記述以下這個故事,而以陸游所記最全:"東坡素知李廌方叔。方叔赴省試,東坡知舉,得一卷子大喜,手批數十字,且語黄魯直曰:'是必吾李廌也。'及拆號,則章持致平,而廌乃見黜。故東坡、山谷皆有詩在集中。初,廌試罷,歸語人曰:'蘇公知舉,吾之文必不在三名後。'及被黜,廌有乳母年七十,大哭曰:'吾兒遇蘇内翰知舉不及第,它日尚奚望?'遂閉門睡,至夕不出,

---

1 〔宋〕蘇軾:《蘇軾文集》,卷五二《答秦太虚四》,見曾棗莊、舒大剛主編:《三蘇全書》册12,第476~477頁。
2 〔宋〕蘇軾:《蘇軾文集》,卷七一《與王慶源五》,見曾棗莊、舒大剛主編:《三蘇全書》册13,第279頁。
3 〔宋〕蘇軾:《蘇軾文集》,卷五五《與潘彦明九》,見曾棗莊、舒大剛主編:《三蘇全書》册12,第528頁。
4 〔明〕薛綱等:《湖廣通志》,卷八一《陵墓志》黄州府,江蘇廣陵古籍刻印社1991年影印明刻本。
5 〔清〕李光暎:《金石文考略》,卷一四,四庫全書本,册684,第411頁。
6 〔宋〕周必大:《文忠集》,卷一六五《歸廬陵日記》,四庫全書本,册1148,第784頁。
7 〔宋〕衛涇:《後樂集》,卷一八《安娘壙銘》,四庫全書本,册1169,第734頁。

發壁視之,自縊死矣。鷹果終身不第以死,亦可哀也。"[1] 留在李家的老乳母,甚至和親生母親一樣關心這個孩子的功名利祿,令人感喟。

當主家長輩過世之後,如果孩子尚幼,乳母可能有機會掌控這家的財產。真宗時大臣程琳欲買豪宅,"故樞密副使張遜第在武成坊,其曾孫偕纔七歲,宗室女生也,貧不自給。乳媼擅出券鬻第,琳欲得之,使開封府吏密諭媼,以偕幼,宜得御寶許鬻乃售。乳媼以宗室女故,入宮見章惠太后。既得御寶,琳乃市取之"[2]。

當主家出現敗家逆子時,乳母甚至會作為幼子的代理人出面打官司。滄州節度使米信生前聚斂節儉,"外營田園,內造邸舍,日入計算何啻千緡"。其長子簪在父親生前拿不到財產,却向富室借高利貸,揮霍無度,契約甚至有"父死鐘聲纔絶,本利齊到之語"。到米信葬畢,其家財已十去五六焉,逆子掌家,較前更恣情揮霍,"以至鬻田園,貨邸店,費周歲而日用之緡亦絶。其弟方四歲。乳母之與家人竊議:'若此子不改,我輩皆為餒鬼。'乳母乃抱小兒詣府陳訴。是時,真宗在宗壽邸,尹開封,聞之赫怒,其上言舉餘財與所訴之弟供奉者,非出之簪一不著身,仍除其班。簪因索然無歸,寄迹旅店"。後這名逆子流落為賣藥行商的小厮,他"形質么麼,頰頰尖薄,克肖胡孫,復悉質終戲場焉,葦繩質頸,跳擲不已。傍觀為之顔厚,而彼殊無怪也"[3]。不懂事的幼弟能告倒長兄,爭到自己的財產,主要還是靠能幹的乳母。這時乳母與所育兒的利益是一致的。

即使主家敗落,有的乳母也會繼續照顧這家的孩子。孝宗謝皇后幼孤,為乳母養大,因而一度姓翟,立為皇后方纔復姓[4]。北宋中期,因石介等士人的大力宣揚,義僕趙延嗣的故事流傳開來:士人趙鄰幾夫妻早逝,遺下三孤女,趙延嗣極力奉養,最後將她們嫁入士人家。然而,士大夫在講述這個故事時,只注意趙延嗣的義舉,却忽視了其家老乳母的存在[5]。

---

1 〔宋〕陸游撰,李昌憲整理:《老學庵筆記》,卷一〇,《全宋筆記》編5册8,大象出版社,2012年,第114頁。
2 〔元〕脱脱等:《宋史》,卷二八八《程琳傳》,第9675頁。
3 〔元〕陶宗儀:《說郛》,卷二九引宋上官融《友會談叢·聚斂》,第1364~1365頁。
4 〔宋〕周必大撰,李昌憲整理:《淳熙玉堂雜記》,卷中,《全宋筆記》編5册8,第291~292頁。
5 〔宋〕吕祖謙:《皇朝文鑒》,卷一四九石介《趙延嗣傳》,《吕祖謙全集》册14,第853頁。

南渡以後,貴族敗落更爲常見,皇族貴胄也可能只剩一老乳母來照看。"紹興二年三月二日,臣僚言:竊聞皇兄故州觀察使安信亡殁,有孤遺男女三人,止是乳母張氏提携往來,寄食他舍,行路之人,見者憐憫。其本宫尊長安時,親則伯父,又職承祀,實任一官之事,坐視不恤,乞賜行遣。詔安時特降一官,其張氏并孤遺三人并給孤遺錢米,令仲蒸收管存恤。"[1]

　　古文獻中尚不乏乳母救所育子的故事。劉向作《列女傳》,便有《魏節乳母》一章,謂秦滅魏時,秦懸賞金千鎰求魏諸公子,一公子之乳母不貪圖賞金,爲救公子以身蔽箭而死[2]。司馬光作《温公家範》,有乳母專章,開篇便列舉古代乳母、保母的義舉:魯武公死後,諸公子争立,魯人作亂衝入宫中,公子稱的保母臧氏,令己子代公子而死,抱公子稱以逃,後即位,是爲孝公;又唐初王世充之臣獨孤武都謀叛歸唐,事覺誅死,子師仁始三歲,其乳母王蘭英乞丐養之,久之抱師仁奔長安,唐高祖封王爲壽永郡君。五代漢鳳翔節度使侯益入朝,右衛大將軍王景崇叛于鳳翔,有怨于益,盡殺其家屬七十餘人。益孫延廣尚在襁褓,乳母劉氏以己子易之,抱延廣而逃,乞食于路,以達大梁,歸于益家。司馬光贊道:"嗚呼!人無貴賤,顧其爲善何如耳。觀此乳保,忘身徇義,字人之孤,名流後世,雖古烈士何以過哉!"[3]

　　宋代也有相近的故事。宋初文臣安德裕的遭遇與上述故事亦極爲相似,父重榮爲晋成德軍節度,"重榮舉兵敗,乳母抱逃水竇中。將出,爲守兵所得,執以見軍校秦習,習與重榮有舊,因匿之"[4]。

　　當靖康之亂時,亦時見乳母救所育子之記載:"廣平郡王棣年十六,給使何義奉棣及乳母隱民間。後數日,敵檄徐秉哲取之,棣遂不免。"[5]曾忞爲著名文臣曾鞏之孫,建炎三年(1129),金人寇越州,盡驅曾家四十口同日殺之,其子"宻甫四歲,與乳母張皆死。夜值小雨,張得蘇,顧見宻亦蘇,尚吮其乳,郡卒陳海匿

---

[1] 〔清〕徐松:《宋會要輯稿》,帝系六之一,第130頁。
[2] 〔漢〕劉向撰,〔晋〕顧愷之圖:《古列女傳》,卷五《節義傳·魏節乳母》,叢書集成本,册3400,第143頁。
[3] 〔宋〕司馬光著,王宗志注釋:《温公家範》,卷一〇《乳母保母附》,第216頁。
[4] 〔元〕脱脱等:《宋史》,卷四四〇《安德裕傳》,第13036頁。
[5] 〔宋〕李心傳:《建炎以來繫年要録》,卷二,建炎元年二月丁卯,叢書集成本,册3861,第42頁。

密以歸。後仕至知南安軍"[1]。向子韶爲神宗向后之再從侄,靖康時爲國守城,城破全家爲金人殺,"季子鴻六歲,乳母抱去,遇兵,奪其母,弃兒井中。有出之者,兵又擊之。一夕復活,他日過,復抱藏民家"[2]。袁燮曾談及乳母救其父曰:"乳母范氏,漢東人也。金人之難,公年始十一,生之全之,繫保護是賴,閫門四千畝田契,囊以自隨,無所遺失。遂老袁氏,躬率子婦奉惟謹,年八十六而終,號慕如童稺,以禮葬之,歲時祭焉,至于今不廢。"[3]這位范氏不僅救出了小主人,而且保全了袁氏財産,宜袁氏一族世代禮敬之。

朱子亦談及這類故事,"王侍郎普之弟某,經兵火,其乳母抱之走,爲一將官所得。乳母自思,爲王氏乳母而失其子,其罪大矣!遂潛謀歸計,將此將官家兵器皆去其刃,弓則斷其弦。自求一好馬,抱兒以逃。追兵踵至,匿于麥中,如此者三四。僅全兒,達王家。常見一僧説之,僧今亦忘矣。欲爲之傳,未果"。其學生黄義剛注云,他聽到的故事約略相同,但被救者爲李伯時[4]。其實,乳母救所育子,本出于母親的天性,也未必如儒士所頌揚的那樣,先有一個"義"字在心。

二、乳母與妾的區别及聯繫

一般而言,乳母不同于妾。妾主要以色事人,一旦不能獲得男主人的青睞,便被掃地出門,而且妻妾矛盾往往難以避免,"不是東風壓倒西風,便是西風壓倒東風"。韓愈未爲自己的親生母親作墓誌銘,以至學者頗疑其母親爲婢妾,而他却爲乳母寫了一篇堂堂正正的墓誌銘,可見,在士人心目中,即使婢妾爲自己的生母仍是可恥的,而乳母的地位和一般的婢妾大爲不同[5]。乳母的地位主要憑子女而升降,僅就母以子貴而言,當然與生子之妾相似,但由于乳母之恩不能

---

1 〔元〕脱脱等:《宋史》,卷四四八《曾志傳》,第13200頁;〔宋〕施宿等撰:《嘉泰會稽志》,卷一九,《宋元方志叢刊》册7,第7067頁。
2 〔宋〕楊時:《龜山集》,卷三五《忠毅向公墓志銘》,四庫全書本,册1125,第432頁。
3 〔宋〕袁燮:《絜齋集》,卷一七《先公墓表》,叢書集成本,册2030,第282頁。
4 〔宋〕黎靖德編,王星賢點校:《朱子語類》,卷一三八雜類,第3292~3293頁。
5 劉國盈:《韓愈生母考》,《北京師院學報》1987年第2期,第9~11頁。

取代生母,所以乳母一般不會與主母發生激烈衝突,因此,在觀念上,乳母較妾似乎應該少一點曖昧,然而,文獻中却常見有關乳母的曖昧記載。

(一)乳母的形象

首先看看文字資料中前代乳母的形象如何。乳母別稱爲"妳","乳母曰嬭(音乃),一作妳,又作㜮,俗作奶,按韵書無奶字"[1]。"《博雅》:嬭妳,國母也,女蟹切。今俗謂乳母爲妳,漢人謂母媼姥,凡此皆一音之轉也。"[2] "養母曰假母史衡山王,又曰乳媪元德秀,又曰某阿母郅都,〇某,其姓,乳母恩,曰阿乳之恩李固。"[3] 可見,乳母雖不是這個孩子的親生母親,但在孩子心目中,她就是真正的母親。

《南史》曰:宋明帝病危時,招大臣褚彥回,"及至召入,帝坐帳中流涕曰:'吾近危篤,故召卿,欲使着黃羅襦。'指床頭大函曰:'文書皆函內置,此函不得復開。'彥回亦悲不自勝。黃羅襦,乳母服也"[4]。所謂"着黃羅襦",即令褚爲顧命大臣,托他輔佐幼子即位。似乎那時的乳母有特殊的服裝,但既然是黃羅所製,應該是宮中乳母的服裝吧?

今人在發掘北魏貴族墓時,從中出土了十六件女侍俑,其中即有乳母俑(圖一)。這件文物殘高8.8厘米,可惜頭部殘缺,乳母懷抱嬰兒,嬰兒面朝上包于襁褓中,乳母袍服領襟略低,右足鞋尖微露[5]。

乳母的形象亦進入唐代名畫家之眼。《宣和畫譜》曰:"張萱,京兆人也。善畫人物,而于貴公子與閨房之秀最工。……舊稱萱作《貴公子夜游》《宮中乞巧》等圖。今御府所藏四十有七:《明皇納涼圖》

圖一 北魏貴族墓中出土的乳母俑

---

1 〔明〕焦竑:《俗書刊誤》,卷一一,四庫全書本,册228,第579頁。
2 〔清〕倪濤:《六藝之一錄》,卷一九八,四庫全書本,册834,第384頁。
3 〔宋〕任廣:《書叙指南》,卷三《産乳保育》,叢書集成本,册2979,第26頁。
4 〔唐〕李延壽:《南史》,卷二八《褚彥回傳》,中華書局,1975年,第750頁。
5 洛陽市第二文物工作隊:《偃師前杜樓北魏石棺墓發掘簡報》,《文物》2006年第12期,第37~54頁。

一,《整妆圖》一,《乳母抱嬰兒圖》一,……"[1] 但這幅《乳母抱嬰兒圖》今已不傳,我們只能遙想唐代乳母的形象了。唐人謂:"夫蠟螉之蟲,孕螟蛉之子,傳其情,交其精,混其氣,和其神,隨物大小,俱得其真。蠢動無定情,萬物無定形,小人由是知馬可使之飛,魚可使之馳,土木偶可使之有知。嬰兒似乳母,斯道不遠矣。"[2] 嬰兒似乳母,看來令士人頗爲擔心。

據筆記,唐著名文人元結"家有乳母,爲圓轉之器以悦嬰兒,嬰兒喜之,母使爲之聚孩孺,助嬰兒之樂。友人公植者聞戲兒之器,請見之,及見之,趨焚之"。元結之友人着眼點仍在于道德教化,謂"小喜之,長必好之,教兒不圓,且陷不義,躬自戲圓,又失方正"[3]。筆者則着眼于這個圓轉之器,既然嬰兒喜歡,應該是一個酷似乳房的玩具。

六四頁圖一三《素燒喂乳婦女》是一尊宋代雕塑,一位婦女懷抱嬰兒正在哺乳。她頭梳髮髻,臉部豐腴,身材壯實,上身着印花衣,抱嬰盤坐,敞懷喂乳,形態慈祥可親。婦女的髮式與坐姿表明她不是上層家庭中的婦女,筆者認爲她應該是一位乳母。

宋代的繪畫和雕塑有不少流傳至今,如第二章所列,下層婦女往往當衆敞懷喂乳,即使是不哺乳時,其襦裙的衣領也較上層婦女爲低,不管是民間習俗,還是束縛較少,對這個階層的婦女來説,露出豐乳或胸部微露并不是驚世駭俗的舉動。僅就宋代的圖像史料而言,在士大夫心中,下層婦女雖然未必典雅端莊,但她們是極具女性特徵的。由于上層社會家庭所雇傭的乳母來自下層社會,那麽我們也可以憑藉上列圖像史料,推測出乳母的形象:一方面在進入上層家庭之後,她們的裝束也許會改變,但爲了哺乳的方便,仍會自然地露出乳房,這時也未必會完全避開男主人;另一方面,爲了孩子的健康,挑選乳母時必然注意選擇身體健壯的婦人,她進入上層家庭之後飲食無憂,自然就更爲豐滿,或者説年輕的乳母應該比身材頎長、胸脯平板的女主人顯得更爲性感。和婢妾一

---

[1] 〔宋〕佚名:《宣和畫譜》,卷五《張萱》,第119頁。
[2] 〔元〕陶宗儀:《説郛》,卷七引〔唐〕譚景升《譚子化書》卷二《蠟螉》,第313頁。
[3] 〔宋〕祝穆:《新編古今事文類聚》,别集卷一六元結《惡圓》,京都:中文出版社,1989年影印明萬曆本四庫全書本,册3,第1687頁。

樣,這種來自下層社會的女性,對士大夫來説,是富有生命力的性感尤物,而對上層社會的女性來説,她們身上所帶有的肆無忌憚和野心,便成爲一種潛在的威脅。

在宋代的傳説中,乳母似乎有一種妖氣:"遂州蕭翰林家乳母初生,遭亂,父母弃之。有飼以松柏露者,遂活,能飛。後因其父母以果栗食之,與俱來之兒唱曰:'水精宫,奏天樂,可聽否?'踴欲飛,又墮于地。群兒曰:'吃了俗物,不能升矣。'遂爲乳母。"[1] 民間傳説還有一種"乳母鳥",更帶有幾分恐怖的妖氣:"姑獲,能收人魂魄。今人一云乳母鳥,言産婦死,變化作之,能取人之子以爲己子,胸前有兩乳。《玄中記》云:姑獲,一名天帝少女,一名隱飛,一名夜行游女,好取人小兒養之,有小子之家,則血點其衣以爲志。今時人小兒衣不欲夜露者,爲此也。時人亦名鬼鳥。"[2] "取人之子以爲己子",便是乳母典型的行爲特徵,剥開神話的外衣,可見傳説背後隱藏的社會心理,實際上,它飽含着孩子生母的憤怒與擔心。

(二)乳母的誘惑

如上所述,乳母進入這個家庭時還相當年輕,來自下層社會的她既健康又性感,她在哺乳時難免會被男主人看到,這樣的她可能會比循規蹈矩的上層女性更有魅力,于是,曖昧之事便難以避免。《世説新語》裏有一則著名的嘲笑妒婦的段子:"賈公閭後妻郭氏酷妒。有男兒名黎民,生載周,充自外還,乳母抱兒在中庭,兒見充喜踴,充就乳母手中嗚之。郭遥望見,謂充愛乳母,即殺之。兒悲思啼泣,不飲他乳,遂死。郭後終無子。"[3] 按語言學家的解釋,"嗚"意爲親[4],即賈充親了乳母手中的兒子,而郭氏却遠遠看到丈夫在乳母的胸部親了一口,怒火中燒便情有可原了。劉孝標注辯郭氏爲賢明婦人,必不爲此蠢事。而筆者只關注妻子對乳母的警惕,在某種程度上,年輕的乳母的確與妾有相通之處。

---

1 〔宋〕程大昌撰,許沛藻、劉宇整理:《演繁露》,續集卷六《水精宫奏天樂》,《全宋筆記》編4册9,大象出版社,2008年,第232頁。
2 〔宋〕佚名:《重修政和證類本草》,卷一九,四庫全書本,册740,第829~830頁。
3 〔劉宋〕劉義慶撰,劉孝標注:《世説新語》,《惑溺》第三五卷下之下,第36頁。
4 劉堅:《〈世説新語〉詞語補釋》,《語文研究》1985年第8期,第18頁。

上節所舉在士大夫家終老的乳母，有的記載説某乳母哺育了其家兩三個孩子，這樣的記載實在令人不解。衆所周知，婦女必須生産後方能産生乳汁。一般而言，士大夫家庭雇來的乳母，往往是捨弃自己親生孩子來受雇的，爲士大夫家喂養其第一個孩子時，她應該剛在自己家生下一個孩子，那麽爲士大夫哺育第二個、第三個孩子時，她又如何會産出乳汁呢？一種可能是，這位乳母在喂大士大夫的第一個孩子後，曾一度回家，和自己丈夫又生下兩三個孩子，然後扔掉，再來爲士大夫家哺乳。這樣做雖有可能，却實在不近人情。宋小説《夷堅志》謂"南城鄧禮生子，雇田傭周僕妻高氏爲乳母。時其夫已亡，高與惡少年通奸至于孕育，慮爲人所訟，溺殺兒"[1]。這位來自底層的乳母，與所謂"惡少年"通奸，以至孕育，一方面説明年輕的乳母還是很有魅力的，另一方面，這只是一種少有的情形。一般來説，乳母不可能特意與外人通奸，再溺殺孩子，而爲士大夫家哺乳。第三種可能就是乳母成爲男主人之妾。

　　蘇軾的乳母任氏，東坡所作墓銘曰："事先夫人三十有五年"，"乳亡姊八娘與軾，養視軾之子邁、迨、過，皆有恩勞"。任氏原是蘇洵妻程氏的媵婢，程氏十八歲嫁入蘇家，而任氏進入蘇家時并未成婚，算下來應該是十九歲左右。蘇轍另有保母，東坡亦曾爲她撰墓銘，明謂"先夫人之妾楊氏，名金蟬，眉山人。年三十，始隸蘇氏"[2]。若謂任氏所謂"乳"只是照顧的意思，那麽她爲何又未"乳"蘇轍呢？丁傳靖謂："東坡乳母任氏名采蓮，子由保母楊氏名金蟬。東坡所作兩銘，皆無夫姓，當即是老蘇妾。"[3]這樣看來，這也是可能的。日本學者野村鮎子詳考東坡爲任氏及楊氏所作的墓志，試圖證實丁傳靖的猜測[4]。既然任氏能哺育相差一歲多的蘇軾姐弟二人，那麽任氏首先應有生育，而墓志并未提及她曾嫁何人，是否有子女。臺灣學者柳立言解釋説，因爲蘇軾有意提倡一種精簡的新筆法，"言不及私"，即任氏未必無夫，但柳文仍認爲她"曾經生育"，"但没有

---

[1] [宋]洪邁撰，何卓點校：《夷堅志》，支甲卷六《高周二婦》，第757頁。
[2] [宋]蘇軾：《蘇軾文集》，卷一四八《保母楊氏墓志銘》，見曾棗莊、舒大剛主編：《三蘇全書》册15，第14頁。
[3] 丁傳靖：《宋人軼事彙編》，中華書局，1981年，第588頁。
[4] [日本]野村鮎子：《蘇軾〈保母楊氏墓志銘〉之謎》，《宋代文化研究》2003年第12輯，第104頁。

子女侍養天年"[1]。目前能明確的只是上述兩點，值得注意的是，墓誌銘將"養視"與"乳"明確分開，遣詞非常講究。因此，筆者猜想，任氏應生了蘇軾的長姊，一年後再爲蘇軾哺乳還是可能的。

雍熙元年（984），太宗害死其弟廷美後，曾在大臣間散布廷美爲太宗乳母耿氏所生的説法。某日，太宗從容謂宰相曰："廷美母陳國夫人耿氏，朕乳母也，後出嫁趙氏，生軍器庫副使廷俊。朕以廷美故，令廷俊屬鞬左右，廷俊泄禁中事于廷美。"[2]在廷美死前，耿氏已卒，同書記載爲：太平興國八年（983）正月"壬戌，上乳母陳國夫人耿氏卒，涪陵縣公廷美之親母也"[3]。而《宋史》所載僅書太平興國八年（983）正月，"涪陵縣公廷美母陳國夫人耿氏卒"[4]。這時廷美尚未降爲涪陵縣公，而太宗亦未言耿氏爲廷美母，《宋史》應抄國史而成，不稱太宗乳母也挺奇怪的。後代頗有學者辯駁此事，認爲這是太宗故意散布的謠言，以證明廷美血統不純[5]。也可能太宗爲了減輕殺弟的負罪感，而故意將廷美説成是乳母所生的，今所見史料皆經修改。但筆者關注的僅是乳母與男主人之間的曖昧，即使此事不真，此俗則的確在上流社會存在，并且爲這些家庭容忍，因此太宗纔會"從容"言之。

文獻中亦有男主人與乳母私通的明確記載。進士李遵勖，大中祥符間尚真宗姊萬壽長公主。後"坐私長公主之乳母，責授均州團練副使"。《續資治通鑒長編》引《司馬光日記》云："李遵勖坐無禮于長公主之乳母，降授均州團練副使，真宗欲殺之，先召長公主欲觀其意，語之曰：'我有一事欲語汝而未敢。'主驚曰：'李遵勖無恙乎！'因流涕被面，僵仆于地，乃不果殺。及李淑受詔撰長公主

---

[1] 柳立言：《蘇軾乳母任采蓮墓誌銘所反映的歷史變化》，《中國史研究》2007年第1期，第105～118頁。

[2] 〔宋〕李燾：《續資治通鑒長編》，卷二五，太宗雍熙元年春正月乙丑，第572頁。

[3] 〔宋〕李燾：《續資治通鑒長編》，卷二四，太宗太平興國八年春正月壬戌，第537頁。

[4] 〔元〕脱脱等：《宋史》，卷二四四《魏王廷美傳》，第8668頁。

[5] 〔元〕陳世隆《北軒筆記》曰："予閲宋昭憲太后本傳，生邕王光濟，早死；次太祖、太宗、秦王光美（太平興國初年改名廷美——筆者注），夔王光贊幼亡，又燕國、陳國二長公主，則廷美爲昭憲出無疑矣。""廷美之致禍則昭憲貽之，金匱之詔曰：'汝百歲後當傳位于汝弟。'""蓋太宗一時爲塗面之言，以遮飾謀殺廷美之故，當時諱之，史臣難之，故其紀錯亂而矛盾。"（知不足齋叢書本，清乾隆嘉慶刊，集22，册173，第19A～20B頁）

碑,先宣言'赦李遵勗事尤美,不可不書'。諸子聞之懼,重賂淑,不果書。"[1]則李遵勗得赦死罪,乃因公主相救。真宗治駙馬,也不是直接處罰,而是令臣僚上疏彈劾。大中祥符二年(1009)"四月九日,左龍武將軍、澄州刺史、駙馬都尉李遵勗責授均州團練副使,坐私主之乳母。初,帝以使臣所取遵勗狀,示宰相王旦等曰:'遵勗先曾請對,意在歸過于人,矯誣如此。緣已經赦宥,姑務恩貸,及有彰露,止令詢其端由,而略無畏忌。朕以長公主爲性至善,未嘗言其失,不欲深行,恐傷其意。'于是中書、樞密院同奏議正朝典,故有是命。"[2]公主的乳母應該比公主大許多,而駙馬寧與年長的乳母私通,可見多麼不喜歡長公主,亦可見乳母的魅力。

如上所述,哲宗元祐年間,劉安世發現皇宮在找十名乳母時大驚失色,因爲哲宗只有十三歲,不應該有孩子,他一而再地向執政的宣仁高太后及小皇帝進諫,并動員范祖禹一起上諫。當哲宗親政之後,劉安世與范祖禹先後被貶至遠惡州軍。劉安世說:"乃者民間喧傳禁中見求乳母,臣竊謂陛下富于春秋,尚未納后,紛華盛麗之好,必不能動盪淵衷,雖聞私議,未嘗輒信。近日傳者益衆,考之頗有實狀。……而或者之論,乃謂陛下稍疏先王之經典,浸近後庭之女寵,此聲流播,實損聖德。"范祖禹說得更露骨:"今陛下未建中宮,而先近幸左右,好色伐性,傷于太早,有損聖德,無益聖體,此臣之所甚憂也。……陛下今年十四歲,而生于十二月,其實猶十三歲,此豈近女色之時乎?陛下上承天地、祖宗、社稷之重,守祖宗百三十年基業,爲億兆人父母,豈可不愛惜聖體哉?"[3]又上疏太皇太后曰:"千金之家,有十三歲之子,猶不肯使近女色,而況于萬乘之主乎?陛下愛子孫而不留意于此,非愛子孫之道也。譬如美木方長,正當封植培壅,以待其蔽日凌雲,若戕伐其根,豈不害哉!……如其不然,女色爭進,數年之後,敗德亂政,無所不有。陛下雖欲悔之,豈可及乎?"[4]後章惇、蔡京進讒言曰:"劉安世嘗論禁中雇乳母,謂'陛下已親女寵',又論不御經筵,謂'陛下已惑酒色',誣罔聖

---

[1] 〔宋〕李燾:《續資治通鑑長編》,卷七五,真宗大中祥符四年四月,第1718~1719頁。
[2] 〔清〕徐松:《宋會要輯稿》,帝系八之四七、四八,第186頁。
[3] 〔宋〕李燾:《續資治通鑑長編》,卷四三六,哲宗元祐四年十二月,第10509~10511頁。
[4] 〔宋〕朱熹:《三朝名臣言行錄》,卷一三之一,《朱子全書》册12,第808~809頁。

躬,形于章疏者,果何心也? 今摯貶死,廢及子孫,而安世不問,罪罰殊科如此,臣不知其說也。"[1]而哲宗對章惇説:"元祐初,朕每夜只在宣仁寢處前閤中寢處,宫嬪在左右者凡二十人,皆年長者。一日,覺十人者非尋常所用者,移時,又十人至,十人還,復易十人去,其去而還者,皆色慘沮,若嘗泣涕者。朕甚駭,不敢問,後乃知因劉安世章疏,宣仁詰之。"[2]不久,哲宗詔范祖禹移化州安置,劉安世移梅州安置。以後二人甚至被逮捕,關入檻車,所幸哲宗突然病逝,二人纔撿到一條命。爲此,臣僚們將司馬光言也抬了出來,説"章獻明肅太后保護仁宗皇帝最爲有法,自即位已後,未納皇后已前,居處不離章獻臥内,所以聖體完實,在位最爲長久。章獻于仁宗,此功最大"[3]。朱子曾與其學生議論:"問:'章獻不如宣仁。然章獻輔仁宗,後來却無事。'曰:'亦是仁宗資質好。後來亦是太平日久,宫中太寬。如雇乳母事,宣仁不知,此一事便反不及章獻。'"[4]

這便是哲宗時期著名的諫進乳母事件。而在李燾作《續資治通鑒長編》時,事件的真相已顯得撲朔迷離了。令人好奇的是,哲宗爲何對此事耿耿于懷呢? 即使章惇、蔡京進讒言,那也要皇帝聽得進纔是,他們的哪些話特别挑起皇帝的憤怒呢? 不同的文獻在細節上略有不同,但内容上有相同之處:第一,高太后開始並不知道找乳母的事情;第二,後來高太后多次叫停劉安世、范祖禹的當衆進諫,説"此非官家所要,乃先帝一二小公主尚須飲乳也。……可説與安世,令休入文字"[5],即太后認爲此事太丟臉;第三,劉安世、范祖禹諫書的核心都是勸皇帝節欲,而章惇、蔡京的讒言也主要指出這一點,于是皇帝的衝天怒火就被點燃了。《三朝名臣言行録》的説法是哲宗劉婕妤專寵後宫,高太后初不知此事,在後宫窮詰,"乃知雇乳母者爲劉氏也,后怒而撻之,由是劉深以望公"[6]。但高太后都不知道是誰下令覓乳母的,范祖禹或劉安世更無從知道皇帝的好色專指劉氏,更重要的是,遍尋文獻,皆無劉氏此時懷孕的證據。其他史料亦指皇帝有好

1　〔宋〕朱熹:《三朝名臣言行録》,卷一二之三,《朱子全書》册12,第792頁。
2　〔宋〕李燾:《續資治通鑒長編》,卷四三六,哲宗元祐四年十二月,第10520頁。
3　〔宋〕朱熹:《三朝名臣言行録》,卷一三之一,《朱子全書》册12,第808頁。
4　〔宋〕黎靖德、王星賢點校:《朱子語類》,卷一二七,本朝一,第3044頁。
5　〔宋〕李燾:《續資治通鑒長編》,卷四三六,哲宗元祐四年十二月,第10515頁。
6　〔宋〕朱熹:《三朝名臣言行録》,卷一二之三,《朱子全書》册12,第786頁。

色的傾向:"范祖禹與劉安世上疏言宮中求乳母,皇帝年十四未納后,無溺所愛而忘所戒。後章惇、蔡卞誣元祐大臣嘗有廢立議,指二人之言爲根。"[1]可見,所諫好色是泛指的,而不是專指劉氏,那麼,難道這麼多乳母不是爲了奶孩子,而是爲皇帝準備的嗎?

中國傳統醫學一直有成年人食人乳而長壽的傳說,許多人相信食人乳有助于養生,清代史料便記載慈禧太后每日常飲一大杯人乳:她當太后的幾十年内,皇宮裏并没有新生兒,"宮中却仍雇有乳母。……一般常雇傭三個乳母,并允許她們帶孩子一起進宮居住,每天早上輪流着擠乳汁供慈禧服用"[2]。而那些有條件養乳母的皇家及貴族男性,家中養着相貌姣好又性感的乳母,恐怕并不單純爲了營養吧。西漢"張蒼長八尺餘,免相後口中無齒,食乳,女子爲乳母,妻妾以百數,嘗孕者不復幸。年百餘歲乃卒"[3]。婦女的乳房也是性器官,成年男子玩弄之,已帶有性的意味,與妻妾百數相關。

根據其他史料,下級官員亦有以雇乳母爲名而覓美人者。哲宗元符元年(1098)十二月"辛卯,三省言:'淮南、兩浙路察訪司,體訪得發運使吕温卿……雇部内人充女使,以二十歲者作綉工,以十六七歲室女作乳媪。'詔揚州制勘院依公盡理根究,不得觀望滅裂"[4]。以室女爲乳媪,其目的太過明顯,難怪爲人攻擊。

元筆記謂:宋末"有張蕃孫者,入京調官。鄰居一婦人,乃宮中乳母,因病還家。張見其美而不之察,日以服玩通殷勤。事聞,押歸本貫。臺章繼上,謂蕃孫之爲人,專以蠱惑人家妾婦爲能,有趙左司希建者,因身没而亂其家,今敢窺伺宫婢,無忌憚如此。削籍徙嶺南"[5]。此條筆記頗耐人尋味,一方面宮中乳母爲美人,另一方面,她們居然被稱爲"人家妾婦"或"宮婢",下級官員不知情,殷勤追求,被處以流放嶺南的重刑。可見,宮中乳母已被視爲皇帝的女人。

---

1 〔宋〕吕中:《宋大事記講義》,卷二〇《小人誣君子有調停之説》,四庫全書本,册686,第382頁。
2 于善浦:《喝人乳的慈禧》,《紫禁城》1987年第4期,第22~23頁。
3 〔宋〕祝穆:《新編古今事文類聚》,後集卷一六《孕者不幸》,册2,第806頁。
4 〔宋〕李燾:《續資治通鑑長編》,卷五〇四,哲宗元符元年十二月,第12015~12016頁。
5 〔元〕劉一清:《錢塘遺事》,卷六《戲文誨淫》,第127頁。

(三)乳母子所帶來的困惑

有的家庭允許乳母將其親生兒女帶來,甚至讓他們成長于上流社會,而如果乳母與男主人有特殊關係,就會使其家產生血統方面的疑惑。如上所述,太宗在害死其弟廷美後,曾說廷美是自己的乳母耿氏所生,"耿氏後出嫁趙氏,生供奉官趙延俊,即廷美之同母弟也,朕待延俊固無猜忌,常令屬鞬侍左右"[1]。廷美是否真是太宗乳母所生,後世一直是有疑問的,而這位趙延俊,確是乳母的親生兒子,但這個孩子的身份應該是非常尷尬的。

仁宗時,皇室中的乳母子再次成爲疑案。嘉祐六年(1061),"翰林侍讀學士劉敞嘗奏疏言:'爲國之道,防患于未然,遠嫌于萬一,所以安群情,止邪謀也。伏聞張茂實本周王乳母子,嘗養宮中,故往年市人以狂言動茂實,頗駭物聽。近者韓絳又以讒説傾宰相,重摇人心。則是一茂實之身,遠則爲小人所指目,近則爲群臣所疑懼。雖聖心坦然,于物無猜,恐未能家至户曉,使人人不惑也。假令茂實其心如丹,必無他腸,亦未能家至户曉,使人人不憂也。如此,則備宿衛,典兵馬,適足以啓天下之惑,動天下之憂,甚非重宗廟,安臣民,備萬一之計。臣謂今日之宜,要令兩善,莫若解茂實兵權,處以外郡,于茂實不失富貴,而朝廷得遠嫌疑,此最策之善者也。……'敞時受命知永興。久之,茂實乃罷"[2]。周王乃真宗次子祐,生母爲早亡的郭皇后,祐生七歲即亡,其乳母之子應與仁宗年紀相仿,因此纔會發生所謂"狂言",使群臣疑懼。

司馬光的記載更爲詳細:"初,周王將生,詔選孕婦朱氏以備乳母。已而生男,真宗取視之,曰:'此兒豐盈,亦有福相,留宫中娱皇子。'皇子七歲薨,真宗以其兒賜内侍省都知張景宗爲養子,名曰茂實。及長,累歷軍職,至馬軍副都指揮使。有軍人繁用,其父嘗爲張氏僕。用幼聞父言,茂實生于宫中,或言先帝之子,于上屬爲兄。用冀幸恩賞,即爲表具言其事,于中衢邀茂實,以表呈之。茂實懼,以用屬開封府,府以用妄言,杖之,配外州下軍。然事遂流布,衆庶讙然,

---

[1] 〔宋〕錢若水:《太宗皇帝實録》,卷二八,太平興國九年正月丁卯,四部叢刊本,1936年,第4頁。筆者注:《續資治通鑑長編》卷二五太宗雍熙元年春正月乙丑條(第572頁)"趙延俊"作"廷俊"。

[2] 〔宋〕李燾:《續資治通鑑長編》,卷一九三,嘉祐六年五月己亥,第4669頁。

于是言事者請召用還察實。詔以嘉慶院爲制獄案之。至和元年八月，嘉慶院制獄奏：'軍人繁用素病心，妄對張茂實陳牒，稱茂實爲皇親。案署茂實得狀當奏，擅送本衙取勘。'臺諫官劾茂實當上言而不以聞，擅流配卒夫，不宜典兵馬。獄成，諫院張擇行錄問，駁繁用非心病，詔更驗定，繁用配廣南牢城，所連及者皆釋之。茂實先已內不自安，求出，除寧遠軍節度使、知滁州。"[1]一場風波雖然平定，但群臣心中的疑惑仍無法散去，即張茂實也有可能爲真宗的兒子。

這位周王的乳母壽至百歲，到神宗時還能看到有關她的消息。熙寧四年（1071）六月壬申，"岐國賢壽夫人朱氏言：'昨以老病恩許開聖尼院養疾，今得安全復見宮省，本位使臣、祇應人等乞賜推恩。'上語樞密院曰：'此真宗子周王乳母也，百歲而耳目聰明，宮中無出其右者，可特聽許。'"第二年朱氏卒，上批："朱氏入宮八十餘年，可特追封魏國夫人。"[2]王子的乳母一般不會被封爲國夫人，她所得到的特別恩典倒使人更加懷疑張茂實的血統。

神宗熙寧間，發生前權秀州軍事判官李定是否隱匿母喪的爭論。攻擊他的一派指李定爲免于服喪解官，故意隱瞞了生母的亡故，而他自己辯解，一直以爲亡故的是乳母，而辦完喪事之後，纔聽說可能是他自己的生母，他問了父親，父親堅稱他不是乳母生的，可他自己還有疑惑，故解官守喪。王安石曰："定初以仇氏爲乳母，又仇氏生定兄察，即是庶母，庶母、乳母，皆服緦，即定已嘗服緦矣。若定今日方知是母，即庶子爲後，不過服緦，如何令定爲母兩次服緦？"上曰："李定處此事甚善，兼仇氏爲定母亦未知實否也。"[3]仇氏是否李定的生母與本論題無關，筆者關注到，這位仇氏身爲乳母，卻的確爲男主人生有兒子，即使李定不是她生的，其兄李察則的確爲乳母所生。南渡後亦有類似爭論，胡寅在攻擊朱勝非時連及其親信："陳藹者，不肖人也，所生母死，紿謂人乳母而不持服……此藹爲人大概。勝非與之中表姻婭，故自爲宣撫使，即辟爲幕薦，凡江西繆政，多藹之謀。"[4]可見，在士人家庭中，乳母的確和妾容易混淆，因而士人可利用這一

---

[1] 〔宋〕司馬光：《涑水紀聞》，卷九，上海書店，1990年，第5頁。《全宋筆記》編1冊7，此條列于卷九第128頁，較簡略，故不取該本。

[2] 〔宋〕李燾：《續資治通鑒長編》，卷二二四，熙寧四年六月壬申，第5454頁。

[3] 〔宋〕李燾：《續資治通鑒長編》，卷二一三，神宗熙寧三年秋七月丁酉，第5173~5174頁。

[4] 〔宋〕胡寅撰，容肇祖點校：《斐然集》，卷一五《再論朱勝非》，中華書局，1993年，第329頁。

點逃避親喪解官。

在民間傳說中,乳母也成爲血案的主角之一。蘇軾所講的一個鬼故事爲許多筆記轉載:"今年三月,有書吏陳昱者暴死三日而蘇,云:初見壁有孔,有人自孔擲一物,至地化爲人,乃其亡姊也。携其手自孔中出,曰:'冥吏追汝,使我先。'……冥官,則陳襄述古也。問昱何故殺乳母,昱曰:'無之。'呼乳母至,血被面,抱嬰兒,熟視昱曰:'非此人也,乃門下吏陳周。'官遂放昱還。"[1] 這個故事未明確説明乳母被殺的原因,按民間故事的邏輯,冤殺纔藉冥吏索命,而家庭内的殘殺往往與"情欲"相關,而且乳母與孩子一并被殺,更使人懷疑男主人殺乳母的動機。

三、進入皇室的乳母與宫廷政治鬥争

在中國古代史的長河裏,皇宫内的乳母往往地位特殊,由于種種原因,生育公主、皇子的后妃并不親自哺乳,而由乳母將他們養育成人。皇室兒女將對母親的深厚感情移于乳母,一些乳母因此登上當時的政治舞臺,尤其在東漢與明代,乳母甚至與宦官聯手,成爲内宫干政的一股勢力。但在宋代,在士大夫警惕的目光下,后妃始終未能形成强大的勢力,乳母自然亦被壓抑,但這個群體仍有相當的特權,尤其在宫内外的皇室家庭生活中,她們的身影時隱時現。

(一) 皇帝乳母所享特權與宫内的政治鬥争

1. 皇帝乳母所得封號與恩賜

在進入皇室的乳母當中,以皇帝乳母的地位最高,她一般能得到國夫人的稱號。各朝皇帝乳母之封號見本章末所附《皇帝乳母封號簡表》。

在宋代史料中首見太宗的乳母,她始封鉅鹿郡夫人,太平興國二年(977)八月封陳國夫人[2]。如上所述,太宗説她生了太宗的親弟廷美,後來又嫁給趙氏,

---

[1] 〔宋〕蘇軾撰,孔凡禮整理:《東坡志林》,卷三《陳昱被冥吏誤追》,《全宋筆記》編1册9,大象出版社,2003年,第60頁。

[2] 〔清〕徐松:《宋會要輯稿》,后妃三之二九,第262頁。

生了趙延俊[1]。

　　自真宗開始，皇帝乳母開始加封美號。真宗對自己的乳母劉氏有特別的恩眷，一登基便大封乳母。"上以漢、唐封乳母爲夫人、邑君故事付中書，因問吕端等曰：'斯禮可行否？如不可行則止，朕不敢以私恩紊政法也。'端等奏曰：'前代舊規，斯可行矣。或加以大國，或益之美名，事出宸衷，禮無定制。'己酉，詔封乳母齊國夫人劉氏爲秦國延壽保聖夫人。"[2] 最初真宗似乎還有點心虛，而重臣吕端樂得作順水人情，在他的支持之下，此事方得行。其實，在此之前，真宗乳母已爲齊國夫人，加封四字意味着有更多的實在恩典。劉氏故後，又被追封爲齊魯國肅明賢順夫人，制詞曰："朕惟孝子念親之無窮，因思先朝保母之尊，至于勤劬，今寵名之未稱，朕用惻然。某氏本慈和之風，有推就之力，早儀禁掖之望，欻先朝露之零，固已按圖而徹名，封崇號以旌美德。然奉先興孝，迹舊報勞，更衍二國之腴，庸焕九原之夕，柔魂雖閟，恤典維新。"[3] 乳母封兼二國，其地位竟與皇后母親比肩，史載："舊制，惟婦人封得兼兩國，若大長公主及上乳母、皇太后姊妹、皇后母之類是也。"[4]

　　仁宗似乎更具乳母情結，綜合各方史料，仁宗朝先後出現五位乳母，其中林氏和許氏的地位最高，二人都先後獲封兼二國并美稱四字，地位相差無幾。林氏爲皇太后的心腹，小皇帝自然比較畏懼，而對許氏似乎更親近一些，這與朝政相關，林、許二氏之爭詳見下節。許氏一死，仁宗便打算封下一個乳母，以至臣僚們再也忍不住了。"寶元二年四月九日，六宅使、象州團練使郭承祐奏，自宣魏國夫人入内，以永聖保壽賜名，今魏國即已即世，諸事悉如舊。晉國夫人陳氏，内外傳言特繼永聖之例。乞宣諭大臣，自今後依先朝舊式，更不添創名職，永爲定制。帝曰：'宫中之事自有皇后，餘局各有主者，美人亦不令見人，蓋不欲別生頭項。'對曰：'皇后母儀天下，規範六宫如此，正合其理，禁中自然肅靜。'帝

1　〔宋〕錢若水：《太宗皇帝實録》，卷二八，太平興國九年正月丁卯，四部叢刊本，第4頁。
2　〔宋〕李燾：《續資治通鑑長編》，卷四一，太宗至道三年八月己酉，第876頁。
3　〔宋〕王珪：《華陽集》，卷三一《真宗皇帝乳母故秦國肅明賢順夫人劉氏追封齊魯國肅明賢順夫人制》，叢書集成本，册1915，第401頁。
4　〔宋〕李心傳撰，劉字整理：《建炎以來朝野雜記》，甲集卷一二，《全宋筆記》編6册7，大象出版社，2013年，第194頁。

曰：'承祐之奏并依，札與入内侍省。'"[1] 結果，這位陳氏雖貴爲晉國夫人，她的乳母名號終未得到確認。而到仁宗執政的最後幾年，又出現第三個、第四個乳母，這只能説明仁宗的濫恩。錢氏早在天禧二年（1018）九月便封爲安吉縣君，後進封爲榮國夫人，至和二年（1055）追封爲燕國夫人[2]。又嘉祐二年（1057）五月"辛巳，追封乳母戴氏爲崇國夫人"[3]。稱追封，則當時錢氏、戴氏已死，或許在許氏出宮後，她們曾照顧過小皇帝。仁宗實在是好説話，這些女人一提要求，他便給予滿足。可見，乳母有時不過是一種職位或稱號，她可能未必真正哺育過幼兒。被定爲乳母，便能給家人帶來實實在在的好處，即使這位乳母已經過世。至和二年（1055）六月"四日以左衛大將軍、鄆州防禦使宗顔爲衛防禦使"，"宗顔以其母錢氏嘗爲仁宗乳母⋯⋯特遷之"[4]。

以後，各朝皇帝照例給自己的乳母加封。英宗的乳母賈氏，治平四年（1067）三月被封爲韓國夫人[5]。

神宗給乳母加四字嘉號晚一點，熙寧八年（1075）二月"丁卯，手詔：'乳母崇國夫人張氏可特進封魏國安仁保祐［佑］夫人。'"[6] 但神宗給予乳母的恩眷并不少，"元豐元年正月六日，神宗乳母魏國安仁保祐［佑］夫人張氏乞依敕封二代。從之"[7]。"元豐三年九月八日詔：魏國安仁保佑夫人張氏，自今遇大禮增奏親屬恩澤一人，仍歲加賜冠帔三道。"[8] 神宗一死，其乳母張氏便被派去守陵，理由是她與宦者勾結干預朝政，但不久她的特權就得以恢復，還得到更多的實利。"哲宗元祐二年六月二日，詔：神宗皇帝乳母秦晉國安仁保佑夫人張氏守陵回，特封吴楚國安仁賢壽夫人。八月五日詔，以奉先寺後空營地半賜安仁賢壽夫人張氏爲壽堂，其制度悉仿仁宗皇帝乳母林氏之制。詔後許張氏買壽堂北民間地

1　〔清〕徐松：《宋會要輯稿》，后妃三之三〇，第 262~263 頁。
2　〔清〕徐松：《宋會要輯稿》，后妃三之三〇，第 262 頁。
3　〔宋〕李燾：《續資治通鑒長編》，卷一八五，仁宗嘉祐二年五月，第 4478 頁。
4　〔清〕徐松：《宋會要輯稿》，帝系四之一〇，第 98 頁。
5　〔清〕徐松：《宋會要輯稿》，后妃三之三一，第 263 頁。
6　〔宋〕李燾：《續資治通鑒長編》，卷二六〇，神宗熙寧八年二月，第 6332 頁。
7　〔清〕徐松：《宋會要輯稿》，儀制一二之六，第 2042 頁。
8　〔清〕徐松：《宋會要輯稿》，后妃三之三一，第 263 頁。

二段,及賜官地一段,仍詔張氏本閤許置房緡爲壽堂費用。……崇寧中即壽堂建院,賜金額。"[1]

哲宗也是一登基就加封乳母,但其乳母的地位似乎低一些。元豐八年(1085)四月"戊辰,封上乳母竇氏爲安康郡夫人"[2]。到元祐四年(1089),其乳母纔封爲國夫人,也可能這些舉措是接受了神宗乳母干政的教訓而特意采取的。元符三年(1100),哲宗駕崩,其乳母受罰。"降大行皇帝乳母魏國福康惠佑夫人竇氏爲扶風郡夫人,樂安郡夫人李氏爲隴西郡君,永嘉郡夫人陳氏爲潁川郡君,……以大行皇帝彌留,侍疾無狀,及蔽匿不以聞故也。"可見,皇帝身體不好,乳母會受到怪罪。到徽宗建中靖國元年(1101),"竇氏復魏國夫人,陳氏復郡夫人,……皇太后諭云:'先朝妃嬪當進封。'又云:'大行乳母竇氏并本殿中伴人久在大行左右,自去歲來,大行飲食不進,至有全不進晚膳時,一切掩覆,并不曾來道。直至疾勢已深,尚不肯言,理當削髮屏逐;然不忍如此,直須降黜。'"[3]陪伴在哲宗身邊的人,只有竇氏被認定爲乳母,其他只是殿中伴人。正因爲皇帝乳母的待遇優厚,南渡後居然又冒出一個哲宗乳母。據《宋會要輯稿》,王氏于"紹興元年九月,自陳元豐二年蒙取入皇太妃閤,常有乳抱之勤,元豐三年放出。望封一縣君,詔特封安平縣君,月給錢五十"[4]。南渡以後,宮人四散,連公主都有假,她是否真正哺育過哲宗,恐怕只能姑妄聽之了。

徽宗在被金軍俘虜之後多次提到自己的乳母。"徽廟在襁褓時,晝臥,忽臥處屋棟中折欲墮,復續,其聲達前殿。乳媪急抱徽廟起,梁即墮所臥榻上。"[5]"徽廟在路中苦渴,令摘道傍桑椹食之。語臣曰:'我在藩邸時,乳媪曾噉此。因取數枚食,甚美,尋爲媪奪去。今再食而禍難至此,豈非桑實與我終始耶?'"[6]徽宗在位時封過三位乳母,一位稱燕越國安仁順懿靜和恭恪夫人劉氏,一位是邠兖國康靜恭懿惠穆夫人王氏。另有一位管氏多少有點莫名其妙。"徽宗崇寧

---

1 〔清〕徐松:《宋會要輯稿》,后妃三之三二、后妃三之三四,第263~264頁。
2 〔宋〕李燾:《續資治通鑑長編》,卷三五四,哲宗元豐八年夏四月,第8469頁。
3 〔宋〕李燾:《續資治通鑑長編》,卷五二○,哲宗元符三年春正月壬辰,第12382~12383頁。
4 〔清〕徐松:《宋會要輯稿》,后妃三之三三,第264頁。
5 〔宋〕曹勛撰,朱凱、姜漢椿整理:《北狩見聞錄》,《全宋筆記》編3冊10,第189頁。
6 〔宋〕曹勛撰,朱凱、姜漢椿整理:《北狩見聞錄》,《全宋筆記》編3冊10,第187頁。

四年七月五日詔:初供奉御乳人管氏特封縣君,月支料錢五貫。以管氏自陳先于欽慈皇太后殿備月權乳,遇皇帝降生,首進御乳故也。八月七日又詔,管氏每月添料錢一十五貫文。以管氏陳乞依神宗朝司饎劉氏等例入内祇應,故有是詔。"[1]可見,由于乳母地位崇高,入宫後更可得到不少實利,一些女性便千方百計證明自己曾哺育過小皇帝。

欽宗的乳母封爲國夫人,但封號不詳。"靖康内降王氏封國夫人,淵聖中批,可入朕之乳母四字。先公奏云:當于腦詞下稱皇帝乳母某氏,而草云:早參慈保之嚴,謹于燥濕之視。"[2]

高宗的乳母共有兩位,即壽國夫人王氏和慶國夫人吳氏,其美稱由四字加至六字,最後達到十字[3]。紹興五年(1135),"詔壽國夫人王氏、慶國夫人吳氏各增封爲六字,仍依禄式支破請給。二人皆上乳母也"[4]。王氏似乎是乳母中的尊者,她逝世時皇帝所給的賞賜十分驚人:紹興二十年(1150)六月"丙辰,壽國育聖夫人王氏卒。王氏,上乳母也。輟視朝五日,追封福壽國夫人,賜帛二千匹,錢萬緡爲葬費"[5]。乳母的身邊人也照例得到照顧,紹興"二十年二月二日詔:壽國柔惠淑婉和懿慈穆育聖王夫人位官吏諸色祇應人,自到位未曾陳乞推恩,各特轉一官資。……七月十四日詔:故壽國柔惠淑婉和懿慈穆育聖夫人王氏本位官吏,可特轉兩官資"[6]。

宋諸史料中,有關乳母的記載至光宗爲止,光宗曾封兩位乳母,一位是吉國柔明慈惠淑謹和順端懿夫人張氏,一位是紹熙三年(1192)十一月十日追封的寧國夫人徐氏[7]。

邵育欣《宋代内命婦封號問題研究》一文有一節論述皇帝乳母的封號,認爲自真宗朝以來,皇帝乳母封號的基本形式就固定下來,即稱郡國夫人并加四字

---

1 〔清〕徐松:《宋會要輯稿》,后妃三之三三,第264頁。
2 〔宋〕謝伋:《四六談麈》,四庫全書本,册1480,第24頁。
3 〔清〕徐松:《宋會要輯稿》,后妃三之三四,第264頁。
4 〔宋〕李心傳:《建炎以來繫年要録》,卷八九,紹興五年五月甲申,叢書集成本,册3869,第1484頁。
5 〔宋〕李心傳:《建炎以來繫年要録》,卷一六一,紹興二十年六月丙辰,叢書集成本,册3874,第2615頁。
6 〔清〕徐松:《宋會要輯稿》,后妃三之三四,第264頁。
7 〔清〕徐松:《宋會要輯稿》,后妃三之三四,第264~265頁。

到十字不等的美稱，形成一套特有的體系。謂"南宋時期封國的級别明顯降低。與北宋均封大國不同，南宋授封國基本都是次國和小國"[1]。

首先，宋代皇帝乳母的封號基本上屬郡、國夫人等外命婦系列，和唐、五代時的内外相淆已大爲不同，這一點已見于邵文。但筆者注意到，個别乳母的初授封號仍時見内命婦系列者，如仁宗的乳母戴氏原爲尚服，定爲乳母之後，方得授崇國夫人的稱號。其次，邵文謂"自徽宗大觀二年開始，兩國四字夫人便很少出現"，間有者亦主要見于追贈，且"隨着美名字數的增加，封國的級别却在降低"等，筆者則難以苟同。邵育欣顯然忘却，正是在徽宗政和六年（1116），其乳母劉氏得到燕越國安仁順懿静和恭恪夫人的封號，不僅時間晚于大觀二年（1108），而且身兼兩國，美稱達八字。

乳母亡故，皇帝爲其服喪按緦禮，即同于爲庶母所服喪禮。"真宗乳母秦國延壽保聖夫人卒，以太宗喪始期，疑舉哀，禮官言：'《通禮》：皇帝爲乳母緦麻。按《喪葬令》：皇帝爲緦，一舉哀止。秦國夫人保傅聖躬，宜備哀榮。况太宗之喪已終易月之制，今爲乳母發哀，合于禮典。'從之。"[2] 看來，真宗對其乳母特别眷顧。"秦國夫人劉氏，真宗乳母。始封齊國夫人，真宗即位，封秦國延壽保聖夫人，咸平元年薨。帝以乳保之恩，事之如母，舉哀制服。"[3]

《宋會要輯稿》有皇帝爲乳母輟朝的記録："乳母，陳國夫人耿氏太平興國八年正月特輟朝二日，秦國夫人劉氏咸平元年五月特輟朝三日，權殯及葬各輟一日，魏國永聖寶夫人許氏寶元二年二月輟三日，葬一日，秦晉國賢正夫人林氏至和二年八月輟一日，慶國柔懿淑美保慈夫人吴氏紹興九年七月輟三日，壽國柔惠淑婉和懿慈穆育聖夫人王氏二十年六月輟五日，崇國慈良保育賢壽夫人周氏紹興三十一年十二月輟三日。"[4] 可見，高宗乳母王氏死時輟朝日最多。

明人王世貞曰："乳媼之有謚也，自宣宗始也；乳媼之夫之有謚也，亦自宣宗始也。"[5] 參見文後附表，可知宋代皇帝的乳母既有生前的尊號，亦有死後所定

---

[1] 邵育欣：《宋代内命婦封號問題研究》，《歷史教學》2009年第14期，第22~26頁。
[2] 〔元〕脱脱等：《宋史》，卷一二四《禮志》二七，第2905頁。
[3] 〔元〕馬端臨：《文獻通考》，卷二五六，帝系考七后妃，中華書局，1986年，第2024頁。
[4] 〔清〕徐松：《宋會要輯稿》，禮四一之四〇，第1397頁。
[5] 〔明〕王世貞撰，魏連科點校：《弇山堂别集》，卷七〇《謚法考序》，中華書局，1985年，第1303頁。

的謚號。

2. 與朝政相關的乳母

皇帝的乳母位高言尊,往往會爲自己的親戚或朋友求官,因爲她與皇帝有特殊感情,皇帝往往難以拒絶其請求。在士大夫眼中,這便是干政。"真宗乳母劉氏號秦國延壽保聖夫人,言惟寬宗族,近有幸求内批者,上咸不違。康定元年十月戊子,謂宰相曰:'自今内批與官及差遣者,并具舊條復奏取旨。'"[1] 可見,真宗皇帝曾聽任自己的乳母大做人情,導致内批官職泛濫,直到康定年間,仁宗意識到内批對朝政的禍患,這一弊政纔得以抑制。

個别乳母因某種機緣參與政治。章獻劉皇后于真宗逝後,以輔佐幼小的仁宗爲名,在朝廷垂簾聽政,《宋史》謂"晋國夫人林氏,以太后乳母多干預國事,太后崩,(駙馬李)遵勖密請置之别院,出入伺察之,以厭服衆論"[2]。而《宋會要輯稿》[3]與《續資治通鑑長編》卷九十八皆謂林氏爲仁宗乳母,"封上乳母福昌縣君林氏爲南康郡夫人。林氏,錢塘人,大中祥符初,繇劉美家入宫,天禧末,皇太后内管政事,林氏預掌機密云"[4]。同書卷一百二十二,又説"太后崩,(李遵勖)密論后乳母晋國夫人林氏前多干預國事"[5]。從前後記載看,林氏爲仁宗乳母更可信。因林氏爲錢塘人,而劉皇后是蜀人,到京師前已嫁給龔美,在這之前不應找一個錢塘女子爲乳母。劉氏十五歲入襄王府,二人應該是在王府結交的,林氏成爲劉氏的心腹,真宗即位後,林氏隨劉氏入宫。以後劉氏從李宸妃處搶到一個兒子,又搶到皇后的位子,林氏便被指定爲仁宗的乳母,所以仁宗即位後,太后便給林氏加封。《續資治通鑑長編》唯一指林氏爲劉太后乳母的記載亦附在李遵勖卒的條目後,應爲循李行狀之誤。

仁宗真正的乳母另有其人。《續資治通鑑長編》又載:"天禧初,上乳母許氏

---

[1] 〔宋〕司馬光:《涑水紀聞》,卷八,第3頁。《全宋筆記》編1册7,大象出版社,2003年,第98~99頁此條作:"真宗乳母劉氏號秦國延壽保聖夫人言,仁宗聖性寬仁,宗戚近幸有求内批者,上咸不違。"然劉氏卒于咸平元年,不應親見仁宗執政,故不取。

[2] 〔元〕脱脱等:《宋史》,卷四六四《李遵勖傳》,第13568~13569頁。

[3] 〔清〕徐松:《宋會要輯稿》,后妃三之三〇,第262頁。

[4] 〔宋〕李燾:《續資治通鑑長編》,卷九八,真宗乾興元年四月庚子朔,第2278頁。

[5] 〔宋〕李燾:《續資治通鑑長編》,卷一二二,仁宗寶元元年八月庚辰,第2878頁。

爲宮人所讒,出宮,嫁苗繼宗。及是,邀駕自陳,丙寅,封臨潁縣君,以繼宗爲右班殿直,尋加許氏當[高]陽郡夫人,復入宮。"[1]仁宗生于大中祥符三年(1010),天禧初許氏出宮時,仁宗已七八歲,應該記得這位乳母。清朝末代皇帝溥儀曾這樣談他的乳母:"我是在乳母的懷中長大的,我吃她的奶一直到九歲,九年來,我像孩子離不開母親那樣離不開她。我九歲那年,太妃們背着我把她趕出去了。那時我寧願不要宮裏的那四個母親,也要我的'嫫嫫'。"[2]由此我們可以推測仁宗的心情,一旦仁宗親政,自然要將許氏再召入皇宮,其中值得注目的是給乳母丈夫加官。這時劉太后的勢力尚強,而皇帝只有十四歲,爲照顧劉太后一派,亦給林氏加封。天聖六年(1028)十月"戊辰,進封乳母南康郡夫人林氏爲蔣國夫人"[3],即林氏的地位仍高于許氏。明道二年(1033)三月,劉太后崩,根據上述李遵勖傳,因李的建議,太后的死黨林氏便被軟禁。同時,仁宗顯得特別照顧許氏,她很快得到一國夫人之封號。景祐元年(1034)十一月"乙未,進封乳母高陽郡夫人爲崇國夫人"[4]。景祐三年(1036)十一月"己亥,進封乳母崇國夫人許氏爲齊國太夫人,尋又加號曰永聖保壽"[5]。許氏得到四字尊號,已達到乳母地位的最高處。在這前後許氏將自己的女兒也弄進宮裏。史載,"苗貴妃,開封人,父繼宗。母許,先爲仁宗乳保,出嫁繼宗。帝登位,得復通籍。妃以容德入侍,生唐王昕、福康公主。封仁壽郡君,拜才人、昭容、德妃。英宗育于禁中,妃擁佑頗有恩。既踐祚,疇其前勞,進貴妃"[6]。這母女倆都靠撫養嗣君上位,可知是何等精明之人。

到慶曆元年(1041)十二月,林氏又出現了。"乙未,進封乳母晉國慈壽福聖夫人林氏爲韓國賢和佑聖夫人。"[7]林氏被軟禁後起碼又活了八年,還給她加封爲晉國夫人,并加了四字封號,但她得到四字封號明顯比許氏晚了。王珪文集

---

1 〔宋〕李燾:《續資治通鑒長編》,卷一〇二,仁宗天聖二年夏四月,第2355頁。
2 溥儀:《我的前半生》,群眾出版社,2013年,第26頁。
3 〔宋〕李燾:《續資治通鑒長編》,卷一〇六,仁宗天聖六年十月戊辰,第2483頁。
4 〔宋〕李燾:《續資治通鑒長編》,卷一一五,仁宗景祐元年,第2706頁。
5 〔宋〕李燾:《續資治通鑒長編》,卷一一九,仁宗景祐三年,第2812頁。
6 〔元〕脱脱等:《宋史》,卷二四二《后妃傳》,第8623頁。
7 〔宋〕李燾:《續資治通鑒長編》,卷一三四,第3208頁。

中的制詞更說明,林氏晚年獲得兩國封號,由韓國賢和佑聖夫人升爲秦晋國永壽佑聖夫人:"朕昔在幼冲,惟夫人左右保阿,肆予之主大器,厥功茂焉!朕惟夫人名數之未稱,兹用合二國之封,崇永壽之號,以褒大爾傅母之慈,其享德樂康,以膺予之异寵。"[1] 而許氏終老時爲魏國肅成賢穆夫人,死後追封爲吴越國肅成賢穆夫人,即死後纔得到兩國封制的殊榮,其制詞亦爲王珪撰:"夫德之必報者,古訓之上,往而加恤者,朝典之隆。非旌擁傅之慈,靡極寵休之遇。故夫人許氏履柔明之行,流端靖之風,推就保于渺躬,箴圖儀于内掖,奄嗟淑範,早閟幽扃。雖啓巨邦之封,兼崇美德之號,朕惟鞠右之功大,臨纂之慶長,更徹二國之疆,加飭小君之襚,懷恩惟舊,迭焕非倫。"[2] 對比二人的制詞,談到養護之功都差不多,只是林氏的制詞有"肆予之主大器,厥功茂焉"數字,頗爲特别,可見,仁宗幼時即位,的確得到林氏的輔佐,儘管劉太后去世之後林氏勢落,但她仍能得到皇帝的敬重。兩位乳母的升沉,隱含着帝后兩黨之間的鬥争。

　　神宗的乳母張氏與權重宦者宋用臣關係密切,可見,乳母弄權必與宦者勾結。神宗過世以後,"宋用臣等既被斥,祈神宗乳媪入言之,冀得復用。后見其來,曰:'汝來何爲?得非爲用臣等游説乎?且汝尚欲如曩日,求内降干撓國政耶?若復爾,吾即斬汝。'媪大懼,不敢出一言。自是内降遂絶"[3]。不久,神宗乳母被遣去守陵,可知在皇帝去世以後,其乳母可能會守在皇帝的陵前,度過寂寞的餘生。因此,中書舍人彭汝礪吹捧哲宗説:"陛下自履大位,于今五年,好惡循理,是非以道,贊御無過與,宗室無假借,近幸貪功,廢之終身而不齒,乳媪弄權,一日弃之如涕唾。"[4] 所謂乳媪,應指神宗的乳母張氏。但臣僚們却白吹捧了,這位張氏不久得到了乳母的最高待遇。

　　值得注意的是,徽宗剛即位時曾對乳母封號采取很特别的措施,元符三年(1100)三月,削低最著名的三位前朝乳母之封號,即真宗乳母劉氏由齊魯國夫

1　〔宋〕王珪:《華陽集》,卷三一,《皇帝乳母韓國賢和佑聖夫人林氏可進封秦晋國永壽佑聖夫人制》,册4,第401頁。

2　〔宋〕王珪:《華陽集》,卷三一,《皇帝乳母故魏國肅成賢穆夫人許氏可追封吴越國肅成賢穆夫人制》,册4,第401頁。

3　〔元〕脱脱等:《宋史》,卷二四二《后妃傳》,第8627頁。

4　〔宋〕李燾:《續資治通鑒長編》,卷四二二,哲宗元祐四年二月,第10217頁。

人改爲荆楊國夫人,仁宗乳母林氏由秦晋國夫人改爲吳越國夫人,仁宗乳母許氏由吳越國夫人改爲燕冀國夫人,即由大國改爲小國,而美稱不變。

同年徽宗却給予神宗乳母張氏以最崇高的封號,"元符三年,徽宗即位,詔神宗乳母進封韓魏國保聖贊慈安仁賢壽惠和夫人。建中靖國元年四月詔曰:'錫名十字、疏地兩邦,曾未足以稱萬一而厭予志也。是用度越舊章,發揚顯號,峻超列品,增異大名,寵膺報禮之隆,益介壽祺之永。'遂以爲兩朝佑聖太夫人,品秩視貴妃"[1]。品秩同于貴妃,也就是説僅次于皇后。被削改封號的前朝乳母都曾權傾一時,如果説削改是表明皇帝對乳母干政的態度,那麽神宗乳母張氏也曾以干政被譴責,却又將她升至高位,這是爲何呢?這可能與徽宗欲大封自己的乳母有關。參見文後附表,可知徽宗大封神宗乳母前後也正在封自己的乳母,也可能徽宗以此表示自己對神宗的崇敬;另一方面,如上所述,真宗、仁宗朝的乳母雖已不在世,但其親人仍享有遷官等優遇,壓低乳母的封號正可減少一些無謂的恩典。在二十位皇帝乳母的有關史料中,可見神宗乳母張氏所享哀榮最高,她死時稱"薨"而不稱"卒",這一點同于真宗乳母劉氏,而其他待遇却遠超劉氏,崇寧"五年十二月,兩朝佑聖安仁保慶榮壽太夫人張氏薨,詔許特于苑中治具,車駕臨奠,輟朝三日。大觀元年正月,以鹵簿鼓吹葬,是日車駕爲出郊,駐蹕于崇福隆壽禪院。贈燕陳國太夫人,謚恭懿"[2]。逝世時對她的追封不僅身兼三國,又"增體慈履順四字"[3],美稱多達十四字,這纔是乳母最闊的名號。

綜上所述,儘管宋代的皇帝乳母封號美稱達到新的高度,但主要還限于取得更多的經濟利益,除仁宗朝的林氏之外,她們所謂干政,無非是利用她與皇帝的關係謀取一些私利罷了,和漢、明時的乳母不可同日而語。

(二)后妃乳母所得恩典

皇后的乳母也可得到國夫人稱號。慶曆元年(1041)"封皇后乳母長安縣君

---

1 〔清〕徐松:《宋會要輯稿》,后妃三之三二,第263頁。
2 〔清〕徐松:《宋會要輯稿》,后妃三之三三、三四,第264頁。
3 〔清〕徐松:《宋會要輯稿》,后妃三之三一,第263頁。

周氏爲汝南郡君"[1]。皇祐五年(1053)八月"壬寅,追封皇后乳母榮國夫人周氏爲魯國夫人"[2]。仁宗先後有三位皇后(包括追封者),景祐元年(1034)立曹彬之孫女爲皇后,由年代推算,這位周氏應爲曹皇后的乳母,由縣君升爲國夫人。史載郭皇后被廢後,曹氏便入宮。胡宿文集收有《貴妃乳母周氏可特封長安縣君制》,曰:"敕某乳母周氏,柔謹資性,保阿有勤。閱椒掖之上言,求粉田之錫號。移別恩而用授,明前惠之聿圖,昨以縣田,爲之湯賦。尚勉循于懿矩,往祗服于茂章。"[3] 聯繫前文,可知這位周氏應爲曹氏乳母,而不是後來那位炙手可熱的張貴妃乳母。曹氏初入宮時或曾封爲貴妃,周氏便是那時被封爲長安縣君的。

皇后乳母的俸禄相當優厚,紹興"二十一年四月十五日詔:皇后乳母建國夫人蔡氏、姊楚國夫人吳氏、越國夫人吳氏,與依張浚等妻見請禄式則例支破諸般請給"[4]。

文獻中亦有皇太后乳母封爲國夫人的記載,神宗元豐二年(1079),"封皇太后乳母永嘉郡夫人賈氏爲燕國夫人"[5]。她與皇帝乳母只差數字尊號而已。這位賈氏應是英宗高皇后的乳母,這麼晚纔由郡夫人升爲國夫人,可能由於英宗早死的關係。實際上神宗朝加封乳母都比較晚,如上所引,直至熙寧八年(1075),神宗纔給自己的乳母加四字嘉號,那麼太后的乳母加封也就更晚一些了。

妃嬪的乳母也有封號,但這些乳母一般封號并不高,劉攽文集中有《皇太妃乳母趙氏可封掌贊夫人制》一文,曰:"懷慈良之質,躬燥濕之勤,肇自文褓之初,逮及椒風之盛,恩之所被,德無不讎,寵以婦官,實隆邦教。"[6] 劉攽約與司馬光同時,文集一般都不注明年月,很難推測這是爲哪位皇太妃的乳母所作。

妃嬪的乳母也可以取得一定的特權。哲宗時皇太妃爲親戚求地,王巖叟認

---

1 〔宋〕李燾:《續資治通鑑長編》,卷一三四,仁宗慶曆元年冬十月戊子,第3189頁。
2 〔宋〕李燾:《續資治通鑑長編》,卷一七五,仁宗皇祐五年八月,第4227頁。
3 〔宋〕胡宿《文恭集》,卷一九,叢書集成本,冊1887,第246頁。
4 〔清〕徐松:《宋會要輯稿》,后妃二之一〇,第238頁。
5 〔宋〕李燾:《續資治通鑑長編》,卷二九六,神宗元豐二年春正月丁亥,第7198頁。
6 〔宋〕劉攽:《彭城集》,卷二〇,叢書集成本,冊3,第282頁。

爲應請求皇帝減少一些,而韓忠彥説:"前日批出,宋司婉請兩坐廢營與乳母作壽堂,昨日已進呈依訖。"[1] 皇宮内批的聖旨,三省往往只能照辦,而其中有一些就是爲乳母所要求的特權。

妃嬪乳母所得恩典之大小,主要還是視妃嬪的得寵程度有所上下。在仁宗慶曆至皇祐間最得寵的并不是曹皇后,而是張貴妃,張氏的父親及伯父堯封、堯佐都被任以高官。張貴妃的乳母賈氏纔是宫中最有權勢的乳母,嘉祐三年(1058)"樞密使、山南東路節度使、同平章事賈昌朝,罷爲鎮東節度使、右僕射、兼侍中、景靈宫使。……初,温成皇后乳母賈氏,宫中謂之賈婆婆,昌朝以姑事之。諫官劾昌朝交通女謁,指賈氏也"[2]。朝廷大臣居然屈尊稱貴妃乳母爲"姑",可以想象賈氏有多麽顯赫。張貴妃死于皇祐五年(1053),隨即仁宗將她追册爲皇后,謚温成,因主子獲皇后名位,這位賈婆婆應該是在這時被封爲遂寧郡君的。制詞爲:"賈氏保育中宫,有夙夜顧復之勞,無德不酬,宜錫以榮號,郡田裂封,用備脂澤,優异之寵,惟其祇飭,以安爾之壽康。可。"[3] 如上所述,曹皇后的乳母周氏當主人爲貴妃時爲縣君,後曹升爲皇后,周氏纔被封爲郡君,皇祐五年(1053),曹皇后已故乳母被追封爲國夫人,這應該是皇帝玩弄了平衡的手法。五年後賈昌朝纔下臺。實際上,諫臣攻賈昌朝也是非常艱難的:"温成皇后乳母賈氏,宫中謂之賈婆婆。賈昌朝連結之,謂之姑姑。臺諫論其奸,吴春卿欲得其實而不可。近侍有進對者曰:'近日臺諫言事,虚實相半,如賈姑姑事,豈有是哉。'上默然久之,曰:'賈氏實曾薦昌朝。'非吾仁祖盛德,豈肯以實語臣下耶!"[4]

這位權傾一時的賈氏相當長壽,死于英宗初年。宋筆記曰:"治平元年,詔葬皇后乳母永嘉郡夫人賈氏,而開封府言徙掘民墓不易,上曰:'豈宜以此擾民耶!'命勿徙。"[5] 雖説最終未搬遷民墓,但由這條史料亦可見皇后乳母的墳墓規模不小。

---

[1] 〔宋〕李燾:《續資治通鑒長編》,卷四六四,哲宗元祐六年八月己酉,第11086頁。
[2] 〔宋〕李燾:《續資治通鑒長編》,卷一八七,仁宗嘉祐三年六月丙午,第4512頁。
[3] 〔宋〕鄭獬:《郢溪集》,卷七《皇后乳母賈氏可封遂寧郡君制》,四庫全書本,册1097,第171頁。
[4] 〔宋〕蘇軾撰,孔凡禮整理:《東坡志林》,卷三《賈婆婆薦昌朝》,《全宋筆記》編1册9,第75頁。
[5] 〔宋〕江少虞:《皇朝類苑》,卷五《祖宗聖訓》,文海出版社,1981年,第200頁。

乳母的加封史料亦透露出后妃之間的明爭暗鬥。

(三)宗室近親乳母之特權

王子、公主的乳母亦會被封爲命婦，其恩典自然主要依據所育兒女的身份。太祖子德昭之子守節卒，追贈鎭江軍節度，追封丹陽郡王，其乳母徐氏封高平縣君，制文曰："敕某乳母某氏，朕睦邦族之良，溍宗藩之逝，延録保阿之舊，申加封胙之恩。析用縣田，進爲湯賦，尚慎柔嘉之履，往欽褒叙之榮。"允良爲太宗子元儼之子，爲真宗之堂弟，真宗時被命爲安德軍節度使、華原郡王，其乳母王氏被封爲永壽縣君，制文曰："敕具官某乳母某氏，少率姆訓，善治禮防，于藩邸有保阿之功。惟朝家敦崇睦之典，需章有請，舊恩弗忘，宜疏湯邑之封，姑徇藩王之願。益圖淑慎，進服寵榮。"[1] 兩位王子皆不是皇帝的直系，乳母被封爲縣君。

親王的乳母一般能得到郡君的封號。太宗至道"三年六月，楚王乳母劉氏封彭城郡君"[2]。曾鞏爲神宗親弟顥之乳母作制詞，則明言封爲郡君："某氏惟雍王顥于國屬之親且愛，而爾有乳養之勤，故其生也錫之爵邑，其殁也飾以恩榮，是用追命爾封，進于列郡，以光幽穸，尚服寵章。可。"[3] 曾鞏所作應爲一般格式的制詞，生得以爵邑，已同于其生母。顥爲皇帝親弟，關係近于上列兩位，其乳母便得到郡君的封號。

如上所述，出身農民家庭的劉氏爲真宗乳母，真宗被定爲太子以後被封爲襄王，劉氏便得到齊國夫人的封號。可見，身爲太子的乳母封號更高。南宋孝宗時，太子乳母的初封是郡夫人。淳熙"四年四月七日，詔:故宫字徐氏特贈新安郡夫人以皇太子乳母故也"[4]。衆所周知，孝宗的繼位十分艱難，在藩府時便不能和真宗相比，即位後又一直處在太上皇陰影之下，其乳母自然所得恩典不多。

乳母在哺育的同時，亦負有教育孩子的職責，故孩子往往對她非常服帖。真宗在藩府時，手下一位親密的侍從叫夏守恩，其父母早亡，弟守贇僅四歲，守

---

1 〔宋〕胡宿:《文恭集》，卷一九，《贈鎭江軍節度追封丹陽郡王守節乳母徐氏可封高平縣君制》《皇弟安德軍節度使華原郡王允良乳母王氏可封永壽縣君制》，册4，第246頁。
2 〔清〕徐松:《宋會要輯稿》，儀制一○之二三，第2015頁。
3 〔宋〕曾鞏:《元豐類稿》，卷二二《雍王顥乳母宋氏贈郡君制》，四部叢刊本，第7頁。
4 〔清〕徐松:《宋會要輯稿》，后妃四之二一，第275頁。

恩在王府當差無法照顧，真宗"即日召入宮，而憐其幼，聽就外舍。後二年，復召入，王乳母齊國夫人使傅婢拊視之。稍長，習通文字。王爲太子，守資典工作事。及即位，授右侍禁"[1]。劉氏能指使襄王府中的婢僕，可見已成爲事實上的内務總管，在襄王府中極有權威。真宗劉皇后早歲爲孤兒，嫁龔美，被帶入京師。真宗一日謂左右曰："蜀婦人多材慧，吾欲求之。""張旻時給事王宮，言于王，得召入，遂有寵。王乳母秦國夫人性嚴整，不悦，固令王斥去。王不得已出置旻家，旻亦避嫌，不敢下直，乃以銀五百兩與旻，使別築館居之。其後，請于秦國夫人，得復召入。"[2] 這個故事廣爲流傳，據其他史料，"太宗一日問乳母曰：'太子近來容貌清瘦，左右有何人？'乳母以后對，上命去之，太子不得已，置于殿侍張耆家。未幾，太宗晏駕，太子即位，祥符五年立爲皇后"[3]。真宗爲襄王時乳母劉氏爲齊國夫人，真宗即位後，改封爲秦國夫人。即使是小王子心愛的女人，未得到乳母的許可，也不能帶入府内。可見，這位乳母在王府中享有相當的權威，而其權威主要來自皇帝，因爲乳母常見皇帝，向他彙報太子的一言一行。

其他史料也說明，皇帝要瞭解孩子的情況時，往往直接宣召乳母，而不是去問孩子的生母。"太宗時，姚坦爲充王翊善，有過必諫。左右教王詐疾，逾月，太宗召王乳母入，問起居狀。乳母曰：'王無疾，以姚坦故，鬱鬱成疾耳。'太宗怒曰：'王年少，不知爲此，汝輩教之。'杖乳母數十，召坦慰勉之。"[4] 袒護孩子的未必僅僅是乳母，也許是孩子的生母讓她這樣對皇帝説的，她不過是代生母受過。令人注目的，仍是生母的缺位及乳母與皇子的親近。

和真宗乳母劉氏一樣，其他進入王府的乳母，如果得到主人的信任，年久日深，可能成爲其家的内府總管。大中祥符八年（1015）"四月二十三日夜，榮王宮火起，時大風從東北來，五更後火益盛。未明，東宫六位一時蕩盡，宫人多有走上東華門樓，有出不及者，焚死百餘人"。而這場大火爲榮王宫人故意縱火引發，因"掌茶酒宫人韓小姐，新與親事官孟貴私通，多竊寶器以遺之。後事泄，王

1　[元] 脱脱等：《宋史》，卷二九○《夏守赟傳》，第9715頁。
2　[宋] 李燾：《續資治通鑒長編》，卷五六，真宗景德元年正月乙未，第1225～1226頁；[元] 脱脱等：《宋史》，卷二四二《后妃上》，第8612頁。
3　[宋] 李攸：《宋朝事實》，卷一，叢書集成本，册833，第11頁。
4　[宋] 朱熹：《三朝名臣言行録》，卷七之一，《朱子全書》册12，第574頁。

乳母將决責之，小姐乃謀放火因而奔出"[1]。可見，榮王府中的乳母對下屬的宫人及婢僕有責罰權。

在王子夫婦的家事中也能看到乳母的身影。神宗弟"岐王顥之夫人，馮侍中拯之曾孫也，失愛于王，屏居後閣者數年。是春，岐王宫遺火，尋撲滅，夫人聞有火，遣二婢往視之。王見之，詰其所以來。二婢曰：'夫人令視大王耳。'王乳母素憎夫人，與二嬖人共譖之曰：'火殆夫人所爲也。'"岐王顥大怒，令人拷打二婢，二婢被迫説是馮夫人指使縱火。顥向高太后哭訴，要皇帝殺了馮夫人。神宗知道他們夫妻關係一向不睦，令官吏重審，纔得知真相。神宗"乃罪乳母及二嬖人，命中使送夫人于瑶華宫，不披戴，舊俸月錢五十緡，更增倍之，厚加資給，曰：'俟王意解，當復迎之。'"[2]乳母一言竟幾乎使王妃喪命，而乳母所得罪罰語焉不詳，恐怕并不是很重。據《續資治通鑒長編》，此案發生于元豐二年（1079），而據《宋史》本紀，元豐三年（1080）顥改封爲雍王，如上所引曾鞏撰雍王乳母加封爲郡夫人的制書，則在此事件之後乳母仍得到加封。元豐七年（1084），顥乳母孫氏去世，亦享盡哀榮："詔雍王顥乳母孫氏葬報先禪院，每歲同天節度一僧。"[3]一稱宋氏，一稱孫氏，雍王顥可能有兩位乳母，但也可能是文獻記載有誤。這些史料説明，王妃被趕出王府，而王子乳母的地位并没有受到影響。

公主的乳母亦有封號。蘇頌撰有《祁國長公主乳母侯氏可封壽光縣君》制："敕某氏：朕以長公主先帝之息，我之同氣。築館于外，筮日有行。恩禮所加，固宜優异。惟其阿保之列，夙勤燥濕之安。寵以邑封，蓋循邦制。往承渥涣，毋替謹柔。"[4]祁國長公主爲仁宗女、英宗妹，其乳母初封亦爲縣君。

公主出嫁後，其乳母仍可不時入宫，她們往往藉機向后妃提些要求，以滿足其私利。吴元扆于太平興國八年（983）尚太宗第四女蔡國公主，得授左衛將軍、駙馬都尉。"公主有乳媪，得入參宫禁，元扆慮其去後妄有請托，白上拒之。真

---

[1] 〔宋〕高文虎撰，程郁整理：《蓼花洲閒録》，《全宋筆記》編5册10，大象出版社，2012年，第133~134頁。
[2] 〔宋〕李燾：《續資治通鑒長編》，卷二九七，神宗元豐二年三月，第7229頁。
[3] 〔宋〕李燾：《續資治通鑒長編》，卷三四七，神宗元豐七年秋七月癸丑，第8327頁。
[4] 〔宋〕蘇頌撰，王同策等點校：《蘇魏公文集》，卷三五，中華書局，1988年，第527頁。

宗深所嘉嘆，于帝婿中獨稱其賢。及殁，甚悼惜之。"[1] 這條史料主要稱贊吳元扆這樣賢明的駙馬十分少見，但同時説明公主乳母入宫求利是相當普遍的。

其實，駙馬請求皇宫拒絶公主乳母入内，也未必全是出于公心，老乳母到公主娘家説東道西，肯定令駙馬惶惶不安。賢穆大長公主爲仁宗第十女，"賢穆乳母永嘉董夫人，一日入禁中，慈聖（仁宗曹后）問云：'公主以未得子爲念，爲甚不去玉仙聖母處求嗣？'董奏曰：'都尉不信，事須是官家、娘娘處分。'後數日，光玉入禁中，上笑云：'董婆來娘娘處説都尉來。'光玉皇恐謝罪。欽聖（神宗向后）云：'别没事。只是娘娘要教公主去玉仙求嗣。董奏云，都尉不信。'光玉奏云：'既得聖旨，安敢不信。'遂擇日與賢穆同詣玉仙，止留知觀老道士一人祝香祈禱。道士見貴主車服之盛，歆艷富貴，云：'願得貧道與大主作兒子。'歸而有娠。"[2]

公主帶乳母外嫁，乳母當然成爲公主的心腹，她甚至會激化小兩口的矛盾，以致公主與駙馬的家人對抗。仁宗念及自己的生母李宸妃未得到孝養，便將自己的長女兖國公主下嫁給親舅的兒子李瑋。"瑋貌陋性樸，公主常僕奴視之，韓氏復相離間。公主嘗與懷吉飲，楊氏窺之，公主怒，毆楊氏，夜開禁門，訴于帝所。言者皆咎公主。懷吉等既坐責，公主悉懟，欲自盡，或縱火欲焚第，以邀上必召懷吉等還。上不得已，亦爲召之。諫官楊畋、司馬光、龔鼎臣等皆力諫，上弗聽。"公主要死要活地鬧個不休，爲討好皇帝，得寵的苗貴妃等欲指使人毒殺李瑋，而曹皇后説："陛下念章懿皇后，故瑋得尚主。今奈何欲爲此！"因此，嘉祐七年（1062）二月"癸卯，詔兖國公主入内，安州觀察使、駙馬都尉李瑋知衛州，瑋所生母楊氏歸其兄瑋，公主乳母韓氏出居外，公主宅勾當内臣梁懷吉歸前省，諸色祗應人皆散遣之"[3]。由此可見公主的乳母有多麽厲害。

英宗第二女魏國大長公主，母親是宣仁高太后。元豐三年（1080），公主病篤。"主好讀古文章，喜筆札，睏恤族黨，中外稱賢。誅不矜細行，至與妾奸主

1　〔元〕脱脱等：《宋史》，卷二五七《吴元扆傳》，第 8951～8952 頁。
2　〔宋〕錢世昭撰，查清華、潘超群整理：《錢氏私志》，《全宋筆記》編 2 册 7，大象出版社，2006 年，第 64 頁。
3　〔宋〕李燾：《續資治通鑒長編》，卷一九六，仁宗嘉祐七年二月，第 4741 頁。

旁,妾數抵戾主。薨後,乳母訴之,帝命窮治,杖八妾以配兵。既葬,謫詵均州。"[1] 乳母陪公主下嫁,親見公主的委屈,最後能爲公主報仇,可知公主的乳母與皇室是有聯繫的,她説的話有一定的分量。

公主的乳母出入宫廷,主要還是爲自己的親戚謀取私利。有的乳母與自己的家庭保持聯繫,有的甚至會離開雇主家庭,重新嫁人,由于乳母與所育兒女的特殊關係,乳母的親人也會得到許多好處。仁宗嘉祐五年(1060)十月"甲子,殿中侍御史吕誨言:'兗國公主乳母昌黎郡君韓氏出入内中,嘗因公主奏其侄壻于潤爲右班殿直,典主第服玩器物,而盗歸私家。請下有司推鞫之。'詔降于潤爲下班殿侍,削韓氏郡封"[2]。乳母韓氏"典主第服玩器物",在公主府内應有不小的權勢。

由于宗室近親的乳母常以各種理由出入宫中,直接提出各種訴求,爲此大宗正司非常惱火。哲宗元祐四年(1089)"大宗正司言:'宗室近來多以合經本司管勾事務,明知礙法,或無例難行,規避越訴約束,却令外官宗室,或母宗婦乳母,經執政或他司陳狀,難以齊一。欲乞宗室表狀直于御前唐突,及差人于諸處投下,或三省、樞密院出頭者,并斷罪勒住起居,克罰俸錢。'從之"[3]。可見,這種現象頻發,大宗正司纔特下禁令,但由文獻看,禁令的效果似乎并不理想。

宗室的乳母去世,對治喪有些特别的規定。英宗治平元年(1064)"閏五月十一日,太常禮院言,宗室嫡母存,則所生母、庶母、乳母、婦之所生母、乳母卒,請皆令治喪于外。從之"[4]。這明顯考慮到嫡母的心理,但所生母與乳母并稱,亦可見對乳母的重視。

宋朝廷規定,宗室近親的乳母去世,朝廷可按例給予一定的賵贈:"宗室期、功、袒免,乳母、殤子及女出適者,各有常數。其特恩加賜者,各以輕重爲隆殺焉。"[5] 朝廷規定,賵贈按其所育子女的品秩及與皇帝的親等而不同。最親者所

---

1 〔元〕脱脱等:《宋史》,卷二四八《公主傳》,第8779頁。
2 〔宋〕李燾:《續資治通鑒長編》,卷一九二,仁宗嘉祐五年冬十月,第4647頁。
3 〔宋〕李燾:《續資治通鑒長編》,卷四二七,哲宗元祐四年五月癸巳,第10334頁。
4 〔清〕徐松:《宋會要輯稿》,帝系四之一四,第100頁。
5 〔元〕脱脱等:《宋史》,卷一二四《禮志第七十七》,第2907頁。

得相當可觀:"錢百貫,絹二百疋,酒三十瓶,羊十口。新式:三年服絹三百五十疋,燭各二十條,香、茶各二十斤,酒各二十瓶,羊二十口;期年服第一等絹、酒各減半,羊五口;第二等絹減三十疋,酒、羊同第一等;第三等絹減二十疋,酒、羊同第二等;大功服絹減二十疋,酒、羊各減二;任防禦使以下不賜。"[1]

由于王公貴族對自己的乳母有特殊的感情,表面上她能得到士大夫的尊重。英宗、神宗時文臣李清臣"權判太常寺。一日,公方召客飲,而中貴人踵門。客曰:'中貴人何爲來哉?'俄呼曰:'傳宣李學士。'公遽出拜,則有旨撰楚國夫人墓銘。楚國夫人者,英宗乳母也。時孫洙、王存、顧臨在坐,曰:'內制不以屬代言者,而以命子,异眷也。'"[2] 士大夫爲皇帝乳母撰墓志銘,被視爲榮耀之事。然而,這種尊敬只是表面上的,士大夫從骨子裏是鄙視這類人群的。

乳母得到一定地位之後,固然會得到某些特權,可爲其家人謀些利益,但弄得不好,也會落入政治的陷阱,成爲政治場上的犧牲品。《史記》曰:漢武帝對自己的大乳母特別親,她一月內可再朝,進宮時可乘車行馳道中。"當此之時,公卿大臣皆敬重乳母。"而乳母家子孫奴從者橫暴都市,甚至搶奪人車馬衣服,有司請將其家流放至邊疆。乳母入宮辭別時,如郭舍人教,幾度回顧,郭舍人疾言罵之曰:"咄!老女子!何不疾行!陛下已壯矣,寧尚須汝乳而活邪?"武帝頓生憐意,下詔中止乳母的流放[3]。而《後漢書》中所載漢安帝乳母王聖事則更爲典型。安帝時鄧太后臨朝,乳母王聖與宦人共譖太后,太后過世後,皇帝便殺鄧氏掌權者,而王聖女伯榮更進一步干政。然而第二年,安帝崩,王聖及黨羽皆被流放[4]。這些文獻的字裏行間,都透露出士大夫對皇帝乳母的厭斥,這似乎也是古已有之的。

仁宗時,韓琦上疏論召兩府大臣商議皇帝乳母喪事,就認爲過于興師動衆。他説:"昨日午後又聞就宅宣兩府臣寮入內,搢紳士庶無不憂惑,至晚方知只是

---

[1] 〔清〕徐松:《宋會要輯稿》,禮四四之一一、一二,第1437~1438頁。
[2] 〔宋〕晁補之:《濟北晁先生鷄肋集》,卷六二《資政殿大學士李公行狀》,四部叢刊本,第19頁。
[3] 〔漢〕司馬遷:《史記》,卷一二六《滑稽列傳》,中華書局,1959年,第3204頁。
[4] 〔宋〕范曄:《後漢書》,卷五《安帝紀》,第242頁。

魏國夫人薨謝。陛下雖隆乳母之愛,其如在禮,止爲緦麻三月之服,若言乎親則非近也,若言乎尊則不崇也,此止可一中人傳詔于宰臣之第,令議而奏之,何必遍宣近輔,震恐都人?事往不追,後當爲戒。"[1] "言乎親則非近","言乎尊則不崇",正道出士大夫對乳母的真實看法。

一旦男主人成爲政治鬥争的失敗者,乳母也和其家眷一樣深受其害。熙寧八年(1075)閏四月,發生沂州李逢謀反案,其獄連及宗室右羽林大將軍趙世居。世居及其子被賜死,去宗室名,"孫五歲以上聽所生母若乳母監鎖處鞠養"[2],世居的乳母被允許度爲尼[3],其他鞠養幼子的乳母直至"衣服損壞,舍屋疏漏"[4],亦不能外出,直至四個月後纔"免鎖閉房室"[5]。

綜上所述,乳母出身于下層家庭,在進入上層家庭之後,由于她與所育兒女結下深厚的感情,她往往成爲這個家庭的一員,由主家爲她養老送終。一些乳母取得主人的信任,可能成爲内務主管,而進入皇室的乳母一般都能取得命婦稱號,有的甚至一度干預朝政。由圖像史料看,由于乳母與諸多下層女性相似,具有健康豐碩的體態,其性感往往會成爲吸引男主人的因素,因此,在某種場合,她的身份甚至會與妾難以區分,爲此,也會給主家的後代帶來血緣上的困惑,甚至給這個家庭帶來倫理上或親情上的危機。

---

1 〔宋〕趙汝愚:《諸臣奏議》,卷九三,韓琦《上仁宗論魏國夫人薨就第宣召兩府臣寮》,第3159頁。
2 〔宋〕李燾:《續資治通鑒長編》,卷二六三,神宗熙寧八年閏四月壬子,第6446頁。
3 〔宋〕李燾:《續資治通鑒長編》,卷二六四,神宗熙寧八年五月丙寅,第6459頁。
4 〔宋〕李燾:《續資治通鑒長編》,卷二六五,神宗熙寧八年六月甲辰,第6486頁。
5 〔宋〕李燾:《續資治通鑒長編》,卷二六五,神宗熙寧八年六月癸丑,第6514頁。

附表:《皇帝乳母封號簡表》

皇帝	乳母	所封國號及尊號	出處
太宗	陳國夫人耿氏	始封鉅鹿郡夫人,太平興國二年八月封今號。太平興國八年正月卒。	《宋會要輯稿》(以下簡稱《宋會要》),后妃三之二九
真宗	荊楊國肅明賢順夫人劉氏	初封齊國夫人。至道三年八月封秦國,加號延壽保聖。咸平元年九月卒,帝輟視朝三日,葬時車駕臨奠,給鹵簿鼓吹,成服于苑中。進號成聖繼明天聖。四年,改號秦國肅明賢順。仁宗至和二年追封齊魯國夫人。哲宗元符三年三月改封今號。	《宋會要》后妃三之二九
仁宗	吳越國祐賢肅聖夫人林氏	天禧五年四月始封福昌縣君,乾興元年四月進封南康郡夫人。天聖六年十月進蔣國,徙晉國,加號慈壽福聖。慶曆元年十二月進韓國賢和祐聖,益秦晉二國,更號永壽祐聖,又號肅恭賢正。至和二年八月卒,帝成服于苑中,輟視朝三日。贈秦晉國祐賢肅聖夫人。元符三年三月改封今號。	《宋會要》后妃三之三〇
	燕冀國肅成賢穆夫人許氏	被讒出宮嫁苗繼宗。天聖二年四月邀車駕自陳,詔封臨潁縣君,補繼宗右班殿直,尋封高陽郡夫人。景祐元年十一月進崇國。四年六月進齊國。五年二月加永聖保壽之號。肅月進魏國。寶元二年三月卒,帝輟視朝三日為制服發哀,追改號肅成賢穆。至和二年二月贈吳越國夫人。哲宗元符三年三月改封今號。	《宋會要》后妃三之三一
	燕國夫人錢氏	天禧二年九月封為安吉縣君,進封榮國夫人。至和二年追封今號。	《宋會要》后妃三之三〇
	崇國夫人戴氏	嘉祐二年五月,自尚服追封。	《宋會要》后妃三之三〇
	晉國夫人陳氏		《宋會要》后妃三之三〇

續表

皇帝	乳母	所封國號及尊號	出處
英宗	徐國仁良懿恪夫人賈氏	治平四年三月封韓國夫人。元符三年三月追封徐國夫人,仍賜謚仁良懿恪。	《宋會要》后妃三之三一
神宗	燕魯陳國兩朝佑聖安仁保慶榮壽體慈履順太夫人張氏	初封永康縣君,治平四年三月封崇國夫人。熙寧八年二月封魏國,加號安仁保佑。元豐八年四月封秦晉國安仁保佑夫人。元祐二年六月,封吳越國,加號安仁賢壽。元符三年正月封韓魏國,加號保聖贊慈安仁賢壽惠和。建中靖國元年四月,封兩朝佑聖太夫人,品秩視貴妃。崇寧二年二月,改封兩朝佑安仁保慶榮壽太夫人。崇寧五年十二月薨,徽宗于苑中車駕臨奠,輟朝三日。大觀元年正月,以鹵簿鼓吹葬,贈燕魯陳國太夫人,增體慈履順四字,謚曰恭懿。	《宋會要》后妃三之三一
哲宗	韓燕國翊德保順勤惠肅穆夫人竇氏	元豐八年四月封安康郡夫人。元祐四年三月封慶國夫人。紹聖二年十月封魏國,加號福康惠佑。元符三年正月,降扶風郡夫人。建中靖國元年五月復魏國夫人。崇寧元年正月封楚越國,加號翊德保順。崇寧四年三月卒,贈韓燕國,加勤惠肅穆四字。	《宋會要》后妃三之三二
	安平縣君王氏	紹興元年九月,自陳元豐二年蒙取入皇太妃閤,常有乳抱之勤,元豐三年放出。特封安平縣君,月給錢五十。	《宋會要》后妃三之三三
徽宗	燕越國安仁順懿靜和恭恪夫人劉氏	元符三年二月封安康郡夫人。建中靖國元年三月封榮國夫人。十二月封秦國夫人,加號安和順懿。大觀二年二月封燕國,加號安和順懿恭恪。政和六年十二月,進封越國,加號安和順懿靜和恭恪。七年正月,改安和字為安仁。	《宋會要》后妃三之三三
	邠兗國康靜恭懿惠穆夫人王氏	元符三年二月封和義郡君,四月封安定郡夫人。建中靖國元年三月封嘉國夫人,十二月封楚國,號康惠恭。大觀二年二月,封魯國,加康靖惠恭懿穆。政和元年五月,封魯國,加康靖順和懿穆。三年五月卒,贈邠兗國,易今號。	《宋會要》后妃三之三三

續表

皇帝	乳母	所封國號及尊號	出處
徽宗	縣君管氏	崇寧四年七月自陳，先于欽慈皇太后殿備月權乳，遇皇帝降生首進御乳，特封縣君，月支料錢五貫。八月七日，管氏陳乞依神宗朝司飾劉氏等例入內，又詔管氏每月添料錢一十五貫文。	《宋會要》后妃三之三三
高宗	福壽國柔惠淑婉和懿慈穆育聖夫人王氏	原爲壽國柔惠淑婉夫人，紹興五年五月十一日加育聖二字。九年九月二十四日詔加和懿慈穆四字。二十年卒，二月二日詔，給其下官吏諸色祗應人各特轉一官資。六月十五日詔，特贈今號，賜絹二千匹、錢一萬貫充敕葬，七月十四日詔其本位官吏特轉兩官資。	《宋會要》后妃三之三四
高宗	慶國柔懿淑美靖肅保慈夫人吳氏	原爲慶國柔懿淑美夫人，紹興五年五月十一日加保慈二字。九年卒，八月六日詔，特加贈靖肅二字。	《宋會要》后妃三之三四
孝宗	崇國慈良保佑賢壽柔嘉靜莊夫人周氏	紹興三十二年八月二十七日詔爲崇國夫人，十一月十五日加慈良保佑賢壽六字。十二月十四日薨，乾道二年九月二十一日，加贈柔嘉靜莊四字。	《宋會要》后妃三之三四
孝宗	柔靖夫人孫氏	隨龍時爲紅霞帔，乾道二年九月二十一日追贈該號。	《宋會要》后妃三之三四
光宗	吉國柔明慈惠淑謹和順端懿夫人張氏	淳熙十六年三月九日詔，特封爲吉國柔明慈惠夫人。紹熙三年三月二十四日加淑謹和順端懿六字。	《宋會要》后妃三之三四
光宗	寧國夫人徐氏	原爲新安郡夫人，紹熙三年十一月十日追贈今號。	《宋會要》后妃三之三五

第六章 宋代的蓄妾習俗及有關法規考察

陳鵬的《中國婚姻史稿》舉筆記中司馬光、王安石不親妾室的史料,謂"一般士大夫雖亦家有伎妾,已不若前代遠甚。且有不自置妾,或雖置之而未嘗一御者"[1]。他的論據便是宋人皆知的故事:"王荆公知制誥,吳夫人為買一妾,荆公見之曰:'何物女子?'曰:'夫人令執事左右。'曰:'汝誰氏?'曰:'妾之夫為軍大將,部米運失舟,家資盡没,猶不足,又賣妾以償。'公愀然曰:'夫人用錢幾何得汝?'曰:'九十萬。'公呼其夫,令為夫婦如初,盡以錢賜之。司馬温公從龐潁公辟為太原府通判,尚未有子。夫人為買一妾,公殊不顧。夫人疑有所忌也。一日,教其妾:'俟我出,汝自飾至書院中。'冀公一顧也。妾如其言,公訝曰:'夫人出,汝安得至此?'亟遣之。……荆公、温公不好聲色,不愛官職,不殖貨利皆同。"[2] "昔荆國王文公捐錢九十萬買妾,聞其夫因運米失舟,賣妻以償,亟呼還之,使為夫婦,此豈非吾黨所當共慕。"[3]然而,衆所周知,宋代是士大夫的黃金時代,在這個時期,蓄妾之惡俗得以抑制,令人難以置信。

一、宋代士大夫家庭蓄妾現象之估量

正如宋人所言,王安石與司馬光或以"拗"或以"牛"著稱,在私生活方面更以嚴肅面孔出現,這樣特殊的政治家是否能代表整個宋代士人尚成問題,何況即便是最嚴肅的司馬光,也有不見于正史的另一面。

熙寧間筆記《青瑣高議》載:陝府有名妓温琬擅詩書,尤精于《孟子》,"時宰相司馬光君實請告焚黄,自外邑而來。肅至府下,郡將以宴,命琬侍。君實,陝

---

[1] 陳鵬:《中國婚姻史稿》,中華書局,1990年,第702頁。
[2] 〔宋〕朱熹:《三朝名臣言行録》卷六之二,《朱子全書》册12,第542頁。
[3] 佚名:《名公書判清明集》,卷九《女已受定而復雇當責還其夫》,第345頁。

人也,久知琬,而未之識,因顧問曰:'甘棠乃光之鄉里也,聞娼籍有善談《孟子》者,爲誰?'主人指琬以對。乃詢其義,謙避不肯應。固問,則曰:'孟子,幾聖者也,琬何人,詎敢談其書。'久促之,復曰:'琬婦人也,對大儒而言《孟子》,挾泰山以超北海,不量其力,不知其分者也。'君實喜,顧謂主人曰:'君子識之,婦人其謙能然。'"[1] 筆記之説難以確信,司馬光歷來以正人君子的形象示人,也許這不過是小説家對名人的惡搞。

亦曾看到圍繞其子康兒是否庶生的争論短文,未暇考證此説之是否,僅列舉一條史料,可見端倪。元豐六年(1083)司馬光爲亡妻所作傳曰:"清河郡君張氏,冀州信都人,禮部尚書致仕存之女,端明殿學士司馬光之妻也。年十六適司馬氏,夫登朝,封清河縣君。及爲學士,改郡君。年六十,元豐五年正月壬子晦,終于洛陽。……上承舅姑,旁接娣姒,下撫甥侄,莫不悦而安之。御婢妾寬而知其勞苦,無妒忌心。"[2] 謂妻無妒忌,則家中應有可妒忌的對象,否則美德無從談起,無論康兒是否庶出,司馬光家中的確蓄有妾室。

從正史及筆記來看,宋諸名臣蓄妾并非個別現象。徐鉉故世時,其家有少妾,時人挽歌曰:"薄暮邓郊遠,何人不慘顏。無兒見星往,有妾護喪還。舊宅猶臨水,空車却度關。"[3] 王安石爲范仲淹作祭文曰:"自公之貴,厩庫逾空。夷其色辭,傲訐以容。化于婦妾,不靡珠玉。"[4] 則范家亦有妾室。尹洙亡時四十六歲,後七年其妻張氏卒,時幼子十歲,長子尹朴尚存,"博學能文";後歐陽修爲其幼子乞官時,長子尹朴已卒,幼子"年方十餘歲,煢然無依",查尹朴墓志,朴卒時年僅二十五歲,則張夫人卒時朴應近成年;且洙三女已嫁,二人在室;而爲尹夫婦主持喪事的却是嗣子尹材,材之本生父是其弟尹沂。有二子仍立嗣子,一般在妻無子而有庶生子的情況下發生。綜合上述史料,可見尹洙諸子女不爲一

---

1 〔宋〕劉斧撰,李國强整理:《青瑣高議》,後集卷七《溫琬》,《全宋筆記》編2册2,大象出版社,2006年,第172頁。
2 〔宋〕司馬光撰,李文澤、霞紹暉校點:《司馬光集》,卷六四《叙清河郡君》,第1341頁。
3 〔宋〕徐鉉:《徐騎省集》,附録李至《東海徐公挽歌詞》,四部叢刊本,第8頁。
4 〔宋〕王安石著,唐武標校:《王文公文集》,卷八一《祭范潁州仲淹文》,第873頁。

母所出[1]。劉摯"平居不親妾媵,家事有無,不以經意。雖在相府,蕭然一室"[2]。"不親妾室"可理解爲未沉溺其間,但未必如陳鵬所言"未嘗一御"。"孫奭累表聽致仕,病甚,戒其子不内婢妾,曰:'無令我死婦人之手。'"[3]臨終不親妾媵,却未必平素絕不親近。梅堯臣詩一則曰"歸來撫童僕,前事語妻妾";二則曰"乞食非爲貧,妻病妾且死",則梅家雖貧,仍有妻有妾;而《花娘歌》透露出與青樓女子的私情;《桓妒妻》詩更感嘆説:"昔聞桓司馬,娶妾貌甚都。其妻南郡主,悍妒誰與俱。……嫉忌尚服美,傷哉今亦無。"[4]南宋初叶顒,"自初仕至宰相,服食僮妾,不改其舊"[5]。朱熹父諱松,娶同郡祝氏,夫人"承接内外姻親,下逮妾媵僮使,曲有恩意"[6]。又如周必大,紹興年間已娶昆山王氏,乾道時在臨安任職,又納錢塘孫芸香爲妾,兩年後携孫歸廬陵故里,卒後葬廬陵[7]。周夫人妒甚,曾于盛暑將妾束于庭院,周公過之,妾以渴告,公以水酌之[8]。

爲宣揚女主人"善待妾媵",士大夫們往往會將其家的蓄妾及所生子女等情況直接寫入墓誌銘。北宋知代州劉文質夫人李氏,其家子十五人,女八人[9]。秘書省著作佐郎陳某之妻周氏,卒時年僅三十五,家中亦有庶子[10]。又如韓從藹爲

---

1 〔宋〕尹洙:《河南先生文集》,附錄歐陽修《尹師魯墓誌銘》、歐陽修《乞與尹構一官狀》、韓琦《故河南尹君墓誌銘(并序)》、韓琦《故崇信軍節度副使檢校尚書工部員外郎尹公墓表》,四部叢刊本,第16、31、37、13頁。

2 〔宋〕朱熹:《三朝名臣言行錄》卷一二之一,《朱子全書》册12,第767頁。

3 〔宋〕朱熹:《五朝名臣言行錄》卷九之三,《朱子全書》册12,第276頁。

4 〔宋〕梅堯臣:《宛陵先生集》,卷二六《初冬夜坐憶桐城山行》,四部叢刊本,第2頁;卷三〇《持國遺食》,四部叢刊本,第5頁;卷一〇《花娘歌》,四部叢刊本,第17頁;卷七《桓妒妻》,四部叢刊本,第9頁。

5 〔宋〕楊萬里撰,辛更儒箋校:《楊萬里集箋校》,卷一一九《宋故尚書左僕射贈少保葉公行狀》,第4547頁。

6 〔宋〕朱熹:《晦庵先生朱文公文集》,卷九七《皇考左承議郎守尚書吏部員外郎兼史館校勘累贈通議大夫朱公行狀》,《朱子全書》册25,第4515頁。

7 〔宋〕周必大:《文忠集》,卷三六《芸香志》,四庫全書本,册1147,第325頁。

8 〔元〕陶宗儀:《説郛》,卷二八引陳直《韋居聽輿·夫人妒》,第1352頁。

9 〔宋〕蘇舜欽撰,沈文倬校點:《蘇舜欽集》,卷一四《内園使連州刺史知代州劉公墓誌》,上海古籍出版社,1981年,第181頁。

10 〔宋〕曾鞏:《元豐類稿》,卷四五《德清縣君周氏墓誌銘》,四部叢刊本,第6頁。

節度使之子,夫人慕容氏,其家十子三女,夫人卒年五十六,仍家有幼子女[1]。尚書主客員外郎沈扶之夫人翟氏,治平三年(1066)卒,享年五十七,其家有五男三女[2]。潭州寧鄉主簿徐成甫熙寧八年(1075)卒,有前後二妻張氏、蔡氏,又有一妾[3]。英宗、神宗時武將郝質妻朱氏,元祐三年(1088)卒,享年七十有五,其家子五人,女四人[4]。神宗時宋宗室仲伋妻劉氏,爲夫廣置妾媵,其家有子十四人,女五人[5]。樞密子史浚妻舒氏,請夫置妾,舒氏先夫十四年卒,其家已有子五人,女二人[6]。河東都轉運使施昌言夫人徐氏,家有五男一女,卒年四十三歲[7]。太府寺主簿晏曇妻李氏,紹聖元年(1094)故世,夫有妾室[8]。洛陽富室王某妻范氏,政和二年(1112)故世,享年四十八,有子四人,女數名[9]。紹興年間敷文閣直學士俞俟家有妾媵[10]。紹興富室牟氏之贅婿趙之才卒時,牟氏年方三十,而妾生子尚幼稚[11]。吏部尚書次子洪懷祖妻盛氏,淳熙乙未(1175)卒,享年六十三,其家子八人,女四人,其中二女尚幼[12]。陸九淵岳母黃氏卒于淳熙十五年(1188),享年六十有四,育獨子而非親生,又有女四人[13]。劉克莊爲仲妹所作墓誌銘亦表揚她撫育庶子[14]。洪适家三代蓄妾,其祖父即有妻有妾,父洪光弼登政和五年

---

1 〔宋〕歐陽修撰,李逸安點校:《歐陽修全集·居士集》,卷三七《韓國公夫人太寧郡君慕容氏墓誌銘》,中華書局,2001年,第549~550頁。
2 〔宋〕王安石著,唐武標校:《王文公文集》,卷九八《故樂安郡君翟氏墓誌銘(并序)》,第1002頁。
3 〔宋〕秦觀:《淮海集》,卷三六《蔡氏夫人行狀》,四部叢刊本,第9頁。
4 《宋代石刻文獻全編》,《金石補正》,卷一〇五《安武軍節度郝質妻朱氏墓誌》,北京圖書館出版社,2003年,册1,第359頁。
5 《北京圖書館藏中國歷代石刻拓本彙編》,《宋宗室贈定武軍節度觀察留後博陵郡公仲伋夫人故彭城縣君劉氏墓誌銘》(趙仲伋妻劉氏墓誌),章1239,中州古籍出版社,1990年,册39,第131頁。
6 〔宋〕樓鑰:《攻媿集》,卷一〇五《朝請大夫史君墓誌銘》,四部叢刊本,第11頁。
7 〔宋〕歐陽修撰,李逸安點校:《歐陽修全集·居士集》,卷三六《萬壽縣君徐氏墓誌銘》,第531頁。
8 《北京圖書館藏中國歷代石刻拓本彙編》,《宋故興國縣君李氏夫人墓誌銘》(晏曇妻李氏),志3790,册40,第151頁。
9 《北京圖書館藏中國歷代石刻拓本彙編》,《王士英妻范氏墓誌》,志3820,册42,第38頁。
10 〔宋〕洪适:《盤洲文集》,卷七七《俞淑人墓誌銘》,四庫全書本,册1158,第770頁。
11 《宋代石刻文獻全編》,《古志石華》,卷二八《趙之才妻牟氏》,册2,第26頁。
12 〔宋〕樓鑰:《攻媿集》,卷一〇〇《盛夫人墓誌銘》,四部叢刊本,第11頁。
13 〔宋〕陸九淵:《象山先生全集》,卷二八《黃夫人墓誌》,四部叢刊本,第7頁。
14 〔宋〕劉克莊:《後村先生大全集》,卷一三八《仲妹》,四部叢刊本,第14頁。

（1115）進士第，"庶弟孤侄雖多，力爲謀昏對"。光弼嫡妻沈氏，光弼故時，有洪适等兄弟八人，姊妹四人，其中一女尚幼[1]。樓鑰母爲正夫人，享年九十有五，其家九子二女[2]。臨安府右司理參軍曾堅妻王氏，淳祐乙巳（1245）卒，年僅三十四，家有妾媵[3]。中散楊希元夫人張氏，三十六歲卒，其家四子五女[4]。魏了翁稱其祖母善待妾室[5]。曹彥約，元配肖氏卒，又納王氏，又娶黃氏，後王氏"還家居守"，黃氏則隨曹彥約居官所[6]。這類家庭男主人往往官高位重，或富比王侯，由子女之衆多，即可想見其家之妻妾成群，因而"御妾"自然成爲女主人的重要職責。

男性墓主的墓志銘間或透露出士大夫納妾的消息。李處道爲治平四年（1067）進士，"平居雖與僕妾語，必誠必信"，家有三男三子[7]。知吉州畢某，元豐五年（1082）卒，其銘曰："先夫人趙氏、繼室夫人滕氏皆祔焉。……（銘曰）其配趙女，椒不盈升。來繼婦職，汝陰之滕。其宜家人，厥年不登。有琬淑女，采自蔚菲。壺儀柔嘉，維妾李氏。能力大故，哀恤應禮。公子三男，惠連有萎。平仲、和仲，季未勝衣。蓋七女子，伯嫁而死。四歸以時，三處未字。"其家三男七女，長已婚娶，而季子尚幼[8]。南宋李諶爲夔路轉運判官，有屬官盜用庫錢二萬緡充饋賂及買妾，"公以其死也，不欲暴其事"，人以公爲長者[9]。值得注意的是，士大夫之墓志銘極少提到蓄妾之事，而"御妾"有方之類的記事屢屢見於士人家主婦之墓志銘，當然和女性的角色有關，這也間接說明，妻妾矛盾正是其家主要矛盾，如何待妾也就成爲衡量妻是否"賢"之標準，而對士大夫來説，納妾并不值得在墓志中誇耀。

有些士人仕途未必亨達，家業未必富有，却也妻妾雙全甚至有妾數人。北

1　〔宋〕洪适：《盤洲文集》，卷七四《先君述》，四庫全書本，册1158，第751頁。
2　〔宋〕樓鑰：《攻媿集》，卷八五《亡姒安康郡太夫人行狀》，四部叢刊本，第3頁。
3　〔宋〕劉克莊：《後村先生大全集》，卷一五一《王孺人墓志銘》，四部叢刊本，第1頁。
4　〔宋〕張耒：《張右史文集》，卷六〇《張夫人墓志》，四部叢刊本，第11頁。
5　〔宋〕魏了翁：《鶴山先生大全文集》，卷八八《祖妣孺人高氏行狀》，四部叢刊本，第1頁。
6　轉引自梁洪生：《宋代江西士、宦之家人口諸問題初探——以墓志爲古代人口抽樣資料進行統計的嘗試》，《人口學刊》1989年3期，第46~52頁。
7　〔宋〕張耒：《張右史文集》，卷六〇《李參軍墓志》，四部叢刊本，第3頁。
8　〔宋〕黃庭堅撰，劉琳等校點：《黃庭堅全集》，正集卷三〇《朝請郎知吉州畢公墓志銘》，第805~806頁。
9　〔宋〕真德秀：《西山文集》，卷四二《通議大夫寶文閣待制李公墓志銘》，四庫全書本，册1174，第666頁。

宋時太常博士王逢之，其"禄賜，盡之宗族朋友，不足則(妻陳氏)出衣服簪珥助之而不言。選飾妾御，進之不忌，然博士終無子"[1]。卒于元符元年(1098)的席氏，享年五十四，其夫魏宜爲處士，"君家世儒者，素風蕭然"，而夫人"能御僕妾，嚴不傷恩。逮其病，至有刲股肉以報者"。其家子女各二[2]。南宋宣教郎潘某，"居太學二十年"，娶陳氏，二女皆嫁，潘某卒年五十六歲，而"公未亡之前四十日，有妾生子曰阿淮，後三月卒。遂以伯氏之子爲子"[3]。理宗時"蘄州進士馮杰，本儒家，都大坑冶司抑爲爐戶，誅求日增，杰妻以憂死，其女繼之，弟大聲因赴訴死于道路，杰知不免，毒其二子一妾，舉火自經而死"[4]。邵武處士饒偉妻呂氏，生子不久夫亡，舅姑亦相繼卒。"饒氏固清貧，諸叔妹皆幼稚，夫人以孀婦抱弱子，持守門戶，……指馭僕妾。接鄰婦里嫗，咸有恩意。"[5]楊萬里爲故人劉國禮作傳。劉爲武臣，監户部贍軍酒庫，有妻一人，妻江氏原爲倡，妾六人，"江氏馭之極慘"，皆無出，抱養永哥爲己子。國禮死，其妻"執節而不嫁，顧嘗鸞屨于門，以撫育其子曰永哥者。今居某市某舍也。不惟其妻不嫁也，其妾六人者皆不嫁也"[6]。州教授張子益妻于氏"承寧族姻，容禮娣姒，綏御妾妮，燠休貧弱，一門之内，盎然以春。而自律至嚴，每誦古人夜行以燭之語，未嘗越足禮法"[7]。這類家庭子女數不多，大都缺乏嗣子，蓄妾似有不得已者。

而詩詞、筆記所見士大夫及富人蓄妾的記載，帶有明顯的縱欲傾向。東坡詩有八十老翁買妾事，曰："錦里先生自笑狂，莫欺九尺鬢眉蒼。詩人老去鶯鶯在，公子歸來燕燕忙。柱下相君猶有齒，江南刺史已無腸。平生謬作安昌客，略

---

[1] 〔宋〕王安石著，唐武標校：《王文公文集》，卷九九《永嘉縣君陳氏墓志銘》，第1012頁。

[2] 《北京圖書館藏中國歷代石刻拓本彙編》，《宋故夫人席氏墓志銘》，志3795，册41，第5頁。

[3] 《宋代石刻文獻全編》，《閩中金石略》，卷九《宋宣教郎運幹潘公孺人陳氏墓志銘》，册4，第659~660頁。

[4] 〔元〕脱脱等：《宋史》，卷四一《理宗一》，第796頁。

[5] 〔宋〕朱熹：《晦庵先生朱文公文集》，卷九一《夫人呂氏墓志銘》，《朱子全書》册24，第4206頁。

[6] 〔宋〕楊萬里撰，辛更儒箋校：《楊萬里集箋校》，卷一一七《劉國禮傳》，第4478頁。

[7] 〔宋〕魏了翁：《鶴山先生大全文集》，卷八〇《于夫人墓志銘》，四部叢刊本，第18頁。

遣彭宣到後堂。"[1] 汪藻有《嘲人買妾而病二首》詩[2]；洪适詩亦有"六十方買妾，七十猶生兒。旁人掩口笑，老子知不知"之句[3]；王十朋代叔所作青詞中亦曰：叔"比緣暮景，頻遇厄年，病侵犬馬之軀，殃及箕帚之妾"[4]。對這種醜怪現象，以東坡爲首的士大夫表現出欣賞的態度。《清明集》更透露出蓄妾制的負面信息。一案曰：黎潤祖曾爲士人范雅家塾師三年，人情深熟，故向范借貸錢物，開張店肆，後因有爭，"范雅縱使群妾，恣意喝罵，欲將毆害"[5]。群毆爭吵，以婦爲兵，可見妻妾之衆。《夢溪筆談》談到一般富家的蓄妾："石曼卿居蔡河下曲，鄰有一豪家，日聞歌鐘之聲。其家僮僕數十人，常往來曼卿之門。曼卿呼一僕問豪爲何人。對曰：'姓李氏，主人方二十歲，并無昆弟，家妾曳羅綺者數十人。'"石曼卿曾入其家與男主人飲酒，謂其毫無禮教，"懵然愚騃，殆不分菽麥而奉養如此，極可怪也"[6]。不管財産從何而來，起碼主人并非讀書人。

尤爲引人注目的是，一些家庭夫妻都很年輕，而家中已有妾的存在。如太廟齋郎任稷之夫人吳氏，元豐八年(1085)故世時年僅二十一，臨終，夫人"顧謂任君曰：'得事箕帚，纔逾歲矣，不幸而有骨髓之疾，是亦命矣。'"但其墓志稱：夫人"曲盡婦道，下至妾御，旁及族人，翕然稱之無異辭"[7]。梅堯臣以詩吊其忘年友唐俞曰："通閨年最少，才俊罕能雙。鵩去塵栖室，魂歸霧起窗。慈親留漢水，愛妾返荆江。一稚纔能語，煢然寄遠邦。"可見唐俞死于外地時，遺一妾一幼子，唐俞是否已婚娶，則未知[8]。新漳西尉邱雙妻趙氏，淳祐癸卯(1243)去世，年僅二十八，男呂孫尚幼。夫人"在前代爲翁主，在先朝爲族姬，一以貴下人者。已而事夫順，處姒娣和，待妾媵嚴而慈"[9]。李燾爲達州司戶參軍楚□中之側室

---

1 〔宋〕蘇軾：《蘇軾詩集》，卷一二《張子野年八十五尚聞買妾述古令作詩》，見曾棗莊、舒大剛主編：《三蘇全書》册7，第198頁。
2 〔宋〕汪藻：《浮溪集》，卷三一，四部叢刊本，第12頁。
3 〔宋〕洪适：《盤洲文集》，卷二九《記夢》，四庫全書本，册1158，第447頁。
4 〔宋〕王十朋：《梅溪王先生文集》，前集卷一八《代萬叔永》(青詞)，四部叢刊本，第4頁。
5 〔宋〕佚名：《名公書判清明集》，卷九《掌主與看庫人互爭》，第339頁。
6 〔宋〕沈括撰，胡静宜整理：《夢溪筆談》，卷九，《全宋筆記》編2册3，大象出版社，2006年，第74~75頁。
7 《北京圖書館藏中國歷代石刻拓本彙編》，《宋故夫人吴氏墓志銘》，志3768，册40，第1頁。
8 〔宋〕梅堯臣：《宛陵先生集》，卷三《吊唐俞》，四部叢刊本，第8頁。
9 〔宋〕劉克莊：《後村先生大全集》，卷一五〇《趙孺人墓志銘》，四部叢刊本，第18頁。

朱氏所撰墓誌銘曰：朱氏"自幼歸故達州司户參軍楚公諱□中，字通叔。通叔娶孫氏，夫人事之勤而盡禮"[1]。顯然，朱氏是楚氏家養之婢，納入應早于夫人孫氏。劉克莊姪赴京科考而暴卒，時正值英年，"婦妾方妊"，凶訃來時，"妾擁夜髻，婦嘆霄耀，汝兒汝女，呱呱以泣"[2]。又如《清明集》中劉克莊所判田縣丞家二妾爭產案，田縣丞及其養子世光，皆未娶納妾，而妾皆生有子女[3]。縣學生王木家世業儒，先與傅十九之妻阿連奸通，"夫何溺愛不忘，竟收阿連歸家，妄以爲乃父婢使，既復奸通，因之不娶。殊不思奸父祖女使，法令弗容；以妾爲妻，古人有戒"。後復因争阿連與人發生鬥毆，縣令訓誡曰："逐去淫婢，别婚正室。""阿連免斷，責付其叔連德清，日下别行嫁人。如敢再歸王氏之家，追上重斷施行。"[4] 范氏《義莊規矩》亦談及未娶而有女使生子的現象："未娶不給奴婢米雖未娶，而有女使生子，在家及十五年，年五十歲以上者，自依規給米。"[5] 范仲淹文集中亦談到門客因貧未娶，士大夫或有送侍婢者[6]。《袁氏世範》甚至謂："婦人多妒，有正室者少蓄婢妾，蓄婢妾者多無正室。"[7] 可見，這種先納後娶或只納不娶的現象似乎並不罕見。

不僅如此，有些墓誌銘雖未明載其家妾媵的存在，但不少墓主子女成群，而且一家之子女的年齡相差頗大，往往近於兩代人，僅根據文集數種，即找到不少多子女家庭，略見下表：

---

1 《宋代石刻文獻全編》，《古志石華》，卷二六《楚通叔妾朱氏》，册2，第23頁。
2 〔宋〕劉克莊：《後村先生大全集》，卷一三七《少奇姪》，四部叢刊本，第14頁。
3 〔宋〕佚名：《名公書判清明集》，卷八《户婚門·立繼·繼絶子孫止得財産四分之一》，第251頁；尚有大段文字不見于《清明集》，參見《後村先生大全集》卷一九三《建昌縣劉氏訴立嗣事》，四部叢刊本，第10頁。
4 〔宋〕佚名：《名公書判清明集》，卷一二《士人因奸致争既收坐罪名且寓教誨之意》，第443~444頁。
5 〔宋〕范仲淹：《范文正公集》，附録《文正公初定規矩》《續定規矩》，四部叢刊本，第4頁。
6 〔宋〕范仲淹：《范文正公集》，《言行拾遺事録》卷一："韓魏公客有郭注者，行年五十未有室家，公以侍兒與之，未及門而注死。"四部叢刊本，第3頁。
7 〔宋〕袁采撰，賀恒禎、楊柳校釋：《袁氏世範》，卷下《暮年不宜置寵妾》，第132頁。

宋人文集墓志銘中多子女家庭一覽表

夫	妻	子女數	備注	史料來源
秘書監張宗誨	呂氏	子七女三		《河南先生文集》卷一七《故金紫光祿大夫秘書監致仕上柱國清河縣開國子食邑六百戶食實封一百戶張公墓志銘》
兩浙轉運使韓琚	李氏	子四女四		《河南先生文集》卷一六《故兩浙轉運使朝奉郎尚書司封員外郎護軍賜紫金魚袋韓公墓志銘》
右諫議大夫韓國華	羅氏	子六女一		《河南先生文集》卷一六《故大中大夫右諫議大夫上柱國南陽縣開國男食邑三百戶賜紫金魚袋贈太傅韓公墓志銘》
尹洙族人尹節	郭氏	子五女三		《河南先生文集》卷一五《故天水尹府君墓志銘》
刑部郎中陳貫會	李氏	子五女四	子入仕女出嫁，一女尚幼	《河南先生文集》卷一四《故永安縣君李氏墓志銘》、卷一五《故天水尹府君墓志銘》
將作監主簿陳廉	劉氏	子六女一	男或入仕或舉進士，而女尚幼	《河南先生文集》卷一四《故將作監主簿陳君墓志銘》
太子少傅趙稹	田氏	子七女六		《河南先生文集》卷一三《故推誠保德功臣金紫光祿大夫守太子少傅致仕上柱國天水郡開國公食邑四千二百戶食實封一千戶趙公墓志銘》
知縣王汲	胡氏	子三女五		《河南先生文集》卷一三《故朝奉郎太子中舍知漢州雒縣事騎都尉王君墓碣銘》
知河中軍劉燁	趙氏	子七女二	長子任將作監主簿，一女尚幼	《河南先生文集》卷一三《故龍圖閣直學士朝散大夫尚書刑部郎中知河中軍府兼管内河堤勸農使駐泊軍馬公事護軍彭城郡開國伯食邑八百戶食實封三百戶賜紫金魚袋劉公墓表》

續表

夫	妻	子女數	備註	史料來源
知州李允及	安氏	子五女四		《河南先生文集》卷一二《故朝散大夫給事中知同州軍州事兼管內勸農使上柱國隴西縣開國伯食邑五百戶賜紫金魚袋李公行狀》
太子中舍范仲溫	丁氏	子五女四		《范文正公集》卷一三《太子中舍致仕范府君墓誌銘》
禮部尚書范雍	魏氏、臧氏	子六女十		《范文正公集》卷一三《資政殿大學士禮部尚書贈太子太師謚忠獻范公墓誌銘》
太子右衛率府率田紹方	李氏	子八女三	李氏先夫十五年而亡。田紹方卒時,諸子或以蔭補官或登進士第,而一子尚幼	《范文正公集》卷一三《太子右衛率府率田公墓誌銘》
兵部侍郎胡則	陳氏	子四女二	胡累調遠方,夫人不從行凡二十年	《范文正公集》卷一二《胡公夫人陳氏墓誌銘》
同州觀察使李天均	王氏、雷氏	子六女三		《范文正公集》卷一一《宋故同州觀察使李公神道碑銘》
衛尉少卿胡令儀	張氏	子三女七	張氏先公而亡	《范文正公集》卷一一《宋故衛尉少卿分司西京胡公神道銘》
贈侍中宋偓	劉氏、李氏	子十女十五		《小畜集》卷二八《右衛上將軍贈侍中宋公神道碑》
知縣施益之	劉氏	子六	劉氏享年四十八	《丹淵集》卷四〇《文安縣君劉氏墓誌銘》
侍御史王平	曾氏	子五女一		《元豐類稿》卷四五《金華縣君曾氏墓誌銘》

續表

夫	妻	子女數	備注	史料來源
尚書職方員外郎闕魯	傅氏	子八女一		《元豐類稿》卷四五《福昌縣君傅氏墓志銘》
進士朱延之(曾鞏舅)	沈氏	子三女五	夫人卒時四十五歲,一女尚幼	《元豐類稿》卷四五《沈氏夫人墓志銘》
職方員外郎任伋	宋氏	子四女四	夫人卒時五十歲,尚有幼女在室	《丹淵集》卷四〇《任郎中夫人宋氏墓志銘》
富室陳某	聶氏	子八女一		《直講李先生文集》卷三一《陳府君夫人聶氏墓志銘(并序)》
處士徐某	李氏	子五女三	次子徐復為皇祐五年(1053)進士	《直講李先生文集》卷三〇《徐夫人墓銘(并序)》
李覯鄉人聶某	王氏	子四女四	聶某父贈禮部尚書,兄至翰林學士	《直講李先生文集》卷三〇《聶夫人銘(并序)》
潁川富家陳璆	萬氏	子女共八	李覯于陳自稱侄婿	《直講李先生文集》卷三〇《進士陳君墓銘》
同中書門下平章事龐籍	邊氏、劉氏	子五女七	男就官職,而有女尚幼	《溫國文正司馬溫公文集》卷七六《太子太保龐公墓志銘》
處士希元先生	張氏	子四女三		《丹淵集》卷四〇《張夫人墓志銘》
天章閣待制馬仲甫	楊氏	子六女二	楊氏年未三十,絕人事,二十年躬治佛事。四十九歲卒,卒時子入仕女婚配	《宋代石刻文獻全編》第二冊,第174頁《江都縣續志》《宋故安康郡君楊夫人墓志銘》

此外如丞相王曙之第七女,嫁名臣陳貫子將作監主簿陳安石,為諸女中年

紀最幼者,十七歲出嫁時父已去世[1]。若搜索的範圍更大,應可見更多的多子女家庭。基于宋代的婦産科水平,一名成年女性可能生育不少,但不可能有如此高的養成率,因此這些兒女很可能是由兩名以上婦女生育的,再對照那些明示家有妾室的家庭,這一情況就不難理解了。由于妾媵的姓氏不可能出現于主公或主母的墓志銘中,這就出現了一對夫婦生育衆多兒女的現象,這也從側面説明宋代士人家庭蓄妾現象的普遍。

對于群臣的納妾,朝廷曾頒布過限制的詔書。"玉清昭應宫灾,守衛者皆坐繫御史獄。王文康公(曙)上疏曰:……仁宗與太后感悟,遂薄守衛者罪。已而詔以不復繕修諭天下。公方嚴簡重,有大臣體。嘗言:'人臣患不節儉,今居第多逾僭,服玩奢侈,僕妾無數,宜有經制。'"[2]而據本傳,王曙曾針對歐陽修、尹洙等人的游宴無度發出警告[3]。仁宗時歐陽修曾起草《賜中書門下戒僭奢詔》曰:"眷予一二之臣,其率庶工而警職;俾爾多方之衆,勿逾常憲以干刑。庶漸革于侈風,以共趨于治路。凡居室之制,器用之度,冠服之章,妾媵之數,其令中外臣庶遵守前後條詔,如有違犯,仰御史臺及開封府糾察聞奏。其諸路州軍,即委轉運使、提點刑獄臣寮及逐處長吏施行。布告中外,咸使聞知。"[4]差不多同時,張洞也提出限制宗室婢妾的方案:"張洞,……以布衣求上方略,因得召試舍人院,擢試將作監主簿,尋舉進士中第。……洞因言:'唐宗室多賢宰相名士,蓋其知學問使然。國家本支蕃衍,無親疏一切厚廩之,不使知辛苦,婢妾聲伎無多寡之限,至滅禮義,極嗜欲,貸之則亂公共之法,刑之則傷骨肉之愛。宜因品秩立制度,更選老成教授之。'宗室緣是痛詆。"[5]

但是,以歌兒舞女、美田良宅來贖買權臣武將,正是宋朝的基本國策,于是,限妾之令不免成爲具文,限制重臣、宗室妾數也并未形成制度。相反,宋朝歷代皇帝對待臣下的好色納妾,往往采取放縱甚至鼓勵的姿態。"太祖時,以李漢超爲關南巡檢使捍北虜,……而漢超武人,所爲多不法,久之,關南百姓詣闕訟漢

---

1 〔宋〕尹洙:《河南先生文集》,卷一四《故夫人王氏墓志銘(并記)》,四部叢刊本,第5頁。
2 〔宋〕朱熹:《五朝名臣言行録》,卷四之五,《朱子全書》册12,第137頁。
3 〔元〕脱脱等:《宋史》,卷二八六《王曙傳》,第9633頁。
4 〔宋〕歐陽修撰,李逸安點校:《歐陽修全集・内制集》,卷六《賜中書門下戒僭奢詔》,第1271頁。
5 〔宋〕晁補之:《濟北晁先生鷄肋集》,卷六二《張洞傳》,四部叢刊本,第4頁。

超貸民錢不還及掠其女以爲妾。太祖召百姓入見便殿,賜以酒食慰勞之,……又問訟女者曰:'汝家幾女,所嫁何人?'百姓具以對。太祖曰:'然則所嫁皆村夫也。若漢超者,吾之貴臣也,以愛汝女則取之,得之必不使失所。與其嫁村夫,孰若處漢超家富貴。'于是百姓皆感悅而去。太祖使人語漢超曰:'汝須錢,何不告我,而取于民乎!'乃賜以銀數百兩,曰:'汝自還之,使其感汝也。'漢超感泣,誓以死報。"[1] 在太祖看來,取民之錢須還,而掠女爲妾,則可以原諒。真宗甚至力勸王旦納妾:"真宗臨御歲久,中外無虞,與群臣燕語,或勸以聲妓自樂。王文正公性儉約,初無姬侍。其家以二直省官治錢,上使内東門司呼二人者,責限爲相公買妾,仍賜銀三千兩。二人歸以告公,公不樂,然難逆上旨,遂聽之。蓋公自是始衰,數歲而捐館舍。……聲色之移人如此!"[2]

至于後世,妻妾成群更成爲炫耀之事。"今爵位之崇,宫室之美,妻妾之奉,一不若人,則知恥之。若義利消長之幾,陰陽屈信之分,此日用之功者,而習焉不察,則不知恥也。"[3] 廖瑩中《江行雜錄》謂:"京都中下之户,不重生男,每生女則愛護如捧璧擎珠,甫長成,則隨其姿質,教以藝業,用備士大夫采拾娛侍,名目不一,有所謂身邊人、本事人、供過人、針綫人、堂前人、雜劇人、拆洗人、琴童、棋童、厨娘,等級截乎不紊。"[4] 僅從名目看,這些人被賣入士大夫家,或爲婢、女使,或爲妾、家妓,身份等級雖不同,但主要爲滿足士大夫聲色娛樂之需。亦可見當時養女爲妾甚至成爲某些人家謀生的手段,如此龐大的市場,没有士大夫的參與,是不可想象的。

綜合各種史料,在所謂士大夫黄金時代的宋朝,士大夫的蓄妾現象還是相當普遍的。

---

1 〔宋〕歐陽修撰,儲玲玲整理:《歸田録》,卷一,《全宋筆記》編1册5,大象出版社,2003年,第244~245頁。
2 〔宋〕朱熹:《五朝名臣言行録》,卷二之四,《朱子全書》册12,第75~76頁。
3 〔宋〕魏了翁:《鶴山先生大全文集》,卷五〇《恥齋記》,四部叢刊本,第1頁。
4 〔宋〕廖瑩中:《江行雜録》,叢書集成本,册2882,第5頁。

二、士大夫在納妾問題上的矛盾

齊家首在于敬妻。理學家述齊家之方，必首列嚴妻妾、分嫡庶一條。朱熹論曰："蓋男正位乎外，女正位乎內，而夫婦之別嚴者，家之齊也。妻齊體于上，妾接承于下，而嫡庶之分定者，家之齊也。采有德、戒聲色、近嚴敬、遠技能者，家之齊也。內言不出，外言不入，苞苴不達，請謁不行者，家之齊也。"[1]

前些年，在文學界，關于趙明誠曾否納妾，引起一場不小的筆墨官司[2]，一度爲宋代文學研究者所熱議，引發幾番爭論。趙明誠曾否納妾，與李清照是否改嫁一樣，本不會掩蔽其作爲學問家或文學家之光輝。而部分學者力辯趙明誠未納妾，往往以明誠、清照夫婦之情來證納妾説爲虚。然而，觀東坡生平，便知此説之不通。東坡悼妻詞十分深沉："十年生死兩茫茫，不思量，自難忘。"而其風流更爲世人所知，到晚年仍家有數妾，直至南遷衆人方纔辭去："予家有數妾，四五年相繼辭去，獨朝雲者隨予南遷。因讀《樂天集》，戲作此詩。朝雲姓王氏，錢塘人，嘗有子曰幹兒，未期而夭云。"[3] 他咏朝雲詞亦極其真摯。

可見，古人的夫婦之愛與夫妾之溺往往并行。東坡謂："生以居于室，死以葬于野，此足以爲夫婦矣。聖人懼其相狎而至于相離也，于是先之以幣帛，重之以媒妁。不告于廟，而終身以爲妾。晝居于內，而君子問其疾。此所以久而不相狎也。"[4] 其訣竅在于待妻敬而待妾狎。

---

[1] 〔宋〕朱熹：《晦庵先生朱文公文集》，卷一二《己酉擬上封事》，《朱子全書》册20，第619頁。
[2] 詳見陳祖美《對李清照内心隱秘的破譯》（《江海學刊》1989年第6期）、《李清照新傳》（北京出版社2001年）、《對姚玉光先生與我"商榷"的回答》（《文學遺産》2003年第1期）、《李清照詞新釋輯評》（中國書店2003年）、姚玉光《也論李清照詞愁情的内涵》（《文學遺産》2001年第2期）、《李清照"欲説還休"并非因明誠納妾》（《黄岡師範學院學報》2005年第1期）、《"明誠納妾説"不能成立》（《鄭州大學學報》2004年第2期）、朱靖華《論李清照詞"欲説還休"的複雜内涵》（《黄岡師專學報》1998年第3期、《中國古代、近代文學研究》1999年第1期轉載）、《再論"明誠納妾"確有依據》（《黄岡師範學院學報》2005年第1期）。
[3] 〔宋〕蘇軾：《蘇軾詩集》，卷三八《朝雲詩》，見曾棗莊、舒大剛主編：《三蘇全書》册9，第175頁。
[4] 〔宋〕蘇軾：《蘇軾文集》，卷九七《物不可以苟合論》，見曾棗莊、舒大剛主編：《三蘇全書》册14，第120頁。

接妾以狎者不僅是夫君,男女之大防似乎對妾並無太大限制。張耒序曰:"晁二家有海棠,去歲花開,晁二呼杜卿家小娃歌舞,花下痛飲。"詩曰:"頗疑蜂蝶過鄰家,知是東牆去歲花。駿馬無因迎小妾,鴟夷何用強隨車。"[1] 可見妾可以走出家門,參加主君朋友的宴會。由于她們可以接觸外人,或被人利用作爲政治工具。"佐胄而更化爲具文者,彌遠、彌堅固由韓妾以進,一時達官皆同類也。"[2] 因而,士大夫對妾保持一種既蔑視又警惕的態度:"自古惟女子小人,親昵之則怙寵陵分,疏外之則藏怒宿怨。然則近之既不可,遠之亦不可歟!朱氏曰:'君子之于臣妾,莊以莅之,慈以蓄之,則無二者之患。'"[3]

只有少數文人能體會到大宅門内的女子之怨。劉克莊曾作《老妾》詩曰:"傷春感舊似中酲,樂器全抛曲譜生。自小抱衾無怨色,有時擁髻尚風情。曾陪太尉斟還唱,猶記司空眼與聲。着主衣裳爲主壽,莫如琴客别宜城。"[4] 李覯亦論曰:"夫飲食男女,人之大欲,一有失時,則爲怨曠,《七月》'女心傷悲',《東山》'婦嘆于室',君子撢于人情,周道所以興也。安得聚少艾之色,幽于深宫之中,而無進御之路,則其性情之所感動何如哉?四時何以能和?百神何以降福?至于繼嗣,社稷之重事,甚有寵之人或不宜子,非廣其禮將無及也。……然則九九而御,使無專妒者,聖人之意遠矣。"[5]

妾葬祭之禮的難題。敬妻首先是娶妻的程式較納妾莊嚴,娶妻不僅有六禮,還要入宗祠告祖宗,納妾則不能行此禮。妻妾同居時,往往由妻居正屋,妾居側室,在大宅院中,甚至可以分院居住。妾亡之後,面臨葬儀及入家廟的祭儀等問題。對此,理學家們采取不同的選擇,表現出矛盾的心態。張載力主家廟中只配嫡妻一人,而二程主張諸子各奉所生母,朱熹則取折中,并祀嫡母與所生母:"横渠先生曰:'祔葬、祔祭,極至理而論,只合祔一人。夫婦之道,當其初婚,未嘗約再配,是夫只合一娶,婦只合一嫁。今婦人夫死而不可再嫁,如天地之大

---

1 〔宋〕張耒:《張右史文集》,卷三二,四部叢刊本,第5頁。
2 〔宋〕魏了翁:《鶴山先生大全文集》,卷一九《被召除禮部尚書内引奏事第一札》,四部叢刊本,第3頁。
3 〔宋〕劉克莊:《後村先生大全集》,卷八四《論語講義》,四部叢刊本,第21頁。
4 〔宋〕劉克莊:《後村先生大全集》,卷二〇《老妾》,四部叢刊本,第16頁。
5 〔宋〕李覯撰,王國軒校點:《李覯集》,卷五《内治第四》,中華書局,1981年,第71頁。

義,然夫豈得而再娶?'然以重者計之,養親承家、祭祀繼續,不可無也,故有再娶之理。然其葬其祔,雖爲同穴同几筵,然譬之人情,一室中豈容二妻?以義斷之,須祔以首娶,繼室別爲一所可也。煇頃看程氏《祭儀》,謂:'凡配,用正妻一人。或奉祀之人是再娶所生,即以所生配。'煇嘗疑之。謂凡配止用正妻一人是也,若再娶者無子,或祔祭別位亦可也,若奉祀者是再娶之子,乃許用所生配,而正妻無子遂不得配享,可乎?先生答云:'程先生此説恐誤。《唐會要》中有論,凡是嫡母,無先後,皆當并祔合祭,與古者諸侯之禮不同。'……煇竊疑横渠乃是極至理,而論不得不然。若欲處之近人情,只合從先生所答。"朱子又答:"夫婦之義,如乾大坤至,自有等差。故方其生存,夫得有妻有妾,而妻之所天不容有二。況于死而配祔,又非生存之比。横渠之説似亦推之有大過也,只合從唐人所議爲允。況又有前妻無子、後妻有子之礙,其勢將有甚扤陧而不安者。唯葬,則今人夫婦未必皆合葬,繼室別營兆域宜亦可耳。"[1] 從實例看,的確有士人臨終前特別囑托子女將妾室另壙安葬的[2]。

與此相關,宋人文集中相關問答連篇累牘,有"嫡婦祔于妾祖姑""妾祔于妾祖姑""妾母不世祭""庶母之服""舅嬖妾爲姑"等命題[3]。表面上是煩瑣的禮儀問題,而在其背後,則是男女是否必須同樣守貞的問題,故張載所謂"是夫只合一娶,婦只合一嫁。今婦人夫死而不可再嫁,如天地之大義,然夫豈得而再娶"之論就值得注目了。

儘管不少士大夫妻妾成群,而執意不肯納妾之士仍會受到社會輿論的尊崇,從理學初起的北宋開始,這類贊頌便不絶于史。如宋初竇儀五兄弟文采風流,"義風家法爲一時標表"。范仲淹謂其父家風素檢,"器無金玉之飾,室無衣帛之妾"[4]。北宋時人侍讀孫甫"雖貴而衣食薄,無妾媵,不飾玩好,不與酣樂,

---

[1] 〔宋〕朱熹:《晦庵先生朱文公文集》,卷六二《答李晦叔》,《朱子全書》册23,第3016~3017頁。
[2] 《北京圖書館藏中國歷代石刻拓本彙編》,《韓僖母時氏改葬志》,章1284,册42,第21頁。
[3] 〔宋〕朱熹:《晦庵先生朱文公文集》,卷五一《答萬正淳》(《朱子全書》册22,第2407頁),卷五五《答李守約》(《朱子全書》册23,第2605頁),卷五九《答竇文卿》(《朱子全書》册23,第2824頁),卷六三《答孫敬甫》(《朱子全書》册23,第3067頁);〔宋〕魏了翁:《鶴山先生大全文集》,卷一〇九《師友雅言》,四部叢刊本,第45頁;〔宋〕蘇軾:《蘇軾文集》,卷一〇二《正統論二》,見曾棗莊、舒大剛主編:《三蘇全書》册14,第216頁。
[4] 〔宋〕范仲淹:《范文正公集別集》,卷四《竇諫議錄》,四部叢刊本,第3頁。

治[泊]如也"。曾鞏作行狀贊之[1]。中書侍郎傅堯俞,"平生自奉養甚約,室無媵妾",其事迹爲士大夫傳頌[2]。朱熹爲張浚所作行狀曰:"公初娶楊國夫人樂氏,旬日被命召,即造朝。及爲侍從,或以公盛年,勸買妾。公曰:'國事如此,太夫人在遠,吾何心及此?'遂終身不置妾。"[3] 南宋福州隱君子敖先生,諱陶孫,"夫婦相敬如賓,室無妾媵,躬執炊爨,其清苦如此。晚稍有俸錢,即故山築宅一區,買田百畝"[4]。淳祐知贛州劉用行"室無姬妾"[5]。兩人皆爲劉克莊所稱贊。宗室節度使趙希錧"備歷艱難,不忘貧賤,卧興書籍,衣食取裁足,不置妾媵"[6]。寫狀作銘之文人,自己未必能做到不納妾,但對不納姬妾之人却充滿崇敬,這正説明其内心的矛盾。

在理學家看來,無論男女,縱欲都是罪過,通奸更是大罪,而男性單方面的性權利又是至高無上的,這是一個矛盾。于是,蓄妾制便成了調和這一矛盾的妥協之舉,以贍養某個或某幾個女性及其子女來取得通奸的合法權,以規定妾的奴才地位來换取妻及妻族的承認,而妾的存在却又在事實上削弱了妻的權利。

三、妾之法律身份及夫妻妾關係

(一)媵、妾、婢、妓之身份差别

妾妓仍良賤分明。妾身份之賤主要因禮制上處于卑位,而與一般人并無良

---

1 [宋]曾鞏:《元豐類稿》,卷四七《故朝散大夫尚書刑部郎中充天章閣待制兼侍讀上輕車都尉賜紫金魚袋孫公行狀》,四部叢刊本,第10頁;[宋]朱熹:《五朝名臣言行録》,卷九之九,《朱子全書》册12,第304頁。
2 [宋]朱熹:《三朝名臣言行録》,卷十之三,《朱子全書》册12,第711頁。
3 [宋]朱熹:《晦庵先生朱文公文集》,卷九五下《少師保信軍節度使魏國公致仕贈太保張公行狀下》,《朱子全書》册25,第4441頁。
4 [宋]劉克莊:《後村先生大全集》,卷一四八《矐庵敖先生墓志銘》,四部叢刊本,第11頁。
5 [宋]劉克莊:《後村先生大全集》,卷一五三《劉贛州墓志銘》,四部叢刊本,第19頁。
6 [宋]魏了翁:《鶴山先生大全文集》,卷七三《安德軍節度使贈少保郡王趙公(希錧)神道碑》,四部叢刊本,第19頁。

賤之分。《宋刑統》中"放良壓爲賤"條下："問曰：放客女及婢爲良，却留爲妾者，合得何罪？答曰：妾者，娶良人爲之。據《户令》，自贖免賤，本主不留爲部曲者，任其所樂。況放客女及婢，本主留爲妾者，依律無罪，准自贖免賤者例，得留爲妾。……若是良人女，壓留爲妾，即是有所威逼，從不應得爲重科。"[1] 此罪要件在于"壓"，而只要得到女方同意便合法。可見爲妾本身并不會"由良爲賤"。

官員買妓爲妾，若被告發，會受到懲治。(來之邵)"元豐中，改大理評事，御史中丞黄履薦爲監察御史。未幾，買倡家女爲妾，履劾其污行，左遷將作丞"[2]。王十朋曾劾奏云："臣謹按：前知臨安府林安宅者，其盜儒之雄乎？初令越之新昌，納官妓爲妾，則以濫聞。"[3]

媵妾之合流。在唐以前，相對于一夫之女眷，尚有妻、媵、妾之嚴格的等差。上古時媵妾即出身有别。"媵妾，即庶妻也，其制于嫡妻之外，尚有媵有妾，然稱媵妾爲庶妻，乃後起之説，非初義也。媵，《説文》作偺，入人部。釋云：'送也'。……要之，媵之初義爲送，爲從行。故古諸侯嫁女，以男女從嫁，亦稱爲媵。"[4] 直至唐代，媵妾仍等級分明。唐令規定："五品以上有媵，庶人以上有妾。""凡親王孺人二人，視正五品，媵十人，視正六品；……四品媵四人，視正八品；五品媵三人，視從八品；降此以往，皆爲妾。"[5] 則五品以上官，嫡妻之外尚有媵有妾，妻爲貴，媵次之，妾又次之。三者于刑法上亦地位不同，即媵犯夫或妻者加等處刑，妾犯者刑又加于媵。宋初所定之《宋刑統》，仍有妻媵妾之稱，謂"據《鬥訟律》，媵犯妻減妾一等，妾犯媵，加凡人一等，餘條媵無文者與妾同，即是夫犯媵皆同犯妾。所問既非妻妾與媵相犯，便無加減之條。夫犯媵例依犯妾。即以妻爲媵，罪同以妻爲妾，若以媵爲妻，亦同以妾爲妻。其以媵爲妾，律令無文，宜依不應爲重，合杖八十。以妾爲媵，令既有制，律無罪名，止科違令之

---

1 〔宋〕竇儀等撰，吳翊如點校：《宋刑統》，卷一二《户婚律·放良壓爲賤》，中華書局，1984年，第195頁。
2 〔元〕脱脱等：《宋史》，卷三五五《來之邵傳》，第11181頁。
3 〔宋〕王十朋：《梅溪王先生文集》，廷試策奏議卷三《論林安宅札子》，四部叢刊本，第15頁。
4 陳鵬：《中國婚姻史稿》，卷一二，第667頁。
5 〔日〕仁井田陞撰，栗勁等編譯：《唐令拾遺》，户令第九，三一《以妾爲媵》，長春出版社，1989年，第160頁。

罪,即因其改換,以告身與回換之人者,自從假與人官法。若以妾詐爲媵而冒承媵姓名,始得告身者,依《詐僞律》詐增加功狀以求得官者,合徒一年"[1]。但這類解釋不過是抄錄唐律罷了。

在宋代雖有媵之稱呼,但意義却改變了。司馬光曾爲一庶民婦女作傳曰:"行婆張氏,濰州昌樂人。父爲虎翼軍校。張氏生七年,繼母潜使僧者鬻之,給紿其父云失之。父哭之,一目失明,由是落軍籍爲民。僧者鬻于故尚書左丞范公家,字曰菊花。范氏以媵其女,適泗州人三班借職全士則。張氏勤謹,其主家愛之。與父別凡二十一年,一旦遇之于范氏之門而識之,遂辭范氏,與父俱歸。"[2] 張氏之所謂媵,不過是作爲小姐之婢,隨嫁全氏罷了,已没有前代貴妾之意。從後代的司法文獻看,也不見類似法令,即稱呼中之媵亦不過是妾的代稱,則媵、妾已合流爲一。

婢妾之接近。唐制:妾與妓、婢,亦良賤懸隔,收婢、妓爲妾,并不像明清時那麽簡單。《宋刑統》亦曰:"諸以妻爲妾,以婢爲妻者,徒二年,以妾及客女爲妻,以婢爲妾者,徒一年半,各還正之。若婢有子及經放爲良者,聽爲妾。"[3] 但這似乎僅爲沿用唐時舊條。20世紀80年代末90年代初,王曾瑜等先生對宋代"女使"作了一系列考述,認爲宋代在法律中用"女使"代替唐律中"婢"一詞,反映了唐宋之際階級關係的重要變化,即奴婢大量雇傭化,并在其雇傭契約中規定了限期,法律禁止將奴婢與資財同等處理等,説明其地位有所提高,民間對奴婢的稱呼和態度都有所改善[4]。由上述納妾早于娶妻的史料看,這類妾的出身一般都是所謂家養婢,如南宋楚通叔妾朱氏,自幼養于其家,正妻入門即生病,一年後亡故[5]。由于她們熟悉主家情况,如果嫡妻不善駕馭的話,家中經濟大權

---

[1] 〔宋〕竇儀等撰,吳翊如點校:《宋刑統》,卷一三《户婚律·婚嫁妄冒》,第215頁。
[2] 〔宋〕司馬光撰,李文澤、霞紹暉校點:《司馬光集》,卷六七《張行婆傳》,第1392頁。
[3] 〔宋〕竇儀等撰,吳翊如點校:《宋刑統》,卷一三《户婚律·婚嫁妄冒》,第214頁。
[4] 王曾瑜:《宋代的奴婢、人力、女使和金朝奴隸制》,《文史》1988年第29輯,第154~165頁;王延中:《宋代奴婢實態研究》,《史學集刊》1989年第4期,第20~24頁;宋東俠:《關于宋代"女使"問題》,《青海教育學院學報》1993年第1期,第31~35頁;宋東俠:《宋代"女使"簡論》,《河北學刊》1994年第5期,第81~85頁;郭東旭:《論宋代婢僕的社會地位》,《河北大學學報》1993年第3期,第15~20、136頁。
[5] 《宋代石刻文獻全編》,《古志石華》,卷二六《楚通叔妾朱氏》,册2,第23頁。

甚至會被她們奪去。婢地位提高後,則婢妾之間的距離縮短。

但地位接近并不等于平等。當妾犯婢時,妾仍得到更多的庇護。仁宗時,宰相陳執中嬖妾笞殺婢,爲御史劾奏,時欲逐去之。范鎮言:"今陰陽不和,財匱民困,盜賊滋熾,獄犴充斥,執中當任其咎。閨門之私,非所以責宰相。"[1] 此案便不了了之。此外,婢妾之地位接近,固然說明婢地位之提高,但也說明妾之半主子地位尚不如明清那樣明確。清律:"凡奴奸家長之妾者,各絞監候。"[2] 而在宋代,相類似案件則不過流刑。《清明集》有案曰:"潘富爲王府之僕,挾刃以逼奸主家之妾,因奸以竊盜主家之財,罪不可勝誅矣!決脊杖二十,刺配廣南遠惡州軍,拘鎖外寨,聽候押遣。"[3]

(二)有關納妾的成文法與風俗

嫁娶違律之罰科。納妾無六禮,在民間雖不被認作正式的聘娶,但在法律上仍被認作合法的婚姻關係。在戶婚律中,關于嫁娶違律方面的罰科往往妻妾連稱,在同等違律的情況下,有時納妾之刑輕于娶妻,這類律條爲:

禁居喪嫁娶。"諸居父母及夫喪而嫁娶者,徒三年,妾減三等,各離之。知而共爲婚姻者,各減伍等,不知者不坐。若居周喪而嫁娶者,杖一百,卑幼減二等,妾不坐。"[4]

禁娶袒免親之妻妾。"諸嘗爲袒免親之妻而嫁娶者,各杖一百,緦麻及舅甥妻徒一年,小功以上以奸論,妾各減二等,并離之。【疏議曰】……若經作袒免親妾者,各杖八十;緦麻親及舅甥妾,各杖九十;小功以上各減奸罪二等,故云妾各減二等。并離之。奸妾本條,減妻一等,此條以奸論,妾減二等,即是娶妾者累減三等。……又稱妾者,據元是袒免以上親之妾而娶者,得減二等。若是前人之妻,今娶爲妾,止依娶妻之罪,不得以妾減之。如爲前人之妾,今娶爲妻,亦依娶妾之罪。"[5]

---

[1] 〔宋〕朱熹:《三朝名臣言行錄》,卷五之五,《朱子全書》冊12,第522頁。

[2] 《欽定大清律例》,卷三三《刑律·奴及雇工人奸家長妻》,道光二十五年刻本。

[3] 〔宋〕佚名:《名公書判清明集》,卷一二《逼奸》,第441頁。

[4] 〔宋〕竇儀等撰,吳翊如點校:《宋刑統》,卷一三《戶婚律·居喪嫁娶》,第216頁。

[5] 〔宋〕竇儀等撰,吳翊如點校:《宋刑統》,卷一四《戶婚律·同姓及外姻有服共爲婚姻》,第220頁。

禁和娶人妻妾。"諸和娶人妻及嫁之者,各徒二年,妾減二等,各離之。即夫自嫁者亦同。仍兩離之。"[1]

與後代相較,居喪嫁娶罪,宋重于清,宋及于徒刑,而清最高止于杖一百。和娶人妻妾爲妾,恐怕并未得到認真查處。如上述王安石放歸軍將之妻,人皆贊其慷慨仁義,包括王安石本人也未慮及違律。筆記、墓志中亦頗見士大夫以愛妾相贈之記載,如南宋時傅自得通判漳州事,與統兵官陳敏相得,共平山獠,及聞傅公喪偶,敏遣其愛妾挾重貨來奉傅[2]。妾不過被視爲財物,後嗣血統之純净,似乎未被考慮在内。

宋律雖有禁娶祖免親妻妾之條,但至少納妾一條未認真執行。《清明集》中有兄弟轉讓一妾之案例:妾嚴氏先與長房賈勉仲生有庶子文虎,後又歸勉仲弟性甫,并帶去自隨之業。"彼時勉仲無恙,是雇非雇,有物無物,既由所生,子復何説。"嚴氏于次房未生有子女,後性甫妻游氏抱養异姓子爲嗣[3]。隨着禮教之深入人心,收繼父祖妾,漸成爲不可赦之罪。"《元典章》《通制格條》所録三十幾件收繼婚案例中,没有一件是關于庶子收庶母的。"[4]至于清律,收繼父祖妾者至于死罪:"若收父祖妾及伯叔母者不問被出、改嫁,各斬。"[5]在這方面,宋律明顯寬鬆。

有的違律則妻妾同科,如:

禁同姓爲婚。"諸同姓爲婚者,各徒二年,緦麻以上以姦論。……【問曰】同姓爲婚,各徒二年。未知同姓爲妾,合得何罪?【答曰】買妾不知其姓則卜之,取决蓍龜。本防同姓。同姓之人,即嘗同祖,爲妻爲妾,亂法不殊。《户令》云:娶妾仍立婚契。即驗妻妾俱名爲婚,依准禮令,得罪無别。"[6]

禁納逃亡婦女爲妾。"諸娶逃亡婦女爲妻妾,知情者與同罪,至死者減一

---

[1] 〔宋〕竇儀等撰,吴翊如點校:《宋刑統》,卷一四《户婚律·和娶人妻》,第223頁。

[2] 〔宋〕朱熹:《晦庵先生朱文公文集》,卷九八《朝奉大夫直秘閣主管建寧府武夷山冲佑觀傅公行狀》,《朱子全書》册25,第4542頁。

[3] 〔宋〕佚名:《名公書判清明集》,卷五《侄假立叔契昏賴田業》,第146~147頁。

[4] 葉孝信主編:《中國民法史》,上海人民出版社,1993年,第495頁。

[5] 《欽定大清律例》,卷一〇《户律·娶親屬妻妾》,道光二十五年刻本。參見程郁:《清至民國蓄妾習俗之變遷》,上海古籍出版社,2006年。

[6] 〔宋〕竇儀等撰,吴翊如點校:《宋刑統》,卷一四《户婚律·同姓及外姻有服共爲婚姻》,第219頁。

等,離之。即無夫,會恩免罪者不離。"[1]

但同姓爲婚,于納妾實難徹查,因而,至清律"同姓不婚"則僅限于娶妻了。

有的律條僅僅針對納妾,如:

禁監臨婚娶。"諸監臨之官娶所監臨女爲妾者,杖一百。若爲親屬娶者,亦如之。其在官非監臨者,減一等。女家不坐。即枉法娶人妻妾及女者,以奸論加二等。爲親屬娶者亦同。行求者各減二等。各離之。【疏】諸監臨之官娶所監臨女爲妾者,杖一百。若爲親屬娶者,亦如之。其在官非監臨者,減一等。女家不坐。【議曰】監臨之官,謂職當臨統案驗者,娶所部人女爲妾者杖一百。爲親屬娶者亦合杖一百。親屬謂本服緦麻以上親,及大功以上婚姻之家。既是監臨之官爲娶,親屬不坐。若親屬與監臨官同情強娶,或恐喝娶者,即以本律。……又云,即枉法娶人妻妾及女者,以奸論,加二等。注云,爲親屬娶者亦同。又云,行求者各減二等。各離之。"[2]

也許因爲當時官人一般不會在監臨地自娶,故無娶妻條款。而在清律此條改爲"娶部民婦女爲妻妾",不僅娶部民爲妻有罪,且罰科不因娶妻納妾而有輕重之分。

納妾之契約化。與婢變爲契約雇傭化的"女使"類似,妾的買賣亦日益契約化,尤其是典妾的出現,具有明顯的雇傭色彩。《袁氏世範》曰:"買婢妾既已成契,不可不細詢其所自來。恐有良人子女,爲人所誘略。……買婢妾須問其應賣不應典賣,如不應典賣,則不可成契。或果窮乏無所倚依,須令經官自陳,下保審會,方可成契。或其不能自陳,令引來之人契中稱説:'少與雇錢,待其有親人識認,即以與之也。'"[3]將人家女使典賣爲妾,成爲一個可以賺錢的買賣,《清明集》中亦見此類案例。"梁自然和誘卓清夫女使碧雲,藏匿在家,經隔五日,其妻阿陳將碧雲鬢剪下,誘去雇賣,致卓清夫有詞。屢追不出,却經府入詞,稱本縣將祖母綳吊,以掩其誘人奴婢之罪。"[4]

---

1 〔宋〕竇儀等撰,吳翊如點校:《宋刑統》,卷一四《户婚律·娶逃亡婦女》,第221頁。
2 〔宋〕竇儀等撰,吳翊如點校:《宋刑統》,卷一四《户婚律·監臨婚娶》,第222頁。
3 〔宋〕袁采撰,賀恒禎、楊柳校釋:《袁氏世範》,卷下《買婢妾當詢來歷》,第146頁。
4 〔宋〕佚名:《名公書判清明集》,卷一二《誘人婢妾雇賣》,第451頁。

周密《癸辛雜識》中有關于雇妾的詳細資料。嘉定庚午翰林學士高文虎自書曰：于慶元年間得何氏女爲妾，"遂名之曰銀花。……時余六十七歲焉，同往新安，供事三年"。……予七十時，"銀花年限已滿，其母在前，告某云：'我且一意奉侍内翰，亦不願加身錢。'舊約逐月與米一斛，亦不願時時來請。……丙寅春，余告以：'你服事我又三年矣，備極勤勞。我以面前洗漱等銀器約百來兩，欲悉與你。'對以不願得也。時其母來，余遂約以每年與錢百千，以代加年之直，亦不肯逐年請也。積至今年，凡八百千。……又二年，遂令莊中糶穀五百石，得官會一千八十貫，除還八年逐年身錢之外，餘二百八十貫，還房卧錢。……今因其歸，先書此爲照"[1]。這條史料説明雇妾有年限，過年限還要加身錢，雇錢或給銀器、實物，或給紙幣，按約定而行。

如同賣不動産類似，婦女賣爲人妾之後，仍有再加討身價錢者。"京師買妾，每五千錢名一個，美者售錢三五十個。近歲貴人，務以聲色爲得意，妾價騰貴至五千緡，不復論個數。既成券，父母親屬又誅求，謂之'遍手錢'。"[2]

直至清末，嫁爲人妾仍有辱于父祖，因而，士人之女賣身爲妾往往引人同情，宋代許多買妾的故事都和上述王安石放妾一樣，被慷慨放歸者主要是這類出身的婦女，而且總要説明士民皆不敢納士大夫之女爲妾，這樣做會得到好報應等。仁宗時人閻某至廬陵，"有婦人來自嶺南，遣婢持尺紙詣公傳，言夫死無所附，願得適人以圖北歸，望公閲，肯書此，貴人無疑納我"。閻令捕獲背後誘騙之無賴者，"而遣良校護送婦人歸京"[3]。理宗時參知政事袁韶，其父原爲郡廳小吏"因致豐饒。夫妻俱近五十，無子，其妻資遣之往臨安置妾。既得妾，察之有憂色，且以麻束髮，外以采飾之。問之，泣曰：'妾故趙知府女也，家四川，父歿家貧，故鬻妾以爲歸葬計耳。'即送還之。其母泣曰：'計女聘財猶未足以給歸費，且用破矣，將何以酬汝？'徐曰：'賤吏不敢辱娘子，聘財盡以相奉。'且聞其家尚不給，盡以囊中貲與之，遂獨歸。妻迎問之曰：'妾安在？'告以其故，且曰：'吾思之，無子命也。我與汝周旋久，若有子，汝豈不育，必待他婦人乃育哉？'妻亦

1　〔宋〕周密撰，吳企明點校：《癸辛雜識》，别集卷下《銀花》，第 272~273 頁。
2　〔宋〕朱彧撰，李偉國整理：《萍洲可談》，卷一，《全宋筆記》編 2 册 6，第 147 頁。
3　〔宋〕文同：《丹淵集》，卷三六《屯田郎中閻君墓志銘》，四部叢刊本，第 11 頁。

喜曰：'君設心如此，行當有子矣。'明年生詔"[1]。筆者注意到，買妾之費，亦稱"聘財"，與娶妻相近。另外，籌資數年方得買一妾，亦可見買妾費用的昂貴。妻子傾全部餘財令丈夫買妾，而當丈夫獨自還家時，妻子却十分高興。

《清明集》中有案曰："丞相秀國陳公，先朝實與鄭國公富公并相，五傳而至其孫思永，去先世蓋未甚遠也。思永之女嫁與吳子晦爲妻，亦是宦家之後。不能自立，家道掃地，與其妻寄寓于陳季淵之家，陳氏與針指以自給，爲貧至此，爲之奈何？"陳季淵却與人勾結，將親姪女賣爲他人妾。陳氏母興訟，官府爲施援手，判曰："士大夫誰無惻隱之心，……此而可忍，孰不可忍！……官司以其爲陳秀公之孫，不忍坐視其失身，永爲上世之玷，不得不爲施行。……且令劉氏當官責領其女歸家，若其夫子晦有可供贍，不至失所，却令復還。萬一不能自給，無從贍養其妻，合從劉氏改嫁，官司却當備條給據。"[2] "不忍坐視其失身，永爲上世之玷"云云，充分説明士大夫對本階級婦女淪爲妾室之態度。

宋代妾室有短期化傾向，或不爲妻所容，或原約定之雇期已到，妾往往未等兒女成年即離開夫家。在爲哲宗選后時，太后談到有一候選女爲庶出，因"嫡母悍妒，女生三歲，而逐其所生母，遂鞠于伯氏"[3]。庶子長大成人，有的千方百計找到生母。如前述艾氏："余九兄穆之，即伯父朝議大夫直秘閣諱正彦之第三子，嫡母夫人曰王氏壽安縣君。所生母艾氏，生穆之三歲，乃去歸父母家。後二十年，穆之既仕，知母在外，刻志求訪。一日，遇于京師，遂迎之官，孝養十餘年。元祐四年十月初九日以疾終于密州之官舍，享年五十六。"[4] 楊萬里記：知台州李宗質爲北人，母爲妾室，姓展，生宗質而去。宗質既長，以父蔭入仕，經州縣村市必登岸，遍地大呼曰："展婆！展婆！"後至荆州遇一乞媪，知爲生母，于是母子相持而哭，觀者數十百人，皆嘆息泣下。宗質負其母以歸，……自是奉板輿孝養者十餘年，母以高年終。[5] 這個故事略帶戲劇性，但若與上述艾氏母子相認事比

---

1 〔元〕脱脱等：《宋史》，卷四一五《袁韶傳》，第12452頁。
2 〔宋〕佚名：《名公書判清明集》，卷一〇《官族雇妻》，第382~383頁。
3 〔宋〕朱熹：《三朝名臣言行錄》，卷一二之一，《朱子全書》册12，第765頁。
4 《北京圖書館藏中國歷代石刻拓本彙編》，《宋故夫人艾氏墓誌銘》（韓正彦側室艾氏），章1264，册40，第137頁。
5 〔宋〕楊萬里撰，辛更儒箋校：《楊萬里集箋校》，卷一一七《李台州傳》，第4482頁。

較,則可知妾被迫與親子分離之慘。

(三)妻妾之分與夫妻妾關係

如上所述,媵妾之分消失之後,實際上已無貴妾,妾婢的地位更接近了,第二章中有關"宋代的悍婦與妒婦"一節,所舉史料證明正妻打殺婢妾爲常見之事,而實際上,妻妾之生殺權皆握于丈夫手中。《夷堅志》曰:"楊政在紹興間爲秦中名將,威聲與二吴埒,官至太尉,然資性慘忍,嗜殺人。帥興元日,招幕僚宴會,李叔永中席起更衣,虞兵持燭,導往溷所,經歷曲折,殆如永巷,望兩壁間隱隱若人形影,謂爲繪畫,近視之,不見筆踪,又無面目相貌,凡二三十軀。疑不曉,扣虞兵,兵旁睨前後,知無來者,低語曰:'相公姬妾數十人,皆有樂藝,但少不稱意,必杖殺之,面剥其皮,自手至足,釘于此壁上,直俟乾硬,方舉而擲諸水,此其皮迹也。'叔永悚然而出。楊最寵一姬,蒙專房之愛,晚年抱病,困卧不能興,于人事一切弗問,獨拳拳此姬,常使侍于側,忽語之曰:'吾病勢沉漉如此,決不復全生。我傾心吐膽只在汝身上,今將奈何?'是時氣息僅屬,語言大半不可曉。姬泣曰:'相公且强進藥餌,脱若不起,願相從往黄泉下。'楊大喜,索酒與姬,各飲一杯。姬反室沉吟,深悔前言之失,陰謀伏竄。楊奄奄且絶,瞑目,所親大將誚之曰:'相公平生殺人如掐蟻虱,真大丈夫漢。今日運命將終,乃留連顧戀,一何無剛腸膽决也。'楊稱姬名曰:'只候他先死,吾便去。'大將解其意,使紿語姬云:'相公喚。'預呼一壯士持骨索伏于榻後,姬至,立套其頸,少時而殂,陳尸于地,楊即氣絶。"[1]這樣殘忍的男主人自然極爲罕見,但如正妻殺妾之後極少得到追究一樣,達官貴人殺妾也未必會受到法律的制裁。

妾的稱呼在宋代已發生變化。在新發現的墓志銘中,有稱側室爲夫人者。如卒于元祐四年(1089)的艾氏,夫爲朝議大夫直秘閣韓正彦,親生子韶知開封府鄢陵縣,銘文由韶堂弟尚書吏部郎中韓治撰,銘表及銘文皆稱艾氏"夫人",嫡

---

[1] 〔宋〕洪邁撰,何卓校點:《夷堅志》,支乙卷八《楊政姬妾》,第857頁。原引文爲"相公喚予",不通,查別本爲"預"字,故不從其標點。——筆者注

妻王氏封"壽安縣君"亦稱"嫡母夫人"[1]。卒于崇寧二年(1103)的達州司户參軍楚通叔妾朱氏,墓誌銘由李燾撰,題《宋故夫人朱氏墓誌銘并序》,朱氏"生二男三女。長曰照,任河陽節度推官,謹厚詳審,季父正議待制公諱建中,奏請于朝以爲其後,宜解官持服,以襄大事。次曰庶,任信陽軍録事參軍,先夫人一月而亡。長女適陝州陝縣令王絿,早世。次適瀛州監押東頭供奉官張恂。次適汝州魯山縣令文□"[2]。其家嫡妻孫氏與妾朱氏皆稱夫人。朱氏、艾氏之得稱夫人,未必曾得朝廷誥命,恐怕還是母以子貴,不過素封罷了。另外一些側室的墓誌銘雖亦由夫君或名人主筆,因未有已仕宦的親生子,其銘文便稱"姬"而不稱"夫人"。同爲韓治所撰叔之側室墓誌銘曰:"劉氏,博野人,吾故中散大夫之姬也。生五子,二男三女。男慶來、王老蚤夭。宣教郎李德充、尚書吏部員外郎楊信功、將作監李袯,三女之婿也。劉性謹厚,吾叔與張郡君皆倚信之。政和三年八月十三日,卒于安陽之第,宣和元年九月十七日,葬于水冶之塋,年六十有三。葬與時氏同穴。時氏,吾叔長子僡之所生母也。"[3]

宋妾之封。所謂朝廷命婦,原本只封官員嫡妻,"各視其夫及子之品",妾雖可以親生子得封,但條件是嫡妻已亡:"凡庶子有五品已上官封,皆封嫡母;無嫡母,即封所生母。"[4]

北宋時即有官員奏請賣外命婦虚銜與官員之妾,以增加朝廷財政收入。"竊聞議者欲分抛鹽引于民間兑便錢物。緣食鹽之人有限,若一頓賣過,却須暗損榷貨務常年所入之數。臣昨曾具白札子,乞將婦人封號自恭人至孺人等第立價出賣,許人户書填與母若妻及女,如貴族品官之家,亦許與妾。比之官誥,人更樂從,比之度牒,不損户口。"[5] 南宋初,的確有功臣妾室得封夫人者:"循王張

---

1 《北京圖書館藏中國歷代石刻拓本彙編》,《宋故夫人艾氏墓誌銘》(韓正彦側室艾氏),章1264,册40,第137頁。
2 《宋代石刻文獻全編》,《古志石華》,卷二六《楚通叔妾朱氏》,册2,第23頁。
3 《北京圖書館藏中國歷代石刻拓本彙編》,《韓君姬劉氏墓誌》,章1304,册42,第103頁。
4 《唐六典》,卷二,中華書局,1991年,第39頁。
5 〔宋〕張孝祥著,徐鵬校點:《于湖居士文集》,卷一七《論治體札子(甲申二月九日)》,上海古籍出版社,1980年,第171頁。

俊妾封夫人,中書舍人程子山行詞,以'异姓王'對'如夫人',朝士稱之。"[1]但直至南宋後期,這種特例似乎并不多,大部分貴族官員的請求仍被駁回。如"陳公居仁,字安行。……公在詞掖最久,論事不爲苛細,而詔令有不便,事關國體人所難言,公輒論奏,率蒙報可。安定郡王乞封妾爲夫人,公以葵丘同盟事繳奏。他日入對,上迎謂:'所論子彤事極痛快,且是有補風教,朕爲之擊節不已。'"[2]清代濫封命婦,時見雙封官員嫡母與所生母,宋代妾室尚難以得到封號。

妻及妻族的强勢。在法律上,當妾與夫或妻有犯或被犯時,將受到畸重或畸輕的處罰,這一點宋律與後代并無區别。由于妻妾之間極大的身份反差,當二者發生矛盾時,地方官判案往往偏向于妻一方,甚至不惜曲斷冤殺。"熙寧五年,杭州民裴氏妾夏沉香澣衣井旁,裴之嫡子戲,誤墜井而死。其妻訴于州,必謂沉香擠之而墜也。州委録參杜子方、司户陳珪、司理戚秉道三易獄,皆同,沉香從杖一百斷放。時陳睦任本路提刑,舉駁不當,劾三掾皆罷。州委秀州倅張若濟鞫勘,許其獄具即以才薦,竟論沉香死。故東坡《送三掾》詩云:'殺人無驗終不快,此恨終身恐難了。'其後,睦還京師,久之未有所授。聞廟師邢生頗從仙人游,能知休咎,乃往見之,叩以來事。邢拒之弗答,而語所親曰:'其如沉香何?'睦聞之,悚懼汗下,廢食者累日。釋氏所云冤懟終不可免,可不戒哉!"[3]

妻妾相争或殃及子女。曾鞏所作《秃秃記》載:秃秃爲孫齊庶子。孫齊因明法得嘉州司法,"先娶杜氏,留高密,更給娶周氏,與抵蜀。罷歸,周氏恚齊紿,告縣,齊貲謝得釋。授歙州休寧縣尉,與杜氏俱迎之官。再期,得告歸。周氏復恚,求絶,齊急曰:'爲若出杜氏。'祝髮以誓,周氏可之。齊獨之休寧,得娼陳氏,又納之。代受撫州司法歸,間周氏不復見。使人竊取其所產子,合杜氏、陳氏載之撫州"。齊出僞券,謂周爲雇妾,因而周氏訴于州、訴于江西轉運使,皆不聽。周氏復訟,引產子爲據,齊懼,與陳氏將秃秃溺死,召役者瘞之。後司法改作寢廬,治地,得坎中死兒,方驗問知狀者。曾鞏悲之,感嘆道:"嗚呼!人固擇于禽

---

[1] 〔宋〕楊萬里撰,辛更儒箋校:《楊萬里集箋校》,卷一一四《詩話》,第4385頁。
[2] 〔宋〕樓鑰:《攻媿集》,卷八九《華文閣直學士奉政大夫致仕贈金紫光禄大夫陳公行狀》,四部叢刊本,第12頁。
[3] 〔宋〕張邦基撰,金圓整理:《墨莊漫録》,卷八,《全宋筆記》編3册9,大象出版社,2008年,第101頁。

獸夷狄也,禽獸夷狄于其配合孕養知不相禍也,相禍則其類絕也久矣,如齊何議焉!買石刻其事納之壙中,以慰禿禿,且有警也。事始末惟杜氏一無忌言。"[1]則此案僅正妻爲受害者,其褒貶可見。

户婚有義絕之律。妻雖不得擅離夫家,而夫亦不得隨便休妻:"諸妻無七出及義絕之狀而出之者,徒一年半。雖犯七出,有三不去,而出之者,杖一百,追還合。若犯惡疾及奸者,不用此律。……【問曰】妻無子者聽出,未知幾年無子即合出之?【答曰】律云:妻年五十以上無子,聽立庶以長。即是四十九以下無子,未合出之。"夫妻犯義絕,官府便可判離,而夫妻不相和諧,亦可合離:"諸犯義絕者,離之,違者徒一年。若夫妻不相安諧而和離者,不坐。即妻妾擅去者,徒二年,因而改嫁者,加二等。"[2]所謂妻犯義絕,主要是指妻殺傷夫及得罪夫家人,而夫亦有犯義絕之時,嚴重者當然是殺傷、辱罵,但寵妾弃妻,亦有被視爲夫妻義絕者,這一點未見于後世。黄幹所記京宣義與妻周氏義絕案謂:"周氏初嫁曾氏,再嫁趙副將,又再嫁京宣義,則周氏于曾家之義絕矣。……京宣義以開禧二年十一月娶周氏爲妻,次年八月娶歸隆興府。經及兩月,周氏以京宣義溺于嬖妾,遂逃歸曾家。自後京宣義赴池陽丞,周氏不復隨往。至去年八月間,周氏身死。京宣義與周氏爲夫婦,僅及一年而已,反目不相顧矣。既溺于嬖妾,無復伉儷之情,又携其妾之官,而弃周氏于曾岩叟之家者凡四年,又豈復有夫婦之義乎?周氏之于曾家固爲義絕,而京宣義之于周氏,亦不復有夫婦之義矣!使京宣義之于周氏果有夫婦之義,則不應溺嬖妾而弃正室,又不應弃周氏于曾岩叟之家者數年,而挈其妾以之官。生而弃之而不顧,死則欲奪以歸葬,此豈出于死則同穴之至情乎?……在法:夫出外三年不歸者,其妻聽改嫁。今京宣義弃周氏而去,亦絕矣。以義斷之,則兩家皆爲義絕,以恩處之,則京宣義于周氏絕無夫婦之恩,而曾氏母子之恩則未嘗替也。"[3]故而駁回京宣義取回周氏遺骨安葬之訴,聽從曾岩叟安葬。但此案中妻已亡,如妻訴丈夫溺妾,官府是否能判離則是可疑的。

---

[1] 〔宋〕曾鞏:《元豐類稿》,卷一七《禿禿記》,四部叢刊本,第3頁。
[2] 〔宋〕竇儀等撰,吳翊如點校:《宋刑統》,卷一四《户婚律·和娶人妻》,第223~224頁。
[3] 〔宋〕黄幹:《勉齋集》,卷三三《京宣義訴曾岩叟取妻歸葬》,四庫全書本,册1168,第379頁。

妻憑藉妻族的支持，往往會激烈反對丈夫蓄妾，如《清明集》載，因爲丈夫黃定蓄妾，余氏搬來父親，雙方大打出手。同爲士大夫之地方官，對妻之"嫉妒"，與丈夫心同其苦，斥爲"婦人不賢，世多有之"，但也不好公開主張納妾，只能兩面勸和："余文子既以女擇婿，何必逐婿；余氏既委身事夫，何必背夫。黃定既爲余文子之婿，亦無不禮婦翁之理。余文子訴黃定毆打一節，據知證店主人以爲余文子故入店內尋爭，此不必問。但起訟之端，只因妾桂童生子，黃定偏于愛，余氏專于妒。婦人不賢，世多有之，顧何責于此輩。監定當廳拜告其婦翁，以謝往失，仰余文子當廳遣女孩姐還定責領，并監立限改嫁桂童，別覓乳母，庶息兩家紛紛之訟。"[1] 解決方案只是送走寵妾。

妻妾之爭鬧至朝廷，甚至會影響丈夫之仕途。孫準因納妾與妻家爭訟而被罰銅，司馬光以舉主自劾曰："臣先舉孫準行義無缺，堪充館閣之選，如後不如所舉，甘當同罪。近聞準與妻家爭訟，罰銅六斤，臣奏乞連坐責降。伏蒙聖慈批還，云：'孫準爲家私小事罰銅，安有連罪？'伏緣臣舉狀稱準行義無缺，今準閨門不睦，妻妾交爭，是行義有缺。于臣爲貢舉非其人，臣不敢逃刑。"[2]

寵妾棄妻。在法律上不允許扶妾爲妻，并有"以妾爲妻"的懲罰規定，但到南宋時，也有公然向朝廷請求立妾爲妻者："紹聖中……濟陽郡王宗景請以妾爲妻，論其以宗藩廢禮，爲聖朝累。"[3] 與清代相較，扶妾爲妻的案例還是較爲少見。

但在世俗社會中，確實出現寵妾凌妻的現象，蘇洵曰："夫某人者，是鄉之望人也，而大亂吾俗焉。是故其誘人也速，其爲害也深。……自斯人之以妾加其妻也，而嫡庶之別混，自斯人之篤于聲色，而父子雜處，謹謹不嚴也，而閨門之政亂；……此六行者，吾往時所謂大慚而不容者也。今無知之人皆曰：某人何人也，猶且爲之。其輿馬赫弈、婢妾靚麗，足以蕩惑里巷之小人。"[4] 對此，士大夫表示憂慮。

1　〔宋〕佚名：《名公書判清明集》，卷一〇《緣妒起爭》，第 381~382 頁。
2　〔宋〕司馬光撰，李文澤、霞紹暉校點：《司馬光集》，卷五五《舉孫準自劾第二札子》，第 1134 頁。
3　〔元〕脫脫等：《宋史》，卷三四六《陳次升傳》，第 10970 頁。
4　〔宋〕蘇洵：《蘇洵集》，卷一八《蘇氏族譜亭記》，見曾棗莊、舒大剛主編：《三蘇全書》册 6，第 248 頁。

《夷堅志》有一故事謂:"從事郎劉恕,吉州安福人,歷陽守子昂之子也。喪其妻,使二妾主家政,一既生子,又娶于高氏,携媵婢四人。淳熙初爲道州判官,高氏妊娠,是時妾子年一十二矣。妾性悍狡,慮正室得雄,則异日將分析貲産,且己寵必衰,密以淫邪之説蠱惑之。而高志操潔清,復不妒忌,無疵玷可指,謀不得施,但日夜教其子,伺乃父出外治事或對客,輒啼嗁奔叫。恕甚愛此子,每歸拊之,子無言,而于屏處訴云爲母所箠,恕固已疑焉。一日,饋食,妾親手作羹,倩一媵持以與子。有針貫于菜莖中,子微爲所刺,吐之,大呼曰:'人欲殺我!'恕驚問,見針,窮詰所來,二妾共證,謂媵承主母意規兒性命。恕以爲然,盡執四婢,送獄訊鞠,不得情。郡守念閨門茫昧,難以置法,只撻杖而逐之。高氏竟罹決絶,外間皆明知其誣,恕獨弗之悟。"[1] 小説者言,未必真有其事,但其俗應有,爲社會之常見事。

嫡母與庶子女。宋律中有的律條雖未提到納妾,但明顯與蓄妾制相關。如:"諸立嫡違法者,徒一年。即嫡妻年五十以上無子者,得立庶以長,不以長者亦如之。【疏議】曰:立嫡者,本擬承襲,嫡妻之長子爲嫡子,不依此立,是名違法,合徒一年。即嫡妻年五十以上無子者,謂婦人年五十以上不復乳育,故許立庶子爲嫡,皆先立長,不立長者,亦徒一年。故云亦如之。依令,無嫡子及有罪疾立嫡孫,無嫡孫以次立嫡子同母弟,無母弟立庶子,無庶子立嫡孫同母弟,無母弟立庶孫,曾玄以下準此,無後者國除。"[2] 在唐以前,嫡子僅指嫡長子,而宋承唐制,所謂嫡庶則依其生母爲妻爲妾而定。在財産繼承方面,當時嫡庶已基本平分,但在襲爵、婚姻方面,直至清末,庶子地位仍明顯低于嫡子,故法律一直有訂婚時告知嫡庶之條。

一般來説,女之嫡庶應無大礙,但在貴族訂婚時還是有所講究。元祐時"選后未決,簾中諭曰:'所選百餘家矣,皆于陰陽家不合,獨一家可用,復有二事未安:一事女是庶出;二事嫡母悍妒,女生三歲而逐其所生母,遂鞠于伯氏。今以所生爲父母耶?所養爲父母耶?'或對曰:'女無出繼之理,當正其本生父母,似無足疑。若庶出則國朝已有明德皇后故事。'公(劉摯)進曰:'以《春秋傳》言

---

[1] 〔宋〕洪邁撰,何卓校點:《夷堅志》,支甲卷五《劉氏二妾》,第751頁。
[2] 〔宋〕竇儀等撰,吴翊如點校:《宋刑統》,卷一二《户婚律·立嫡》,第193頁。

之,夫婦之子、妾婦之子,皆合備采擇之數。以《禮》言之,則必著外祖官氏者,明當用嫡也。況明德皇后乃太宗在藩邸時取以爲妃,非天子納后故事。'衆皆助公語,上深然之"[1]。

一般來說嫡子女地位高于庶子女,但在實際生活中,仍有子以母貴,庶子得寵過于嫡子者。南宋時士人妻林氏,年三十九卒,遺嫡子已冠未婚,而庶生一男一女尚幼。臨終,林氏以子屬夫,不忍訣,夫曰:"鰥余身,拊而子,不使君有遺恨也。"林氏方頷之而瞑。[2]

妾與妻相較自爲卑,但身爲有子之父妾,庶母又與嫡子有服,無論從尊父所愛之孝道出發,還是爲和睦嫡庶兄弟,給庶母及庶祖母以一定的尊崇就成爲必要。當嫡子與庶母發生矛盾時,官府根據服制往往判定嫡子應當尊重庶母。阿何係陳盛之妾,訟嫡子陳友直不孝,王十朋斷曰:"阿何與陳盛以不正合,係妾分明。然在禮法中,有嫡母、庶母、所生母、乳母、妾母。阿何雖非陳盛之妻,然在陳氏之家已兩有所出,其陳盛當溺愛之時,亦嘗以妻禮遇之。某按《春秋》之法,其父有以妾爲妻者,先儒論之曰:'以妾爲妻之罪,其父當尸之。'然父以爲妻,其子不得不以爲母。又按《禮記·內則》:'父母有婢子,父母沒,沒身敬之不衰。父母所愛,雖父母沒不衰。'今何氏雖爲陳盛之妾,其陳友直當以妾母之禮待之,有敬而不衰之義。又按《春秋》:'婦人有三從,在家制于父,既嫁制于夫,夫死從長子。婦人不專行,必有從也。'以嫡母之尊,猶有制于長子之義。今阿何係陳友直妾母,其家事不得自專,出入當有所制。今欲乞台旨押阿何歸陳氏之家守孝,俟其服滿,如欲改嫁,則從其便。其所生子當育于陳氏,俟其長成,依公分析。陳友直當以妾母之禮敬待阿何,不得故有凌辱;其家事當由陳友直管掌,阿何不得自專;庶于經于律皆無違礙。"[3]

四、妾之財產權及其所受限制

作爲家庭中的一員,妾具有次于妻的家事處分權和一定的民事權利,但關

1　〔宋〕朱熹:《三朝名臣言行錄》,卷一二之一,《朱子全書》册12,第765~766頁。
2　《宋代石刻文獻全編》,《閩中金石略》,卷九《有宋林孺人墓志銘》,册4,第661頁。
3　〔宋〕王十朋:《梅溪王先生文集》,後集卷二五《定奪阿何訟陳友直》,四部叢刊本,第8頁。

于這一部分目前尤缺乏充分的研究。

(一)掌握家計大權之妾

妻與妾之間,的確不是東風壓倒西風,就是西風壓倒東風,在大多數情況下,嫡妻確實可以任意欺壓妾室,甚至置其于死地;但亦不乏寵妾虐妻的事例,因爲寵妾可以直接藉助夫之勢力。上述楚通叔之妾朱氏便取得實際的治家大權。據其墓志銘,"夫人姓朱氏,河南緱氏人,自幼歸故達州司户參軍楚公諱□中,字通叔。通叔娶孫氏,夫人事之勤而盡禮。孫夫人卧疾彌年,夫人夙夜供侍藥餌,略無倦色。逮孫夫人卒,夫人□□□事司户公尤謹恪,閨門雍肅,内外歡心。司户公恬不求仕,仁以愛物,好施予,賙急難,賓客親舊至者,不問識與不識,待之均禮,故食客無虚日。夫人周旋應辦無乏事。……夫人賦性寬厚,處己儉約,喜怒不形于色,語笑不妄爲發。司户公捐館,是時庶尚幼,賴其兄教育成人,後至入官,與兄皆在仕路"。朱氏死于崇寧二年(1103),享年八十有一,三子皆入仕,二女嫁入世家。此家孫氏爲嫡妻,朱氏爲妾,然二氏皆稱夫人,幾乎漫無區别,此一奇;二是妻孫氏入門後即"卧疾彌年",孫氏死後,夫亦未再娶,因而其家事皆由妾朱氏"周旋應辦",此又一奇。雖墓志皆諛詞,但由字裏行間仍能辨出誰是一家之主。[1]

(二)有子女之妾可憑子女據産

葉孝信主編《中國民法史》認爲:在有庶子有嫡母的情況下,應由嫡母繼承全部家産。其根據爲下述案例:"王罕知潭州,……有老嫗病狂,數邀知州訴事,言無倫理,知州却之,則悖駡。先後知州以其狂,但命徼者屏逐之。罕至,嫗復出,左右欲逐之。嫗訴本爲人嫡妻,無子,其妾有子,夫死,爲妾所逐,家貲妾盡據之。嫗屢訴于官,不得直,因憤恚發狂。罕爲直其事,盡以家貲還之。吏民服其能察冤。"[2] 作者解釋道:"全部家産歸還給寡妻,一個'還'字,説明不管有子無子,亡夫的家産都應由寡妻繼承,寡妻得不到家産就是'冤'。無論是按照'婦

---

[1] 《宋代石刻文獻全編》,《古志石華》,卷二六《楚通叔妾朱氏》,册2,第23頁。
[2] 〔宋〕江少虞:《皇朝類苑》,卷二三《王罕》,第608頁。

人年五十以上,不復乳育,故許立庶子爲嫡'的規定,還是按照嫡庶無別的財產繼承原則,該案中的妾之子(庶子),似乎都可以按應分條'子承父分'的原則直接繼承其亡父的遺產,但官府却没有判由他繼承,其原因就是他的嫡母(即案中老嫗)還活着。"[1]但此處之"冤",是指嫡妻被掃地出門,被剥奪了全部財產,這裏有一定的特殊性,在中國古代的案例中,的確多見地方官基于情理的越法判决,此其一。其二,文獻也未明言剥奪了庶子的全部財產權。所謂"還"究竟是將她應得一份或其奩產全部還給她,還是將妻立爲全部家產的户主?如是前者,庶子應得合法的一部分;如是後者,則妾與庶子便作爲合法的家庭成員仍能同居共財,而在嫡妻百年之後,庶子仍能合法繼承家庭財產。

《宋刑統》即規定諸子平分的原則。"【准】《户令》,諸應分田宅者及財物,兄弟均分。妻家所得之財,不在分限。妻雖亡没,所有資財及奴婢,妻家并不得追理。兄弟亡者,子承父分。繼絶亦同。兄弟俱亡,則諸子均分。其未娶妻者,别與聘財。姑姊妹在室者,减男聘財之半。寡妻妾無男者,承夫分。若夫兄弟皆亡,同一子之分。有男者不别得分,謂在夫家守志者。若改適,其見在部曲、奴婢、田宅不得費用,皆應分人均分。"[2]

在一般情况下,妾可以通過親生子女獲得丈夫財產的使用權和支配權,這一點有成文法作爲依據:"諸户絶人有所生母同居者,財產并聽爲主。"這條史料見于《名公書判清明集》和《後村先生大全集》。這個案例曾在論述女子繼承權的場合被多次引用,此處關注的却是寡妾的財產權。基本事實是:田縣丞死後,無妻而有妾,妾劉氏生有一子二女,子名珍珍;縣丞生前又曾抱養一子名世光,世光已死,無妻無子,婢秋菊生有二女。如此,按諸子均分的原則,"縣丞身後財產,合作兩分均分"。不料冒出一個縣丞之親弟通仕,造出兩份世光的遺囑,硬要把自己的兒子世德充作世光之繼子,無非是"謀產之念太切"。劉克莊指出:一,繼嗣人"昭穆不當",即輩分不順,亂了倫理,"此遺囑二紙,止合付之一抹";其次,即使世光妾、女承認世德爲父親的合法繼子,按分法也只能得到"世光全户四分之一"。"况劉氏者珍珍之生母也,秋菊者二女之生母也,母子皆存,財產

---

[1] 葉孝信主編:《中國民法史》,第410頁。
[2] 〔宋〕竇儀等撰,吴翊如點校:《宋刑統》,卷一二《户婚律·卑幼私用財》,第197頁。

合聽爲主,通仕豈得以立嗣爲由,而入頭干預乎!"即縣丞與世光雖未娶妻,但既有庶子女的親生母在,其財產就應由庶母主持。何況"劉氏自丞公在時,已掌家事,雖非禮婚,然憑恃主君恩寵,視秋菊輩如妾媵。然觀其前後經官之詞,皆以丞妻自處,而絕口不言世光二女見存,知有自出之珍珍,而不知有秋菊所生之二女"。以至前判之蔡提刑以爲劉氏爲縣丞妻,曾判令"產業聽劉氏爲主",劉氏便欲將世光一分全歸自己的親生子珍珍,甚至連自己的親生女兒也不提了。

劉克莊得知劉氏爲妾後,對判決作了修正。其判法相當複雜,詳見下圖,其分產要點大約有二:其一對夫族作出讓步,即只要通仕"願依絕户子得四分之一條令",官府即當應承認世德的繼子合法地位,并勸劉氏及秋菊母子等接受。其二,實際按二母中分原則辦理:"縣丞財產合從條令檢校一番,析爲二分,所生母與所生子女各聽爲主。內世光二女且給四之三。"但這樣一來,世光二女所得便多于二姑,于是又特別指出世光二女與二姑一樣都得八分之一,只是劉氏曾管理家政,現控有其家浮財,因而多分給秋菊八分之一用于安葬世光而已。實際對劉氏也作出了一定的讓步。從這一案例的全過程來看,在法律上有兩點值得注意:第一,儘管有"諸户絕人有所生母同居者,財產并聽爲主"之法條,但"所生母"即妾的控產力明顯低于嫡妻。因而,一旦劉氏妾的身份爲人得知,官府之態度頓時改變。克莊判詞曰:"劉氏,丞之側室,秋菊,登仕之女使,昔也,行有尊卑,人有粗細,愛有等差,今丞與登仕皆已矣,止是兩個所生母耳。""婦人無知,但云我是丞妻,汝是登仕之婢,而不自知其身亦是妾也。"分產之後,又特別強調:"但兒女各幼,不許所生母典賣。候檢校到日,備榜禁約違法交易之人。"第

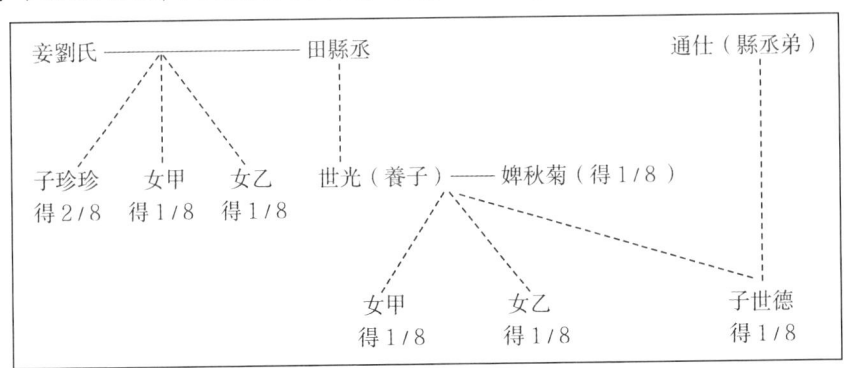

```
妾劉氏 ———————— 田縣丞          通仕(縣丞弟)
  │                │
  ├──┬──┐         │
  │  │  │         │
 子珍珍 女甲 女乙    世光(養子)——婢秋菊(得1/8)
 得2/8 得1/8 得1/8         │
                    ┌──────┼──────┐
                   女甲    女乙    子世德
                  得1/8   得1/8   得1/8
```

二,同父异母子女應合理分配。"在法:惟一母所生之子不許摽撥,今珍郎劉氏所出,二女秋菊所出,既非一母,自合照法摽撥,以息日後之訟。"[1]

上述法條中"同居"二字爲不可少之要件,妾改嫁後若不與親生子女同居,便難以支配親生子女之財産。《清明集》中有相關案例:"李介翁死而無子,僅有一女,曰良子,乃其婢鄭三娘之所生也。官司昨與之立嗣,又與之檢校,指撥良子應分之物産,令阿鄭撫養之,以待其嫁,其錢、會、銀器等,則官爲寄留之,所以爲撫孤幼計者悉矣。"後阿鄭分取良子之嫁資田業,而自爲嫁資,不待其主之葬,以身出嫁宗子希珂。良子無依,遂歸房長李義達撫養,既而被作爲童養媳養于余家。半年後,已出嫁的阿鄭又"乘良子歸送父葬,奪而去之",目的大約是還想取得女兒名下的財産[2]。官府斷爲非法,但也未令阿鄭退還原屬良子的財産。

相反,即使是改嫁之妾,只要仍和子女同居,就可以管理子女名下的財産。如《阿沈高五二争租米》案:"高五一死,無子,僅有婢阿沈生女公孫,年一歲。阿沈于紹定五年陳乞檢校田産。"高五一親弟高五二,乞立自己次子六四爲五一後,得到官府許可,"仍令高五二同共撫養公孫。未幾,阿沈携其女改嫁王三。高六四于嘉熙二年稱已出幼,乞給承分田産。官司照條以四分之三與高六四,存一分于公孫,令阿沈逐年收租,爲撫養公孫之資"。佃户康一乃高五二親家,九年内不肯交租給阿沈,高五二父子并欲以三十券,逼令阿沈將撫養十二歲之女歸宗,意在奪取公孫名下的一分之産。官判爲:"監理九年未足租米,還阿沈養贍公孫,取了足狀申。其一分産業,仰阿沈自行管給收租,高五二不得干預。候公孫出幼,赴官請給契照,以爲招嫁之資。"[3] 改嫁之妾無權接收主家財産,亦無權捐弃其産。建陽縣周德死而無親生子女,僅有抱養子周起宗,其妾阿張已出嫁,"以主田獻入官。……此特官司貪徇美名,有以誘之耳。榜縣學前,仰周起宗前來本司,供合立嗣人名,以憑給據。帖縣日下撥田還本人,責領管業。阿

1　〔宋〕佚名:《名公書判清明集》,卷八《户婚門·立繼·繼絶子孫止得財産四分之一》,第251頁;尚有大段文字不見于《清明集》,參見《後村先生大全集》,卷一九三《建昌縣劉氏訴立嗣事》,四部叢刊本,第10頁。

2　〔宋〕佚名:《名公書判清明集》,卷七《官爲區處》,第230~231頁。

3　〔宋〕佚名:《名公書判清明集》,卷七《阿沈高五二争租米》,第238頁。

張係出嫁妾,不合妄以主家田獻入官,勘杖六十,照赦免斷"[1]。

和劉克莊一樣,爲了防備妾隨意買賣這些財産,地方官往往制定一些限定的條規。劉克莊引用《唐察院判案》謂:"卷中如妾母得主財,如貨鬻母共業,須同籍人斂圖,乃成券。余白首州縣之所未講,覽之喟然嘆曰:仕者當寫一通置之于座右。"[2]

在親生子女早卒,又無其他合法繼承人的特殊情況下,妾可以"所生母"身份間接繼承分給庶子女的部分亡夫遺産。即使妾無子而生有女,亦可根據户絶繼承法中的相關規定,由親生女繼承相應的份數,然後妾以"所生母"的身份間接繼承。如孝宗時"楊大烈有田十頃,死而妻女存。俄有訟其妻非正室者,官没其貲,且追十年所入租。部使者以諉迴,迥曰:'大烈死,資産當歸其女。女死,當歸所生母可也。'"[3]

(三) 無子女寡妾的財産權

難以理解者在于上條之"寡妻妾無男者承夫分",寡妻承夫分,現已基本爲學術界認可。寡妾亦能承夫分嗎?《清明集》中的案例說明,無婚姻證明的女子并不能繼承男子的户絶之産。"翁泰死後之業,則是絶户之田産,合舉而歸之官司,此又一等也。至于胡五姐,則當究問,昨來是何人主婚,是何人行媒,是何財帛定聘,是何財帛回答,是何人寫婚書,是何時成禮,成親之夕會何親戚,請何鄰里,宴飲用何人庖厨? 如果是禮婚,則翁泰死後鬻不盡之業,合令管紹。然但可食其苗利,至于契書,合寄官庫,不許典賣。如其不曾成婚,則合責其父母及時嫁遣,毋令失時。若使其女奔走訟庭,殊非美事。"[4] 此案中的胡五姐,并無妾的身份,只能算通奸或未被其家承認的外宅婦。

《清明集》中有案例說明無子之妾可因丈夫生前之命而得産。"羅柄户計稅錢伍拾餘貫,正室無嗣,有婢來安生子一人。嘗以批帖付之,謂吾年六十,不爲

---

1 〔宋〕佚名:《名公書判清明集》,卷八《諸户絶而立嗣者官司不應没入其業入學》,第258頁。
2 〔宋〕劉克莊:《後村先生大全集》,卷一百《唐察院判案》,四部叢刊本,第8頁。
3 〔元〕脫脫等:《宋史》,卷四百三十七《程迥傳》,第12949頁。
4 〔宋〕佚名:《名公書判清明集》,卷五《爭田合作三等定奪》,第144頁。

繼室所容,逼逐在外,女使來安有子護郎,寄在田舍,將及一歲,今以平心庵處之,撥龍岩田三千把,以充口食。未幾,護郎身故,繳還此田,仍歸羅氏。"後婢來安遣還父母,嘉定九年(1216),羅柄以典到楊從田付與來安爲業,并爲她別立户頭。次年,楊從將田賣給來安,至嘉定十一年(1218),阿鄒(來安)又以自己錢、會再典楊從他處田産,兩項稅錢共計五百五十有一。"當職到官,從條不許起立女户,而以父鄒明替之。"這些田産都契據分明,并經官驗證,夫羅柄在世時亦無任何紛爭。而羅柄一死,其家幹人黄蕴便入狀于官,攘奪鄒明名下的來安産業,甚至羅柄所與者及來安自置者皆被兼并。判官言:"以此存心,豈復更有天理?且羅柄以五十餘千之稅,晚年無聊,發遣一婢,雖嘗生子而不育,以典田之稅四百文與之,夫豈爲過?今一旦悉行歸并,且與倒祖[租]之錢、自典之産,并爲烏有,夫豈近情?⋯⋯在法:妻有七出,無子爲先。羅柄之妻趙氏不惟無子,又嘗謀其庶子,已爲羅柄所出,自有公案,人所共知。已而復歸,乘羅柄之老且病,據其生業,逐其孽子,而自主家事,使羅柄雖有大廈而不得安居,雖有庶子而不得就養,行路之人,聞而哀之,咸爲不平。今其婢已去,其夫已死,而猶滋毒不已,甚矣!雌之不才,未有加于斯人者。⋯⋯仰鄉司仍舊頓立鄒明户,以元稅苗還之,候阿鄒嫁人,却聽自隨。"[1]這些財産令來安嫁人時得以"自隨",則明顯具有所有權。當然,來安這時并不具有妾的身份,這些財産本由其夫生前饋贈,并非繼承財産,而繼妻趙氏雖曾被出,後因羅柄老病復歸,羅柄死後便理所當然繼承其産,此判也并未剥奪妻的繼承權,只不過恢復來安原已得到的贈産而已,但如果來安所生之子尚在,趙氏就不太可能據有全部遺産了。

未生有庶子之妾,要獲得男主人的贈予亦非易事,往往會遭到其家人的阻撓與質疑。上述高文虎遣發妾銀花時,要將八年身錢給還她,便遭掌庫之高文虎子拒絶,後將積年租穀賣得一千八十貫,身錢之外,又多給二百八十貫。爲此,高文虎又親手書:"銀花自到宅,即不曾與宅庫有分文交涉,及妾有支用。遇寒暑本房買些衣着及染物,余判單子付宅庫正行支破,銀花即無分毫幹預。他日或有忌嫉之輩,輒妄有興詞,仰即此示之。若遇明正官司,必鑒其事情,察余

---

[1] 〔宋〕佚名:《名公書判清明集》,卷四《羅柄女使來安訴主母奪去所撥田産》,第115頁。

衷素,且憫余叨叨于垂盡之時,豈得已哉!"[1]證言長達千言,并畫押署名,但字裏行間,頗多無奈。

夫亡之後,只要妾不改嫁,她就應得到贍養,爲此,不管她有否親生子,都可能分得一份財産以養天年。劉克莊載知六安縣杜杲所判的一個案例爲:"民有嬖其妾者,治與二子均分。二子謂妾無分法,公書其牘云:'傳曰子從父令,律曰違父教令,是父之言爲令也,父令子違不可以訓。然妾守志則可常享,或去或終當歸二子。'季提舉衍覽之擊節曰:'九州三十三縣令之最也。'"[2]由此可見:一,妾可以依據男主人之現令或遺囑獲得部分財産;二,所獲財産僅具有終身使用權(以不改嫁爲條件),而没有所有權,不能饋贈他人或買賣。如果説這是一個丈夫寵妾的特例,而在《清明集》案例中,亦見莫君實寡妾周八娘分有"烝嘗田"之記載,其田一度爲鄉人立僞契騙賴,爲官府追回。[3] 卷九《業未分而私立契盗賣》條更明確指出,在諸子均分之前,先要留一定份額給庶母。曰:"方文亮生三男,長彦德,次彦誠,前妻黄氏生,幼雲老,妾李氏生。彦誠已死,有男仲乙,雲老年方二歲,家業盡係長男彦德主掌。"彦德將自己次子立爲彦誠之嗣,實際是"起意并包,利取全業"。故仲乙不服,于是受誘賭博,私立田契出賣。判爲:"契勘方文亮服尚未滿,雲老所生李氏尚存,合照淳祐七年敕令所看詳到平江府陳師仁分法,撥田與李氏膳養,自餘田産物業,作三分均分。"[4]

妾雖生有女或孫女,其撫養之責仍由所立繼子負責。《清明集》載:蔡家妾范氏生子梓,二子早卒,無孫,不曾立嗣,兩房有孫女三人,庶祖母范氏依贅入孫婿度日。一日,孫婿楊夢登奉范氏命于本位山内斫伐柴木,而被蔡氏族衆毆打,"其意蓋謂蔡氏之木,不應楊氏伐之,兼范氏乃汝加[家]之婢,尤非諸蔡所心服者。""只緣立嗣未定,遂致斫木有爭。……今若不爲杞、梓命繼,則諸蔡紛紛,必不止今日伐木之爭而已。"而范氏無權命繼,一時諸蔡紛紛,又願繼富者不願繼貧者,官府因命選定兩繼子後,當官拈鬮決定。繼子既立,"所有兩分家業、田

---

1 〔宋〕周密撰,吴企明點校:《癸辛雜識》,别集卷下《銀花》,第274頁。
2 〔宋〕劉克莊:《後村先生大全集》,卷一四一《杜尚書墓誌銘》,四部叢刊本,第9頁。
3 〔宋〕佚名:《名公書判清明集》,卷六《僞冒交易》,第172頁。
4 〔宋〕佚名:《名公書判清明集》,卷九《業未分而私立契盗賣》,第303頁。

地、山林,仍請本縣委官從公均分,庶幾斷之以天,而無貧富不公之嫌。合以一半與所立之子,以一半與所贅之婿,女乃其所親出,婿又贅居年深,稽之條令,皆合均分。范氏年老無依,亦深可念,仰所立之子如法供養,仍槖存些小,以爲范氏他日送老之計,庶幾死生皆安,争訟可息"[1]。所謂繼子養范氏,并非直接奉養,而是于分産之時,留下一小部分給范氏。很明顯,這部分財産是從繼子所應得分數中扣除的,待范氏卒後,此産應仍歸繼子。

在有妻有妾的情况下,妾所生庶子,與妻所抱養異姓子,同被認作合法繼承人。《清明集》有案例曰:"何南夫生三男,長曰點,次曰大中,幼曰烈。大中出家死絶。點有子曰德懋,七歲而父母亡",十四歲時被叔父烈送至離家七十餘里之外的寺裏當行童。而"何烈亦無親子,遂抱養異姓子趙喜孫爲男,晚年妾生一男,名烏老"。德懋年長知其身世,于淳祐二年(1242)還俗,與何烈同居。叔死興訟,官府判"其何氏見在物業,并合用子承父分法,作兩分均擘。……喜孫雖異姓子,乃是何烈生前抱養,自從妻在從妻之條"[2]。即何家財産分作兩份,一份由德懋繼承,另一份即由何烈妻繼承,即以妻爲主,則庶子尚不得與養子喜孫分家。如夫馬進所言,正是這條"妻在從妻"之條,使嫡妻得以順利地立抱養之子爲繼。[3]

嫡妻生前所立繼子稱立繼,而其他近親所立稱命繼,在財産繼承份額上,立繼優先于命繼:"檢照淳熙指揮内臣僚奏請,謂案祖宗之法,立繼者謂夫亡而妻在,其絶則其立也當從其妻,命繼者謂夫妻俱亡,則其命也當惟近親尊長。立繼者與子承父分法同,當盡舉其産以與之。命繼者于諸無在室、歸宗諸女,止得家財三分之一。又准户令:諸已絶之家立繼絶子孫謂近親尊長命繼者,于絶家財産者,若止有在室諸女,即以全户四分之一給之,若又有歸宗諸女,給五分之一。止有歸宗諸女,依户絶法給外,即以其餘减半給之,餘没官。止有出嫁諸女者,即以全户三分爲率,以二分與出嫁諸女均給,餘一分没官。"[4] 宋代寡妻之立繼

---

1 〔宋〕佚名:《名公書判清明集》,卷七《探鬮立嗣》,第205頁。
2 〔宋〕佚名:《名公書判清明集》,卷五《僧歸俗承分》,第138~139頁。
3 [日]夫馬進:《中國明清時代における寡婦の地位と强制再婚の風習》,見前川和也編:《家族・世帶・家門》,京都:ミレルヴァ書房,1993年,第249~287頁。
4 〔宋〕佚名:《名公書判清明集》,卷八《命繼與立繼不同再判》,第266頁。

權明顯高于明清時,故妻所立的繼子足以與庶子相抗。

《清明集》中有一妾歸兄弟二人之案例:妾嚴氏先與長房賈勉仲生庶子文虎,勉仲死,嚴氏又歸弟性甫,并帶去自隨之業,但于次房未生有子女。性甫妻游氏抱養异姓子爲嗣,取名賈宣。後文虎將承分之業破蕩無餘,又造"勉仲撥田與嚴氏遺囑",自以爲親父之業"非我得有,嚴氏,吾母也,得以與我",而賈宣爲抱養异姓,必不能勝己。而官府却判"將僞契毁抹"[1],賈宣仍作爲性甫的唯一繼承人。由《清明集》卷七《探鬮立嗣》《官爲區處》及《阿沈高五二争租米》條看,妾之立繼權遠不如妻之明確,僅有寡妾之家,往往由官府或夫族命繼。

如果妻曾給夫家帶來豐厚的奩産,妻亡之後,妻族仍有勢力促使夫家另立繼子,以與夫家寵妾抗衡。《清明集》案曰:"照得虞艾存日,娶陳氏,得妻家標撥田一百二十種,與之隨嫁。不幸陳氏與虞艾相繼物故,乃父虞縣丞不能爲之立後,致陳佐有詞于官。譙運使判令立嗣,虞丞方議以族中虞升夫之子虞繼,爲虞艾後。"虞丞另有庶子,亡子虞艾之産及妻陳氏奩産,正可遺庶子,因而本不欲爲虞艾後,只因陳氏逼迫,方勉强立嗣孫,後更因寵妾劉氏離間,欲遺逐養孫,因而與嗣孫本生父發生訴訟。官府判維持原嗣,并兩邊勸和曰:"虞繼既先爲虞丞所立,昭穆既順,且無顯過,自無遺逐之理,合照先來經官除附,承紹虞艾香火。劉氏不得妄生事惹詞,虞錐不得妄謀擾立。但劉氏乃虞丞之妾,曾爲虞丞生子,于虞繼合有服紀,父母所愛,犬馬亦然,而况于人,父母有過,子孫安可擬議。虞繼但當以出繼爲心,植立虞艾門户,使虞艾箕裘不墜,不可以舊惡爲念,與劉氏生隙。"[2]僅就此案,可見有子之妾還是相當有利的。

在清代分産案中,嫡庶子弟理所當然地均分正妻的奩産,而在宋代的相關案例中,地方官的判决却顯得游移不定。黄榦所記案曰:"劉下班有子三人,長曰拱辰,妻郭氏所生;次曰拱禮、拱武,妾母所生。劉下班有本户税錢六貫文,又有郭氏自隨田税錢六貫文。劉下班死,郭氏亦死,劉拱辰兄弟分産,只將本户六貫文税錢析爲三分,以母郭自隨之田爲己所當得,遂專而有之,不以分其二弟。二弟亦甘心,不與之争。自淳熙十二年以至嘉泰元年,凡十六年絶無詞訴,蓋畏

---

[1] 〔宋〕佚名:《名公書判清明集》,卷五《侄假立叔契昏賴田業》,第146頁。

[2] 〔宋〕佚名:《名公書判清明集》,卷八《立昭穆相當人復欲私意遣還》,第248頁。

兄,不敢訴也。嘉泰元年,拱辰死,拱武、拱禮始訟之于縣,又三訴之憲臺,又兩訴之帥司。"前後凡經六判,地方官分爲三派:甲,力主嫡子當獨得嫡妻之奩產;乙,主張嫡庶三子均分;丙,將奩產中分,嫡子獨得二分之一,另二分之一由兩庶子合得。最後采取丙種斷法,行下本縣,拱辰子劉仁謙、劉仁願不肯執行,妾郭氏等又復有上訴。判詞力促嫡子執行,曰:"以法論之,兄弟分產之條,即未嘗言自隨之產合盡給與親生之子。又自隨之產,不得別立女户,當隨其夫户頭,是爲夫之產矣。爲夫之產,則凡爲夫之子者皆得均受,豈親生之子所得獨占。以理論之,郭氏之嫁劉下班也,雖有嫡庶子,自當視爲一體,庶生之子既以郭氏爲母,生則孝養,死則哀送,與母無異,則郭氏庶生之子猶己子也。豈有郭氏既死之後,拱辰乃得自占其母隨嫁之田?拱辰雖親生,拱武、拱禮雖庶出,然其受氣于父則一也。以母視之,雖曰异胞,以父視之,則爲同氣。""如韓知縣、劉安撫所斷,已是曲盡世俗之私情,不盡合天下之公理,劉仁願、劉仁謙尚且抗拒,則是但知形勢之可以凌蔑孤寡,而不復知有官司。今且照韓知縣、趙安撫所斷,劉仁願、劉仁謙撥稅錢三貫文付拱禮、郭氏。"[1]與明清之判詞相較[2],法官之措辭便顯得底氣不足,實際上對嫡子作出了讓步。

然而,如果妻族過于凶悍,以至危及庶子之生存,嫡妻之立繼有時亦不被允許。《清明集》卷七《正欺孤之罪》曰:"陳子牧先娶戴氏,無子,立璋孫爲子,既而庶生一子瑛孫,年十三。再娶鄭八娘,亦無子。閲十八年,子牧、璋孫相繼而亡。"子牧田業原計三百餘石,子牧死後,陳氏房族陳士駧先誘庶子瑛孫破蕩其一半家產,後策劃將自己的長子紹龍立爲已故璋孫之嗣子。鄭八娘兄鄭亨父及前妻戴氏之親戴周卿等,又因而分其田業。官府判曰:"瑛孫乃子牧親生之子,子牧之家本非絶嗣,若爲璋孫立嗣與否,陳氏之大計未害也。子牧前娶戴氏,妻黨無狀,後娶鄭氏,又婦德不良,何子牧之不善娶邪?""豈有母在堂,瑛孫未娶,遽以田業均分?""所有鄭、戴虚契,合從條還原業主陳子牧家。"陳紹龍不得繼嗣

---

1 〔宋〕黃幹:《勉齋集》,卷三三《郭氏劉拱禮訴劉仁謙等冒占田產》,四庫全書本,册1168,第382~383頁。
2 參見程郁《清至民國蓄妾習俗之變遷》。

璋孫,鄭八娘勘杖八十,妻族及夫族"自後不得干預陳子牧家事"[1]。

夫、妻兩族皆爭繼不下,官府也會作出雙立的選擇。如丁□□無子,寡妻、妾及夫族三股勢力都爭立繼子,官府認爲妾所主張之遺腹子不可信,而"近親一鶚、一夔,庶母、繼母之所不樂,若强立之,何以絶詞。……貴奴之子雖异姓,方在襁褓",三方皆所願立,故"先立貴奴之子,仍俟丁族子孫之生者,擇昭穆相當而并立之,而鄧氏□□不許典賣,庶幾□□之業可保,而欺孤滅寡之徒,可絶覬覦之望矣"[2]。

由于妾天生處于弱勢,無論改嫁與否,管理分配財産都會非常困難,爲了對抗强大的夫族,她們往往請求官府檢校,也有的求助于妾族之援手。《清明集》案曰:梁居正側室鄭氏,夫死後便喚梁太行房長之事,梁太藉主喪之機,舉家移住居正屋,并掌其家政,收租管庫。鄭氏"見梁太之不足托,遂自求于官,首乞檢校,以待二幼之長。但方議梁太之私,而必能自絶其私,招致其父鄭應瑞,輒預梁氏家事,安能免于梁太之詞。……今梁太乃譊譊然,力詆鄭氏爲居正之妾而非妻,且彼雖耻以妾自名,而至于陳乞檢校,則是顯然不敢以妻自處,使鄭氏自詭以居正之妻,則又奚以檢校爲哉!"結果,官府對夫族及妾族都作出讓步,判曰:"居正存日,既有月錢,以贍鄭氏之父母,而梁太者目今又有自于庫内月取三千。今合每月分明于鄭氏管收租利内,月支錢五貫送梁太,其鄭應瑞則照居正在日,給錢三貫五百文足以贍之。"庫本錢寄官府,候出幼日照數給還。而"有月利三十五貫,歲收穀三十七石、租利錢一百六十三貫,儘可爲鄭氏、二幼衣服、飯食、教導、税賦之資,及梁太、鄭應瑞月給之費。梁太但當時其來往,照拂其門户,不必干預財穀,鄭應瑞但當處居正在日借住之屋,享今來照原數給助之資,不當非時登門預事"[3]。

由于婢的特殊身份,婢生子遠不同于一般奸生子,也能取得與庶生子同等的繼承權。而這種微妙的關係,往往埋下爭産的火種。《宋刑統》載有唐敕:"【准】唐天寶六載五月二十四日敕節文,百官、百姓身亡歿後,稱是别宅异居男

---

1 〔宋〕佚名:《名公書判清明集》,卷七《正欺孤之罪》,第234~235頁。
2 〔宋〕佚名:《名公書判清明集》,卷八《先立一子俟將來本宗有昭穆相當人雙立》,第268頁。
3 〔宋〕佚名:《名公書判清明集》,卷七《房長論側室父包并物業》,第232~233頁。

女及妻妾等,府縣多有前件訴訟。身在縱不同居,亦合收編本籍,既別居無籍,即明非子息。及加推案,皆有端由。或其母先因奸私,或素是出妻棄妾,苟祈僥幸,利彼財産,遂使真僞難分,官吏惑聽。其百官、百姓身亡之後,稱是在外別生男女及妻妾,先不入户籍者,一切禁斷。輒經府縣陳訴,不須理,仍量事科决,勒還本居。【准】唐天寶七載十二月十二日敕,其宗子、王公以下在外處生男女,不收入宅,其無籍書,身亡之後,一切准百官、百姓例處分。"[1]

由文獻記載看,確有士大夫別宅子流落在外。南宋名臣周必大之從兄必正,聞"伯氏宜春守出妾之子世修流落贛境,公訪得之,爲治産築室于永豐,蓋伯氏志也"[2]。《袁氏世範》亦曰:"別宅子、遺腹子宜及早收養教訓,免致身後訴訟。或已習爲愚下之人方欲歸宗,尤難處也。女亦然,或與濫雜之人通私,或婢妾因他事逐出,此不可不于生前早有辨明。恐身後有求歸宗而暗昧不明,子孫被其害者。"[3]此訓亦從側面説明這種現象相當常見。

《清明集》載有幾例男主人故後,婢携子歸主家争産的案例。對這類號稱"在外別生男女",宋官并不武斷地"一切禁斷",而往往詳細詢問,并在判詞中寫出拒絕的理由。如卷七《辨明是非》謂:韓知丞棺柩方歸家,就有其舊婢周蘭姐携子董三八闖入守孝,當下與韓知丞姪兒韓時觀等打起來。"看詳所供,見得周蘭姐乃韓知丞之舊婢。嘉定二年,出嫁董三二,而生董三八,今名阿蘭,已年及二十七歲矣。兹因韓知丞身故,遂認爲韓知丞親子,欲歸宗認産業,且引韓妳婆。"官判以爲不可信,理由爲:第一,韓知丞通經名士,何忍將愛妾之子棄置賣菜之家,不復教養?第二,如董三八真爲遺腹子,即便當日主母不容,何二十七年皆無一狀?第三,韓知丞已富貴,應不甘心聽任其子貧賤。第四,韓知丞僅有前妻所生一子,且體羸脣闕,果有子在外,豈不及早收養?第五,嫡妻林氏于寶慶二年(1226)已身故,韓知丞何不乘機收回撫養?董三八非其子明矣。"今仰韓時宜自保守韓知丞之業,阿周、董三八妄詞,各勘杖八十。"[4]卷八《無證據》條

---

[1] 〔宋〕竇儀等撰,吴翊如點校:《宋刑統》,卷一二《户婚律·卑幼私用財》,第197~198頁。

[2] 〔宋〕陸游撰,馬亞中校注:《渭南文集》,卷三八《監丞周公墓志銘》,見錢仲聯、馬亞中主編:《陸游全集校注》册10,第410頁。

[3] 〔宋〕袁采撰,賀恒禎、楊柳校釋:《袁氏世範》,卷上《庶孽遺腹宜早辨》,第42頁。

[4] 〔宋〕佚名:《名公書判清明集》,卷七《辨明是非》,第239~241頁。

略同之,惟直引法條謂:"準法:諸別宅之子,其父死而無證據者,官司不許受理。"[1]

與此相關者,即客死于外地的行商或官吏之隨身財產的歸屬問題。《宋刑統》于"死商錢物"條下連篇累牘地引用唐太和八年(834)和後周顯德五年(958)之【准】,葉孝信《中國民法史》解釋爲:"(唐時)隨行者的繼承權要比不隨行者明確而有保障得多。……(太和八年)嫡妻不隨行也可和隨行者一樣簡單地'即任收認'了,對照下文'如死客有妻無男女者,亦請三分給一分',這個嫡妻應是有子寡婦,其'收認'的也無疑是全部遺產。無子之'妻'只能繼承三分之一(從另一個角度分析,一稱'嫡妻',一稱'妻',此處的'妻'可能指的是'妾',這就牽涉到妾的繼承權了,暫不論),繼承地位不如有子者。"[2]

綜合各種史料,在所謂士大夫黄金時代的宋朝,士大夫的蓄妾現象還是相當普遍的,在各種蓄妾家庭中,尤可注意先納妾後娶妻或只納不娶的現象。

在禮制上,妾的身份始終是賤者,爲此,士人之女賣身爲妾往往引人同情。原則上不允許扶妾爲妻,并有懲罰律條,但南宋時也有公然請求立妾爲妻者。朝廷命婦原只封于官員嫡妻,北宋時有賣外命婦虚銜與官員之妾的奏請,南宋時有個别官員妾室獲得誥封,而民間也有將妻妾皆稱爲夫人者,然與清代的濫封命婦相較,宋代之妾室尚難以得到封號。

理學家述齊家之方,必首列嚴妻妾、分嫡庶一條。待妻以敬的反面便是接妾以狎,因而男女之大防似乎對妾并無太大限制。在有關妾的葬儀及入家廟的祭儀等問題上,理學家表現出明顯的矛盾,在這些煩瑣的禮儀討論背後,却隱藏着男女是否必須同樣守貞的命題,關于"夫只合一娶,婦只合一嫁"的論述尤爲引人注目。

在刑法上,妾與夫或妻有犯或被犯時,將受到畸重或畸輕的處罰,由于妻妾之間較大的身份反差,當二者發生矛盾時,地方官判案往往偏向于妻一方,甚至不惜曲斷冤殺。而當妾婢相犯時,妾亦得到更多的庇護。但在唐以前,尚有妻、滕、妾之嚴格的等差,而到宋代雖仍有滕之稱呼,却已沒有貴妾之意,則滕、妾已

---

[1] 〔宋〕佚名:《名公書判清明集》,卷八《無證據》,第293頁。
[2] 葉孝信主編:《中國民法史》,第410頁。

合流爲一。隨着宋代婢女的雇傭化及契約化,婢妾之間的地位日趨接近,與此相應,妾之半主子地位亦不如明清時那樣明確。而妾妓之間仍良賤分明。

宋代妾的買賣亦日益契約化與短期化,尤其是典妾更帶有雇傭的色彩,妾往往未等兒女成年即離開夫家。在禮制上納妾雖并不被認作正式的聘娶,但在法律上仍被認作合法的婚姻關係。户婚門中關於嫁娶違律方面的罰科往往妻妾連稱。在同等違律的情況下,有時納妾之刑輕於娶妻,與後代相較,"居喪嫁娶"罪,宋重於清;而"禁和娶人妻妾"及"禁娶袒免親妻妾"之條,至少在納妾方面并未得到認真執行。有的律條妻妾同科,如"禁同姓爲婚",但於納妾實難徹查姓氏,因而至清律則僅科娶妻了。有的律條僅僅針對納妾,如"禁監臨婚娶"於宋時主要針對納妾,而在清律改爲禁"娶部民婦女爲妻妾",由此亦可見官員婚姻變化的軌跡。

妻憑藉妻族,往往會激烈反對丈夫蓄妾,夫妻妾之爭鬧至朝廷,甚至會影響丈夫之仕途。在有關案例中,個別官員將寵妾棄妻亦視爲夫妻義絶,筆者認爲這并不具有法律意義,似乎更具有思想上的意義。妾與妻相較自爲卑,但身爲有子之父妾,庶母又與嫡子有服,無論從尊父所愛之孝道出發,還是爲和睦嫡庶兄弟,給庶母及庶祖母以一定的尊崇就成爲必要。因而,當嫡子與庶母發生矛盾時,官府往往根據服制判定嫡子應當尊重庶母。

作爲家庭中的卑屬,妾仍具有一定的民事權利。個别寵妾可以直接藉助夫之勢力,取得實際的治家大權。在一般情況下,妾可以通過親生子女獲得丈夫財産的使用權和支配權,法曰:"諸户絶人有所生母同居者,財産并聽爲主。"其中"同居"爲不可少之要件,妾改嫁後若不與親生子女同居,便難以支配其財産。在親生子女早卒,又無其他合法繼承人的特殊情況下,妾可以"所生母"身份間接繼承分給庶子女的部分亡夫遺産。但由於妾天生弱勢,管理分配財産都非常困難,她們往往請求官府檢校,也有的求助於妾族之援手。在妻未生有子的情況下,妾所生庶子與妻所抱養异姓子,同被認作合法繼承人;特别是在妻留有豐厚奩産的情況下,妻族所立繼子,足以與夫家寵妾抗衡;而關於妻的奩産能否由嫡庶子弟均分一條,宋官之判決顯得游移不定;但如妻族危及庶子之生存,嫡妻之立繼有時亦不被允許。無子之妾可因丈夫生前之命而接受財産贈予,但這往往會遭到夫家的阻撓與質疑。夫亡之後,只要妾不改嫁,就應得到贍養,若其没有親生子,其撫養之責主要由繼承家業的嫡子或繼子負責,甚至有可能分得一份財産以養天年。

　　隨着媵的消失及婢地位的提升,妾的地位也發生了某些變化。這種變化反映在稱呼上是僭越,而反映在財産上,則是藉助庶子提出要求。但與明清相較,由于法律給予妻更多的權利,因此在妻妾相爭中,妻所具有的優勢更爲明顯。

結語

觀察有關婦女的宋代史料，會看到兩種截然不同的婦女形象：當主要依據史部中的《列女傳》（包括正史及地方志）和集部中以女性爲傳主的傳記、墓誌銘等資料時，往往會贊同宋士大夫所謂當代多賢婦的評價，或肯定陳東原宋以後儒學的貞節觀念日趨嚴苛的結論；但如果將史料拓展至子部中的筆記小説及圖像資料時，又會看到宋代婦女的另一面：惡女不孝、妒婦殘忍、改嫁通奸等，如果聚焦于這類史料，似乎亦可得出宋代女性"擁有一個比前朝後代較爲寬鬆的社會生存環境"[1]之類的結論。

　　實際上，不僅僅宋代有這樣的現象。上溯至先秦，如依據劉向所作《古列女傳》，黎莊夫人爲夫所嫌，仍不肯歸國；蔡人之妻，夫有惡疾，不離不弃；衛宣夫人未至城而夫死，仍守從一之德；甚至出現楚昭貞姜、宋恭伯姬等因無丈夫符節或保傅不全便死于水火之類的極端行爲，常爲後人所非議的未婚守貞、毁容自盡、誓死守禮等極端的貞烈行爲，幾乎全可在先秦找到端倪。然而，《左傳》及先秦諸子明明描繪出春秋戰國時普遍的縱欲現象，上烝下報，通奸私奔，後人甚至將《左傳》稱爲"穢史"。因爲一部《妒記》，魏晋南北朝的婦女便被加以妒忌强勢的特徵；而唐代大臣對皇室亂倫之事的直言不諱及性愛文學的興起等，都容易給人留下唐婦女往往帷薄不經及當時社會"對女子失貞的寬容"之印象[2]。然而，縱觀目録史，明明可見女教書籍有兩次編纂的高潮：第一次出現于魏晋南北朝，第二次就在隋唐時期。對女子的説教，隨着士族的興起而漸熱，士人公認的所謂正人君子特别熱衷于從事這類事業，或者説這類書更願意藉他們的大名，作者不僅有諸葛亮、魏徵之類的男性士人，還有皇后及才女等。正是在這兩個

1　舒紅霞：《宋代理學貞節觀及其影響》，《西北大學學報》2000年第1期，第47~52頁。
2　詳見高世瑜《中國婦女通史·隋唐五代卷》第二章第一節《婚姻與兩性關係》，杭州出版社，2010年，第180~199頁。

時代,開始出現幼女殺虎、未婚守墓、割股奉姑等極端的孝女形象,而節婦們表貞的方式則更爲激烈,剔目斷髮、刳心獻首、拒夢誅心,越來越徹底,一個比一個慘烈。

如何解釋這種矛盾的現象呢?

筆者以爲,首先,對婦女的觀察不應只有社會性別這一個視角,人類社會永遠是複雜的,無論哪個時代的婦女都分別生活於不同的階級與民族之中,還必須引入階級、民族、地域等維度。如考察魏晉南北朝時期的貞節觀,恐怕不得不分別考察士族與庶族的觀念。南北朝皇室皆出身於寒門,宋明帝嘗於宮內集衆人觀裸婦爲歡,出身於琅琊王氏的皇后非常反感,她輕輕說一句"外舍之爲歡適,實與此不同",飽含鄙夷,皇帝因此大怒[1]。而對唐代上層的考察,朱子早就提出:"唐源流出於夷狄,故閨門失禮之事不以爲異。"[2] 陳寅恪評曰:"朱子之語頗爲簡略,其意未能詳知。然即此簡略之語句亦含有種族及文化二問題,而此二問題實李唐一代史事關鍵之所在,治唐史者不可忽視者也。"[3] 對於唐代上層婦女所謂多"穢行",便不得不考慮鮮卑族的風俗習慣。任何時代上下階層的貞節觀念都未必是一致的,至明清時期,貞節觀已相當嚴苛,但下層社會的再嫁仍相當普遍,市民階層的通姦亦不少見。然而,對一個時代貞節觀的估量,還是得以士人階層爲主要考察對象,因爲傳統社會以儒學爲主流思想,而士大夫所宣導的倫理觀成爲社會價值觀的主流,考察士紳階層的女性善惡觀,基本可見社會性別觀的走向。

其次,傳統的社會性別觀念極力將女性塑造爲溫柔順從的形象,凡是不符合"三從四德"的女人都被認作是不正常的,國史家乘不屑或不敢記載這類婦女,於是便在後人腦海中形成固定不變的古代婦女模式。然而,實際上,婦女生活不可能完全按照規範,現實生活中所謂"惡婦"的形象還是從筆記小說、民俗畫等史料中透露出來。因此,考察婦女的生活,不僅必須瞭解主流的社會性別規範以及當時所樹立的女性楷模,更應該觀察這些規範執行的實際狀況。

1　〔梁〕沈約:《宋書》,卷四一《后妃·明恭王皇后》,中華書局,1974年,第1295頁。

2　〔宋〕黎靖德編,王星賢點校:《朱子語類》,卷一三六,第3245頁。

3　陳寅恪:《唐代政治史述論稿》,第1頁。

最後,觀察社會性別觀還應注意進行縱向的考察,即一個時代變化的總趨向。

根據以上三點,便可基本把握宋代社會性別觀的走向。

第一,宋代下層婦女的社會性別觀有一定的滯後現象。

就宋代的圖像史料而言,下層婦女的形象似乎更具女性特徵,一方面極爲生動而壯碩,另一方面顯得十分性感,和上層婦女那種衣領服帖、端莊拘束的姿態形成對照。

宋代孝子圖中的女性,既表現出當時社會對後母的警惕,又試圖說明妻是父家長制的瓦解力量,必須用壓制乃至休弃來對付;而正面歌頌的孝女節婦,從乳姑到割股,從守貞到自殺,無一不鼓吹極端的愚孝,宣揚弱者爲强者犧牲的正當性,前代故事中善辯明智的婦女形象已逐漸退出大衆的視野,這和士大夫所提倡的女教又是同步的。

出身于下層家庭的乳母,在進入上層家庭之後,由于她與所育兒女結下深厚的感情,往往成爲這個家庭的一員,一些乳母取得主人的信任,可能成爲內務主管。而進入皇室的乳母一般都能取得命婦稱號,有的甚至幹預朝政。乳母與諸多下層女性相似,具有健康豐碩的體態,其性感往往會成爲吸引男主人的因素,因此,在某種場合,她的身份甚至會與妾難以區分,爲此,也會給主家的後代帶來血緣上的困惑,甚至給這個家庭帶來倫理親情的危機。

第二,宋代的仕女階層已受到更多的約束。

和歷代筆記小説一樣,儘管仍可從宋代筆記中看到不少惡女妒婦的記載,但即使是這些記載,也明顯使人感到時代的變遷。與唐代筆記相比,首先,通奸等現象主要發生于下層婦女,而圖像史料也證明宋代的仕女已受到更多的約束。其次,有關仕女的負面記載集中爲妒婦,而與唐以前的妒婦相比,她們僅敢對婢妾施威,儘管其手段非常殘忍,但已很難迫使丈夫不納妾或不尋花問柳了,其威風已明顯不如前代。再次,宋代筆記所記載的惡婦故事,價值取向更爲明確。惡婦不僅遭到全體士大夫的嘲笑,更引發其憤慨,甚至直接受到制裁;在社會觀念中,人們普遍相信惡婦會遭到悲慘的惡報,這和唐代娛樂搞笑的故事已明顯不同。宋代士大夫對本朝婦女的評述,如僅指仕女群體,基本上還是符合實際的。與唐宮相比,宋代的后妃既無武后之强,亦未聞帷薄不經之譏,不僅宮中如此,大家閨秀之風格已與前代迥異。

第三,作爲社會性別觀主流的士大夫輿論已較前代更具影響力。

對于妒婦問題,士大夫開出種種藥方:一不娶貴家女;二提倡休弃妒妻;三加强對正妻的教育;四嚴格妻妾之等差。前兩點主要由司馬光、朱熹等有影響力的理學家提倡,且通過《温公家範》《袁氏世範》等家法、族規得到普及,并獲得士大夫階層的普遍贊同,隨着近代家族制的完善,妻子受到父家長制的全面鉗制。有宋一代幾乎没有留下傳世的女教用教材,閨中常用的還是前代編纂的《列女傳》《女誡》和《女孝經》,但這并不説明宋代士大夫不重視女教。恰恰在這個時期,經過司馬光等的提倡,强化了在兒童啓蒙期對女孩的特别教育,朱熹等理學家直接參與蒙書中女教教材的編纂刊印,而以歐陽修爲首的史學家更注重社會性别觀的灌輸,使婦女的貞孝教育更爲極端化。可以説,宋代士大夫有意識地使前代多元化的"列女"形象變爲以貞節爲主的"烈女",其灌輸從教育、史學、文學直到民間繪畫,形成整個社會的集體意識。

第四,妻妾的等差在宋代得到加强。

在所謂士大夫黄金時代的宋朝,士大夫的蓄妾現象還是相當普遍的,在各種蓄妾家庭中,尤可注意先納妾後娶妻或只納不娶的現象。有關蓄妾制的考察,可見理學家述齊家之方必首列嚴妻妾、分嫡庶一條,所謂"夫只合一娶,婦只合一嫁"的論述尤爲引人注目。宋代原則上不允許扶妾爲妻,并有懲罰律條,朝廷命婦原只封于官員嫡妻,北宋時有賣外命婦虚銜與官員之妾的奏請,南宋時確有個别官員的妾室獲得誥封,但與清代的濫封命婦相較,宋代之妾室尚難以得到封號。由于妻妾之間有較大的身份差别,當二者發生矛盾時,地方官判案往往偏向于妻一方,甚至不惜曲斷冤殺。唐以前尚有妻、媵、妾之等差,而到宋代,帶有貴妾之意的媵已消失,隨着婢地位的提升,婢妾之間的地位日趨接近。與明清相較,妾之半主子地位亦不那麽明確,在妻妾相争中,妻所具有的優勢更爲明顯。

第五,在古代社會性别觀的漸變過程中,唐代中期及宋代的"靖康之難"是值得重視的關鍵節點。

宋以前已有加重通奸罪懲罰的傾向,而對通奸罪的懲罰在唐的中後期得到强調。《舊五代史·刑法志》曰:"晋(高祖)天福中敕,凡和奸者,男子婦人并處極法。"當然,它只在短期内施行。後周廣順二年(952)詔曰:"應有夫婦人被强奸者,男子決殺,婦人不坐;其犯和奸者,并准律科斷,罪不至死。其餘奸私罪犯,准格律處分。"[1] 所謂律應指開元二十五年(737)定型的《唐律疏議》,它亦爲《宋刑統》所沿襲:"諸奸者,徒一年半,有夫者徒二年。""諸和奸,本條無婦女罪名者,與男子同。"法律并明確將"内亂"列入"十惡"處極刑。内亂即"謂奸小功以上親、父祖妾及和者"。"婦人共男子和奸者,并入内亂,若被强奸後遂和可者亦是。"[2]

另一方面,貞節觀的教育在唐中期以後得到加强。唐宣宗大中五年(851)下詔:"夫婦,教化之端。其公主、縣主有子而寡,不得復嫁。"[3] 唐後期公主的確較少再嫁者。兩《唐書》的《列女傳》主要依據唐人的記載改編,與前代相比,士大夫更强調婦女爲丈夫或父親犧牲的價值,其犧牲的方式越激烈越得到贊揚,歐陽修等撰《新唐書》時,更將"列女"局限于節婦貞女,不屬貞烈或大孝的類型被隱没。而在民間文學及繪畫方面,唐氏乳姑、王武子妻割股等故事開始流行,丁蘭妻變成十惡不赦的女人,殺虎救父的楊香由男變女,都發生在唐代。這些説教在宋代得到進一步的宣揚,隨着北宋中期理學家大談休妻的合理性,被休不怒的姜詩妻也逐漸變成姜詩故事的主題。

北宋時,有關婦女貞節觀的説教已逐漸升温,仁宗、神宗時期的程頤、司馬光等理學家是主要的説教者,他們已將忠臣與貞女并列。但理學家的觀點還主要在士大夫間傳播,對民間文化的滲透并不深入。"靖康之難"中大批婦女特别是上層婦女被异族强暴,婦女的守貞問題因此受到廣泛的關注,理學家的思想因此得到社會的共鳴。此後,士大夫十分注意撰寫烈女的傳記,理學家寧死守貞的觀念被廣泛傳播。觀察貞節觀的發展趨勢,可見遼金與宋貞節觀的同步,而至元更變本加厲。元是蒙古族的政權,無論政治制度還是倫理教化,都未必以儒學爲主要依據,而唯獨在女子貞節及孝義方面走向極端,筆者以爲,它并不

---

[1] 〔宋〕薛居正等:《舊五代史》,卷一四七《刑法志》,中華書局,1976年,第1963頁。
[2] 〔宋〕竇儀等撰,吴翊如點校:《宋刑統》,卷二六《雜律・諸色犯奸》,第421、423頁;卷一《名例律・十惡》,第7、13頁。
[3] 〔宋〕歐陽修、宋祁:《新唐書》,卷八三《諸帝公主傳》,第3672頁。

是突然發生的,恐怕不得不歸根于南宋士人的推動。

　　總之,社會性別觀的確在宋代發生較大的變化。然而,"靖康之難"同時亦暴露出臣不忠君的問題,儘管理學家將貞女與忠臣置于同一道德層面,但實際上,殺身忠君的説教却没有在當時得到廣泛的實施,這實在是一個值得深思的問題。

參考文獻

一、基礎文獻(按四庫分類,同部類下按時代先後)

(一)經部

[1]韓嬰. 韓詩外傳箋疏[M]. 屈守元,箋疏. 成都:巴蜀書社,1996.

[2]李如圭. 儀禮集釋[M]. 文淵閣四庫全書影印本. 臺北:臺灣商務印書館,1986. (以下簡稱四庫全書本)

[3]朱熹. 論孟精義[M]//朱子全書. 上海:上海古籍出版社,合肥:安徽教育出版社,2002.

[4]朱熹. 小學[M]//朱子全書. 上海:上海古籍出版社,合肥:安徽教育出版社,2002.

[5]焦竑. 俗書刊誤[M]. 四庫全書本.

[6]阮元. 十三經注疏[M]. 影印本. 北京:中華書局,1991.

(二)史部

1.正史

[1]司馬遷. 史記[M]. 北京:中華書局,1959.

[2]班固. 漢書[M]. 北京:中華書局,1962.

[3]范曄. 後漢書[M]. 北京:中華書局,1965.

[3]陳壽. 三國志[M]. 北京:中華書局,1959.

[4]房玄齡,等. 晉書[M]. 北京:中華書局,1974.

[5]沈約. 宋書[M]. 北京:中華書局,1974.

[6]蕭子顯. 南齊書[M]. 北京:中華書局,1972.

[7]姚思廉. 梁書[M]. 北京:中華書局,1973.

[8]魏收. 魏書[M]. 北京:中華書局,1974.

[9]李延壽. 北史[M]. 北京:中華書局,1974.

[10]李延壽. 南史[M]. 北京:中華書局,1975.

[11]魏徵,等. 隋書[M]. 北京:中華書局,1973.

[12]劉昫,等. 舊唐書[M]. 北京:中華書局,1975.

[13]宋祁,歐陽修. 新唐書[M]. 北京:中華書局,1975.

[14]薛居正,等. 舊五代史[M]. 北京:中華書局,1976.

[15]脫脫,等. 宋史[M]. 北京:中華書局,1977.

[16]脫脫,等. 遼史[M]. 北京:中華書局,1974.

[17]脫脫,等. 金史[M]. 北京:中華書局,1975.

[18]宋濂,等. 元史[M]. 北京:中華書局,1976.

[19]厲鶚. 遼史拾遺[M]. 四庫全書本.

2.編年

[1]荀悅. 前漢紀[M]. 四部叢刊本. 上海:上海書店,1989.（以下簡稱四部叢刊本）

[2]袁宏. 後漢紀[M]. 周天游,校注. 天津:天津古籍出版社,1987.

[3]錢若水. 太宗皇帝實錄[M]. 四部叢刊本.

[4]司馬光. 資治通鑒[M]. 北京:中華書局,1956.

[5]李燾. 續資治通鑒長編[M]. 上海師範大學古籍整理研究所,華東師範大學古籍研究所,點校. 北京:中華書局,1992.

[6]李心傳. 建炎以來繫年要錄[M]. 叢書集成本. 北京:中華書局,1985.（以下簡稱叢書集成本）

[7]熊克. 中興小紀[M]. 叢書集成本.

[8]徐夢莘. 三朝北盟會編[M]. 影印本. 上海:上海古籍出版社,1987.

[9]陳均. 九朝編年備要[M]. 四庫全書本.

[10]汪藻. 靖康要錄箋注[M]. 王智勇,箋注. 成都:四川大學出版社,2008.

[11]佚名. 宋史全文[M]. 李之亮,點校. 哈爾濱:黑龍江人民出版社,2005.

3.政書

[1]張說,張九齡,等. 唐六典[M]. 北京:中華書局,1991.

[2]王溥,等. 唐會要[M]. 影印本. 北京:中華書局,1955.

[3]竇儀,等. 宋刑統[M]. 吳翊如,點校. 北京:中華書局,1984.

[4]鄭樵. 通志[M]. 影印本. 北京:中華書局,1987.

[5]佚名. 名公書判清明集[M]. 北京:中華書局,1987.

[6]馬端臨. 文獻通考[M]. 影印本. 北京:中華書局,1986.

[7]通制條格[M]. 杭州:浙江古籍出版社,1986.

[8]大元聖政國朝典章[M]. 北京:中國廣播電視出版社,1998.

[9]徐松. 宋會要輯稿[M]. 影印本. 北京:中華書局,1957.

[10]欽定大清律例[M]. 道光二十五年刻本. 1845.

[11]仁井田陞. 唐令拾遺[M]. 栗勁,等,編譯. 長春:長春出版社,1989.

[12]劉俊文. 唐律疏議箋解[M]. 北京:中華書局,1996.

4.地理

[1]常璩. 華陽國志校注[M]. 劉琳,校注. 成都:巴蜀書社,1984.

[2]酈道元. 水經注[M]. 陳橋驛,注釋. 杭州:浙江古籍出版社,2001.

[3]李吉甫. 元和郡縣圖志[M]. 賀次君,點校. 北京:中華書局,1983.

[4]樂史. 太平寰宇記[M]. 王文楚,等,點校. 北京:中華書局,2007.

[5]王存. 元豐九域志[M]. 王文楚,魏嵩山,點校. 北京:中華書局,1984.

[6]周應合. 景定建康志[M]//宋元方志叢刊:第二册. 影印本. 北京:中華書局,1990.

[7]潛說友,等. 咸淳臨安志[M]//宋元方志叢刊:第四册. 影印本. 北京:中華書局,1990.

[8]鄭瑶,等. 景定嚴州續志[M]//宋元方志叢刊:第五册. 影印本. 北京:中華書局,1990.

[9]施宿,等. 嘉泰會稽志[M]//宋元方志叢刊:第七册. 影印本. 北京:中華書局,1990.

[10]張淏,等. 寶慶會稽續志[M]//宋元方志叢刊:第七册. 影印本. 北京:中華書局,1990.

[11]羅願. 新安志[M]//宋元方志叢刊:第八册. 影印本. 北京:中華書局,1990.

[12]張鉉. 至正金陵新志[M]//宋元方志叢刊:第六册. 影印本. 北京:中華書局,1990.

[13]薛綱,等. 湖廣通志[M]. 影印明刻本. 揚州:江蘇廣陵古籍刻印社,1991.

[14]王鏊. 姑蘇志[M]. 臺北:學生書局,1986.

[15](乾隆)大清一統志[M]. 四庫全書本.

[16]（雍正）山西通志[M]．四庫全書本．

[17]（雍正）河南通志[M]．四庫全書本．

5.雜史

[1]李攸．宋朝事實[M]．叢書集成本．

[2]呂中．大事記講義[M]．四庫全書本．

6.傳記

[1]劉向．古列女傳[M]．顧愷之,圖．叢書集成本．

[2]劉珍,等．東觀漢記[M]．吳樹平,校注．鄭州:中州古籍出版社,1987．

[3]王稱．東都事略[M]∥二十五別史．濟南:齊魯書社,2000．

[4]朱熹．五朝名臣言行錄[M]∥朱子全書．上海:上海古籍出版社,合肥:安徽教育出版社,2002．

[5]朱熹．三朝名臣言行錄[M]∥朱子全書．上海:上海古籍出版社,合肥:安徽教育出版社,2002．

[6]佚名．京口耆舊傳[M]．四庫全書本．

[7]丁傳靖．宋人軼事彙編[M]．北京:中華書局,1981．

[8]鄭曉霞,林佳郁．列女傳彙編[M]．影印本．北京:北京圖書館出版社,2007．

7.金石

[1]呂大臨．考古圖[M]．影印本．北京:中華書局,1987．

[2]陳思．寶刻叢編[M]．四庫全書本．

[3]桑世昌．蘭亭考[M]．知不足齋叢書本．

[4]李光暎．金石文考略[M]．四庫全書本．

[5]林侗．來齋金石刻考略[M]．四庫全書本．

8.史評

[1]劉知幾．史通通釋[M]．浦起龍,釋．上海:上海古籍出版社,1978．

[2]趙翼．廿二史札記[M]．北京:商務印書館,1958．

9.目錄

[1]陳振孫．直齋書錄解題[M]．徐小蠻,顧美華,點校．上海:上海古籍出版社,2005．

[2]晁公武．郡齋讀書志[M]．四部叢刊本．

[3]永瑢,等．四庫全書總目[M]．影印本．北京:中華書局,1965．

[4]于敏中,等.天禄琳琅書目[M]//清人書目題跋叢刊:第十册.影印本.北京:中華書局,1995.

(三)子部

1.諸子

[1]王充.論衡[M].上海:上海人民出版社,1974.

[2]司馬光.温公家範[M].王宗志,注釋.天津:天津古籍出版社,1995.

[3]司馬光.司馬氏書儀[M].叢書集成本.

[4]李邦獻.省心雜言[M].四庫全書本.

[5]袁采.袁氏世範[M].賀恒禎,楊柳,校釋.天津:天津古籍出版社,1995.

[6]吕祖謙.少儀外傳[M].四庫全書本.

[7]黄震.黄氏日抄[M].四庫全書本.

[8]朱子語類[M].黎靖德,編.王星賢,點校.北京:中華書局,1986.

[9]戒子通録[M].劉清之,編.四庫全書本.

[10]項安世.項氏家説[M].叢書集成本.

2.筆記

[1]應劭.風俗通義校注[M].王利器,校注.北京:中華書局,1981.

[2]劉義慶.世説新語[M].劉孝標,注.影印本.上海:上海古籍出版社,1982.

[3]司馬光.涑水記聞[M].影印涵芬樓本.上海:上海書店,1990.

[4]張齊賢.洛陽搢紳舊聞記[M]//上海師範大學古籍整理研究所.全宋筆記:第一編:二.俞鋼,整理.鄭州:大象出版社,2003.(以下簡稱全宋筆記本)

[5]陶穀.清異録[M]//全宋筆記本:第一編:二.鄭村聲,俞鋼,整理.2003.

[6]歐陽修.歸田録[M]//全宋筆記本:第一編:五.儲玲玲,整理.2003.

[7]宋敏求.春明退朝録[M]//全宋筆記本:第一編:六.鄭世剛,整理.2003.

[8]釋文瑩.湘山野録[M]//全宋筆記本:第一編:六.鄭世剛,整理.2003.

[9]蘇軾.東坡志林[M]//全宋筆記本:第一編:九.孔凡禮,整理.2003.

[10]蘇轍.龍川略志[M]//全宋筆記本:第一編:九.孔凡禮,整理.2003.

[11]孫升.孫公談圃[M]//全宋筆記本:第二編:一.趙維國,整理.2006.

[12]劉斧.青瑣高議[M]//全宋筆記本:第二編:二.李國强,整理.2006.

[13]沈括.夢溪筆談[M]//全宋筆記本:第二編:三.胡静宜,整理.2006.

[14]王鞏.聞見近録[M]//全宋筆記本:第二編:六.戴建國,整理.2006.

[15]朱彧.萍洲可談[M]//全宋筆記本:第二編:六.李偉國,整理.2006.

[16]趙令畤.侯鯖錄[M]//全宋筆記本:第二編:六.孔凡禮,整理.2006.

[17]錢世昭.錢氏私志[M]//全宋筆記本:第二編:七.查清華,潘超群,整理.2006.

[18]魏泰.東軒筆錄[M]//全宋筆記本:第二編:八.燕永成,整理.2006.

[19]何薳.春渚紀聞[M]//全宋筆記本:第三編:三.儲玲玲,整理.2008.

[20]張邦基.墨莊漫錄[M]//全宋筆記本:第三編:九.金圓,整理.2008.

[21]曹勛.北狩見聞錄[M]//全宋筆記本:第三編:十.朱凱,姜漢椿,整理.2008.

[22]姚寬.西溪叢語[M]//全宋筆記本:第四編:三.湯勤福,宋斐飛,整理.2008.

[23]丁特起.靖康紀聞[M]//全宋筆記本:第四編:四.許沛藻,整理.2008.

[24]袁文.甕牖閒評[M]//全宋筆記本:第四編:七.李偉國,整理.2008.

[25]佚名.呻吟語[M]//全宋筆記本:第四編:八.程郁,瞿曉鳳,整理.2008.

[26]佚名.建炎維揚遺錄[M]//全宋筆記本:第四編:八.程郁,余珏,整理.2008.

[27]程大昌.演繁露[M]//全宋筆記本:第四編:八,九.許沛藻,劉宇,整理.2008.

[28]吳曾.能改齋漫錄[M]//全宋筆記本:第五編:四.劉宇,整理.2012.

[29]洪邁.容齋隨筆[M]//全宋筆記本:第五編:五,六.孔凡禮,整理.2012.

[30]范成大.驂鸞錄[M]//全宋筆記本:第五編:七.方健,整理.2012.

[31]范成大.吳船錄[M]//全宋筆記本:第五編:七.方健,整理.2012.

[32]陸游.入蜀記[M]//全宋筆記本:第五編:八.李昌憲,整理.2012.

[33]陸游.老學庵筆記[M]//全宋筆記本:第五編:八.李昌憲,整理.2012.

[34]周必大.淳熙玉堂雜記[M]//全宋筆記本:第五編:八.李昌憲,整理.2012.

[35]周煇.清波雜志[M]//全宋筆記本:第五編:九.劉永翔,許丹,整理.2012.

[36]高文虎.蓼花洲閒錄[M]//全宋筆記本:第五編:十.程郁,整理.2012.

[37]王明清.揮麈錄[M]//全宋筆記本:第六編:一,二.燕永成,整理.2013.

[38]王明清.投轄錄[M]//全宋筆記本:第六編:二.燕永成,整理.2013.

[39]王明清.玉照新志[M]//全宋筆記本:第六編:二.戴建國,整理.2013.

[40]高似孫.緯略[M]//全宋筆記本:第六編:五.儲玲玲,整理.2013.

[41]王楙.野客叢書[M]//全宋筆記本:第六編:六.儲玲玲,整理.2013.

[42]李心傳.建炎以來朝野雜記[M]//全宋筆記本:第六編:七,八.劉宇,整理.2013.

[43]葉紹翁.四朝聞見錄[M]//全宋筆記本:第六編:九.張劍光,周紹華,整理.

2013.

[44]耐庵輯. 靖康稗史七種[M]. 臺北:文海出版社,1981.

[45]俞文豹. 吹劍錄全編[M]. 張宗祥,校訂. 上海:古典文學出版社,1958.

[46]王應麟. 困學紀聞[M]. 孫通海,校點. 北京:商務印書館,1959.

[47]吳自牧. 夢粱錄[M]. 杭州:浙江人民出版社,1984.

[48]羅大經. 鶴林玉露[M]. 王瑞來,點校. 北京:中華書局,1983.

[49]周密. 武林舊事[M]. 杭州:浙江人民出版社,1984.

[50]周密. 癸辛雜識[M]. 吳企明,點校. 北京:中華書局,1988.

[51]周密. 齊東野語[M]. 高心露,高虎子,點校. 北京:中華書局,1983.

[52]真德秀. 西山讀書記[M]. 四庫全書本.

[53]廖瑩中. 江行雜錄[M]. 叢書集成本.

[54]陳世隆. 北軒筆記[M]. 知不足齋叢書本.

[55]劉一清. 錢塘遺事[M]. 影印本. 上海:上海古籍出版社,1985.

[56]徐伯齡. 蟫精雋[M]. 四庫全書本.

[57]王士禎. 居易錄[M]. 四庫全書本.

[58]馮班. 鈍吟雜錄[M]. 叢書集成本.

3.小說

[1]劉向. 説苑校證[M]. 向宗魯,校證. 北京:中華書局,1987.

[2]干寶. 搜神記[M]. 胡懷琛,標點. 北京:商務印書館,1957.

[3]劉敬叔. 異苑[M]. 范寧,點校. 北京:中華書局,1996.

[4]吳均. 續齊諧記[M]. 四庫全書本.

[5]王讜. 唐語林校正[M]. 周勛初,校正. 北京:中華書局,1997.

[6]洪邁. 夷堅志[M]. 何卓,點校. 北京:中華書局,1981.

[7]郭彖. 睽車志[M]. 叢書集成本.

[8]元好問. 續夷堅志[M]. 常振國,點校. 北京:中華書局,2006.

[9]陶宗儀. 説郛[M]. 影印明刊一百二十卷本. 上海:上海古籍出版社,1988.

[10]施耐庵,羅貫中. 水滸傳[M]. 上海:上海古籍出版社,2004.

4.藝術

[1]裴孝源. 貞觀公私畫史[M]//畫品叢書. 上海:上海人民美術出版社,1982.

[2]張彥遠. 歷代名畫記[M]. 俞劍華,注釋. 上海:上海人民美術出版社,1964.

[3]米芾. 畫史[M]//畫品叢書. 上海:上海人民美術出版社,1982.

[4]郭若虛. 圖畫見聞志[M]. 俞劍華,注釋. 上海:上海人民美術出版社,1964.

[5]佚名. 宣和畫譜[M]. 岳仁,譯注. 長沙:湖南美術出版社,1999.

[6]黃伯思. 東觀餘論[M]. 叢書集成本.

[7]周密. 雲烟過眼錄[M]//畫品叢書. 上海:上海人民美術出版社,1982.

[8]夏文彥. 圖繪寶鑒[M]. 上海:商務印書館,1938.

[9]湯允謨. 雲烟過眼錄續集[M]//畫品叢書. 上海:上海人民美術出版社,1982.

[10]張丑. 清河書畫舫[M]. 四庫全書本.

[11]朱存理. 趙氏鐵網珊瑚[M]. 四庫全書本.

[12]朱謀垔. 畫史會要[M]. 四庫全書本.

[13]都穆. 寓意編[M]. 叢書集成本.

[14]倪濤. 六藝之一錄[M]. 四庫全書本.

[15]王毓賢. 繪事備考[M]. 四庫全書本.

[16]卞永譽. 式古堂書畫叢考[M]. 四庫全書本.

[17]孫承澤. 庚子銷夏記[M]. 四庫全書本.

[18]張照,等. 石渠寶笈[M]. 四庫全書本.

[19]王原祁,等. 佩文齋書畫譜[M]. 石印本. 上海:同文書局,1883.

[20]吳昇. 大觀錄[M]. 上海:武進李氏聖譯樓鉛印本,1920.

[21]陸心源. 穰梨館過眼錄[M]. 吳興陸氏家塾本. 1891.

[22]龐元濟. 虛齋名畫錄[M]. 烏程龐氏刊本. 1909.

[23]顧復. 平生壯觀[M]. 林虞生,校點. 上海:上海古籍出版社,2011.

[24]中國美術全集編輯委員會. 中國美術全集:工藝美術編[M]. 北京:人民美術出版社,1988.

[25]周積寅,王鳳珠. 中國歷代畫目大典:戰國至宋代卷[M]. 南京:江蘇教育出版社,2002.

[26]洪再新. 中國美術史圖像手冊:繪畫卷[M]. 北京:中國美術學院出版社,2003.

[27]中國人物畫經典叢書編輯組. 中國人物畫經典[M]. 北京:文物出版社,2006.

[28]浙江大學中國古代書畫研究中心. 宋畫全集[M]. 杭州:浙江大學出版社,2008.

[29]李東君. 中國歷代小品畫精選:人物[M]. 鄭州:河南美術出版社,2010.

5.類書

[1]徐堅,等.初學記[M].北京:中華書局,1962.

[2]歐陽詢.藝文類聚[M].汪紹楹,校.上海:上海古籍出版社,1965.

[3]李瀚.蒙求集注[M].徐子光,注.叢書集成本.

[4]李昉,等.太平御覽[M].影印本.北京:中華書局,1995.

[5]王欽若,等.册府元龜[M].周勛初,等,校訂.南京:鳳凰出版社,2006.

[6]高承.事物紀原[M].金圓,許沛藻,點校.北京:中華書局,1989.

[7]江少虞.皇朝類苑[M].影印本.臺北:文海出版社,1981.

[8]王應麟.玉海[M].影印本.南京:江蘇古籍出版社,上海:上海書店,1987.

[9]祝穆.新編古今事文類聚[M].影印明萬曆本.京都:中文出版社,1989.

[10]潘自牧.記纂淵海[M].影印本.北京:中華書局,1988.

[11]任廣.書叙指南[M].叢書集成本.

[12]佚名.錦綉萬花谷[M].四庫全書本.

[13]曾慥.類説[M].影印北京圖書館古籍珍本叢刊.北京:書目文獻出版社,1988.

[14]胡炳文.純正蒙求[M].四庫全書本.

[15]彭大翼.山堂肆考[M].四庫全書本.

[16]宫夢仁.讀書紀數略[M].四庫全書本.

6.醫方

[1]孫思邈.備急千金要方[M].高文柱,沈澍農,校注.影宋本.北京:人民衛生出版社,1955.

[2]佚名.顱囟經[M].四庫全書本.

[3]王衮.博濟方[M].北京:商務印書館,1959.

[4]佚名.聖濟總録[M].據元大德四年本石印,1919.

[5]佚名.重修政和證類本草[M].四庫全書本.

[6]張杲.醫説[M].影印本.上海:上海科學技術出版社,1984.

[7]佚名.小兒衛生總微論方[M].影印本.上海:上海衛生出版社,1958.

[8]陳自明.婦人大全良方[M].余瀛鰲,點校.北京:人民衛生出版社,1992.

[9]王執中.鍼灸資生經[M].上海:上海科學技術出版社,1959.

7.釋家

釋道世.法苑珠林[M].影印本.揚州:江蘇廣陵古籍刻印社,1990.

(四)集部

1.別集

[1]杜甫.杜工部詩集輯注[M].朱鶴齡,輯注.韓成武,等,點校.保定:河北大學出版社,2009.

[2]韓愈.韓昌黎文集校注[M].馬其旭,校注.馬茂元,整理.上海:上海古籍出版社,1986.

[3]皮日休.皮子文藪[M].蕭滌非,鄭慶篤,整理.上海:上海古籍出版社,1981.

[4]元稹.元稹集[M].冀勤,點校.北京:中華書局,1982.

[5]白居易.白居易集[M].顧學頡,點校.北京:中華書局,1979.

[6]柳宗元.柳宗元集[M].北京:中華書局,1979.

[7]徐鉉.徐騎省集[M].四部叢刊本.

[8]晏幾道,晏殊.二晏詞箋注[M].張草紉,箋注.上海:上海古籍出版社,2008.

[9]夏竦.文莊集[M].四庫全書本.

[10]胡宿.文恭集[M].叢書集成本.

[11]余靖.武溪集[M].四庫全書本.

[12]范仲淹.范文正公集[M].四部叢刊本.

[13]尹洙.河南先生文集[M].四部叢刊本.

[14]蔡襄.蔡襄集[M].吳燉,等,編.吳以寧,點校.上海:上海古籍出版社,1996.

[15]蘇舜欽.蘇舜欽集[M].沈文倬,點校.上海:上海古籍出版社,1981.

[16]蘇頌.蘇魏公文集[M].王同策,等,點校.北京:中華書局,1988.

[17]王珪.華陽集[M].叢書集成本.

[18]黃庶.伐檀集[M].四庫全書本.

[19]歐陽修.歐陽修全集[M].李逸安,點校.北京:中華書局,2001.

[20]司馬光.司馬光集[M].李文澤,霞紹暉,點校.成都:四川大學出版社,2010.

[21]王安石.王文公文集[M].唐武,點校.上海:上海人民出版社,1974.

[22]王令.廣陵集[M].四庫全書本.

[23]李覯.李覯集[M].王國軒,點校.北京:中華書局,1981.

[24]劉攽.彭城集[M].叢書集成本.

[25]文同.丹淵集[M].四部叢刊本.

[26]鄭獬.鄖溪集[M].四庫全書本.

[27] 曾鞏. 元豐類稿[M]. 四部叢刊本.

[28] 梅堯臣. 宛陵先生集[M]. 四部叢刊本.

[29] 柳永. 柳永集[M]. 孫光貴,徐静,校注. 長沙:岳麓書社,2003.

[30] 范祖禹. 范太史集[M]. 四庫全書本.

[31] 蘇洵. 蘇洵集[M]//曾棗莊,舒大剛,主編. 三蘇全書. 北京:語文出版社,2001.

[32] 蘇軾. 蘇軾詩集[M]//曾棗莊,舒大剛,主編. 三蘇全書. 北京:語文出版社,2001.

[33] 蘇軾. 蘇軾文集[M]//曾棗莊,舒大剛,主編. 三蘇全書. 北京:語文出版社,2001.

[34] 蘇軾. 蘇軾詞集[M]//曾棗莊,舒大剛,主編. 三蘇全書. 北京:語文出版社,2001.

[35] 蘇轍. 蘇轍集[M]//曾棗莊,舒大剛,主編. 三蘇全書. 北京:語文出版社,2001.

[36] 程顥,程頤. 二程集[M]. 王孝魚,點校. 北京:中華書局,1981.

[37] 黃庭堅. 黃庭堅全集[M]. 劉琳,李勇先,王蓉貴,校點. 成都:四川大學出版社,2001.

[38] 秦觀. 淮海集[M]. 四部叢刊本.

[39] 陸佃. 陶山集[M]. 四庫全書本.

[40] 晁補之. 濟北晁先生雞肋集[M]. 四部叢刊本.

[41] 張耒. 張右史文集[M]. 四部叢刊本.

[42] 張載. 張載集[M]. 章錫琛,點校. 北京:中華書局,1978.

[43] 汪藻. 浮溪集[M]. 四部叢刊本.

[44] 胡寅. 斐然集[M]. 容肇祖,點校. 北京:中華書局,1993.

[45] 鄒浩. 道鄉集[M]. 四庫全書本.

[46] 王十朋. 梅溪王先生文集[M]. 四部叢刊本.

[47] 陳亮. 陳亮集[M]. 北京:中華書局,1974.

[48] 許翰. 襄陵文集[M]. 四庫全書本.

[49] 楊時. 龜山集[M]. 四庫全書本.

[50] 葛勝仲. 丹陽集[M]. 四庫全書本.

[51] 葉夢得. 建康集[M]. 四庫全書本.

[52]李彌遜. 筠谿集[M]. 四庫全書本.

[53]張綱. 華陽集[M]. 四庫全書本.

[54]張嵲. 紫微集[M]. 四庫全書本.

[55]汪應辰. 文定集[M]. 四庫全書本.

[56]張九成. 橫浦集[M]. 四庫全書本.

[57]王之望. 漢濱集[M]. 四庫全書本.

[58]鄭興裔. 鄭忠肅奏議遺集[M]. 四庫全書本.

[59]周紫芝. 太倉稊米集[M]. 四庫全書本.

[60]周必大. 文忠集[M]. 四庫全書本.

[61]王仲修. 宮詞[M]//十家宮詞. 北京:中國書店出版社,1990.

[62]李綱. 李綱全集[M]. 王端明,點校. 長沙:岳麓書社,2004.

[63]洪适. 盤洲文集[M]. 四庫全書本.

[64]薛季宣. 浪語集[M]. 四庫全書本.

[65]趙善括. 應齋雜著[M]. 四庫全書本.

[66]方大琮. 鐵庵集[M]. 四庫全書本.

[67]孫應時. 燭湖集[M]. 四庫全書本.

[68]廖行之. 省齋集[M]. 四庫全書本.

[69]陳淳. 北溪大全集[M]. 四庫全書本.

[70]黃榦. 勉齋集[M]. 四庫全書本.

[71]張孝祥. 于湖居士文集[M]. 徐鵬,校點. 上海:上海古籍出版社,1980.

[72]朱熹. 晦庵先生朱文公文集[M]//朱子全書. 上海:上海古籍出版社,合肥:安徽教育出版社,2002.

[73]陸九淵. 象山先生全集[M]. 四部叢刊本.

[74]陸游. 渭南文集[M]//錢仲聯,馬亞中,主編. 陸游全集校注. 杭州:浙江教育出版社,2011.

[75]陸游. 劍南詩稿校注[M]//錢仲聯,馬亞中,主編. 陸游全集校注. 杭州:浙江教育出版社,2011.

[76]呂祖謙. 呂祖謙全集[M]. 杭州:浙江古籍出版社,2008.

[77]樓鑰. 攻媿集[M]. 四部叢刊本.

[78]楊萬里. 楊萬里集箋校[M]. 辛更儒,箋校. 北京:中華書局,2007.

[79]袁燮. 絜齋集[M]. 叢書集成本.

[80]衛涇. 後樂集[M]. 四庫全書本.

[81]劉宰. 漫塘集[M]. 四庫全書本.

[82]魏了翁. 鶴山先生大全文集[M]. 四部叢刊本.

[83]劉克莊. 後村先生大全集[M]. 四部叢刊本.

[84]真德秀. 西山文集[M]. 四庫全書本.

[85]袁甫. 蒙齋集[M]. 四庫全書本.

[86]洪咨夔. 平齋集[M]. 四庫全書本.

[87]方大琮. 鐵庵集[M]. 四庫全書本.

[88]姚勉. 雪坡集[M]. 四庫全書本.

[89]方逢辰. 蛟峰文集[M]. 四庫全書本.

[90]林同. 孝詩[M]. 叢書集成本.

[91]趙汝騰. 庸齋集[M]. 四庫全書本.

[92]張侃. 張氏拙軒集[M]. 四庫全書本.

[93]陳著. 本堂集[M]. 四庫全書本.

[94]馬廷鸞. 碧梧玩芳集[M]. 四庫全書本.

[95]牟巘. 牟氏陵陽集[M]. 四庫全書本.

[96]王惲. 秋澗先生大全集[M]. 四部叢刊本.

[97]吳澄. 吳文正集[M]. 四庫全書本.

[98]虞集. 虞集全集[M]. 王頲,點校. 天津:天津古籍出版社,2007.

[99]蕭𣂏. 勤齋集[M]. 四庫全書本.

[100]陶宗儀. 南村輟耕錄[M]. 武克忠,尹貴友,校點. 濟南:齊魯書社,2007.

[101]李東陽. 李東陽集[M]. 長沙:岳麓書社,1985.

[102]王世貞. 弇山堂別集[M]. 魏連科,點校. 北京:中華書局,1985.

2.總集

[1]趙汝愚. 諸臣奏議[M]. 影印宋刻明印本. 臺北:文海出版社,1970.

[2]魏齊賢,葉棻. 聖宋名賢五百家播芳大全文粹[M]. 臺北:學生書局,1985.

[3]呂祖謙. 皇朝文鑒[M]//呂祖謙全集. 杭州:浙江古籍出版社,2008.

[4]毛晉. 二家宮詞[M]. 叢書集成本.

[5]彭定求. 全唐詩[M]. 北京:中華書局,1980.

[6]顧嗣立. 元詩選[M]. 北京:中華書局,1987.

[7]唐圭璋. 全宋詞[M]. 北京:中華書局,1980.

[8]王重民,等. 敦煌變文集[M]. 北京:人民文學出版社,1984.

[9]曾棗莊,劉琳. 全宋文[M]. 上海:上海辭書出版社,合肥:安徽教育出版社,2006.

[10]李修生. 全元文[M]. 南京:江蘇古籍出版社,1999.

[11]北京圖書館金石組. 北京圖書館藏中國歷代石刻拓本彙編[M]. 鄭州:中州古籍出版社,1990.

[12]國家圖書館善本金石組. 宋代石刻文獻全編[M]. 北京:北京圖書館出版社,2003.

3.詩文評

[1]謝伋. 四六談麈[M]. 四庫全書本.

[2]王行. 墓銘舉例[M]. 四庫全書本.

[3]楊慎. 升庵詩話[M]. 叢書集成本.

二、現代研究論著(按作者姓氏首字母排列)

(一)著作

[1]陳東原. 中國婦女生活史[M]. 上海:商務印書館,1928.

[2]陳鵬. 中國婚姻史稿[M]. 北京:中華書局,1987.

[3]陳寅恪. 唐代政治史述論稿[M]. 上海:上海古籍出版社,1982.

[4]程郁. 清至民國蓄妾習俗之變遷[M]. 上海:上海古籍出版社,2006.

[5]鄧小南. 唐宋女性與社會[M]. 上海:上海辭書出版社,2003.

[6]方建新,徐吉軍. 中國婦女通史·宋代卷[M]. 杭州:杭州出版社,2011.

[7]高世瑜. 中國婦女通史·隋唐五代卷[M]. 杭州:杭州出版社,2010.

[8]葛兆光. 古代中國文化講義[M]. 上海:復旦大學出版社,2012.

[9]黃能馥,陳娟娟. 中國服裝史[M]. 北京:中國旅游出版社,1995.

[10]李澤厚. 美學三書[M]. 天津:天津社會科學院出版社,2003.

[11]劉靜貞. 不舉子——宋代的生育問題:殺子、溺女、墮胎[M]. 臺北:稻鄉出版社,1998.

[12]柳田節子. 宋代庶民の女だち[M]. 東京:汲古書院,2003.

［13］溥儀．我的前半生［M］．北京：群衆出版社，2013．

［14］史金波，黃振華，聶鴻音．類林研究［M］．銀川：寧夏人民出版社，1993．

［15］王伯敏．中國版畫通史［M］．石家莊：河北美術出版社，2002．

［16］王三慶．敦煌類書［M］．臺北：麗文文化事業股份有限公司，1993．

［17］葉德輝．書林清話［M］．影印本．北京：中華書局，1957．

［18］葉孝信．中國民法史［M］．上海：上海人民出版社，1993．

［19］伊沛霞．内闈：宋代的婚姻和婦女生活［M］．南京：江蘇人民出版社，2004．

［20］張邦煒．婚姻與社會（宋代）［M］．成都：四川人民出版社，1989．

［21］中國社會科學院考古研究所．新中國的考古發現與研究［M］．北京：文物出版社，1984．

［22］朱瑞熙．宋代社會研究［M］．鄭州：中州書畫社，1983．

［23］朱瑞熙．遼宋西夏金社會生活史［M］．北京：中國社會科學出版社，1998．

［24］朱錫禄．武氏祠漢畫像石中的故事［M］．濟南：山東美術出版社，1996．

（二）論文

［1］鞍山市文化局，遼寧省博物館．遼寧鞍山市汪家峪遼畫象石墓［J］．考古，1981（3）：239-242．

［2］曹金華．東漢時期乳母干政的歷史考察［J］．南都學壇，1992（2）：1-7．

［3］陳靚．西安紫薇田園都市唐墓人骨種系初探［J］．考古與文物，2008（5）：95-105．

［4］陳履生，陸志宏．甘肅的宋元畫像磚藝術［J］．美術，1994（1）：57-61．

［5］重慶市博物館歷史組．重慶井口宋墓清理簡報［J］．文物，1961（11）：53-63．

［6］董新林．蒙元壁畫墓的時代特徵初探——兼論登封王上等壁畫墓的年代［J］．美術，2013（4）：77-80．

［7］方建新．宋代婚姻論財［J］．歷史研究，1986（3）：178-190．

［8］夫馬進．中國明清時代における寡婦の地位と強制再婚の風習［C］//前川和也．家族・世帯・家門．京都：ミレルヴア書房，1993：249-287．

［9］甘肅省文物管理委員會．蘭州中山林金代雕磚墓清理簡報［J］．文物參考資料，1957（3）：76-78．

［10］甘肅省文物考古研究所．甘肅會寧宋墓發掘簡報［J］．考古與文物，2004（5）：22-25．

[11] 何飛. 孝爲無上福田——二十四孝磚雕賞析[J]. 收藏家,2015(7):89-95.

[12] 黑田彰. 列女傳圖概論[J]. 雋雪艷,龔嵐,譯. 中國典籍與文化,2013(3):107-122.

[13] 后曉榮. 磁州窰瓷枕二十四孝紋飾解讀[J]. 四川文物,2009(5):55-57.

[14] 黄朴華. 湖南望城螞蟻山明墓的特殊現象及相關問題研究[J]. 文物,2007(10):409-414.

[15] 季曉燕. 論宋代后妃的文化品格[J]. 江西社會科學,1996(10):55-60.

[16] 江玉祥. 宋代墓葬出土的二十四孝圖像補釋[J]. 四川文物,2001(4):22-33.

[17] 晋東南文物工作站. 山西晋城南社宋墓簡介[C]//考古學集刊:第一集. 北京:中國社會科學出版社,1981:224-230.

[18] 雷大受. "奉聖夫人"客氏[J]. 紫禁城,1981(4):40-41.

[19] 李彩霞.《崇文總目》版本源流考及小序辨[J]. 河南圖書館學刊,2004(5):80-83.

[20] 李德清. 宋代女口考辨[J]. 歷史研究,1983(5):115-124.

[21] 李金蓮. 清代育嬰事業中的職業乳婦探析[J]. 中華文化論壇,2008(2):16-22.

[22] 李獻奇,王麗玲. 河南洛寧北宋樂重進畫像石棺[J]. 文物,1993(5):30-39.

[23] 梁庚堯. 宋代伎藝人的社會地位[C]//國際宋史研討會論文選集. 保定:河北大學出版社,1992:89-99.

[24] 梁洪生. 宋代江西士宦之家人口諸問題初探——以墓志爲古代人口抽樣資料進行統計的嘗試[J]. 人口學刊,1989(3):46-52.

[25] 廖奔. 廣元南宋墓雜劇、大曲石刻考[J]. 文物,1986(12):25-35.

[26] 臨夏回族自治州博物館. 甘肅臨夏金代磚雕墓[J]. 文物,1994(12):46-53.

[27] 劉國盈. 韓愈生母考[J]. 北京師院學報,1987(2):9-11.

[28] 劉堅.《世說新語》詞語補釋[J]. 語文研究,1985(8):14-18.

[29] 劉琴麗. 論唐代乳母角色地位的新發展[J]. 蘭州學刊,2009(11):215-218.

[30] 劉小萌. 清朝皇帝與保母[J]. 北京社會科學,2004(3):138-145.

[31] 柳立言. 淺談宋代婦女的守節與再嫁[C]//新史學,1991,2(4):37-75.

[32] 柳立言. 蘇軾乳母任采蓮墓志銘所反映的歷史變化[J]. 中國史研究,2007(1):105-118.

[33]洛陽市第二文物工作隊.偃師前杜樓北魏石棺墓發掘簡報[J].文物,2006(12):37-51.

[34]洛陽市文物考古研究院.洛陽宜陽仁厚宋代壁畫墓發掘簡報[J].文物,2015(4):44-50.

[35]穆益勤.宋人"女孝經圖"卷的作畫年代[J].故宮博物院院刊,1960(2):183.

[36]秦嵐.二十四孝在日本[J].文史知識,2012(5):88-95.

[37]全漢昇.宋代女子職業與生計[J].食貨,1935,1(12):5-10.

[38]山西省大同市博物館,山西省文物工作委員會.山西大同石家寨北魏司馬金龍墓[J].文物,1972(3):20-33.

[39]山西省考古研究所.山西壺關縣上好牢村宋金時期墓葬[J].考古,2012(4):48-55.

[40]山西省考古研究所,長治市博物館.山西屯留宋村金代壁畫墓[J].文物,2008(3):55-62.

[41]山西省考古研究所晉東南工作站.山西長子縣石哲金代壁畫墓[J].文物,1985(6):45-54.

[42]山西省文物工作委員會侯馬工作站.山西新絳寨里村元墓[J].考古,1966(1):33-35.

[43]商彤流,郭海林.山西沁縣發現金代磚雕墓[J].文物,2000(6):60-73.

[44]邵育欣.宋代內命婦封號問題研究[J].歷史教學,2009(14):22-26.

[45]舒紅霞.宋代理學貞節觀及其影響[J].西北大學學報,2000(1):47-52.

[46]孫廣清.河南宋墓綜述[J].中原文物,1990(4):83-89.

[47]湯淑君.西晉賈皇后乳母徐美人墓誌[J].中原文物,1994(1):119.

[48]萬彥.淺析宋遼金元墓葬孝子圖像區域分布與盛行的原因[J].藝術理論,2009(8):198-199.

[49]王德棟,曹金華.北魏乳母干政的歷史考察[J].揚州師院學報,1995(4):104-109.

[50]王福才.山西芮城永樂宮潘德冲石槨二十四孝綫刻圖本事及其劇碼考[J].中華戲曲,1999(1):192-213.

[51]王進先,朱曉芳.山西長治安昌金墓[J].文物,1990(5):76-85.

[52]王增新.遼寧遼陽縣金廠遼畫象石墓[J].考古,1960(2):25-28.

[53]王曾瑜.宋代的奴婢、人力、女使和金朝奴隸制[J].文史,1988(29):199-227.

[54]魏文斌,師彥靈,唐曉軍.甘肅宋金墓"二十四孝"圖與敦煌遺書《孝子傳》[J].敦煌研究,1998(3):75-90.

[55]聞喜縣博物館.山西聞喜寺底金墓[J].文物,1988(7):67-71.

[56]謝桃坊.宋代歌妓考略[J].中華文史論叢,1988(4):181-195.

[57]邢鐵.宋代畲田與墓田[J].中國社會經濟史研究,1993(4):36-41.

[58]薛翹.唐百勝軍節度使江王乳母尚書杏氏墓銘[J].江西文物,1991(2):87-88.

[59]野村鮎子.蘇軾《保母楊氏墓志銘》之謎[C]//四川大學宋代文化研究中心.宋代文化研究:第十二輯.北京:綫裝書局,2003:104.

[60]雁羽.錦西大臥鋪遼金時代畫象石墓[J].考古,1960(2):29-33.

[61]晏子有.佑聖夫人事略[J].紫禁城,1992(2):44-45.

[62]楊光.明奉聖夫人李氏及其子呂俊墓志考[J].文物春秋,2010(5):66-70.

[63]楊勇偉.從"二十四孝"陶塑看中國孝道(上)[J].收藏家,2013(10):46-50.

[64]楊勇偉.從"二十四孝"陶塑看中國孝道(下)[J].收藏家,2013(11):82-87.

[65]于善浦.喝人乳的慈禧[J].紫禁城,1987(4):22-23.

[66]余貴林.宋代買賣婦女現象初探[J].中國史研究,2000(3):102-112.

[67]袁俐.宋代女性財產權述論[C]//杭州大學歷史系宋史研究室.宋史研究集刊:第二輯.浙江省社聯《探索》雜志增刊,1988:271-308.

[68]張邦煒.試論宋代"婚姻不問閥閱"[J].歷史研究,1985(6):26-41.

[69]張濤.劉向《列女傳》的版本問題[J].文獻,1989(3):249-257.

[70]趙超."二十四孝"在何時形成(上)[J].中國典籍與文化,1998(1):50-55.

[71]趙超."二十四孝"在何時形成(下)[J].中國典籍與文化,1998(2):40-45.

[72]鄭州市博物館.滎陽司村宋代壁畫墓發掘簡報[J].中原文物,1982(4):39-44.

[73]鄭州市文物考古研究所,登封市文物局.河南登封黑山溝宋代壁畫墓[J].文物,2001(10):60-66.

[74]鍾年,孫秋雲.肉體與精神的雙重禁錮——宋代的婦女生活[J].文史雜志,1996(1):43-44.

[75]朱曉芳,王進先,李永杰.山西長治市故漳村宋代磚雕墓[J].考古,2006(9):

31-39.

[76]祝建平.仁宗朝劉太后專權與宋代后妃干政[J].史林,1997(2):35-40.

[77]鄒清泉.圖像重組與主題再造——"寧懋"石室再研究[J].故宮博物院院刊,2014(2):97-113.

(三)學位論文

[1]何前.女孝經圖研究[D].北京:中央美術學院,2009年碩士論文.

[2]孫丹婕.甘肅清水箭峽墓孝子圖像研究[D].北京:中央美術學院,2014年碩士論文.

後記

寫一本有關宋代婦女史的著作,是很多年前的願望。

早在師從程應鏐師讀碩士時,收到日本學者寄來的論著或資料,程先生每每交給我,只是淡淡地説:"放在我這裏也没用,你就拿去看吧。"那時便得知日本宋史界有位柳田節子先生,程先生説,女生做學問就該像她那樣。

1998年到日本研修一年,便想去拜訪柳田節子先生,但中國女性史研究會的一位老師説她很忙,身體也不好,不便去打擾,便按下了這個念頭。以後每個月參加該會的例會,都未看到柳田先生的身影。1999年9月18日,最後一次參加研究會的活動,這一次我向該會提交了論文《中華民國時期における妾の法律地位》,不出所料,引發與會者的激烈争論。這時,我纔發現多了一位相當瘦削的老太太,不怎麼説話,只是笑吟吟地看着大家。原來她就是柳田先生。會後大家仍舊一塊兒聚餐,當然也仍舊采取AA制付賬。柳田先生叫我坐到身邊,給予許多鼓勵,特別囑咐我要認真研究宋代婦女史。初到日本時,的確準備寫宋史方面文章的,可那時互聯網尚未普及,我所在的大學甚少中國古代的文獻資料,因此便選擇做民國蓄妾制的題目了。她説,如今做婦女史多熱衷于做精英婦女的歷史,而對庶民婦女最缺乏研究。一席話于我如醍醐灌頂。會後,我們一起走入地鐵,乘不同的綫路,先生如一般日本老者那樣謙和而禮貌周全,一定要目送我上車,在我的堅持下,她纔同意哪路車先來就誰先上車。

2003年底到神奈川大學參加一次會議,會後特意到東京再次參加中國女性史研究會的例會。很意外地在會上又碰到了柳田先生,她説已經很久没參加例會了,只是聽説我要來與會,特地趕過來的。柳田先生仍然鼓勵我從事宋代婦女史的研究,但那幾年我正忙于撰寫博士論文《清至民國的蓄妾習俗與社會變遷》,和宋史有關的,主要是跟隨朱瑞熙先生寫完《宋史研究》的主要篇章,還根本没有一篇有關宋代婦女史研究的論文,實在愧對先生。柳田先生伸出一雙手,手指彎彎曲曲的,年輕時生過什麼病就變成這樣了,她笑嘻嘻地說,我不能像你們這樣飛快地打字,只能一個鍵一個鍵地打,就像小鷄啄米。這一年,先生已八十二歲高齡,而仍筆耕不輟。這回,我們乘同一部電車回去,望着她蹣跚的身影,心中感動不已。

不久,便收到柳田先生惠贈的大作《宋代庶民の女だち》(汲古書院,2003年),第一編收有《宋代女子的財産權——南宋時期于家産分割中的女承分》《于宋代裁判中的女性訴訟》《宋代的義絶和離婚、再嫁》《宋代的女户》和《元代女子的財産繼承》等五篇論文。我得到很大啓發,并寫了書評,刊于《中國史研究動態》(2005 年第 7 期)。聽說,柳田先生已極其衰弱了,大部分時間都卧于病榻。這時却收到先生的一封親筆信,密密麻麻寫了千字以上,一如既往地鼓勵我從事宋代婦女史的研究。不久,就聽到先生離世的噩耗……

儘管只見過柳田先生兩面,也只通過幾封信,但先生的影響于我却是巨大的。先生不輕易臧否人物的謙謙君子之風、慎密考證的扎實學風,都令後生心鄉往之;儘管生性愚鈍出手不快,但如魯迅《藤野先生》所言,每當想偷懶的時候,就會想起先生温和的目光,不得不繼續努力下去。這些年來,便一點點在宋代婦女史的田野裏持續地耕耘,并有意指導研究生做這方面的題目。

参加日本的學術會議,如果某個問題引起衆人的興趣,他們往往用"面白い"一詞來表達,這時往往是帶褒義的。這個詞直譯成中文是"有意思"或"有趣"。我最初聽到很不習慣,以爲討論學術問題應該是嚴肅的,怎麼能說是"有趣"呢?然而,在歷史的園地耕耘得越久,越覺得學術也可以是有趣的,唯其有趣,纔使人不覺倦怠。前日,在本科生教學中,有意引導學生尋找新題目,許多學生也不覺意趣盎然起來。可見,有趣的不僅僅是婦女史。

近二十年來,在婦女史園地孜孜耕耘,發現許多"有趣",這得拜柳田節子先生的引導。自己天生愚笨又不够勤勉,取得的成就并不多,深感愧對柳田先生的期待,但悟出做學問的快樂,又將這快樂轉達于後輩,自以爲總算可以以這一點告慰于先生了。

2017 年 6 月 25 日于春申塘畔